中国医疗机构
科技文献统计报告

(2012 年版)

中国医院协会医院情报图书管理专业委员会
中国学术期刊(光盘版)电子杂志社
中国科学文献计量评价研究中心
《中国医院》杂志社
编

中国协和医科大学出版社

图书在版编目（CIP）数据

中国医疗机构科技文献统计报告（2012 年版）／中国医院协会医院情报图书管理专业委员会等编．—北京：中国协和医科大学出版社，2012.11

ISBN 978－7－81136－778－2

Ⅰ．①中…　Ⅱ．①中…　Ⅲ．①医学－科技情报－文献资源－文献统计－研究报告－中国－2012　Ⅳ．①G253

中国版本图书馆 CIP 数据核字（2012）第 269007 号

中国医疗机构科技文献统计报告（2012 年版）

编　　者： 中国医院协会医院情报图书管理专业委员会等
责任编辑： 顾良军

出版发行： **中国协和医科大学出版社**
（北京东单三条九号　邮编 100730　电话 65260378）
网　　址： www. pumcp. com
经　　销： 新华书店总店北京发行所
印　　刷： 北京佳艺恒彩印刷有限公司

开　　本： 889×1194　　1/16 开
印　　张： 15.25
字　　数： 450 千字
版　　次： 2012 年 12 月第 1 版　　2012 年 12 月第 1 次印刷
印　　数： 1—3000
定　　价： 150.00 元

ISBN 978－7－81136－778－2/R·778

（凡购本书，如有缺页、倒页、脱页及其他质量问题，由本社发行部调换）

《中国医疗机构科技文献统计报告（2012 版）》编辑委员会

《中国医疗机构科技文献统计报告》编辑委员会秘书处

通讯地址：北京清华大学邮局 84-48 信箱评价研究中心
邮政编码：100084
联 系 人：张义川　伍军红
电　　话：010-82895056-8599
传　　真：010-82710752
电子信箱：aspt@ cnki. net

序　言

医疗服务是具有高科技含量的专业性服务。医疗服务的专业性、复杂性、相互依赖性、不确定性和高风险性要求医疗机构和医务人员必须高度重视科学研究。医疗、教学、科研是医疗机构的功能，医疗机构的科研能力是其综合实力的具体体现之一。

科技文献是在科学研究过程中形成的产物，是科学研究成果的表现。科技文献产出能力是衡量一个单位国内外学术地位和科技水平的有力见证。中国医院协会医院情报图书管理专业委员会依托中国学术期刊（光盘版）电子杂志社，组织专家在 CNKI《中国期刊全文数据库》所收录的 7700 余种期刊的基础上，按照《中国学术期刊（光盘版）检索与评价数据规范》，对医疗机构及其医务人员、管理工作者和技术人员发表的科技文献进行规范化加工和处理，编制出版《中国医疗机构科技文献统计报告（2012 版）》（以下简称《报告》）。这是一项非常有意义的工作，是行业协会专业委员会利用其所拥有的知识、技术资源和优势服务会员、服务行业、服务社会的重要举措，也是我国医疗领域科技文献计量学研究的重要成果。

《报告》具有权威性、客观性和科学性三个特点。《报告》根据《中国医院大全》规范整理了有发表文献数据的医疗机构共 11843 所。根据发表文献数量及医院级别（二级以上医院）确定本《报告》的评价统计名单，最终在《报告》中公布 1783 所医院的各项统计数据。如此之大的样本量，保证了报告的可信性和权威性。同时，《报告》以《中国期刊全文数据库》、《中国引文数据库》近 10 年数据（2002 年～2011 年）为统计源，共涉及文献 2124 万篇，总被引频次近 5176 万次。如此大量的数据资源，使《报告》具备作为考核、评价依据的客观性。《报告》运用文献计量学方法对相关科技文献进行规范化加工和处理，列出了多项计量指标，并对每个指标和计量方法做出了科学的定义和说明，规范的检索和评价方法保证了《报告》的科学性。

《报告》不仅能够从整体上评估一所医疗机构的科研论文产出和学术影响力，为医疗机构自身确定发展战略提供科学依据，而且可以从宏观上了解各地区乃至全国的医疗机构科技文献产出实力的全貌，为卫生和科技行政主管部门对各地区医疗机构进行评价和管理、合理配置资源、推动学术和科研工作提供客观信息。同时，也可以正确引导科研管理、学术评估和人才评估，激发广大医务工作者开展科学研究的热情，为推动我国医学科学的发展和医疗机构整体水平的提升做出更大的贡献！

卫生部副部长
中国医院协会会长

二〇一二年十月二十三日

编制说明

《中国医疗机构科技文献统计报告（2012 版）》（以下简称《报告》）是中国医院协会医院情报图书管理专业委员会、中国学术期刊（光盘版）电子杂志社、中国科学文献计量评价研究中心和《中国医院》杂志社编制的年度统计报告。本报告是一部全面反映医疗机构学术论文产出力及学术影响力的大型文献综合计量报告。学术论文是科研成果的重要载体，研究表明，通过对学术论文的统计分析和评价，可以大体反映机构的科研能力。

1. 总体编制概况

本报告以 CNKI“中国知识资源总库”的海量学术资源为统计来源。本报告统计的机构发表文献量均来自《中国学术期刊网络出版总库》及“中国学术期刊影响因子年报来源期刊数据库”来源期刊。本报告统计的被引频次分别来自 CNKI 的《中国引文数据库》及《中国学术期刊影响因子年报》引文数据。包括了 7700 多种学术期刊、《中国博士学位论文全文数据库》、《中国优秀硕士学位论文全文数据库》、《中国重要会议论文全文数据库》的引文数据。本报告统计的下载频次来自 CNKI 中心网站的下载日志数据库。

《报告》根据全国卫生产业企业管理协会编制的《中国医院大全 2011》版的医院名单为统计样本。其中 11843 家医院在 2002 ~ 2011 这 10 年间发表文献。对这些医院的发表文献及被引频次、下载频次进行统计后，挑选科研论文发表较多的 1783 家机构收录到本报告。

数据反映了广大医疗工作者发文的跨学科性和文献引用的跨学科交叉等特点，《报告》通过大样本、多学科、海量数据的统计，具有更全面、更准确的特点，对医疗机构的科研能力和技术水平的定量分析和科学评价也将具有更大的可信度。

2. 评价指标说明

《报告》共发布了多项文献计量指标。

（1）表 1 主要统计了机构发表文献数量、基金支持的论文量和北大核心期刊发文量。反映了科研论文的产出能力。

表 1 包括各个医疗机构的 2011 年发文数、10 年累计发文总数、第一作者发文数、北大核心期刊发文数、各类基金发文数。按各省（直辖市）分组，以总发文量排序。

（2）表 2 统计了被引频次和下载频次，主要是从学术影响力和传播角度的评价。

表 2 包括各个医疗机构的总被引频次及分别被期刊、博士论文、硕士论文、会议论文引用频次、总下载频次、篇均被引频次等指标，并按总被引频次从大到小排序。

（3）表 3 依据近 5 年统计数据确定了各学科的核心医疗机构。按总被引频次排名。

本报表的分类体系是按医药类论文的中图分类法结合医院科室设置，分别对 R0：医药卫生事业管理、R1：预防医学与卫生学、R2：中医学与中药学、R3：基础医学、R4：临床医学综合、R47：护理学、R5：内科学、R6：外科学、R71/R72：妇产科学与儿科学、R73：肿瘤学、R74：神经病学与精神病学、R75：皮肤病学与性病学、R76/R77：耳鼻咽喉科学与眼科学、R78：口腔医学、R8：军事医学与特种医学、R9：药学共 16 个学科进行统计。

本报表提取发文量占学科总发文量前 55%，且被引频次占学科总被引频次前 65% 的机构为本学科核心研究机构。核心研究机构数量大约为本学科机构总量的 2% ~6%。这些机构也可以被认为是该学科研究的骨干力量和主要贡献者。表3公布了机构2007年~2011年每年发表本学科的论文数量以及这些论文的总被引频次等指标。

3. 统计原则和方法

（1）医疗机构的界定

《报告》所称的医疗机构主要包括：医院以及康复医疗机构、妇幼保健、专科疾病防治机构和对外开展医疗服务的研究机构。每个医疗机构均包含其下属的分院、研究所及所属其他部门。

（2）多作者原则

《报告》在统计各医疗机构各项发文指标时，除了第一作者发文指标按照第一作者的第一单位统计外，其他指标均为多作者多单位统计，即某篇文献为多作者同一单位发表时，则本单位发文数为1；如某篇文献有多单位合作时，则各单位发文数均为1；本报告中的被引指标也是遵从多作者原则，即某篇文献只要有某单位人员参与，则此篇文献的被引次数将计入该单位被引次数。

（3）基金属性的界定

《报告》中所提到的基金论文为受各级基金支持的论文。基金论文根据所提供资助的基金级别分为国家级、省市级、其他。

国家级基金：包括国务院、党中央、各大部委直接管理的基金资助项目，例如：国家自然科学基金、卫生部科学研究基金等共99类基金。

省市/院校（所）基金：包括省、市级政府设立的基金资助项目（例如：北京市卫生局科研基金等474类政府省市基金）以及设立在各高校的国家重点实验室项目［例如：医学免疫学国家重点实验室（中国人民解放军第二军医大学）开放课题基金等392类院校（所）基金］。

除上述两类以外的基金，均归为其他基金。

（4）核心期刊的界定

《报告》中公布了北大核心期刊发文统计值。2002~2010年数据以发表期刊是否属于北京大学图书馆公布的《中文核心期刊要目总览（2008版）》的1986种期刊为准，2011年数据以发表期刊是否属于北大图书馆公布的《中文核心期刊要目纵览2011年版》的1982种期刊为准。凡是在这些核心期刊上发表文章，均被计入核心期刊发文量。

（5）总被引次数的界定

《报告》中的总被引次数为各机构论文发表之日起，至2012年5月止的每篇文章被引频次累积值之和，包括被《中国期刊全文数据库》、《中国优秀硕士学位论文全文数据库》、《中国博士学位论文全文数据库》和《中国重要会议论文全文数据库》的引用次数。本报告分别公布了机构发文被期刊、博士论文、硕士论文、会议论文引用频次以及总被引频次。

（6）计量指标平均值计算方法

《报告》中提到的所有计量指标平均值设置为小数，对计算结果小数点三位后的部分采取“四舍五入”的原则进行处理。

4. 使用方法说明

《中国医疗机构科技文献统计报告（2012版）》的查阅途径和使用方法如下：

（1）表1中按地区分组，可供了解各地区医疗机构的发表文章基本情况。

表1是按2002~2011年共10年累计发文量从大到小排序。“总发文量”为多作者发文总数。“第一作者发文量”为第一机构发表文章总数。发文量是医疗机构科研论文的产出量的指标。“基金论文量”和“核心期刊论文量”均以多作者发文统计（包含非第一作者）。

基金论文量公布了国家级基金资助的论文数、省市/院校（所）基金资助的论文数、其他基金资助的论文数。基金论文数是医疗机构争取各级政府资助的能力。因为各类基金课题都有一套较为严格的申报、验收程序，所以基金论文数通常被认为是评价科研能力的重要指标。基金级别越高，管理越严格，也越不容易申请，对课题本身的创新性、社会经济意义也要求越高。因此本报告不仅统计了基金论文总量，还公布了按不同级别统计的基金论文量。

核心期刊论文量按2008、2011年北大核心期刊名单统计各单位发文量。

（2）表2是按总被引频次从大到小排序反映了医疗机构在全国的学术影响力排名。

表2是从应用和传播角度对医疗机构的科研论文产出所做的评价。下载量是指医疗机构所发表的论文在CNKI中心网站上被下载频次的累计值。

被引频次分别列出了被期刊引用、被博士论文引用、被硕士论文引用、被会议论文引用的频次。研究表明，被博士论文和硕士论文引用多的是基础类、方法类、综述类、较经典的学术文献，被会议论文和期刊论文引用多的是创新性强、围绕研究热点的学术文献。本报告分别列出，以供参考。

零被引文献是指医疗机构发表文献后一直没有被引用过的文献数量。科研文献中，实用技术类文献和工作指导类文献因为直接被应用于工作实践而很少被引用。除此之外，科研文献的发表都希望能对后续的科研工作有所帮助，希望被引用。但我国的科研现状表明，确实存在大量低水平重复研究因论文本身的质量不高而没有被人引用。本报告公布此项数据，希望引起医疗机构的重视，不断提高科研水平，产出高质量的学术论文。

篇均被引频次反映了医疗机构总体研究质量的高低。

（3）表3分学科列出核心机构，按被引频次从大到小排序。

为了更好地了解各医疗机构的研究重点和专长领域，也为了向读者展示各学科核心研究者是哪些单位，本报告按学科公布医疗机构近5年发文总量的排行榜。

我们共统计了11843所医疗机构在各学科的发文数量，然后按学科统计各学科的发文总数。按照学科发文数量大小对医疗机构进行排序，选取累计发表文献量占学科发文总量的55%、且累计被引频次占学科总被引总量的65%的排名靠前的机构予以公布。各学科发表文章差异很大，例如：医药卫生事业管理类文章，比中医学与中药学类文章要少得多。因此，每个学科截取的核心机构数量也不一样。这也恰好反映了实际现状。所选取的医疗机构占各学科医疗机构的2%～6%，这些机构可以认为是集中了这些学科的核心研究力量。

表3按学科分组，每一组机构按近5年被引频次数量从大到小排序，公布近5年发表文章数量、总被引频次、总下载频次。该排序表是从机构学术影响力——总被引频次角度做的排名。读者还可以自行按总发文量排名，以反应该机构学科论文产出能力；也可以按总下载频次排名，以反应机构受同行读者关注程度。表3分年列出学科发文数量，可以直观了解机构发表文章数量的变化趋势，为医疗机构调整学科专业方向、确定优势学科提供参考。

中国医院协会医院情报图书管理专业委员会
中国学术期刊（光盘版）电子杂志社
中国科学文献计量评价研究中心
《中国医院》杂志社

2012年9月

名词解释

为方便读者查阅和使用，现将《报告》中所使用的医疗机构评价指标的理论意义和具体算法简要解释如下：

1. **发文总量：**指某医疗机构在期刊上发表论文的总篇数。该指标反映了该医疗机构科研产出能力，是其科研技术水平和综合实力的体现。

2. **核心期刊发文量：**指某医疗机构在北大核心期刊上发表论文的篇数。核心期刊一般是对某专业影响较大、较重要的期刊，发表在这些期刊上的论文质量相对较高。

3. **基金发文量：**指某医疗机构在期刊上发表论文受各类基金资助的篇数。该指标从一个侧面反映了该医疗机构的学术水平。

4. **第一作者发文量：**指某医疗机构的工作人员以第一作者的身份在期刊上发表论文的篇数。

5. **零被引文献量：**指某医疗机构在期刊上发表后，至统计日止仍然未被引用过的论文的数量。

6. **被引频次：**指某医疗机构在期刊上发表论文被期刊论文、会议论文、博士论文、硕士论文引用的次数。该指标可以显示该医疗机构发表论文被使用和对后续研究的影响的程度，体现了该论文在科学交流中的作用和地位。机构总的被引频次是机构某段时间内发表文章被引频次的总和，反映了该机构的影响力，也是科研论文实力和水平的体现。

7. **下载频次：**指某医疗机构在期刊发表文章后并上网，至统计日止，在中国知网(WWW. CNKI. NET)中心网站上被下载的频次之和。单篇论文的下载频次代表论文受阅读和受欢迎的程度。机构下载频次是指机构发表文献下载频次之总和。

目　录

表1：各省（直辖市）2002～2011年医疗机构发表文献排序表

序号	机构名称	地区	级别	总被引频次	2002～2011年发文量		2011年发文量	基金论文量			北大核心期刊论文量
					总发文量	第一作者		国家	省市	其他	
安徽省											
1	安徽医科大学第一附属医院	安徽	三甲	25532	8941	7317	1460	835	932	755	3855
2	安徽省立医院	安徽	三甲	16684	7242	6377	1201	359	638	763	2130
3	蚌埠医学院附属医院	安徽	三甲	8052	4093	3452	636	72	268	374	622
4	皖南医学院弋矶山医院	安徽	三甲	6720	3250	2723	481	84	226	369	712
5	安徽中医学院第一附属医院	安徽	三甲	7994	2697	2104	452	176	288	398	380
6	安徽医科大学第三附属医院	安徽	三甲	3368	1723	1524	290	33	47	173	297
7	蚌埠市中心医院	安徽	三甲	2099	1446	1341	193	5	21	65	66
8	六安市人民医院	安徽	三甲	1303	1181	1086	200	10	16	15	87
9	铜陵市人民医院	安徽	三甲	1872	1165	1076	162	5	17	60	147
10	中国人民解放军第一〇五医院	安徽	三甲	1897	1141	964	163	30	7	103	257
11	合肥市第二人民医院	安徽	三甲	1338	996	872	239	5	12	56	89
12	安庆市立医院	安徽	三甲	1028	909	832	164	19	12	10	117
13	淮北市人民医院	安徽	三甲	1311	784	720	134	3	12	24	70
14	中国人民解放军第一二三中心医院	安徽	三甲	1230	743	655	72	3	3	73	101
15	蚌埠市第一人民医院	安徽	二甲	940	725	674	109	1	6	12	36
16	芜湖市第二人民医院	安徽	三甲	1041	704	647	146	7	6	28	64
17	黄山市人民医院	安徽	三甲	949	692	647	87	1	1	4	46
18	武警安徽省总队医院	安徽	三甲	1371	667	574	52	4	18	11	81
19	淮北矿工总医院	安徽	三甲	1080	658	594	64	1	2	22	63
20	蚌埠医学院第二附属医院	安徽	三乙	836	657	574	121	2	4	27	39
21	阜阳市人民医院	安徽	三甲	970	641	574	108	5	4	23	72
22	淮南市第一人民医院	安徽	三甲	680	630	547	115	4	15	12	31
23	马鞍山市人民医院	安徽	三甲	871	628	571	117	2	7	12	66
24	马鞍山市中心医院	安徽	三甲	1156	602	499	69	9	17	21	92
25	巢湖市第一人民医院	安徽	三甲	987	592	532	84	3	6	8	35
26	安徽医科大学第二附属医院	安徽	三甲	397	567	453	268	49	32	68	165
27	宿州市立医院	安徽	二甲	770	560	523	111	0	0	5	17
28	安徽省立儿童医院	安徽	三甲	938	552	487	82	9	7	22	120
29	安庆市第一人民医院	安徽	三乙	452	538	511	100	3	0	9	41
30	合肥市第五人民医院	安徽	三甲	596	519	436	87	16	7	28	78
31	滁州市第一人民医院	安徽	三甲	885	492	444	61	1	1	12	30
32	合肥市第三人民医院	安徽	二甲	476	486	457	116	3	9	24	38
33	池州市人民医院	安徽	三甲	593	438	403	74	11	2	12	47

表1：各省（直辖市）2002～2011年医疗机构发表文献排序表

序号	机构名称	地区	级别	总被引频次	2002～2011年发文量		2011年发文量	基金论文量			北大核心期刊论文量
					总发文量	第一作者		国家	省市	其他	
34	安徽中医学院第二附属医院	安徽	三甲	1541	367	275	60	19	23	39	48
35	蚌埠医学院第三附属医院	安徽	三甲	431	365	332	100	5	6	17	38
36	六安市中医院	安徽	三甲	337	356	326	84	2	3	16	10
37	阜阳市第二人民医院	安徽	三甲	557	336	306	39	2	1	8	31
38	皖南医学院第二附属医院	安徽	三甲	485	295	267	42	3	6	8	69
39	安徽省精神卫生防治中心	安徽	三甲	837	286	215	27	40	6	30	65
40	淮南新华医疗集团新华医院	安徽	三甲	279	266	237	60	0	15	6	25
41	宣城市人民医院	安徽	三乙	199	238	222	72	5	5	2	28
42	安徽中医学院附属太和中医院	安徽	三甲	167	221	203	69	0	4	7	11
	北京市										
1	中国人民解放军总医院	北京	三甲	123598	32779	26750	4190	4986	397	2285	14067
2	北京协和医院	北京	三甲	83548	19199	16182	3089	1371	185	672	10484
3	北京大学第一医院	北京	三甲	67704	13482	10806	1701	1938	263	707	7892
4	北京大学人民医院	北京	三甲	51212	12432	9998	1778	1192	150	519	6172
5	首都医科大学宣武医院	北京	三甲	33590	9688	8030	1388	1185	440	625	4422
6	北京大学第三医院	北京	三甲	38027	9539	7655	1365	1188	115	457	5014
7	首都医科大学附属北京同仁医院	北京	三甲	27236	9168	7527	1260	852	267	446	4027
8	北京中日友好医院	北京	三甲	34205	9093	7200	1216	735	139	426	3202
9	北京军区总医院	北京	三甲	18340	8633	7353	1556	473	98	384	2701
10	首都医科大学附属北京友谊医院	北京	三甲	25060	8136	6810	1389	307	282	428	2879
11	首都医科大学附属北京朝阳医院	北京	三甲	25452	7864	6294	1283	516	181	389	3327
12	首都医科大学附属北京天坛医院	北京	三甲	24594	7601	5958	1076	706	316	402	3395
13	北京医院	北京	三甲	28633	7377	5943	1072	603	96	258	3555
14	中国协和医科大学阜外心血管病医院	北京	三甲	28810	6584	5310	914	936	108	286	3423
15	首都医科大学附属北京安贞医院	北京	三甲	17706	6573	5347	1243	479	226	332	2866
16	中国人民解放军海军总医院	北京	三甲	16202	6521	5546	1017	371	38	473	2082
17	武警总医院	北京	三甲	12553	6034	4682	860	322	54	361	1754
18	中国人民解放军空军总医院	北京	三甲	12765	5940	4913	858	264	35	360	1617
19	中国人民解放军第三〇七医院	北京	三甲	22723	5801	4359	757	1757	119	508	3136
20	中国医学科学院肿瘤医院	北京	三甲	27617	5674	4616	807	715	114	295	2914
21	中国人民解放军总医院第一附属医院	北京	三甲	23412	5616	4588	791	1091	59	439	2375
22	中国人民解放军总参谋部总医院	北京	三甲	10837	4816	4185	844	350	75	294	1668
23	中国人民解放军三〇二医院	北京	三甲	15279	4566	3749	591	919	57	427	1709
24	首都医科大学附属北京儿童医院	北京	三甲	13055	4507	3818	710	237	144	241	2133

表1：各省（直辖市）2002～2011年医疗机构发表文献排序表

序号	机构名称	地区	级别	总被引频次	2002～2011年发文量		2011年发文量	基金论文量			北大核心期刊论文量
					总发文量	第一作者		国家	省市	其他	
25	中国中医科学院广安门医院	北京	三甲	15890	4495	3535	836	871	105	523	1493
26	北京积水潭医院	北京	三甲	14271	4337	3594	781	167	80	168	2169
27	北京中医药大学东直门医院	北京	三甲	15082	3316	2357	517	734	80	372	1209
28	中国中医科学院西苑医院	北京	三甲	16619	3313	2501	498	717	46	323	1391
29	中国人民解放军第三〇六医院	北京	三甲	8253	3126	2558	457	179	40	268	1082
30	首都医科大学附属北京佑安医院	北京	三甲	8068	2779	2269	464	352	177	400	954
31	首都医科大学附属北京妇产医院	北京	三甲	9646	2676	2201	468	93	100	229	1031
32	北京肿瘤医院	北京	三甲	10892	2463	1967	421	291	88	222	1306
33	首都医科大学附属北京中医医院	北京	三甲	8323	2332	1879	357	160	108	270	574
34	首都儿科研究所附属儿童医院	北京	三甲	10862	2304	1778	365	256	123	170	1063
35	北京中医药大学东方医院	北京	三甲	7338	2249	1548	376	386	44	259	681
36	首都医科大学附属复兴医院	北京	三乙	7751	2140	1678	308	45	55	132	885
37	北京世纪坛医院	北京	三甲	4865	2121	1689	404	122	48	106	928
38	中国人民解放军第二炮兵总医院	北京	三乙	3954	1985	1463	386	156	14	116	624
39	北京地坛医院	北京	三甲	6220	1960	1336	312	261	69	237	759
40	中国康复研究中心	北京	三甲	6571	1730	1148	195	79	16	105	467
41	煤炭工业总医院	北京	三乙	2685	1722	1434	407	83	13	51	378
42	中国医学科学院整形外科医院	北京	三甲	6094	1695	1348	225	119	35	69	675
43	北京华信医院	北京	三乙	3677	1314	1059	183	71	13	50	499
44	中国中医科学院望京医院	北京	三甲	4493	1286	937	211	176	27	123	317
45	首都医科大学附属北京胸科医院	北京	三甲	5007	1124	966	197	39	48	71	373
46	北京电力总医院	北京	三乙	1139	1064	910	153	24	3	29	140
47	北京大学口腔医院	北京	三甲	2926	1047	803	123	163	19	51	483
48	清华大学第二附属医院	北京	三乙	2189	1025	804	144	53	10	99	301
49	中国医科大学北京顺义医院	北京	二甲	1206	1012	906	258	12	14	17	130
50	北京市石景山医院	北京	二甲	1544	1000	873	158	10	12	22	154
51	航天中心医院	北京	三乙	1722	997	763	199	57	16	48	279
52	首都医科大学附属北京安定医院	北京	三甲	3247	960	718	139	39	31	114	365
53	北京回龙观医院	北京	三甲	3318	936	736	139	32	38	85	334
54	北京市垂杨柳医院	北京	二甲	2136	893	678	140	14	23	38	228
55	中国人民解放军第三〇五医院	北京	三甲	1585	891	639	171	56	8	122	268
56	北京市第六医院	北京	二甲	2138	883	754	104	20	12	21	184
57	北京市海淀医院	北京	二甲	2010	845	612	137	42	22	40	342
58	北京市通州区潞河医院	北京	二甲	1355	845	721	108	9	11	14	168

表1：各省（直辖市）2002～2011年医疗机构发表文献排序表

序号	机构名称	地区	级别	总被引频次	2002～2011年发文量		2011年发文量	基金论文量			北大核心期刊论文量
					总发文量	第一作者		国家	省市	其他	
59	北京大学首钢医院	北京	三乙	2201	837	645	181	31	8	33	221
60	北京老年医院	北京	三乙	1101	799	630	182	21	22	48	218
61	武警北京市总队医院	北京	三甲	1643	795	642	104	12	8	18	166
62	北京市海淀区妇幼保健院	北京	二甲	1663	765	581	151	29	18	72	283
63	中国人民解放军第二六一医院	北京	三乙	1154	752	642	156	23	4	25	90
64	首都医科大学附属北京口腔医院	北京	三甲	1773	744	540	101	99	46	59	227
65	北京航天总医院	北京	三乙	1014	731	632	130	14	3	24	100
66	北京市丰台区丰台医院	北京	二甲	1291	704	562	114	4	16	14	139
67	首都医科大学燕京医学院附属大兴医院	北京	二甲	1065	667	542	129	17	7	36	159
68	北京房山区第二医院	北京	二甲	645	641	595	168	3	0	13	60
69	航空工业中心医院	北京	二甲	788	569	452	58	18	8	19	112
70	首都医科大学燕京医学院附属平谷区医院	北京	二甲	660	560	499	90	5	6	9	72
71	民航总医院	北京	二甲	1144	553	361	118	22	6	24	121
72	中国人民解放军空军航空医学研究所附属医院	北京	三甲	1254	534	426	74	17	2	8	112
73	武警北京市总队第二医院	北京	三甲	889	533	429	78	21	3	16	91
74	北京市中西医结合医院	北京	二甲	2071	518	375	59	32	14	45	141
75	北京市东城区和平里医院	北京	二甲	920	513	426	83	9	7	29	85
76	北京市急救医疗中心	北京	三甲	1415	489	436	57	6	9	18	244
77	北京京煤集团总医院	北京	三乙	624	476	405	91	1	6	11	87
78	北京市怀柔区第一医院	北京	二甲	631	473	423	101	1	8	10	56
79	中国中医科学院眼科医院	北京	三甲	570	307	232	58	54	14	26	56
80	北京大学第六医院	北京	三甲	718	284	166	42	22	5	23	142
81	北京燕化医院	北京	三乙	608	260	223	22	3	1	4	39
82	北京市宣武区中医医院	北京	三乙	670	230	188	44	17	0	22	51
福建省											
1	福州总医院	福建	三甲	20122	8919	7703	1104	204	629	643	2453
2	福建医科大学附属第一医院	福建	三甲	12988	5415	4428	764	246	823	663	1704
3	福建医科大学附属协和医院	福建	三甲	12662	4470	3801	540	146	536	426	1459
4	福建省立医院	福建	三甲	8710	4084	3451	583	109	312	227	850
5	中国人民解放军第一七五医院	福建	三甲	5316	3197	2961	556	59	78	195	589
6	厦门市第一医院	福建	三甲	3533	2415	2044	461	65	42	212	553
7	中国人民解放军第一八〇医院	福建	三甲	3282	2326	2243	363	6	7	54	315
8	中国人民解放军第一七四医院	福建	三甲	3532	2201	2032	368	34	10	128	331
9	厦门大学附属中山医院	福建	三甲	4527	2103	1706	262	64	85	187	802

表1：各省（直辖市）2002～2011年医疗机构发表文献排序表

序号	机构名称	地区	级别	总被引频次	2002～2011年发文量		2011年发文量	基金论文量			北大核心期刊论文量
					总发文量	第一作者		国家	省市	其他	
10	福建省肿瘤医院	福建	三甲	4509	2073	1825	264	43	151	93	382
11	福建医科大学附属第二医院	福建	三甲	3055	1813	1625	262	24	100	79	498
12	福建省疾病预防控制中心	福建		5163	1788	1381	209	51	103	183	478
13	福建医科大学附属泉州第一医院	福建	三甲	2626	1677	1461	218	13	36	134	309
14	中国人民解放军第九十二医院	福建	三甲	1578	1566	1520	153	2	0	17	126
15	福建省人民医院	福建	三甲	4531	1493	1187	207	15	178	140	158
16	福建中医药大学附属第二人民医院	福建	三甲	3649	1456	1079	237	58	135	197	186
17	漳州市医院	福建	三甲	1582	1409	1253	252	11	26	52	277
18	南方医科大学附属莆田医院	福建	三甲	1763	1291	1118	202	1	31	74	159
19	龙岩市第一医院	福建	三甲	1581	1164	1060	167	8	7	6	96
20	福建省妇幼保健院	福建	三甲	2237	1105	949	133	18	51	100	224
21	三明市第一医院	福建	三甲	1733	1098	1002	106	2	10	35	125
22	厦门市中医院	福建	三甲	2397	1054	847	118	14	21	90	155
23	宁德市闽东医院	福建	三甲	1079	993	885	186	1	16	25	125
24	南平市第一医院	福建	三甲	978	942	875	145	0	18	33	102
25	三明市第二医院	福建	三乙	1433	931	846	102	1	14	14	63
26	厦门市第二医院	福建	三乙	1388	869	754	145	8	10	42	157
27	宁德市医院	福建	三乙	701	861	797	179	0	3	12	57
28	福州市中西结合医院	福建	三甲	1479	751	615	113	8	23	45	90
29	龙岩市第二医院	福建	三乙	954	662	600	91	1	4	13	58
30	莆田市第一医院	福建	三乙	650	661	586	89	3	10	29	76
31	福州市第一医院	福建	三乙	940	645	563	105	4	15	31	53
32	泉州市儿童医院	福建	二甲	982	600	531	71	4	4	31	117
33	漳州市中医院	福建	三甲	1299	579	468	80	2	32	36	87
34	福建省级机关医院	福建	二甲	730	562	471	77	0	36	33	46
35	福建中医学院附属泉州中医院	福建	三乙	1518	520	434	32	4	11	77	56
36	福建医科大学附属口腔医院	福建	三甲	1197	516	417	78	45	105	99	131
37	武警福建总队医院	福建	三甲	679	503	429	28	6	5	9	85
38	厦门市妇幼保健院	福建	三甲	915	501	431	124	14	10	39	153
39	福州市传染病医院	福建	三甲	739	408	326	50	5	16	61	68
40	福州市中医院	福建	三乙	572	343	312	53	1	1	19	9
41	厦门市第三医院	福建	三乙	437	326	292	56	4	0	20	43
42	南京军区福州总医院第三附属医院	福建	三甲	552	287	231	17	5	2	2	52
43	福州市第四医院	福建	三甲	416	278	242	37	0	8	13	21

表1：各省（直辖市）2002～2011年医疗机构发表文献排序表

序号	机构名称	地区	级别	总被引频次	2002～2011年发文量		2011年发文量	基金论文量			北大核心期刊论文量
					总发文量	第一作者		国家	省市	其他	
44	泉州市正骨医院	福建	三乙	272	254	245	41	0	1	7	8
45	南平市中医院	福建	三乙	358	253	231	33	0	2	15	15
46	南平市第二医院	福建	三乙	194	223	206	27	1	1	4	27
47	福州肺科医院	福建	三甲	244	211	175	21	6	1	11	25
48	福鼎市医院	福建	三乙	330	205	186	31	2	2	2	21
甘肃省											
1	兰州军区总医院	甘肃	三甲	11242	5134	4275	816	306	213	605	1472
2	兰州大学第一附属医院	甘肃	三甲	7756	3431	2648	539	140	201	452	1332
3	兰州大学第二附属医院	甘肃	三甲	8419	3360	2615	472	96	204	345	1353
4	甘肃省中医院	甘肃	三甲	3136	2330	1934	397	40	66	166	174
5	甘肃省人民医院	甘肃	三甲	4972	2092	1466	243	39	116	214	740
6	甘肃省肿瘤医院	甘肃	三甲	1591	1075	796	218	54	57	121	241
7	中国人民解放军第一医院	甘肃	三甲	1629	1049	836	178	31	12	45	210
8	甘肃省妇幼保健医院	甘肃	二甲	1114	964	841	146	9	30	45	209
9	甘肃中医学院附属医院	甘肃	三甲	1731	791	501	152	11	41	118	117
10	甘肃省张掖市人民医院	甘肃	三甲	675	719	645	155	1	8	18	112
11	兰州大学附属兰州医院	甘肃	三甲	827	658	525	106	6	17	64	133
12	凉州医院	甘肃	三乙	558	645	562	128	2	4	5	82
13	酒泉市人民医院	甘肃	三甲	574	552	497	114	0	4	3	89
14	甘肃省第二人民医院	甘肃	三甲	515	500	404	112	10	23	30	106
15	兰州市第二人民医院	甘肃	二甲	551	472	409	94	0	2	23	63
16	天水市第一人民医院	甘肃	三甲	594	437	386	54	1	3	14	65
17	白银市第一人民医院	甘肃	三乙	460	426	372	66	1	2	13	86
18	酒钢医院	甘肃	三乙	577	422	392	44	1	2	7	47
19	兰州大学附属天浩医院	甘肃	三甲	572	409	315	61	4	14	23	73
20	定西市人民医院	甘肃	三乙	291	343	302	64	0	1	7	65
21	金川集团有限公司职工医院	甘肃	三乙	463	332	272	100	5	7	10	56
22	平凉市人民医院	甘肃	三甲	204	318	294	50	0	2	1	27
23	庆阳市人民医院	甘肃	三乙	172	283	250	98	2	1	13	36
24	临夏州人民医院	甘肃	三乙	147	281	254	48	0	2	7	25
25	武警甘肃省总队医院	甘肃	三甲	347	275	217	24	8	6	14	31
26	靖远煤业有限责任公司职工总医院	甘肃	三乙	194	270	250	51	0	0	2	30
27	天水市中西医结合医院	甘肃	三乙	232	261	232	40	0	3	8	42
28	天水市中医院	甘肃	三乙	378	252	192	57	2	0	26	31

表1：各省（直辖市）2002～2011年医疗机构发表文献排序表

序号	机构名称	地区	级别	总被引频次	2002～2011年发文量		2011年发文量	基金论文量			北大核心期刊论文量
					总发文量	第一作者		国家	省市	其他	
29	中国人民解放军第十医院	甘肃	三甲	192	218	195	26	2	3	1	24
	广东省										
1	中山大学附属第一医院	广东	三甲	65281	18643	14704	2147	1767	1648	1737	9134
2	南方医科大学附属南方医院	广东	三甲	59557	16436	12921	2027	2400	1622	1458	9611
3	中山大学附属第二医院	广东	三甲	31831	10918	8592	1441	830	1044	903	4712
4	广州中医药大学第二附属医院	广东	三甲	30563	9190	7368	1398	781	688	1058	3349
5	广东省人民医院	广东	三甲	27315	8788	6637	985	450	956	759	4253
6	中山大学附属第三医院	广东	三甲	25911	8752	7146	1352	793	804	1011	4007
7	广州军区广州总医院	广东	三甲	25176	8657	7068	1118	593	886	684	4468
8	广东医学院附属医院	广东	三甲	18182	7325	6263	731	100	505	718	1616
9	南方医科大学珠江医院	广东	三甲	26212	7148	5406	851	965	928	744	4622
10	深圳市人民医院	广东	三甲	21142	7067	6043	696	175	340	1092	2650
11	广州中医药大学第一附属医院	广东	三甲	25286	6746	5318	871	379	523	571	1988
12	广州医学院附属广州市第一人民医院	广东	三甲	15471	5728	4721	666	154	507	728	2040
13	广州医学院第一附属医院	广东	三甲	18902	5200	4037	800	317	519	656	1801
14	中山大学附属肿瘤医院	广东	三甲	20299	5169	3710	599	502	397	457	2714
15	佛山市第一人民医院	广东	三甲	11982	5103	4612	943	37	143	297	1483
16	广州医学院第二附属医院	广东	三甲	12023	5076	4130	688	235	489	654	1682
17	暨南大学医学院第一附属医院	广东	三甲	17162	4993	3816	579	464	632	425	3254
18	北京大学深圳医院	广东	三甲	13185	4873	3984	648	195	187	651	1375
19	汕头大学医学院第一附属医院	广东	三甲	11824	4806	4168	391	151	388	439	998
20	南方医科大学附属深圳医院	广东	三甲	13404	4723	3800	534	142	164	982	1225
21	惠州市中心人民医院	广东	三甲	6423	3805	3476	552	37	91	224	507
22	中山大学附属第五医院	广东	三甲	4608	3021	2525	607	71	122	272	748
23	东莞市人民医院	广东	三甲	6198	2977	2657	345	47	85	227	592
24	广州中医药大学深圳附属医院	广东	三甲	8964	2866	2420	342	108	164	469	420
25	广州医学院第三附属医院	广东	三甲	5807	2757	2336	449	85	242	255	984
26	佛山市中医院	广东	三甲	6189	2723	2506	452	37	178	321	624
27	汕头大学医学院第二附属医院	广东	三甲	6546	2707	2298	254	92	228	273	636
28	湛江中心人民医院	广东	三甲	4724	2585	2385	260	1	52	111	271
29	深圳市福田区人民医院	广东	三甲	5805	2525	2082	272	49	57	380	594
30	深圳市第九人民医院	广东	三乙	4343	2452	2036	401	21	57	319	598
31	深圳市第八人民医院	广东	二甲	5115	2447	2112	313	26	71	336	533
32	中山大学附属汕头医院	广东	三甲	4321	2416	2153	302	25	56	131	573

表1：各省（直辖市）2002～2011年医疗机构发表文献排序表

序号	机构名称	地区	级别	总被引频次	2002～2011年发文量		2011年发文量	基金论文量			北大核心期刊论文量
					总发文量	第一作者		国家	省市	其他	
33	肇庆市第一人民医院	广东	三甲	3658	2402	2261	175	2	7	61	269
34	中山大学附属眼科医院	广东	三甲	10052	2397	1832	142	410	185	203	1377
35	中山市人民医院	广东	三甲	4925	2261	1938	341	42	69	177	575
36	中山大学附属江门医院	广东	三甲	4058	2242	2059	331	25	65	138	378
37	广州市红十字会医院	广东	三甲	5394	2225	1901	299	47	135	256	675
38	广州市妇女儿童医疗中心	广东	三甲	3433	2173	1843	464	104	103	247	901
39	深圳市第六人民医院	广东	三甲	4327	2144	1786	382	42	45	223	602
40	广州市儿童医院	广东	三甲	7279	2062	1642	78	79	109	254	956
41	广东省第二人民医院	广东	三甲	4507	1995	1617	308	61	200	132	639
42	汕头大学医学院附属粤北人民医院	广东	三甲	3579	1767	1543	229	12	71	124	358
43	梅州市人民医院	广东	三甲	2289	1701	1576	334	3	12	49	272
44	佛山市顺德区第一人民医院	广东	三甲	4166	1700	1533	207	16	65	144	389
45	广东省妇幼保健院	广东	三甲	4417	1686	1366	239	40	227	138	605
46	中山市中医院	广东	三甲	4730	1679	1514	237	26	83	219	324
47	深圳市妇幼保健院	广东	二甲	3592	1652	1361	313	50	41	272	558
48	深圳市儿童医院	广东	二甲	4017	1628	1271	225	69	71	286	679
49	珠海市人民医院	广东	三甲	3718	1562	1308	217	17	67	158	424
50	广东药学院附属第一医院	广东	三甲	3124	1542	1259	187	56	125	101	370
51	茂名市人民医院	广东	三甲	2867	1463	1364	189	0	8	20	189
52	广州市番禺中心医院	广东	二甲	2439	1393	1192	269	17	29	112	293
53	广州中医药大学附属广州市中医院	广东	三甲	4699	1383	1082	160	28	96	146	360
54	高州市人民医院	广东	二甲	1959	1372	1290	153	3	2	28	134
55	广州中医药大学附属广东省第二中医院	广东	三甲	3751	1349	1084	259	11	98	105	261
56	广州医学院附属市十二人民医院	广东	三甲	2260	1287	1017	187	47	93	181	508
57	中山市博爱医院	广东	三甲	2784	1251	1136	163	8	36	110	294
58	佛山市第二人民医院	广东	三甲	2762	1250	1090	136	13	49	160	283
59	暨南大学医学院第六附属医院	广东	三甲	3285	1249	1112	122	7	73	69	235
60	中国人民解放军第四五八医院	广东	三甲	3285	1227	924	123	117	52	124	480
61	揭阳市人民医院	广东	二甲	1711	1213	1149	184	3	8	18	119
62	广东省口腔医院	广东	三甲	2556	1197	909	171	87	226	88	334
63	深圳市第五人民医院	广东	二甲	3726	1192	967	136	15	37	197	310
64	武警广东省总队医院	广东	三甲	2505	1188	918	155	17	29	43	371
65	中山大学附属口腔医院	广东	三甲	1930	1182	941	172	116	130	117	326
66	中山大学附属东华医院	广东	三甲	2391	1163	1064	138	3	25	103	253

表1：各省（直辖市）2002～2011年医疗机构发表文献排序表

序号	机构名称	地区	级别	总被引频次	2002～2011年发文量		2011年发文量	基金论文量			北大核心期刊论文量
					总发文量	第一作者		国家	省市	其他	
67	广州医学院附属深圳沙井医院	广东	二甲	1615	1159	1044	215	18	25	225	246
68	广州市胸科医院	广东	三甲	2827	1142	991	142	33	48	164	312
69	深圳市宝安区西乡人民医院	广东	二甲	1546	1141	998	243	9	9	85	112
70	中国人民解放军第四二一医院	广东	三甲	3043	1125	940	126	65	23	83	332
71	阳江市人民医院	广东	三甲	1216	1110	1028	265	4	9	27	116
72	深圳市龙岗区人民医院	广东		1806	1109	860	174	15	33	141	207
73	广州医学院附属脑科医院	广东	三甲	2928	1098	761	141	47	103	148	412
74	广东医学院第二附属医院	广东	二甲	1748	1097	972	130	4	7	28	75
75	广州医学院附属肿瘤医院	广东	三甲	2698	1094	892	172	36	103	167	350
76	广东省农垦中心医院	广东	三甲	1869	1082	1016	90	2	19	29	86
77	深圳市第三人民医院	广东	三乙	2634	1034	778	133	50	58	181	300
78	中山市小榄人民医院	广东	二甲	1430	1005	939	178	5	16	69	182
79	东莞市石龙人民医院	广东	二甲	1614	992	920	124	1	7	32	124
80	广州中医药大学第三附属医院	广东	二甲	2764	975	805	133	15	70	67	229
81	汕头市第二人民医院	广东	三乙	1977	944	839	73	4	10	113	176
82	清远市人民医院	广东	三甲	1764	936	868	140	5	36	86	219
83	潮州市中心医院	广东	三甲	1691	921	852	96	6	17	35	203
84	江门市新会区人民医院	广东	二甲	1374	912	849	137	5	18	26	115
85	河源市人民医院	广东	三乙	1035	910	845	191	4	5	17	95
86	东莞市太平人民医院	广东	二甲	1224	898	797	140	3	9	28	123
87	广东省心血管病研究所	广东	三甲	3118	890	661	68	81	94	43	425
88	广州市第八人民医院	广东	三甲	2613	876	687	127	32	84	227	339
89	江门市人民医院	广东	二甲	1381	871	785	73	2	27	33	188
90	南方医科大学附属花都医院	广东	二甲	1395	864	776	110	8	14	34	162
91	广东医学院附属韶关医院	广东	三乙	2024	845	757	102	12	7	30	141
92	惠州市第三人民医院	广东	二甲	1313	842	738	177	5	17	52	103
93	南方医科大学附属南海人民医院	广东	三甲	1293	838	744	166	6	26	80	149
94	广东公安边防总队医院	广东	二甲	1517	832	725	120	4	12	19	146
95	广东省中医院珠海医院	广东	三甲	2175	810	725	112	7	55	65	140
96	广东省职业病防治院	广东		2100	810	611	126	68	149	88	498
97	广东省珠海市妇幼保健院	广东	三甲	2114	799	700	99	11	33	68	230
98	佛山市妇幼保健院佛山市妇儿医院	广东	二甲	2140	792	699	113	4	24	87	218
99	东莞市厚街医院	广东	二甲	1027	777	691	105	3	16	50	100
100	汕头大学医学院附属肿瘤医院	广东	三甲	2374	748	641	97	16	76	111	175

表1：各省（直辖市）2002～2011年医疗机构发表文献排序表

序号	机构名称	地区	级别	总被引频次	2002～2011年发文量		2011年发文量	基金论文量			北大核心期刊论文量
					总发文量	第一作者		国家	省市	其他	
101	广东省深圳市宝安区妇幼保健院	广东	二甲	1229	733	608	154	3	13	103	245
102	深圳市第七人民医院	广东	二甲	1351	705	583	99	7	13	113	137
103	深圳市孙逸仙心血管医院	广东	三甲	1322	678	590	77	19	11	96	219
104	广东省中西医结合医院	广东	三甲	1225	675	591	123	6	35	45	113
105	深圳市龙岗区第二人民医院	广东	二甲	1050	674	572	141	6	7	78	109
106	广州市番禺区妇幼保健院	广东	二甲	1398	672	579	129	6	21	57	135
107	深圳市宝安区龙华人民医院	广东	二甲	859	670	578	188	5	5	45	96
108	广东药学院附属第二医院	广东	二甲	830	665	622	67	0	8	10	67
109	广州医学院荔湾医院	广东	二甲	1442	662	523	91	20	31	95	151
110	兴宁市人民医院	广东	二甲	693	627	605	124	0	2	16	45
111	深圳市宝安区松岗人民医院	广东	二甲	870	625	534	119	4	15	55	111
112	深圳市蛇口人民医院西区	广东	二甲	1153	624	533	109	10	6	74	120
113	深圳市宝安区中医院	广东	二甲	1256	622	545	101	1	25	63	107
114	深圳市宝安区观澜人民医院	广东	二甲	519	614	550	180	10	4	49	98
115	广州中医药大学附属南海妇产儿童医院	广东	二甲	1241	608	509	123	10	12	52	138
116	中山大学附属第六医院	广东	二甲	657	601	426	169	48	55	49	239
117	开平市中心医院	广东	二甲	933	597	546	83	3	10	22	117
118	肇庆市第二人民医院	广东	二甲	1237	591	531	64	3	2	14	118
119	深圳市慢性病防治院	广东		1805	574	357	75	34	24	147	198
120	广州中医药大学附属东莞中医院	广东	三甲	1159	573	511	93	5	13	39	132
121	佛山市三水区人民医院	广东	二甲	602	548	507	105	1	10	27	62
122	东莞市常平医院	广东	二甲	613	543	493	107	3	6	30	49
123	云浮市人民医院	广东	三乙	588	536	505	83	2	9	31	64
124	珠海市第二人民医院	广东	三乙	984	532	402	118	3	15	57	100
125	中山市陈星海医院	广东	二甲	602	527	486	93	3	1	23	90
126	普宁市人民医院	广东	三甲	689	516	474	86	0	4	6	94
127	广州经济技术开发区医院	广东	二甲	919	510	446	61	3	11	37	102
128	深圳市福田区中医院	广东	二甲	1332	506	356	89	5	21	74	83
129	高要市人民医院	广东	二甲	610	501	458	57	0	1	14	65
130	中国人民解放军第四二二医院	广东	三甲	1011	500	381	79	26	2	46	129
131	惠州市中医院	广东	三甲	833	497	445	65	2	14	20	70
132	深圳市龙岗区横岗人民医院	广东	二甲	714	490	434	91	0	1	34	75
133	东莞市虎门医院	广东	二甲	1018	478	442	58	2	21	20	97
134	化州市人民医院	广东	二甲	604	472	446	37	0	0	17	23

表1：各省（直辖市）2002～2011年医疗机构发表文献排序表

序号	机构名称	地区	级别	总被引频次	2002～2011年发文量		2011年发文量	基金论文量			北大核心期刊论文量
					总发文量	第一作者		国家	省市	其他	
135	增城市人民医院	广东	二甲	653	471	401	92	8	15	37	78
136	汕尾逸挥基金医院	广东	二甲	779	458	441	69	0	2	8	47
137	佛山市顺德区桂洲医院	广东	二甲	806	453	403	75	0	6	39	85
138	中国人民解放军第一八八医院	广东	三甲	706	405	357	44	6	1	15	87
139	茂名市中医院	广东	三甲	712	364	341	43	0	4	11	33
140	中国人民解放军第一五七医院	广东	三甲	1191	336	246	6	12	16	24	130
141	清远市中医院	广东	三甲	471	304	271	86	2	14	27	29
142	湛江市第一中医医院	广东	三甲	660	298	274	22	0	3	11	26
143	广东三九脑科医院	广东	三甲	695	281	196	42	7	12	14	83
144	广州军区桂林疗养院	广东	三甲	410	275	260	22	0	0	1	29
145	湛江市第二中医院	广东	三乙	371	247	230	31	0	9	25	45
广西壮族自治区											
1	广西医科大学第一附属医院	广西	三甲	27284	12297	10431	1568	645	1571	1901	3660
2	广西人民医院	广西	三甲	12801	7115	6401	765	82	464	978	1443
3	柳州市工人医院	广西	三甲	6082	4375	4180	522	14	62	197	529
4	桂林医学院附属医院	广西	三甲	5920	3942	3527	883	80	311	776	1076
5	广西中医学院第一附属医院	广西	三甲	9196	3766	3094	590	119	254	666	718
6	柳州市人民医院	广西	三甲	5702	3581	3384	274	23	100	291	634
7	广西中医学院附属瑞康医院	广西	三甲	7916	3409	2854	540	97	214	362	581
8	右江民族医学院附属医院	广西	三甲	4193	2769	2529	351	48	88	355	451
9	广西医科大学附属肿瘤医院	广西	三甲	7242	2684	2123	318	179	456	483	693
10	广西百色市人民医院	广西	三甲	3567	2636	2529	198	5	3	64	217
11	广西南溪山医院	广西	三甲	2949	2266	2146	220	2	38	121	290
12	贵港市人民医院	广西	三甲	2115	2176	2123	344	3	26	87	135
13	北海市人民医院	广西	三甲	2819	2008	1911	163	10	38	95	207
14	玉林市第一人民医院	广西	三甲	2720	1919	1808	237	4	7	68	195
15	南宁市第一人民医院	广西	三甲	3220	1733	1632	162	2	23	218	203
16	广西民族医院	广西	三甲	3535	1639	1451	213	27	63	91	225
17	柳州市中医院	广西	三甲	2615	1496	1409	215	10	75	154	174
18	柳州市第三人民医院	广西	三甲	1609	1374	1309	246	5	20	84	148
19	广西医科大学第三附属医院	广西	三甲	2435	1369	1232	197	5	32	142	203
20	钦州市第二人民医院	广西	三甲	1370	1313	1261	274	5	32	53	147
21	中国人民解放军第一八一医院	广西	三甲	1826	1212	1075	195	17	31	59	295
22	钦州市第一人民医院	广西	三甲	1266	1174	1114	194	0	18	79	91

表1：各省（直辖市）2002～2011年医疗机构发表文献排序表

序号	机构名称	地区	级别	总被引频次	2002～2011年发文量		2011年发文量	基金论文量			北大核心期刊论文量
					总发文量	第一作者		国家	省市	其他	
23	中国人民解放军三〇三医院	广西	三甲	1877	1161	997	224	77	61	71	278
24	河池市人民医院	广西	三甲	1385	1132	1097	233	1	6	28	63
25	玉林市肿瘤医院	广西	二甲	1520	1111	1081	126	0	3	18	70
26	桂林市人民医院	广西	三甲	1293	1071	976	137	1	18	67	180
27	广西壮族自治区妇幼保健院	广西	三甲	1451	946	818	191	43	55	88	216
28	广西医科大学附属第七医院	广西	三甲	956	936	888	141	0	4	65	111
29	广西柳州市妇幼保健院	广西	三甲	1088	887	846	131	13	10	91	105
30	柳州医学高等专科学校第一附属医院	广西	三甲	1010	860	826	79	7	6	33	67
31	广西龙潭医院	广西	三乙	951	803	759	87	9	0	56	46
32	广西第三人民医院	广西	三乙	1359	775	663	94	59	80	65	111
33	梧州市红十字会医院	广西	三乙	864	724	694	116	4	3	42	59
34	桂东人民医院	广西	三乙	1281	691	675	85	0	0	21	71
35	河池市第一人民医院	广西	三甲	791	654	639	102	0	6	20	40
36	梧州市人民医院	广西	三乙	529	623	594	173	0	3	20	26
37	广西龙泉山医院	广西	三乙	875	616	577	62	12	1	24	63
38	南宁市红十字会医院	广西	二甲	838	603	541	110	2	11	28	35
39	玉林市第二人民医院	广西	三乙	639	582	566	84	0	6	18	32
40	贺州市人民医院	广西	二甲	578	566	534	115	9	0	49	34
41	桂林市妇女儿童医院	广西	三甲	804	564	492	52	3	7	24	84
42	桂林市第二人民医院	广西	三甲	799	556	515	81	6	6	39	80
43	南宁市第四人民医院	广西	三乙	735	554	479	112	13	10	87	67
44	广西壮族自治区职业病防治研究所	广西	三甲	1006	541	458	59	24	37	75	206
45	桂林市中医医院	广西	三甲	1057	528	505	76	2	3	39	58
46	灵山县人民医院	广西	二甲	405	527	506	117	0	0	32	16
47	贵港市中西医结合骨科医院	广西	二甲	449	482	471	134	0	0	26	19
48	广西医科大学附属口腔医院	广西	三甲	905	441	399	42	47	61	46	61
49	广西壮族自治区中医骨伤科研究所	广西	三甲	484	427	381	44	1	12	42	29
50	桂林市第五人民医院	广西	三乙	541	421	403	47	0	1	12	44
51	柳钢集团职工医院	广西	三乙	391	369	341	68	0	1	3	24
52	玉林市骨科医院	广西	三甲	337	351	336	65	0	0	6	27
53	玉林市中医院	广西	三甲	644	350	315	48	0	4	33	15
54	北海市中医院	广西	三乙	548	333	300	68	0	10	20	21
55	钦州市妇幼保健院	广西	三甲	243	270	268	70	0	0	6	30
56	玉林市妇幼保健院	广西	三甲	357	258	226	64	0	0	10	39

表1：各省（直辖市）2002～2011年医疗机构发表文献排序表

序号	机构名称	地区	级别	总被引频次	2002～2011年发文量		2011年发文量	基金论文量			北大核心期刊论文量
					总发文量	第一作者		国家	省市	其他	
57	贺州市中医院	广西	三甲	328	248	245	39	0	1	16	24
贵州省											
1	贵阳医学院附属医院	贵州	三甲	10706	5686	4500	720	281	274	416	1870
2	遵义医学院附属医院	贵州	三甲	7872	4621	4082	617	117	245	577	1506
3	贵州省人民医院	贵州	三甲	6202	3988	3449	583	85	290	279	1173
4	遵义市第一人民医院	贵州	三乙	1773	1513	1379	155	12	7	42	266
5	贵阳中医学院第二附属医院	贵州	三甲	2503	1257	942	218	35	20	97	239
6	贵阳中医学院第一附属医院	贵州	三甲	2452	1113	744	214	21	20	121	219
7	贵阳市妇幼保健院	贵州	三甲	1311	992	884	106	8	8	55	219
8	中国人民解放军第四十四医院	贵州	三甲	1666	951	810	118	61	14	18	146
9	贵阳市第一人民医院	贵州	三乙	983	844	756	95	9	6	46	146
10	铜仁市人民医院	贵州	二甲	697	714	679	104	1	3	6	70
11	黔东南州人民医院	贵州	二甲	593	559	533	71	6	0	2	72
12	黔南州人民医院	贵州	三级	976	549	502	64	6	10	18	115
13	黔西南州人民医院	贵州	三乙	357	542	503	117	5	1	11	87
14	贵州航天医院	贵州	二甲	290	523	478	182	0	2	13	37
15	毕节地区医院	贵州	三乙	357	516	491	138	1	0	3	72
16	贵阳市金阳医院	贵州	二甲	737	494	434	71	3	2	25	98
17	安顺市人民医院	贵州	三乙	576	479	428	63	1	1	13	93
18	遵义县人民医院	贵州	二甲	314	475	449	35	0	2	1	20
19	六盘水市人民医院	贵州	三乙	465	436	406	66	3	4	4	51
20	贵州省第二人民医院	贵州	三乙	729	405	341	55	1	8	17	54
21	贵阳医学院第二附属医院	贵州	三乙	150	331	319	91	0	2	1	30
22	水城矿业集团总医院	贵州	三甲	231	309	292	80	0	0	1	31
23	贵阳医学院第三附属医院	贵州	三乙	175	264	244	33	0	0	1	15
24	贵州省肿瘤医院	贵州	三乙	125	200	158	58	5	11	19	56
海南省											
1	海南省人民医院	海南	三甲	8010	4914	4463	724	88	343	130	1373
2	海南医学院附属医院	海南	三甲	3029	2273	1851	388	69	184	274	680
3	海口市人民医院	海南	三甲	2746	1874	1668	291	33	123	118	560
4	海南省农垦总局医院	海南	三甲	1281	1013	902	133	6	83	37	316
5	中国人民解放军第一八七中心医院	海南	三甲	921	729	662	89	12	5	28	152
6	海南省中医院	海南	三甲	695	466	423	69	11	27	18	131
7	海南省第三人民医院	海南	三甲	412	457	433	59	1	3	13	109

表1：各省（直辖市）2002～2011年医疗机构发表文献排序表

序号	机构名称	地区	级别	总被引频次	2002～2011年发文量		2011年发文量	基金论文量			北大核心期刊论文量
					总发文量	第一作者		国家	省市	其他	
8	三亚市人民医院	海南	三甲	328	295	262	58	1	11	15	91
河北省											
1	河北医科大学第二医院	河北	三甲	23551	10113	7993	1242	221	711	1138	3673
2	中国人民解放军第二五二医院	河北	三甲	7113	5868	5561	795	56	14	53	467
3	河北医科大学第四医院	河北	三甲	14789	5672	4443	919	293	365	1266	2218
4	河北医科大学第三医院	河北	三甲	14235	5636	4596	721	143	236	646	2062
5	中国人民解放军白求恩国际和平医院	河北	三甲	11441	5107	4253	537	103	108	212	1067
6	河北省人民医院	河北	三甲	11555	4968	3887	659	83	318	768	1804
7	中国人民解放军第二五一医院	河北	三甲	8513	4666	4365	706	37	5	183	729
8	承德医学院附属医院	河北	三甲	6044	3491	2835	468	28	46	314	1046
9	河北联合大学附属医院	河北	三甲	5978	3238	2336	226	59	90	364	1140
10	河北大学附属医院	河北	三甲	4065	2979	2350	423	31	50	297	794
11	唐山市工人医院	河北	三甲	4133	2680	2114	375	51	53	250	1086
12	沧州市中心医院	河北	三甲	2663	2312	1997	361	16	23	105	454
13	河北医科大学第一医院	河北	三甲	5472	2219	1622	353	58	154	395	727
14	河北医科大学中医院	河北	三甲	5542	2120	1606	283	31	99	553	503
15	河北北方学院附属第一医院	河北	三甲	3237	2104	1564	315	19	49	425	463
16	中国人民解放军二八一医院	河北	二甲	1839	1673	1552	233	15	0	18	190
17	衡水市哈励逊国际和平医院	河北	三甲	2239	1656	1503	322	3	10	71	226
18	邯郸市第一医院	河北	三甲	1939	1501	1165	268	13	16	103	312
19	秦皇岛市第一医院	河北	三甲	1752	1467	1256	267	21	15	134	479
20	沧州市中西医结合医院	河北	三甲	2075	1438	1242	305	5	14	108	251
21	邯郸市中心医院	河北	三甲	1701	1429	1112	279	13	18	80	322
22	邢台市人民医院	河北	三甲	1896	1408	1234	236	11	16	71	384
23	河北省儿童医院	河北	三甲	2400	1401	1120	198	7	30	198	393
24	保定市第一中心医院	河北	三甲	1976	1384	1130	216	5	18	51	278
25	石家庄市第一医院	河北	三甲	2270	1363	992	259	18	37	240	253
26	唐山市人民医院	河北	三甲	1835	1360	1046	218	19	14	194	415
27	廊坊市人民医院	河北	三甲	1458	1325	1170	173	8	7	52	205
28	唐山市第六医院	河北	三甲	1987	1252	1009	231	7	12	137	441
29	唐山市第二医院	河北	二甲	1885	1079	869	188	7	12	89	352
30	中国石油中心医院	河北	三甲	1413	1069	947	188	11	6	35	466
31	河北工程大学附属医院	河北	三乙	2075	1049	762	72	2	31	143	414
32	沧州市人民医院	河北	三甲	1168	1007	852	164	2	19	44	225

表1：各省（直辖市）2002～2011年医疗机构发表文献排序表

序号	机构名称	地区	级别	总被引频次	2002～2011年发文量		2011年发文量	基金论文量			北大核心期刊论文量
					总发文量	第一作者		国家	省市	其他	
33	唐山市中医院	河北	三甲	1583	967	765	197	9	14	175	159
34	中国人民解放军二六〇医院	河北	三乙	1107	929	790	114	4	6	21	173
35	石家庄市中医院	河北	三甲	1806	881	656	128	6	14	179	136
36	石家庄市中心医院	河北	二甲	1843	874	664	141	6	17	89	121
37	河北省胸科医院	河北	三级	1142	752	565	102	8	44	145	95
38	保定市第二医院	河北	二甲	966	740	558	166	5	7	35	126
39	承德市中心医院	河北	三甲	920	738	528	107	0	6	46	130
40	华北石油管理局总医院	河北	三甲	1158	735	566	136	13	9	32	234
41	武警河北省总队医院	河北	三甲	1051	719	557	56	8	0	10	61
42	石家庄市第三医院	河北	二甲	1272	700	470	97	13	21	62	141
43	保定市第一医院	河北	二甲	869	695	494	110	7	24	27	153
44	唐山市丰润区人民医院	河北	二甲	616	694	623	189	0	4	38	133
45	石家庄市第四医院	河北	二甲	1170	690	468	129	8	23	84	172
46	河北医科大学附属石家庄第五医院	河北	二甲	1057	627	502	114	3	18	105	61
47	邢台市眼科医院	河北	三级	673	623	575	82	8	4	46	186
48	河北医科大学附属以岭医院	河北	三级	1474	587	490	81	48	12	32	221
49	河北省复员军人医院	河北	二甲	721	559	519	87	0	0	30	63
50	河北北方学院附属第二医院	河北	二甲	611	555	439	96	2	9	91	95
51	开滦医院	河北	三甲	971	547	400	88	7	2	25	146
52	秦皇岛市第二医院	河北	三乙	499	534	464	152	4	7	62	52
53	唐山市协和医院	河北	二甲	545	530	386	120	3	8	57	143
54	秦皇岛市妇幼保健院	河北	三甲	691	528	442	91	1	2	83	133
55	河北省第六人民医院	河北	三甲	1146	517	407	78	7	6	45	127
56	邢台市第三医院	河北	三乙	699	509	437	83	6	9	43	68
57	保定市第三医院	河北	二甲	577	507	372	78	2	1	18	108
58	邢台矿业（集团）总医院	河北	二甲	523	491	450	109	0	3	12	87
59	廊坊市中医院	河北	三甲	767	480	435	73	2	2	29	54
60	邯郸市中医院	河北	三甲	906	472	352	65	1	29	82	97
61	石家庄市第二医院	河北	二甲	623	456	297	83	5	14	55	78
62	迁安市人民医院	河北	二甲	395	455	377	121	0	7	53	77
63	冀中能源峰峰集团总医院	河北	三甲	371	394	350	97	0	0	13	70
64	秦皇岛市中医院	河北	三甲	463	363	297	66	3	3	33	37
65	邯郸市第三医院	河北	三乙	424	349	254	69	15	0	34	63
66	中国人民解放军第二五五医院	河北	三甲	466	346	291	57	1	3	4	29

表1：各省（直辖市）2002～2011年医疗机构发表文献排序表

序号	机构名称	地区	级别	总被引频次	2002～2011年发文量		2011年发文量	基金论文量			北大核心期刊论文量
					总发文量	第一作者		国家	省市	其他	
67	保定市妇幼保健院	河北	三甲	445	340	246	68	2	1	19	96
68	中国人民解放军第二六六医院	河北	三甲	579	324	246	51	3	0	9	46
69	保定市第一中医院	河北	三甲	518	305	229	42	0	0	20	56
70	河北医科大学口腔医院	河北	三甲	529	239	168	27	9	16	53	66
71	中国人民解放军第四六七医院	河北	三级	553	238	172	0	2	3	3	36
河南省											
1	郑州大学第一附属医院	河南	三甲	28863	15367	12029	2261	637	1016	1018	7019
2	河南省人民医院	河南	三甲	12669	6725	5290	859	156	355	273	1997
3	新乡医学院第一附属医院	河南	三甲	8494	5476	4879	531	29	176	318	1025
4	河南中医学院第一附属医院	河南	三甲	10888	4696	3728	864	326	274	290	1017
5	河南科技大学第一附属医院	河南	三甲	6614	4099	3619	585	34	68	137	764
6	南阳市中心医院	河南	三甲	5042	4094	3775	355	11	16	19	468
7	郑州大学第二附属医院	河南	三甲	7025	3864	2898	568	134	113	145	968
8	商丘市第一人民医院	河南	二甲	3983	3264	3124	551	12	20	16	466
9	新乡市中心医院	河南	三甲	4007	3125	2793	424	2	34	39	422
10	郑州大学附属肿瘤医院	河南	三甲	5186	2907	2390	409	58	112	239	732
11	南阳医学高等专科学校第一附属医院	河南	二甲	2614	2808	2597	559	5	5	10	315
12	河南省中医院	河南	三甲	6197	2697	2252	351	62	101	118	586
13	郑州人民医院	河南	二甲	2651	2531	2142	573	24	27	103	452
14	河南大学淮河医院	河南	三甲	3514	2458	2153	293	14	31	35	629
15	焦作市第二人民医院	河南	三甲	2759	2408	2266	280	1	7	16	193
16	平顶山煤业（集团）公司总医院	河南	三甲	3249	2380	2231	77	13	6	19	247
17	郑州大学第五附属医院	河南	三甲	2919	2175	1800	250	28	33	53	529
18	洛阳市中心医院	河南	三甲	3191	2172	1929	268	6	17	38	314
19	郑州大学第三附属医院	河南	三甲	4621	2132	1710	261	62	199	117	883
20	河南省精神病医院	河南	三甲	5779	2087	1649	207	72	179	174	748
21	漯河医学高等专科学校第一附属医院	河南	三甲	2531	1978	1770	254	3	12	27	232
22	河南省洛阳正骨医院	河南	三甲	3541	1971	1729	279	5	33	38	291
23	郑州市儿童医院	河南	二甲	2591	1957	1803	322	8	31	39	272
24	郑州市中心医院	河南	三甲	2642	1950	1665	335	11	25	38	290
25	驻马店中心人民医院	河南	三甲	1841	1937	1821	344	0	5	7	214
26	濮阳市人民医院	河南	三甲	1987	1868	1744	224	7	11	13	254
27	焦作煤业（集团）中央医院	河南	二甲	2026	1855	1726	204	5	4	6	185
28	平顶山市第一人民医院	河南	三甲	2307	1841	1676	255	6	8	9	196

表1：各省（直辖市）2002～2011年医疗机构发表文献排序表

序号	机构名称	地区	级别	总被引频次	2002～2011年发文量		2011年发文量	基金论文量			北大核心期刊论文量
					总发文量	第一作者		国家	省市	其他	
29	安阳市人民医院	河南	三甲	2332	1837	1684	203	10	6	11	349
30	信阳市中心医院	河南	三甲	2284	1837	1704	244	4	9	4	172
31	焦作市人民医院	河南	三甲	2254	1720	1562	270	4	7	16	326
32	濮阳市油田总医院	河南	三甲	2470	1639	1493	241	8	11	17	402
33	中国人民解放军第一五三中心医院	河南	三甲	2505	1569	1379	152	25	48	43	263
34	中国人民解放军一五〇中心医院	河南	三甲	2557	1466	1268	178	64	17	51	303
35	新乡医学院第三附属医院	河南	三甲	2911	1436	1020	141	26	79	133	411
36	周口市中心医院	河南	三甲	1552	1432	1347	272	0	8	12	174
37	平顶山市第二人民医院	河南	三乙	1720	1429	1333	192	0	2	8	111
38	安阳市地区医院	河南	三甲	1650	1401	1311	217	2	7	15	181
39	郑州市骨科医院	河南	三甲	1730	1395	1258	157	13	8	19	158
40	开封市第一人民医院	河南	三甲	1939	1380	1190	233	3	12	37	255
41	新乡市第一人民医院	河南	三乙	2005	1372	1227	144	0	9	16	179
42	河南省胸科医院	河南	二甲	2050	1341	1102	150	5	58	44	206
43	漯河医学高等专科学校第二附属医院	河南	三乙	1165	1309	1221	161	1	6	4	85
44	三门峡市中心医院	河南	三甲	1625	1264	1213	105	1	0	12	188
45	许昌市中心医院	河南	三甲	1388	1261	1156	221	2	3	8	165
46	郑州市第一人民医院	河南	三甲	1172	1211	1045	226	7	19	28	184
47	河南大学第一附属医院	河南	三乙	2133	1163	948	128	6	46	34	292
48	郑州市第三人民医院	河南	三甲	1058	1129	942	195	3	25	25	131
49	南阳市第一人民医院	河南	三乙	1086	1118	1021	254	2	2	8	99
50	郑州市中医院	河南	三甲	2028	1087	939	176	5	19	38	117
51	中国人民解放军第一五九医院	河南	三甲	1591	1079	989	110	6	4	26	133
52	安阳钢铁集团公司职工总医院	河南	二甲	1191	1060	998	142	1	0	6	102
53	安阳市肿瘤医院	河南	三甲	1638	1007	890	115	23	9	13	162
54	鹤壁煤业集团总医院	河南	二级	1016	996	945	158	0	4	0	50
55	新乡市第二人民医院	河南	三乙	1325	984	849	209	0	10	11	106
56	郑州市妇幼保健院	河南	二甲	1460	970	864	178	7	27	16	176
57	河南科技大学第二附属医院	河南	三乙	1085	919	792	123	5	3	9	119
58	中国人民解放军第三七一中心医院	河南	三甲	1174	916	824	112	2	11	20	115
59	商丘市第三人民医院	河南	二甲	959	907	871	89	2	1	1	75
60	南阳市第二人民医院	河南	二甲	987	907	857	171	0	1	2	53
61	驻马店市第一人民医院	河南	三乙	833	874	830	118	0	1	1	60
62	安阳市中医院	河南	三甲	1234	863	789	133	2	4	6	70

表1：各省（直辖市）2002～2011年医疗机构发表文献排序表

序号	机构名称	地区	级别	总被引频次	2002～2011年发文量		2011年发文量	基金论文量			北大核心期刊论文量
					总发文量	第一作者		国家	省市	其他	
63	郑州市第二人民医院	河南	二甲	900	852	734	138	2	10	14	120
64	鹤壁市第一人民医院	河南	三甲	1089	852	780	96	1	1	1	67
65	河南科技大学第三附属医院	河南	三乙	1113	809	707	98	6	12	5	104
66	漯河市第二人民医院	河南	二甲	1016	802	697	121	0	2	10	74
67	河南省中医药研究院	河南		3179	792	530	74	51	71	91	225
68	漯河市第三人民医院	河南	二甲	883	762	680	81	0	0	3	64
69	武警河南总队医院	河南	三甲	1267	747	556	96	7	18	28	211
70	巩义市人民医院	河南	二甲	692	745	721	134	1	1	3	48
71	开封市第二人民医院	河南	二甲	972	742	651	164	4	8	17	74
72	濮阳市中医院	河南	二甲	1045	717	680	126	0	1	6	53
73	郑州市第七人民医院	河南	三甲	832	715	635	117	1	1	3	89
74	周口市中医院	河南	三甲	845	707	674	139	0	0	2	40
75	河南省传染病医院	河南	二甲	904	670	573	175	8	3	32	53
76	中国人民解放军第一五五中心医院	河南	三乙	798	656	587	153	11	3	21	91
77	商丘市中心医院	河南	二甲	693	654	628	110	0	0	2	62
78	河南中医学院第三附属医院	河南	二甲	1434	649	486	132	32	52	50	134
79	义马煤业（集团）总医院	河南	二甲	708	642	599	37	0	1	2	126
80	洛阳市第一人民医院	河南	二甲	830	633	553	110	5	1	3	65
81	安阳市第三人民医院	河南	二甲	780	627	600	77	0	0	2	71
82	驻马店市中医院	河南	三甲	816	626	589	115	1	0	3	23
83	漯河市中医院	河南	三甲	973	607	541	95	0	1	4	41
84	中国长城铝业公司总医院	河南	二甲	738	607	579	62	0	2	0	40
85	河南安阳市妇幼保健院	河南	二甲	614	590	562	67	3	0	2	71
86	驻马店市第二人民医院	河南	三乙	1036	585	559	68	3	1	0	50
87	开封市儿童医院	河南	二甲	576	578	518	98	0	4	10	107
88	河南第一荣康医院	河南		514	548	500	44	0	3	1	22
89	中国人民解放军第一五二中心医院	河南	三甲	721	538	453	72	10	1	7	120
90	黄河三门峡医院	河南	三甲	460	536	489	71	2	1	6	56
91	南阳市张仲景国医院	河南	三甲	913	528	455	108	5	1	5	54
92	济源市人民医院	河南	二甲	663	523	497	108	0	0	5	47
93	河南油田总医院	河南	二甲	441	512	491	135	0	2	2	63
94	林州市人民医院	河南	二甲	569	512	448	68	1	0	2	26
95	平舆县人民医院	河南	二甲	721	510	455	39	1	0	1	54
96	商丘市中医院	河南	二甲	630	499	470	86	0	0	2	32

表1：各省（直辖市）2002～2011年医疗机构发表文献排序表

序号	机构名称	地区	级别	总被引频次	2002～2011年发文量		2011年发文量	基金论文量			北大核心期刊论文量
					总发文量	第一作者		国家	省市	其他	
97	平顶山市中医院	河南	二甲	1090	499	436	31	3	2	9	30
98	焦作市中医院	河南	二甲	650	497	452	98	2	1	2	41
99	洛阳市妇女儿童医疗保健中心	河南	二甲	493	494	458	119	9	1	2	82
100	西平县人民医院	河南	二甲	450	492	466	90	0	0	0	12
101	郑州大学第四附属医院	河南	二甲	660	492	400	85	4	14	16	93
102	长葛市人民医院	河南	二甲	481	484	468	57	0	2	2	17
103	辉县市人民医院	河南	二甲	471	478	427	63	5	2	2	29
104	确山县人民医院	河南	二甲	391	476	452	117	1	0	5	26
105	唐河县人民医院	河南	二甲	353	462	443	122	1	2	2	21
106	郸城县人民医院	河南	二甲	365	461	419	70	1	0	2	25
107	洛阳市洛轴总医院	河南	二甲	626	460	393	27	1	1	3	55
108	濮阳市妇幼保健院	河南	二甲	627	451	425	77	1	1	2	109
109	开封市中医院	河南	三甲	426	450	412	127	3	4	29	47
110	中国人民解放军第一五四医院	河南	三乙	502	361	318	34	1	3	6	49
111	南阳南石医院	河南	三乙	394	356	333	84	0	0	2	24
112	中平能化医疗集团总医院	河南	三甲	59	312	302	159	1	1	3	11
黑龙江省											
1	哈尔滨医科大学附属第一医院	黑龙江	三甲	22367	9138	7389	1023	561	724	965	4505
2	哈尔滨医科大学附属第二医院	黑龙江	三甲	19525	7330	5787	961	375	626	881	3735
3	大庆油田总医院	黑龙江	三甲	4886	4256	3461	884	49	47	84	649
4	黑龙江省医院	黑龙江	三甲	4775	3731	3161	574	32	93	121	641
5	佳木斯大学附属第一医院	黑龙江	三甲	3460	3338	2734	568	36	56	249	405
6	大庆市人民医院	黑龙江	三甲	3049	3025	2619	412	20	11	88	243
7	哈尔滨医科大学附属肿瘤医院	黑龙江	三甲	6373	2847	2239	392	74	227	380	974
8	黑龙江中医药大学第一附属医院	黑龙江	三甲	6297	2425	1722	465	187	198	437	302
9	哈尔滨医科大学附属第四医院	黑龙江	三甲	3642	2127	1581	404	54	144	288	881
10	牡丹江医学院红旗医院	黑龙江	三甲	1933	2073	1751	475	10	24	195	241
11	佳木斯市中心医院	黑龙江	三甲	2208	1773	1337	84	8	11	27	120
12	大庆市第四医院	黑龙江	三甲	1279	1603	1477	184	4	14	6	211
13	哈尔滨市第一医院	黑龙江	三甲	2108	1455	1093	109	20	26	58	228
14	黑龙江省中医院	黑龙江	三甲	3055	1324	1015	256	23	50	110	166
15	齐齐哈尔医学院第六附属医院	黑龙江	三甲	1035	1244	1014	157	11	4	30	117
16	哈尔滨市第三医院	黑龙江	三甲	1272	1238	1123	96	2	2	9	86
17	齐齐哈尔医学院第三附属医院	黑龙江	三甲	1062	1141	993	142	3	12	25	108

表1：各省（直辖市）2002 ~2011 年医疗机构发表文献排序表

序号	机构名称	地区	级别	总被引频次	2002 ~ 2011 年发文量		2011 年发文量	基金论文量			北大核心期刊论文量
					总发文量	第一作者		国家	省市	其他	
18	中国人民解放军第二一一医院	黑龙江	三甲	2054	1082	868	99	43	37	46	318
19	黑龙江中医药大学第二附属医院	黑龙江	三甲	3515	1027	673	209	22	51	172	109
20	哈尔滨市虹桥医院	黑龙江	三甲	1023	938	798	94	7	9	13	107
21	鸡西市人民医院	黑龙江	三甲	682	865	751	114	0	1	9	50
22	齐齐哈尔医学院第一附属医院	黑龙江	三甲	1055	859	655	84	7	8	41	73
23	牡丹江医学院附属第二医院	黑龙江	二甲	502	796	702	201	0	5	22	63
24	哈尔滨市第五医院	黑龙江	三甲	1048	779	589	51	10	7	15	106
25	鹤岗市人民医院	黑龙江	三乙	578	746	655	78	3	1	4	50
26	哈尔滨市儿童医院	黑龙江	三甲	802	686	551	85	4	8	24	109
27	鹤岗矿业集团总医院	黑龙江	三甲	336	669	582	56	0	1	0	17
28	佳木斯大学附属第二医院	黑龙江	三甲	544	648	488	134	6	9	39	50
29	双鸭山矿业集团总医院	黑龙江	三甲	542	630	570	69	0	1	2	29
30	鸡西矿业集团总医院	黑龙江	三甲	480	615	549	66	2	2	4	48
31	牡丹江市第二人民医院	黑龙江	三甲	516	594	465	85	2	4	19	52
32	齐齐哈尔医学院第二附属医院	黑龙江	三甲	681	576	433	47	2	8	27	94
33	哈尔滨市红十字中心医院	黑龙江	三甲	626	573	419	66	7	9	25	62
34	哈尔滨市肛肠医院	黑龙江	三甲	1289	567	407	63	4	7	20	35
35	大庆市中医医院	黑龙江	三甲	902	567	492	108	0	1	3	36
36	齐齐哈尔医学院附属第八医院	黑龙江	三甲	545	557	427	52	6	2	8	31
37	哈尔滨市第四医院	黑龙江	三甲	544	464	344	34	1	5	11	63
38	黑龙江省佳木斯市妇幼保健院	黑龙江	二甲	453	459	331	28	0	5	8	20
39	大庆油田总医院集团第三医院	黑龙江	三甲	507	454	423	39	1	0	1	19
40	中国人民解放军第二〇三医院	黑龙江	三甲	549	440	398	18	6	0	6	58
41	黑龙江省森工总医院	黑龙江	三甲	385	436	374	89	1	4	7	35
42	牡丹江市第一人民医院	黑龙江	三甲	421	435	318	33	0	4	9	48
43	黑龙江省农垦总医院	黑龙江	三甲	343	359	273	43	4	4	18	45
44	黑龙江省第二医院	黑龙江	三甲	489	356	262	47	6	5	12	93
45	绥化市第一医院	黑龙江	三甲	215	340	301	9	1	2	2	25
46	牡丹江医学院附属第三医院	黑龙江	三乙	227	310	241	24	0	3	4	23
47	哈尔滨医科大学附属口腔医院	黑龙江	三甲	438	258	190	36	17	23	38	96
48	双鸭山市人民医院	黑龙江	三甲	168	240	188	38	0	0	1	6
49	佳木斯市中医医院	黑龙江	三甲	297	238	156	19	2	0	4	20
50	七台河市人民医院	黑龙江	三甲	150	225	194	28	1	2	0	10
51	牡丹江市中医院	黑龙江	三甲	296	220	171	19	1	0	5	13

表1：各省（直辖市）2002～2011年医疗机构发表文献排序表

序号	机构名称	地区	级别	总被引频次	2002～2011年发文量		2011年发文量	基金论文量			北大核心期刊论文量
					总发文量	第一作者		国家	省市	其他	
湖北省											
1	华中科技大学同济医学院附属同济医院	湖北	三甲	79174	21894	18179	2205	4375	974	903	11254
2	华中科技大学同济医学院附属协和医院	湖北	三甲	62547	18335	15031	1684	2990	1036	890	9489
3	武汉大学人民医院	湖北	三甲	35520	12270	10194	1569	830	940	688	5413
4	武汉大学中南医院	湖北	三甲	20207	6373	5020	744	539	591	423	2962
5	广州军区武汉总医院	湖北	三甲	13748	5108	4356	722	131	235	158	1423
6	十堰市太和医院	湖北	三甲	10852	4997	4295	208	88	222	260	1293
7	武汉市中西医院结合医院	湖北	三甲	7379	3345	2727	564	86	129	346	931
8	湖北省十堰市人民医院	湖北	三甲	5845	3070	2731	148	28	160	128	688
9	湖北中医药大学附属医院	湖北	三甲	8835	2835	1962	325	124	203	206	362
10	襄阳市中心医院	湖北	三甲	4490	2723	2408	217	55	35	48	484
11	宜昌市中心人民医院	湖北	三甲	4209	2715	2380	515	35	77	159	876
12	荆州市第一人民医院	湖北	三甲	2701	2686	2238	589	16	43	80	433
13	华中科技大学同济医学院附属荆州医院	湖北	三甲	5330	2652	2348	375	12	51	103	436
14	湖北省武汉市妇女儿童医疗保健中心	湖北	三甲	5250	2077	1774	290	32	51	99	923
15	武汉市中心医院	湖北	三甲	3199	1712	1494	395	46	23	83	534
16	咸宁学院附属第一医院	湖北	三甲	1783	1670	1451	189	14	38	32	169
17	东风汽车公司总医院	湖北	三甲	2773	1584	1412	57	17	54	66	403
18	华中科技大学同济医院附属孝感医院	湖北	三甲	1909	1540	1396	334	9	10	39	261
19	荆门市第一人民医院	湖北	三甲	2315	1533	1389	231	14	21	50	280
20	黄石市中心医院	湖北	三甲	2562	1527	1365	218	12	29	47	557
21	恩施州中心医院	湖北	三甲	1708	1482	1327	256	4	9	23	207
22	襄樊市第一人民医院	湖北	三甲	2412	1450	1309	144	16	4	23	368
23	武汉市中医医院	湖北	三甲	2434	1296	1147	240	13	14	104	159
24	湖北省妇幼保健院	湖北	三甲	2786	1265	1087	235	32	36	54	427
25	武汉市第三医院	湖北	三甲	2062	1164	957	197	19	16	69	306
26	武汉市普爱医院	湖北	三甲	2496	1139	967	214	27	36	51	485
27	湖北民族学院医学院附属医院	湖北	二甲	1297	1128	1013	161	8	21	41	216
28	三峡大学仁和医院	湖北	三乙	2028	1122	955	161	7	16	42	278
29	宜昌市第一人民医院	湖北	三甲	1957	1064	836	201	17	11	39	388
30	江汉石油管理局中心医院	湖北	三甲	1244	1062	1019	148	3	0	3	125
31	中国人民解放军第一六一中心医院	湖北	三甲	1819	1046	886	145	22	5	9	232
32	武汉科技大学附属天佑医院	湖北	三甲	1681	1028	872	194	20	29	24	266
33	襄樊市中医院	湖北	三甲	1877	983	900	65	5	2	29	106

表1：各省（直辖市）2002～2011年医疗机构发表文献排序表

序号	机构名称	地区	级别	总被引频次	2002～2011年发文量		2011年发文量	基金论文量			北大核心期刊论文量
					总发文量	第一作者		国家	省市	其他	
34	湖北省新华医院	湖北	三乙	1863	959	820	179	28	19	22	284
35	武汉大学中山医院	湖北	三甲	1168	955	810	189	17	21	22	159
36	湖北省肿瘤医院	湖北	三甲	2046	901	747	146	30	27	25	344
37	荆门市第二人民医院	湖北	二甲	1133	868	794	95	4	7	22	148
38	武警湖北省总队医院	湖北	三甲	1735	864	701	105	20	11	19	176
39	武汉亚洲心脏病医院	湖北	三甲	1303	757	681	134	7	5	9	193
40	鄂州市中心医院	湖北	三甲	1234	729	670	82	5	3	11	115
41	武汉市第六医院	湖北	二甲	1212	700	638	115	2	8	32	138
42	荆州市中日友好医院	湖北	二甲	970	668	561	89	2	7	12	111
43	天门市第一人民医院	湖北	二甲	733	645	618	108	1	5	3	99
44	华中科技大学同济医学院附属梨园医院	湖北	三甲	1853	633	500	74	31	34	27	233
45	黄石市中医院	湖北	三甲	810	616	555	99	1	11	26	253
46	黄石市第二医院	湖北	二甲	831	570	516	65	0	4	11	201
47	武汉钢铁（集团）公司第二职工医院	湖北	三甲	1093	558	505	36	2	5	4	107
48	武钢总医院	湖北	三甲	1316	554	425	62	9	13	9	136
49	中国人民解放军第四七七医院	湖北	二甲	648	549	483	56	8	5	6	88
50	仙桃市第一人民医院	湖北	二甲	690	548	504	71	1	4	4	83
51	丹江口市第一医院	湖北	二甲	833	516	482	110	2	2	15	51
52	荆州市第三人民医院	湖北	二甲	609	512	452	70	1	0	6	108
53	随州市中心医院	湖北	三甲	638	493	440	64	8	5	3	110
54	宜昌市第二人民医院	湖北	三甲	882	485	386	70	5	4	28	143
55	葛洲坝中心医院	湖北	三甲	812	477	392	42	2	2	8	76
56	武汉市第五医院	湖北	三甲	753	475	382	149	7	8	34	124
57	中国人民解放军四五七医院	湖北	三甲	897	458	354	58	20	4	14	117
58	长江航运总医院	湖北	三甲	529	418	362	92	2	1	8	48
59	荆州市中医院	湖北	三甲	796	416	353	58	2	4	21	40
60	武汉大学口腔医院	湖北	三甲	807	400	281	38	29	19	12	139
61	十堰市妇幼保健院	湖北	三甲	400	398	353	108	2	3	3	95
62	黄冈市中心医院	湖北	三甲	633	397	337	55	3	3	8	94
63	黄石市爱康医院	湖北	三甲	375	377	337	66	0	4	14	77
64	武汉精神卫生中心	湖北	三甲	935	352	291	49	16	3	12	78
65	湖北中医学院附属宜昌医院	湖北	三甲	301	275	192	53	3	8	15	57
66	十堰市中医院	湖北	三甲	373	271	234	63	1	1	9	33
67	武汉市普仁医院	湖北	三甲	363	252	210	36	0	3	2	51

表1：各省（直辖市）2002～2011年医疗机构发表文献排序表

序号	机构名称	地区	级别	总被引频次	2002～2011年发文量		2011年发文量	基金论文量			北大核心期刊论文量
					总发文量	第一作者		国家	省市	其他	
68	武钢集团鄂钢医院	湖北	三级	267	246	221	51	3	0	1	37
湖南省											
1	中南大学湘雅二医院	湖南	三甲	53225	14941	12142	1543	1604	886	741	6868
2	中南大学湘雅医院	湖南	三甲	53168	14487	11703	1286	1715	1213	811	7323
3	中南大学湘雅三医院	湖南	三甲	12364	4753	3658	614	357	453	314	1990
4	南华大学附属第一医院	湖南	三甲	6687	2982	2439	444	137	313	200	840
5	湖南省儿童医院	湖南	三甲	3758	2930	2680	577	36	94	49	535
6	湖南中医药大学第一附属医院	湖南	三甲	9188	2888	2080	426	160	390	176	385
7	湖南省人民医院	湖南	三甲	4393	2883	2367	484	52	129	84	587
8	郴州市第一人民医院	湖南	三甲	3799	2726	2321	526	36	88	192	415
9	湖南省肿瘤医院	湖南	三甲	4215	1886	1507	270	25	129	74	325
10	南华大学附属第二医院	湖南	三甲	2677	1580	1210	291	35	114	104	323
11	南华大学附属南华医院	湖南	三甲	1851	1256	1094	206	6	54	44	276
12	常德市第一人民医院	湖南	三甲	2011	1254	1095	155	7	12	16	148
13	株洲市第一医院	湖南	三甲	1231	1126	1029	264	9	19	15	139
14	邵阳市中心医院	湖南	三甲	1381	1114	975	173	3	33	12	116
15	湖南中医药大学附属中西医结合医院	湖南	三甲	3007	1079	788	167	63	131	72	158
16	中国人民解放军第一六三医院	湖南	三甲	1880	1060	917	130	22	40	25	184
17	湘潭市中心医院	湖南	三甲	1617	1057	905	178	8	16	34	130
18	湖南省第二人民医院	湖南	三乙	2213	1014	778	236	53	39	27	166
19	长沙市中心医院	湖南	三甲	1508	944	746	202	18	42	51	172
20	怀化市第一人民医院	湖南	三甲	1298	895	783	124	4	19	20	123
21	娄底市中心医院	湖南	三甲	1155	886	778	185	9	37	34	103
22	中国人民解放军第一六九中心医院	湖南	三甲	1409	885	832	153	7	3	11	129
23	岳阳市第一人民医院	湖南	三甲	1176	855	755	165	13	18	19	117
24	湘西州人民医院	湖南	三甲	1284	849	698	146	8	27	22	169
25	湘南学院附属医院	湖南	三甲	1066	820	630	141	4	53	54	81
26	湖南省妇幼保健院	湖南	三甲	1247	811	695	178	11	31	21	112
27	长沙市第八医院	湖南	三甲	1117	800	698	181	8	24	9	71
28	长沙市第一医院	湖南	三甲	1127	785	644	204	15	26	24	157
29	益阳市中心医院	湖南	三甲	928	717	629	165	4	6	8	58
30	永州市中心医院	湖南	三甲	944	670	603	88	3	7	3	80
31	岳阳市第二人民医院	湖南	三甲	972	659	596	110	7	4	24	97
32	湖南中医药大学第二附属医院	湖南	三甲	963	639	497	127	13	72	26	64

表1：各省（直辖市）2002～2011年医疗机构发表文献排序表

序号	机构名称	地区	级别	总被引频次	2002～2011年发文量		2011年发文量	基金论文量			北大核心期刊论文量
					总发文量	第一作者		国家	省市	其他	
33	怀化市第二人民医院	湖南	二甲	921	636	605	97	0	0	9	34
34	湖南省老年医院	湖南	三甲	1217	619	519	141	44	72	28	126
35	怀化医专附属医院	湖南	二甲	731	545	461	70	8	17	13	71
36	张家界市人民医院	湖南	三甲	727	539	489	83	0	11	3	64
37	长沙市第三医院	湖南	三甲	697	536	450	115	3	16	8	66
38	衡阳市中心医院	湖南	三甲	626	529	422	119	6	16	10	67
39	长沙市第四医院	湖南	三甲	758	515	423	149	12	9	13	74
40	湘潭市第一人民医院	湖南	三乙	745	502	445	111	2	8	20	57
41	邵阳市第一人民医院	湖南	三甲	799	490	448	69	4	10	8	47
42	武警湖南省总队医院	湖南	三甲	814	412	354	28	4	1	4	93
43	常德市第一中医院	湖南	三甲	436	411	368	120	3	4	17	16
44	湖南师范大学附属湘东医院	湖南	三甲	345	387	361	53	2	9	2	21
45	湖南省直中医院	湖南	三甲	547	357	316	99	2	9	9	18
46	永州职业技术学院附属医院	湖南	三乙	321	311	271	55	0	4	9	27
47	衡阳市第一人民医院	湖南	三甲	231	224	196	56	2	2	5	17
	吉林省										
1	吉林大学第一医院	吉林	三甲	27573	11298	8290	1540	826	920	1122	6586
2	吉林大学第三医院	吉林	三甲	16731	7084	4953	779	519	492	611	4012
3	吉林大学第二医院	吉林	三甲	13366	6164	4289	678	374	435	510	3431
4	延边大学附属医院	吉林	三甲	5282	3709	3412	511	94	20	87	1035
5	长春中医药大学附属医院	吉林	三甲	6243	2991	2295	470	86	93	203	478
6	吉林省人民医院	吉林	三甲	4191	2713	2081	387	44	80	121	931
7	北华大学附属医院	吉林	三甲	3752	2637	2193	357	29	40	88	646
8	四平市中心医院	吉林	二甲	1587	2182	1940	361	13	4	7	175
9	长春市中心医院	吉林	三甲	1951	1796	1477	302	13	25	52	393
10	吉林大学第四医院	吉林	三甲	1642	1494	1295	190	17	38	50	335
11	吉林省肿瘤医院	吉林	三甲	1775	1457	1132	295	25	32	44	337
12	北华大学第二附属医院	吉林	三甲	1281	1381	1146	173	13	15	40	265
13	吉林市中心医院	吉林	三甲	1175	1359	1130	309	8	17	18	181
14	吉林医药学院附属医院	吉林	三甲	1978	1267	955	124	7	21	57	370
15	吉林市第二中心医院	吉林	三甲	1367	1235	1133	73	7	2	9	140
16	长春市儿童医院	吉林	三甲	1527	1220	1049	244	5	10	27	306
17	中国人民解放军第二〇八医院	吉林	三甲	1975	1153	812	133	38	35	30	361
18	吉林省中西医结合医院	吉林	三乙	3303	920	656	30	32	17	77	275

表1：各省（直辖市）2002～2011年医疗机构发表文献排序表

序号	机构名称	地区	级别	总被引频次	2002～2011年发文量		2011年发文量	基金论文量			北大核心期刊论文量
					总发文量	第一作者		国家	省市	其他	
19	长春市妇产科医院	吉林	三甲	753	796	653	168	4	14	18	289
20	吉林油田总医院	吉林	三甲	489	754	628	175	3	9	10	102
21	中国人民解放军第三二一医院	吉林	二甲	680	736	677	166	0	3	6	73
22	吉林大学口腔医院	吉林	二甲	1294	692	502	105	49	118	89	394
23	吉林市第三人民医院	吉林	三甲	699	686	612	101	2	1	10	38
24	长春市人民医院	吉林	二甲	734	646	538	122	5	11	13	108
25	长春中医药大学第二附属医院	吉林	三甲	638	633	538	90	2	5	11	35
26	吉林省前卫医院	吉林	二甲	676	630	562	87	1	1	4	56
27	吉林省武警总队医院	吉林	三乙	555	626	507	61	4	4	12	265
28	辽源市中心医院	吉林	三甲	379	616	443	110	6	2	10	69
29	吉林市第四医院	吉林	二甲	586	601	525	46	5	1	3	57
30	梅河口市医院	吉林	二甲	526	554	454	23	1	4	2	35
31	通化市中心医院	吉林	二甲	324	536	425	99	3	3	3	54
32	松原市中心医院	吉林	二甲	360	531	479	112	3	1	5	51
33	敦化市医院	吉林	二甲	253	486	440	76	2	1	1	33
34	通化市人民医院	吉林	二甲	438	476	365	80	2	1	5	65
35	长春市传染病医院	吉林	二甲	640	476	382	51	3	3	12	61
36	长春市第二医院	吉林	二甲	381	471	375	97	5	4	8	73
37	公主岭市中心医院	吉林	二甲	214	456	410	85	2	1	0	30
38	辽源市中医院	吉林	三甲	504	442	291	62	3	1	17	39
39	吉林省第三人民医院	吉林	三甲	555	390	320	63	3	2	5	55
40	辽源矿业（集团）公司总医院	吉林	三甲	284	375	310	83	2	3	2	25
41	中国人民解放军第二〇六医院	吉林	三乙	113	223	168	17	3	1	2	17
江苏省											
1	江苏省人民医院	江苏	三甲	45599	15083	11994	2116	1325	1318	1748	7914
2	南京军区南京总医院	江苏	三甲	50574	13034	11173	1812	967	440	1878	5263
3	苏州大学第一附属医院	江苏	三甲	25477	10133	8022	1508	648	465	1060	5392
4	南京大学医学院附属鼓楼医院	江苏	三甲	20881	8463	7132	1288	403	332	1051	3633
5	南京中医药大学附属医院	江苏	三甲	16827	6524	4717	1174	343	217	806	1472
6	南通大学附属医院	江苏	三甲	12768	6427	5331	919	244	293	799	1999
7	东南大学附属中大医院	江苏	三甲	16632	5518	4077	685	765	340	535	2325
8	苏州大学附属第二医院	江苏	三甲	12143	4781	3933	682	271	169	411	2585
9	南京医科大学附属南京第一医院	江苏	三甲	9680	4618	4004	668	165	192	416	1672
10	徐州医学院附属医院	江苏	三甲	8700	4518	3479	873	285	359	552	1375

表1：各省（直辖市）2002～2011年医疗机构发表文献排序表

序号	机构名称	地区	级别	总被引频次	2002～2011年发文量		2011年发文量	基金论文量			北大核心期刊论文量
					总发文量	第一作者		国家	省市	其他	
11	无锡市人民医院	江苏	三甲	5743	4450	4000	1071	61	126	169	1416
12	连云港市第一人民医院	江苏	三甲	4777	3206	2955	457	35	36	167	524
13	苏州大学医学院附属第三医院	江苏	三甲	5791	3144	2732	541	110	36	250	1150
14	淮安市第一人民医院	江苏	三甲	3727	3129	2911	598	31	53	90	897
15	苏州市立医院	江苏	三甲	4687	3105	2683	544	50	53	168	907
16	无锡市第二人民医院	江苏	三甲	4285	2944	2744	608	27	53	86	830
17	扬州大学医学院附属医院	江苏	三甲	4522	2919	2587	591	55	71	158	504
18	江阴市人民医院	江苏	二甲	2806	2766	2604	589	10	36	91	406
19	江苏大学附属医院	江苏	三甲	5254	2657	2130	407	146	139	417	863
20	南京医科大学附属脑科医院	江苏	三甲	8103	2580	2055	334	141	127	298	922
21	南京医科大学附属南京市儿童医院	江苏	三甲	4406	2415	2107	349	104	163	188	1190
22	扬州市第一人民医院	江苏	三甲	3873	2270	2036	293	29	44	108	372
23	无锡市第四人民医院	江苏	三甲	3655	2263	2003	362	26	35	178	821
24	镇江市第一人民医院	江苏	三甲	3905	2257	1922	316	84	93	193	549
25	徐州市第四人民医院	江苏	三甲	3287	2162	1858	329	62	31	113	475
26	中国医学科学院皮肤病医院	江苏	三甲	6877	2145	1719	262	126	40	160	1013
27	南京医科大学附属常州市第二人民医院	江苏	三甲	4169	2124	1910	368	52	68	134	618
28	南京医科大学第二附属医院	江苏	三甲	4554	2123	1717	309	98	204	137	738
29	泰州市人民医院	江苏	三甲	2362	2071	1877	416	16	25	48	382
30	南通大学第三附属医院	江苏	三甲	2985	2000	1799	342	51	18	89	607
31	江苏省肿瘤医院	江苏	三甲	5398	1959	1531	260	62	154	307	599
32	中国人民解放军第八十一医院	江苏	三甲	5405	1924	1640	263	72	20	150	469
33	南通大学第二附属医院	江苏	三甲	2438	1923	1712	340	24	36	241	474
34	盐城市第一人民医院	江苏	三甲	2713	1864	1658	217	7	17	85	285
35	苏州大学附属儿童医院	江苏	三甲	4868	1797	1459	309	75	73	188	912
36	南京市中医院	江苏	三甲	4281	1681	1240	305	58	33	181	375
37	昆山市第一人民医院	江苏	二甲	1484	1651	1533	326	6	7	70	219
38	江苏省中医药研究院	江苏	三甲	5461	1650	1229	323	106	144	350	681
39	淮安市第二人民医院	江苏	三甲	1654	1521	1364	306	15	26	56	261
40	泰兴市人民医院	江苏	二甲	1730	1504	1421	215	5	7	26	171
41	无锡市中医医院	江苏	三甲	2455	1427	1289	248	10	11	112	326
42	南通市第三人民医院	江苏	三甲	1671	1426	1269	211	7	9	113	177
43	徐州医学院附属徐州市立医院	江苏	三甲	1673	1424	1284	208	9	14	73	168
44	南京市第二医院	江苏	三甲	2521	1418	1206	230	71	58	194	492

表1：各省（直辖市）2002～2011年医疗机构发表文献排序表

序号	机构名称	地区	级别	总被引频次	2002～2011年发文量		2011年发文量	基金论文量			北大核心期刊论文量
					总发文量	第一作者		国家	省市	其他	
45	江苏省无锡市妇幼保健院	江苏	三甲	2083	1387	1277	189	34	28	59	346
46	南京医科大学附属妇幼保健院	江苏	三甲	2558	1327	1105	243	84	80	124	539
47	南通市第五人民医院	江苏	二甲	2229	1294	1144	240	19	31	107	221
48	海安县人民医院	江苏	二甲	1250	1203	1144	159	0	8	23	97
49	中国人民解放军第一〇一医院	江苏	三甲	2180	1182	1006	184	37	13	85	309
50	连云港市第二人民医院	江苏	二甲	1392	1171	1043	225	4	6	64	144
51	南京中医药大学附属常州市中医院	江苏	三甲	2536	1157	953	217	37	13	115	246
52	南通市中医院	江苏	三甲	1881	1135	1031	172	4	11	89	169
53	宜兴市人民医院	江苏	二甲	1848	1129	1029	202	24	21	59	252
54	靖江市人民医院	江苏	二甲	1479	1103	1037	190	5	2	22	118
55	东南大学医学院附属盐城医院	江苏	二甲	1377	1097	1005	184	0	6	61	196
56	南京市口腔医院	江苏	三甲	2292	1029	830	106	62	37	135	368
57	常州市武进人民医院	江苏	二甲	1199	998	918	228	3	7	78	207
58	如皋市人民医院	江苏	二甲	809	994	968	214	0	1	48	114
59	昆山市中医院	江苏	二甲	1195	965	867	236	12	17	41	113
60	中国人民解放军第九七医院	江苏	三甲	2295	919	746	119	29	38	116	310
61	中国人民解放军第四五四医院	江苏	三甲	1668	883	708	112	31	15	75	256
62	徐州医学院第二附属医院	江苏	三甲	1200	876	746	132	18	32	68	117
63	沭阳县人民医院	江苏	二甲	681	872	819	148	2	7	10	81
64	江苏省省级机关医院	江苏	二级	2250	854	702	134	20	51	73	227
65	张家港市第一人民医院	江苏	二甲	867	809	751	126	7	3	16	132
66	连云港市中医院	江苏	三甲	1063	807	739	103	3	2	45	102
67	宿迁市人民医院	江苏	三甲	754	797	741	215	2	6	18	103
68	东南大学医学院附属南京江北人民医院	江苏	二甲	905	795	736	117	7	4	45	81
69	镇江市第四人民医院	江苏	三甲	1484	795	672	83	11	18	72	171
70	江都市人民医院	江苏	二甲	666	773	732	136	5	0	7	39
71	南京医科大学附属口腔医院	江苏	三甲	1339	765	451	147	56	119	64	207
72	大丰市人民医院	江苏	二甲	824	764	735	92	0	1	9	56
73	常州和平医院	江苏	三甲	1910	761	590	96	25	4	29	197
74	常熟市第二人民医院	江苏	二甲	1201	754	646	125	10	9	21	146
75	南京医科大学无锡精神卫生中心	江苏	三甲	1702	749	654	135	13	28	76	192
76	无锡市传染病医院	江苏	二甲	911	729	688	154	4	6	43	120
77	南京市胸科医院	江苏	三甲	1201	729	613	108	13	12	56	173
78	南通大学附属吴江医院	江苏	二甲	986	712	653	137	2	6	32	172

表1：各省（直辖市）2002～2011 年医疗机构发表文献排序表

序号	机构名称	地区	级别	总被引频次	2002～2011 年发文量		2011 年发文量	基金论文量			北大核心期刊论文量
					总发文量	第一作者		国家	省市	其他	
79	丹阳市人民医院	江苏	二甲	890	709	660	129	4	4	9	142
80	启东市人民医院	江苏	二甲	749	703	665	133	6	3	5	77
81	南通大学附属东台医院	江苏	二甲	838	700	652	96	2	4	34	118
82	南通市第二人民医院	江苏	二甲	689	688	653	93	1	2	22	44
83	南京市江宁医院	江苏	二甲	664	676	625	146	2	5	23	91
84	苏州市中医医院	江苏	三甲	1391	673	547	141	6	6	90	100
85	徐州市中医院	江苏	三甲	1283	669	584	114	2	5	37	88
86	常州市武进中医医院	江苏	二甲	776	665	632	114	7	0	27	56
87	常州市第三人民医院	江苏	三甲	948	654	600	113	1	4	61	114
88	东海县人民医院	江苏	二甲	622	653	623	73	1	2	11	47
89	常熟市第一人民医院	江苏	二甲	858	651	578	112	8	0	13	163
90	徐州市第三人民医院	江苏	三甲	1090	647	563	85	9	8	63	98
91	姜堰市人民医院	江苏	二甲	872	622	584	84	0	3	14	45
92	武警江苏总队医院	江苏	三甲	947	618	508	68	12	5	18	132
93	海门市人民医院	江苏	二甲	681	600	554	111	4	1	15	62
94	江阴市中医院	江苏	二甲	820	599	574	112	1	3	7	72
95	常州市妇幼保健院	江苏	三甲	983	595	530	86	10	2	54	204
96	兴化市人民医院	江苏	二甲	568	592	547	97	2	6	9	52
97	中国人民解放军第三五九医院	江苏	三甲	1271	587	445	73	15	1	49	120
98	如东县人民医院	江苏	二甲	502	587	560	92	6	0	9	53
99	常州市第四人民医院	江苏	二甲	856	585	510	114	4	5	56	114
100	中国人民解放军第八十二医院	江苏	三甲	759	579	527	98	14	5	24	81
101	江苏省淮安市妇幼保健院	江苏	二甲	617	574	521	97	12	5	16	119
102	无锡市第五人民医院	江苏	二甲	1208	572	510	13	15	4	20	134
103	邳州市人民医院	江苏	二甲	519	571	546	156	0	7	7	41
104	金坛市人民医院	江苏	二甲	684	565	521	84	3	10	26	74
105	赣榆县人民医院	江苏	二甲	537	553	532	81	1	2	5	34
106	南通大学附属南通妇幼保健院	江苏	三甲	626	552	498	87	2	2	40	65
107	泰州市中医院	江苏	三甲	823	551	515	80	2	4	12	48
108	盐城市中医院	江苏	三甲	996	537	469	48	3	21	26	43
109	南京市中西医结合医院	江苏	二甲	514	534	497	119	2	0	18	49
110	丰县人民医院	江苏	二甲	429	513	479	86	0	1	11	29
111	南通瑞慈医院	江苏		872	508	427	82	2	2	15	82
112	阜宁县人民医院	江苏	二甲	393	504	474	102	6	0	2	31

表1：各省（直辖市）2002～2011年医疗机构发表文献排序表

序号	机构名称	地区	级别	总被引频次	2002～2011年发文量		2011年发文量	基金论文量			北大核心期刊论文量
					总发文量	第一作者		国家	省市	其他	
113	溧阳市人民医院	江苏	二甲	558	500	482	83	0	1	13	99
114	南京中医药大学姜堰附属医院	江苏	二甲	546	484	450	70	1	4	14	21
115	扬中市人民医院	江苏	二甲	708	472	446	83	3	3	27	38
116	建湖县人民医院	江苏	二甲	546	470	428	71	0	4	12	55
117	徐州市儿童医院	江苏	三甲	471	460	427	76	2	1	25	71
118	淮安市楚州医院	江苏	二甲	302	453	434	109	0	1	6	28
119	射阳县人民医院	江苏	二甲	345	453	415	88	2	1	18	37
120	扬州市妇幼保健院	江苏	二甲	545	452	419	84	0	3	10	47
121	江苏省徐州市妇幼保健院	江苏	三甲	467	398	362	67	1	2	33	52
122	徐州医学院第三附属医院	江苏	三甲	301	396	350	82	5	7	8	43
123	镇江市第三人民医院	江苏	三甲	493	388	343	58	4	4	37	50
124	扬州市中医院	江苏	三甲	547	339	283	41	3	6	37	59
125	淮安市第三人民医院	江苏	三甲	504	308	270	79	3	2	9	43
126	南京中医药大学附属第二医院	江苏	三甲	422	265	221	34	3	2	27	45
127	镇江市中医院	江苏	三甲	487	265	233	43	6	1	14	32
	江西省										
1	南昌大学第一附属医院	江西	三甲	12291	6381	4836	884	472	189	754	1961
2	南昌大学第二附属医院	江西	三甲	7252	4403	3528	623	344	131	473	1448
3	江西省人民医院	江西	三甲	4986	3197	2599	405	114	70	286	638
4	赣南医学院第一附属医院	江西	三甲	2824	2410	1974	330	31	22	189	582
5	赣州市人民医院	江西	三甲	1333	1697	1577	400	8	10	41	216
6	江西中医学院附属医院	江西	三甲	4016	1614	1057	274	96	28	181	226
7	江西省妇幼保健院	江西	三甲	2604	1391	1173	176	29	12	132	327
8	江西省肿瘤医院	江西	三甲	1980	1203	976	122	11	26	101	168
9	中国人民解放军第九四医院	江西	三甲	2382	1191	1075	158	24	23	53	193
10	江西省儿童医院	江西	三甲	1980	1191	988	171	28	17	105	320
11	九江市第一人民医院	江西	三甲	927	1048	930	155	8	9	16	93
12	南昌大学第三附属医院	江西	三甲	1652	1022	825	159	13	13	71	135
13	南昌大学附属第四医院	江西	二甲	1171	844	680	126	16	13	84	149
14	吉安市中心人民医院	江西	三甲	495	828	744	144	5	3	13	71
15	宜春市人民医院	江西	三甲	966	822	721	138	8	3	31	102
16	萍乡市人民医院	江西	三甲	676	787	724	139	7	3	11	100
17	新余市人民医院	江西	三甲	648	747	705	94	2	3	13	46
18	南昌市第三医院	江西	三甲	1034	688	587	122	3	2	45	83

表1：各省（直辖市）2002～2011年医疗机构发表文献排序表

序号	机构名称	地区	级别	总被引频次	2002～2011年发文量		2011年发文量	基金论文量			北大核心期刊论文量
					总发文量	第一作者		国家	省市	其他	
19	抚州市第一人民医院	江西	三甲	701	686	612	115	0	1	14	78
20	九江学院附属医院	江西	三甲	713	677	551	96	14	9	42	127
21	井冈山大学医学院附属医院	江西	三甲	427	671	521	67	3	0	31	92
22	武警江西省总队医院	江西	三甲	950	558	439	71	22	0	18	158
23	南昌市中西医结合医院	江西	三甲	803	536	464	95	4	3	53	80
24	新钢中心医院	江西	二甲	356	534	500	113	0	0	5	24
25	南昌大学附属口腔医院	江西	三甲	721	514	390	52	7	3	62	93
26	中国人民解放军第一七一医院	江西	三甲	610	505	442	84	4	2	12	84
27	鹰潭市人民医院	江西	三甲	402	499	455	77	4	2	10	31
28	上饶市人民医院	江西	三甲	543	491	443	105	1	4	9	32
29	萍乡矿业集团有限公司总医院	江西	三甲	261	484	458	103	0	1	5	30
30	九江市妇女儿童医院	江西	三甲	603	475	437	54	10	2	14	66
31	江西省胸科医院	江西	三甲	766	463	402	47	4	10	62	82
32	赣州市立医院	江西	三甲	449	458	398	61	1	1	10	48
33	南昌市洪都中医院	江西	三甲	268	436	403	73	2	0	19	15
34	景德镇市第二人民医院	江西	三甲	232	423	399	100	2	1	8	41
35	景德镇市第一人民医院	江西	三甲	279	357	329	66	2	0	10	27
36	萍乡市第二人民医院	江西	三甲	249	328	312	66	0	0	2	33
37	江西中医学院第六附属医院	江西	三甲	386	309	270	51	0	1	20	19
38	赣州市妇幼保健院	江西	三甲	216	280	243	48	1	0	11	32
39	九江市第三人民医院	江西	三甲	273	276	241	43	1	1	6	28
40	吉安市第三人民医院	江西	三甲	254	256	225	47	2	1	9	24
41	南昌市第九医院	江西	三甲	380	252	210	37	5	3	21	27
42	景德镇同济医院	江西	三甲	161	240	221	33	0	0	3	6
43	江西省精神病院	江西	三甲	509	208	170	42	10	3	27	31
44	江西中医学院第八附属医院	江西	三甲	198	200	190	32	0	0	4	12
辽宁省											
1	中国医科大学第一附属医院	辽宁	三甲	41725	14234	11270	2003	1678	1270	865	8473
2	中国医科大学附属第二医院	辽宁	三甲	36331	12382	10187	1875	968	979	631	6536
3	中国人民解放军沈阳军区总医院	辽宁	三甲	16643	6755	5521	795	324	289	353	2439
4	大连医科大学附属第一医院	辽宁	三甲	16243	5557	4329	798	428	169	177	1944
5	辽宁医学院附属第一医院	辽宁	三甲	7230	3950	3219	630	87	400	186	1371
6	大连医科大学附属第二医院	辽宁	三甲	9588	3891	2833	540	248	152	148	1310
7	辽宁中医药大学附属医院	辽宁	三甲	10050	3814	2615	605	237	240	214	928

表1：各省（直辖市）2002～2011年医疗机构发表文献排序表

序号	机构名称	地区	级别	总被引频次	2002～2011年发文量		2011年发文量	基金论文量			北大核心期刊论文量
					总发文量	第一作者		国家	省市	其他	
8	中国医科大学第四附属医院	辽宁	三甲	4547	2725	2257	534	145	191	130	846
9	大连北海医院	辽宁	三甲	3544	2064	1698	277	90	23	55	443
10	辽宁省人民医院	辽宁	三甲	4772	2001	1469	266	42	44	23	570
11	大连市中心医院	辽宁	三甲	3847	1825	1467	259	56	19	43	578
12	沈阳医学院奉天医院	辽宁	三甲	3145	1749	1337	237	51	57	57	467
13	大连大学附属中山医院	辽宁	三甲	3021	1715	1431	300	76	37	79	472
14	中国人民解放军第二〇二医院	辽宁	三甲	3517	1590	1225	183	102	51	31	502
15	辽宁省肿瘤医院	辽宁	三甲	3976	1433	1068	186	53	76	51	475
16	大连大学附属新华医院	辽宁	三甲	2175	1329	984	241	30	16	66	220
17	沈阳市第四人民医院	辽宁	三甲	2453	1260	944	120	28	33	26	396
18	中国人民解放军第二一五医院	辽宁	二甲	2713	1206	1021	101	16	12	31	149
19	中国医科大学附属口腔医院	辽宁	三甲	3097	1186	927	168	109	194	129	469
20	锦州市中心医院	辽宁	三甲	1703	1151	927	123	13	21	7	224
21	鞍钢总医院	辽宁	三甲	841	1097	933	69	6	1	2	73
22	辽宁省中医研究院	辽宁	二甲	2049	1055	785	138	52	67	73	258
23	本溪市中心医院	辽宁	三甲	1358	1044	934	130	3	9	7	306
24	大连市友谊医院	辽宁	三甲	2535	1028	842	116	8	5	27	296
25	沈阳医学院沈洲医院	辽宁	三甲	2048	1011	739	108	24	31	35	280
26	辽宁医学院附属第三医院	辽宁	三甲	1091	992	854	114	6	30	22	137
27	沈阳市第五人民医院	辽宁	三甲	2089	964	760	115	28	15	6	272
28	鞍山市中心医院	辽宁	三甲	1424	934	784	89	9	14	9	162
29	本溪钢铁（集团）公司总医院	辽宁	三甲	1198	921	827	76	7	7	6	153
30	大连市中医院	辽宁	三甲	2263	918	791	92	4	1	14	185
31	朝阳市中心医院	辽宁	三甲	1145	915	824	116	8	3	4	112
32	中国人民解放军第四六三医院	辽宁	三甲	2437	906	712	111	40	14	33	335
33	大连市妇产医院	辽宁	三甲	1903	836	666	79	19	14	17	281
34	大连市第三人民医院	辽宁	三甲	1362	800	669	103	10	6	9	147
35	丹东市中心医院	辽宁	三甲	824	745	674	63	4	0	1	97
36	沈阳市第七人民医院	辽宁	三甲	1349	744	601	98	10	16	20	232
37	鞍钢铁西医院	辽宁	三甲	767	735	644	18	0	2	1	50
38	沈阳市第一人民医院	辽宁	三甲	1444	728	595	85	4	13	12	191
39	葫芦岛市中心医院	辽宁	三甲	766	666	592	78	1	7	4	98
40	沈阳市红十字会医院	辽宁	三甲	1491	666	542	64	4	10	16	173
41	盘锦市第二人民医院	辽宁	三甲	750	665	590	88	6	2	6	63

表1：各省（直辖市）2002～2011年医疗机构发表文献排序表

序号	机构名称	地区	级别	总被引频次	2002～2011年发文量		2011年发文量	基金论文量			北大核心期刊论文量
					总发文量	第一作者		国家	省市	其他	
42	大连市儿童医院	辽宁	三甲	1212	650	566	77	4	1	12	139
43	辽阳市中心医院	辽宁	三甲	682	636	540	96	1	7	5	57
44	朝阳市第二医院	辽宁	三甲	631	626	568	70	0	1	2	82
45	武警辽宁总队医院	辽宁	三甲	723	612	429	91	16	10	14	94
46	大连市金州区第一人民医院	辽宁	二甲	685	601	535	36	5	1	3	51
47	鞍山市双山医院	辽宁	三甲	685	594	516	24	1	1	1	53
48	铁岭市中心医院	辽宁	三甲	539	587	542	64	1	0	0	47
49	抚顺矿业集团总医院	辽宁	三甲	777	585	479	68	10	9	4	134
50	抚顺市中心医院	辽宁	三甲	790	579	507	84	7	4	3	104
51	辽河油田中心医院	辽宁	三甲	488	573	440	111	5	10	7	133
52	阜新矿业集团总医院	辽宁	三甲	516	563	481	44	1	16	7	78
53	盘锦市第一人民医院	辽宁	三甲	602	553	483	66	2	2	1	34
54	中国人民解放军第二〇五医院	辽宁	三甲	949	546	423	39	13	10	20	130
55	沈阳市第六人民医院	辽宁	二甲	976	546	449	52	6	18	22	131
56	营口市中心医院	辽宁	三甲	819	542	482	46	6	2	1	84
57	大连市第二人民医院	辽宁	三甲	1062	536	429	53	4	4	9	94
58	沈阳市第十人民医院	辽宁	辽宁	597	530	435	86	8	6	8	78
59	沈阳市骨科医院	辽宁	二甲	796	509	416	61	3	0	9	123
60	阜新市中心医院	辽宁	三甲	608	493	427	61	1	4	5	78
61	大连市第五人民医院	辽宁	三甲	569	444	377	53	5	5	4	42
62	沈阳市妇婴医院	辽宁	三甲	1176	440	330	51	21	11	7	187
63	大连大学附属口腔医院	辽宁	三甲	723	430	341	58	4	17	19	114
64	鞍山市第三医院	辽宁	三甲	418	410	356	24	4	2	0	38
65	辽阳市第三人民医院	辽宁	三乙	714	393	322	52	3	3	5	62
66	丹东市第一医院	辽宁	三甲	467	392	342	57	1	1	4	47
67	鞍山市中医院	辽宁	三甲	625	370	331	31	2	0	0	34
68	大连市第六人民医院	辽宁	三甲	639	368	292	65	8	1	8	58
69	辽宁省金秋医院	辽宁	三甲	692	359	213	46	14	28	12	112
70	大连市皮肤病医院	辽宁	三甲	555	357	300	51	9	4	12	113
71	阜新市第二人民医院	辽宁	三甲	372	350	306	39	1	0	4	42
72	铁法矿务局总医院	辽宁	三甲	289	341	311	70	2	13	1	34
73	锦州市第二医院	辽宁	三甲	268	334	285	29	0	3	4	32
74	沈阳二四二医院	辽宁	三甲	445	309	240	26	2	7	5	50
75	抚顺市中医院	辽宁	三甲	572	306	263	27	3	2	1	109

表1：各省（直辖市）2002～2011年医疗机构发表文献排序表

序号	机构名称	地区	级别	总被引频次	2002～2011年发文量		2011年发文量	基金论文量			北大核心期刊论文量
					总发文量	第一作者		国家	省市	其他	
76	丹东市中医院	辽宁	三甲	906	304	265	11	2	1	1	85
77	沈阳市儿童医院	辽宁	三甲	521	299	223	43	4	8	2	117
78	鞍山市第四医院	辽宁	三甲	247	296	275	39	3	0	1	24
79	中国人民解放军第四〇六医院	辽宁	三甲	503	287	251	43	5	0	3	35
80	中国人民解放军第二三〇医院	辽宁	三甲	396	276	218	15	0	3	2	54
81	中国人民解放军第三一三医院	辽宁	三甲	279	249	203	38	4	0	14	64
82	鞍钢长甸医院	辽宁	三甲	478	247	185	0	1	3	3	24
83	阜新市中医院	辽宁	三甲	345	236	216	17	0	0	0	60
84	抚顺市第三医院	辽宁	三甲	318	221	184	22	0	0	2	40
85	抚顺市第二医院	辽宁	三甲	286	211	176	19	3	1	0	43
	内蒙古自治区										
1	内蒙古医学院附属医院	内蒙古	三甲	6141	4834	4000	708	150	357	328	632
2	内蒙古医学院第三附属医院	内蒙古	三甲	3176	2544	2255	384	14	21	69	241
3	内蒙古自治区医院	内蒙古	三甲	3111	2508	2018	414	66	110	99	230
4	内蒙古科技大学第一附属医院	内蒙古	三甲	2203	2143	1867	338	14	45	108	206
5	包头市中心医院	内蒙古	三甲	1407	1583	1369	207	12	7	14	122
6	内蒙古民族大学附属医院	内蒙古	三甲	1386	1529	1276	198	19	20	53	136
7	鄂尔多斯市中心医院	内蒙古	三甲	1034	1242	1167	278	5	10	11	111
8	内蒙古自治区中蒙医院	内蒙古	三甲	1447	1232	952	130	13	28	32	54
9	巴彦淖尔市医院	内蒙古	三乙	896	1104	1023	175	4	1	5	69
10	中国人民解放军第二五三医院	内蒙古	三甲	1241	1065	966	151	8	13	12	87
11	内蒙古科技大学第三附属医院	内蒙古	三乙	674	1022	964	108	2	4	3	34
12	内蒙古医学院附属人民医院	内蒙古	三乙	1004	1013	923	111	6	15	18	56
13	内蒙古科技大学第二附属医院	内蒙古	三乙	1089	915	793	137	5	20	24	92
14	通辽市医院	内蒙古	三乙	907	885	715	101	16	3	6	99
15	内蒙古医学院第二附属医院	内蒙古	三甲	1034	849	721	159	31	25	43	132
16	呼伦贝尔市人民医院	内蒙古	三乙	812	839	768	186	1	8	7	80
17	包头市第四医院	内蒙古	三丙	619	750	639	112	0	6	4	30
18	赤峰学院附属医院	内蒙古	三乙	448	650	569	95	2	3	10	57
19	赤峰市医院	内蒙古	三甲	735	635	542	75	1	4	9	54
20	内蒙古林业总医院	内蒙古	三甲	442	610	556	121	5	2	12	48
21	乌兰察布市中心医院	内蒙古	三乙	499	610	553	72	2	4	3	44
22	包头市第七医院	内蒙古	二甲	627	520	430	66	5	11	24	39
23	内蒙古医学院第四附属医院	内蒙古	三乙	581	511	426	72	5	1	19	42

表1：各省（直辖市）2002～2011年医疗机构发表文献排序表

序号	机构名称	地区	级别	总被引频次	2002～2011年发文量		2011年发文量	基金论文量			北大核心期刊论文量
					总发文量	第一作者		国家	省市	其他	
24	包头市第八医院	内蒙古	二甲	387	459	415	75	0	0	8	16
25	包头市蒙中医院	内蒙古	三甲	330	456	379	79	1	2	16	14
26	乌海市人民医院	内蒙古	三丙	311	440	407	85	0	1	2	23
27	呼和浩特市第一医院	内蒙古	三乙	525	423	354	51	1	3	5	32
28	兴安盟人民医院	内蒙古	三乙	276	418	370	76	0	1	5	23
29	武警内蒙古总队医院	内蒙古	三乙	493	413	331	42	14	2	10	33
30	通辽市肿瘤医院	内蒙古	三乙	449	392	309	58	2	5	4	34
31	锡林郭勒盟医院	内蒙古	三乙	300	364	335	54	0	2	7	17
32	内蒙古自治区妇幼保健院	内蒙古	三甲	349	361	282	43	6	5	10	44
33	赤峰市第二医院	内蒙古	三乙	336	302	269	45	9	1	1	20
宁夏回族自治区											
1	宁夏医科大学附属医院	宁夏	三甲	10235	7311	5861	1275	234	457	416	1096
2	宁夏回族自治区人民医院	宁夏	三甲	2114	1713	1375	337	33	145	122	269
3	宁夏医科大学第二附属医院	宁夏	三甲	2323	1708	1361	167	17	69	96	151
4	中国人民解放军第五医院	宁夏	三甲	1302	799	667	85	29	11	49	111
5	宁夏第二人民医院	宁夏	三乙	676	782	721	140	0	5	3	71
6	宁夏第五人民医院	宁夏	三甲	550	579	514	134	1	3	2	50
7	石嘴山市第一人民医院	宁夏	二甲	384	560	519	124	1	2	4	34
8	宁夏医科大学附属银川市中医院	宁夏	三甲	643	337	252	35	0	23	25	45
青海省											
1	青海大学医学院附属医院	青海	三甲	2998	2452	2054	298	42	15	78	558
2	青海省人民医院	青海	三甲	2499	2218	2030	349	24	25	70	499
3	青海红十字医院	青海	三甲	1269	1646	1588	193	0	2	6	262
4	青海省疾病预防控制中心	青海		2044	1026	829	138	68	27	123	541
5	青海省妇女儿童医院	青海	三甲	572	630	599	81	2	3	8	138
6	青海省中医院	青海	三甲	1110	584	529	61	12	5	6	105
7	中国人民解放军第二十二医院	青海		585	524	480	76	11	0	3	71
8	青海卫生职业技术学院附属医院	青海	三乙	513	485	458	83	2	1	9	93
9	青海省心脑血管病专科医院	青海	三甲	803	404	376	40	4	2	18	66
10	青海省第五人民医院	青海	三乙	197	333	319	72	0	0	1	28
11	中国人民解放军第四医院	青海	三甲	362	322	275	68	27	3	13	66
12	青海省第三人民医院	青海	三甲	224	202	180	38	0	2	10	31
山东省											
1	青岛大学医学院附属医院	山东	三甲	30344	12646	10107	1550	457	491	705	4756

表1：各省（直辖市）2002～2011年医疗机构发表文献排序表

序号	机构名称	地区	级别	总被引频次	2002～2011年发文量		2011年发文量	基金论文量			北大核心期刊论文量
					总发文量	第一作者		国家	省市	其他	
2	山东省立医院	山东	三甲	32346	12442	9471	1202	504	1072	576	6791
3	山东大学齐鲁医院	山东	三甲	37669	11742	8359	1020	842	1089	588	7219
4	中国人民解放军济南军区总医院	山东	三甲	12625	5444	4581	746	169	74	126	1793
5	泰安市中心医院	山东	三甲	7392	5187	4319	575	50	82	113	816
6	山东中医药大学附属医院	山东	三甲	15102	5008	3346	681	282	376	275	973
7	中国海洋大学附属医院	山东	三甲	10637	4854	3804	695	82	86	335	1408
8	聊城市人民医院	山东	三乙	8251	4765	4216	358	57	61	166	1565
9	潍坊市人民医院	山东	三甲	7136	4550	3488	489	48	77	132	920
10	山东省千佛山医院	山东	三甲	8338	4512	3483	496	55	313	159	1873
11	临沂市人民医院	山东	三甲	7038	4183	3494	287	52	86	180	831
12	烟台毓璜顶医院	山东	三甲	7326	4026	3342	520	83	115	203	1282
13	滨州医学院附属医院	山东	三甲	7648	4015	3260	459	55	178	174	930
14	山东省肿瘤医院	山东	三甲	8206	3047	2344	292	166	204	128	1257
15	聊城市第二人民医院	山东	三甲	3451	2976	2843	309	3	5	58	571
16	威海市文登中心医院	山东	三甲	2905	2954	2735	332	21	8	24	493
17	济宁市第一人民医院	山东	三甲	4173	2877	2320	366	25	67	95	466
18	中国人民解放军海军第四〇一医院	山东	三甲	5744	2833	2230	312	73	27	101	678
19	山东大学第二附属医院	山东	三甲	7722	2790	1895	233	165	324	148	1793
20	枣庄市立医院	山东	三甲	3506	2640	2385	267	4	12	129	563
21	潍坊医学院附属医院	山东	三甲	4560	2534	1862	324	85	209	181	796
22	滕州市中心人民医院	山东	三甲	3256	2380	2039	244	14	25	88	510
23	青岛大学医学院附属海慈医院	山东	三甲	4541	2357	1820	341	53	47	200	438
24	泰山医学院附属医院	山东	三甲	5008	2237	1668	179	76	66	138	623
25	济南市中心医院	山东	三甲	4876	2227	1480	183	50	127	115	934
26	胜利油田中心医院	山东	三甲	3020	2206	1995	300	7	10	28	837
27	菏泽市立医院	山东	三甲	4417	2189	1963	114	16	16	27	334
28	中国人民解放军第八十八医院	山东	三甲	4521	2122	1761	225	35	16	46	640
29	济宁医学院附属医院	山东	三甲	3418	2095	1527	292	32	80	131	651
30	威海市立医院	山东	三甲	2716	2028	1715	225	13	21	32	383
31	泰山医学院附属莱芜医院	山东	三甲	2338	2019	1821	192	3	10	9	295
32	日照市人民医院	山东	三甲	2834	2015	1734	260	23	17	28	526
33	德州市人民医院	山东	三甲	2944	1836	1612	127	4	3	28	313
34	山东省中西医结合医院	山东	三甲	3575	1774	1389	202	46	53	76	462
35	烟台市烟台山医院	山东	三甲	2760	1768	1501	167	31	19	44	459

表1：各省（直辖市）2002 ~2011 年医疗机构发表文献排序表

序号	机构名称	地区	级别	总被引频次	2002 ~2011 年发文量		2011 年发文量	基金论文量			北大核心期刊论文量
					总发文量	第一作者		国家	省市	其他	
36	济宁医学院第二附属医院	山东	三甲	5609	1757	1470	174	38	17	109	424
37	潍坊市益都中心医院	山东	三甲	1933	1740	1573	271	3	5	17	416
38	滨州市人民医院	山东	三甲	3068	1727	1431	140	4	25	13	287
39	沂水中心医院	山东	三乙	2078	1715	1549	186	4	4	27	312
40	中国人民解放军第八十九医院	山东	三甲	2836	1702	1479	194	19	6	12	372
41	莱州市人民医院	山东	三甲	1261	1678	1551	107	10	5	8	96
42	临沂市中医院	山东	三甲	2935	1655	1422	63	7	5	58	140
43	青岛市第八人民医院	山东	三乙	2053	1633	1416	258	7	17	29	276
44	青岛市中心医院	山东	三甲	2563	1620	1241	229	27	21	60	273
45	滨州市中心医院	山东	三乙	2200	1556	1464	129	3	4	13	134
46	枣庄矿业（集团）有限责任公司中心医院	山东	三甲	1546	1537	1398	166	4	4	9	239
47	中国人民解放军济南军区青岛第二疗养院	山东	三级	1833	1529	1392	178	16	7	33	113
48	济南市第四人民医院	山东	三甲	3022	1512	1230	89	12	21	38	486
49	文登整骨医院	山东	二甲	2096	1495	1357	85	8	2	10	149
50	荣成市人民医院	山东	二甲	1236	1381	1296	105	3	1	5	168
51	山东省莱阳市中心医院	山东	三甲	1646	1256	1073	65	10	7	13	273
52	威海市立第二医院	山东	三甲	1600	1253	1058	152	5	9	21	242
53	济南市妇幼保健院	山东	三甲	2898	1240	951	52	16	27	78	511
54	淄博市中心医院	山东	三甲	1864	1208	990	182	9	13	21	299
55	中国人民解放军第一〇七中心医院	山东	三甲	2095	1199	1068	111	27	8	26	202
56	中国人民解放军济南军区青岛第一疗养院	山东	二级	1453	1173	1066	220	21	1	27	75
57	金乡县人民医院	山东	三甲	1620	1131	1033	56	3	5	4	161
58	泰山医学院附属新泰医院	山东	二甲	1588	1130	1022	64	2	8	5	150
59	潍坊市中医院	山东	三甲	2004	1112	884	119	17	21	49	167
60	莱芜市中医院	山东	二甲	1412	1067	902	64	5	2	2	80
61	泰山医学院附属莱钢医院	山东	三甲	1009	1062	983	105	2	2	3	112
62	东营市人民医院	山东	二甲	1974	1062	915	77	3	4	17	296
63	山东泰和医院	山东		1736	1054	906	52	3	14	45	155
64	山东省胸科医院	山东	三乙	1904	1040	791	91	4	37	37	366
65	淄博市第一医院	山东	三甲	1540	1029	920	115	5	10	14	192
66	中国人民解放军四〇四医院	山东	二甲	1047	1006	894	141	2	5	11	130
67	青岛市妇女儿童医疗保健中心	山东	三甲	2360	1001	725	131	15	17	101	348
68	枣庄矿务局滕南医院	山东	二甲	944	997	863	25	0	1	4	219
69	寿光市人民医院	山东	二甲	663	986	882	77	1	4	6	116

表1：各省（直辖市）2002 ~2011 年医疗机构发表文献排序表

序号	机构名称	地区	级别	总被引频次	2002 ~2011 年发文量		2011 年发文量	基金论文量			北大核心期刊论文量
					总发文量	第一作者		国家	省市	其他	
70	中国人民解放军第一四八中心医院	山东	三甲	1936	979	899	100	10	1	18	166
71	肥城市人民医院	山东	二甲	1327	973	865	43	14	7	10	187
72	潍坊市妇幼保健院	山东	三甲	1140	964	833	137	5	16	32	123
73	山东省单县中心医院	山东	三甲	1186	960	863	117	9	2	1	184
74	临朐县人民医院	山东	二甲	546	945	867	82	0	0	3	127
75	胜利油田胜利医院	山东	三甲	1513	921	800	124	4	10	18	239
76	青岛市胶州中心医院	山东	三乙	1051	918	768	151	1	3	36	124
77	聊城市中医院	山东	三甲	1545	915	814	50	0	3	10	118
78	济南市第三人民医院	山东	二甲	1430	898	756	78	12	16	25	179
79	中国人民解放军第四五六医院	山东	二甲	1277	868	730	134	10	10	8	195
80	山东省中医药研究院	山东	二甲	3613	862	564	150	179	135	123	400
81	兖州矿业集团公司总医院	山东	三甲	844	860	764	91	3	7	16	125
82	曲阜市人民医院	山东	二甲	1136	835	735	33	2	7	3	127
83	武警山东省总队医院	山东	三甲	1502	833	689	102	7	14	1	344
84	日照市中医院	山东	二甲	1023	797	617	88	5	9	14	136
85	泰安市中医医院	山东	三甲	1303	795	647	113	8	15	21	72
86	胶州市人民医院	山东	二甲	530	774	704	123	0	1	2	75
87	即墨市人民医院	山东	二甲	649	770	561	163	6	6	11	105
88	山东省皮肤病医院	山东	三甲	1453	758	607	97	8	23	24	144
89	潍坊市寒亭区人民医院	山东	二甲	353	755	696	160	5	2	4	46
90	莒县人民医院	山东	二甲	632	752	623	61	3	5	4	70
91	乳山市人民医院	山东	二甲	891	732	669	67	0	1	3	114
92	山东省交通医院	山东	二甲	1599	729	561	98	8	22	49	230
93	济南市第五人民医院	山东	二甲	1222	726	545	39	4	11	20	211
94	济南市中医院	山东	三甲	1848	722	609	43	7	14	42	80
95	桓台县人民医院	山东	二甲	592	701	642	127	0	0	2	27
96	济南市传染病医院	山东	二甲	1457	700	568	62	8	13	50	309
97	诸城市人民医院	山东	二甲	518	692	599	132	6	6	2	146
98	郓城县人民医院	山东	二甲	880	690	620	25	0	8	5	116
99	兖州市人民医院	山东	二甲	664	685	620	33	3	0	0	72
100	兖州久益医院	山东	三甲	1193	682	588	81	16	3	28	133
101	邹城市人民医院	山东	二甲	680	669	597	28	1	0	2	77
102	枣庄市王开传染病医院	山东	二甲	628	659	596	43	0	3	10	54
103	聊城市第三人民医院	山东	二甲	926	653	585	70	7	0	10	139

表1：各省（直辖市）2002～2011年医疗机构发表文献排序表

序号	机构名称	地区	级别	总被引频次	2002～2011年发文量		2011年发文量	基金论文量			北大核心期刊论文量
					总发文量	第一作者		国家	省市	其他	
104	苍山县人民医院	山东	二甲	593	635	557	33	0	2	3	47
105	枣庄市中医院	山东	三甲	926	629	569	81	0	2	31	42
106	汶上县人民医院	山东	二甲	521	627	588	18	2	4	0	169
107	肥城矿业集团中心医院	山东	三甲	713	623	561	48	0	1	5	113
108	山东大学齐鲁儿童医院	山东	三甲	1135	621	469	92	8	10	56	224
109	平度市人民医院	山东	二甲	609	616	521	103	3	2	8	43
110	淄博市临淄区人民医院	山东	二甲	678	597	522	81	1	8	18	139
111	鄄城县人民医院	山东	二甲	437	597	555	22	0	4	1	86
112	山东省淄博市妇幼保健院	山东	三甲	771	593	482	112	3	4	5	131
113	寿光市中心医院	山东	二甲	556	583	528	122	2	1	2	27
114	莒南县人民医院	山东	二甲	528	582	527	43	1	1	2	36
115	成武县人民医院	山东	二甲	623	582	531	15	2	1	1	77
116	济南第二人民医院	山东	二甲	1025	581	449	54	7	9	28	159
117	泰安市第一人民医院	山东	二甲	903	580	463	24	1	6	17	106
118	菏泽市牡丹人民医院	山东	二甲	590	579	510	33	3	3	2	52
119	临沭县人民医院	山东	二甲	549	577	512	14	1	0	4	35
120	胶南市人民医院	山东	二甲	895	571	478	46	8	3	8	97
121	德州市立医院	山东	二甲	496	567	493	57	0	1	0	61
122	青州市人民医院	山东	二甲	566	565	477	91	3	2	3	102
123	章丘市人民医院	山东	二甲	570	565	459	48	13	5	11	115
124	昌邑市人民医院	山东	二甲	364	564	500	79	0	4	5	88
125	高唐县人民医院	山东	二甲	513	564	517	24	0	1	4	129
126	山东省临沂市妇幼保健院	山东	二甲	717	558	477	31	4	3	12	73
127	平邑县人民医院	山东	二甲	526	558	509	37	0	0	6	62
128	济南医院	山东	二甲	494	545	460	70	0	15	16	86
129	宁阳县第一人民医院	山东	二甲	471	537	450	39	0	0	3	41
130	济南钢铁总医院	山东	二甲	789	532	460	29	1	4	5	142
131	新汶矿业集团中心医院	山东	三甲	588	530	480	35	0	1	1	95
132	莒县中医院	山东	二甲	591	530	456	41	0	0	1	39
133	聊城国际和平医院	山东	二甲	651	522	485	29	0	0	4	53
134	日照市东港医院	山东	二甲	618	521	407	48	2	2	3	115
135	青州市荣军康复医院	山东	二甲	421	513	459	40	0	0	0	38
136	临清市人民医院	山东	二甲	693	513	434	28	0	2	0	86
137	招远市人民医院	山东	二甲	506	508	459	100	1	1	2	61

表1：各省（直辖市）2002～2011年医疗机构发表文献排序表

序号	机构名称	地区	级别	总被引频次	2002～2011年发文量		2011年发文量	基金论文量			北大核心期刊论文量
					总发文量	第一作者		国家	省市	其他	
138	烟台市中医医院	山东	三甲	1089	506	423	56	3	18	13	78
139	青岛市肿瘤医院	山东	三甲	739	506	395	60	8	2	18	84
140	临沂市精神卫生中心临沂市第四人民医院	山东	二甲	876	499	453	32	0	0	18	41
141	邹平县人民医院	山东	二甲	626	498	433	28	2	2	4	56
142	山东省荣军总医院	山东	二甲	873	495	396	50	5	12	12	158
143	泗水县人民医院	山东	二甲	428	495	440	18	0	1	2	50
144	威海市中医院	山东	三甲	673	473	372	46	3	5	12	69
145	茌平县人民医院	山东	二甲	489	469	417	42	1	0	0	90
146	沂源县人民医院	山东	二甲	417	467	405	35	0	5	3	59
147	沂水县人民医院	山东	二甲	473	467	381	33	0	0	2	35
148	枣庄市市中区人民医院	山东	二甲	349	466	385	49	6	1	7	40
149	青岛经济技术开发区第一医院	山东	二甲	656	466	395	42	13	2	8	69
150	淄博矿业集团中心医院	山东	三甲	526	464	408	33	2	1	4	65
151	费县人民医院	山东	二甲	844	460	405	9	5	2	2	54
152	东明县人民医院	山东	二甲	390	456	411	24	0	0	1	32
153	蒙阴县人民医院	山东	二甲	440	455	402	11	0	3	4	74
154	青岛市第三人民医院	山东	二甲	983	454	336	46	3	9	6	67
155	莱芜市第二人民医院	山东	二甲	510	452	359	50	4	1	1	66
156	青岛市人民医院	山东	三甲	1543	434	348	0	8	8	16	108
157	青岛市传染病医院	山东	三甲	591	432	353	76	0	4	21	42
158	枣庄市立第三医院	山东	三甲	528	428	360	58	0	2	16	70
159	青岛市第七人民医院	山东	三乙	798	423	352	74	4	5	17	50
160	山东大学口腔医院	山东	三甲	1074	423	267	42	38	74	29	180
161	菏泽市中医医院	山东	三甲	587	404	365	62	1	2	5	35
162	山东中医药大学第四附属医院	山东	三甲	887	394	319	38	3	3	9	45
163	德州市第二人民医院	山东	三甲	574	386	348	32	0	0	3	26
164	青岛骨伤科医院	山东	三乙	648	386	287	60	7	0	16	82
165	济宁市中医院	山东	三甲	681	385	332	33	0	4	10	37
166	青岛市第五人民医院	山东	三甲	754	369	316	46	3	1	10	29
167	德州市中心医院	山东	三甲	580	366	322	21	0	0	2	36
168	山东省青岛疗养院	山东	三甲	685	297	219	14	1	9	5	59
169	青岛阜外心血管病医院	山东	三甲	528	274	207	38	16	1	5	53
170	山东侨联医院	山东	三甲	637	270	215	2	0	1	1	46
171	青岛市内分泌糖尿病医院	山东	三级	1128	255	213	14	0	5	3	68

表1：各省（直辖市）2002～2011年医疗机构发表文献排序表

序号	机构名称	地区	级别	总被引频次	2002～2011年发文量		2011年发文量	基金论文量			北大核心期刊论文量
					总发文量	第一作者		国家	省市	其他	
172	济宁市第三人民医院	山东	三甲	320	241	186	25	2	3	8	50
山西省											
1	山西医科大学第二附属医院	山西	三甲	14552	7309	5864	897	265	545	551	1289
2	山西医科大学第一医院	山西	三甲	15091	7207	5340	1003	300	524	510	1272
3	山西省人民医院	山西	三甲	4907	3530	2905	503	42	123	132	419
4	山西省肿瘤医院	山西	三甲	4808	2745	2066	391	43	148	151	366
5	太原市中心医院	山西	三甲	2232	1721	1422	229	48	54	62	251
6	运城市中心医院	山西	三甲	1576	1584	1448	229	7	4	10	92
7	山西省儿童医院	山西	三甲	2902	1573	1223	186	28	102	84	263
8	长治医学院附属和平医院	山西	三甲	2029	1371	1042	142	35	48	56	226
9	山西省中医院	山西	三甲	3293	1370	1106	213	33	54	90	176
10	山西省汾阳医院	山西	三甲	1580	1331	1185	349	2	10	31	60
11	山西焦煤西山煤电集团公司职工总医院	山西	三乙	792	1278	1237	370	4	0	3	34
12	山西中医学院中西医结合医院	山西	三甲	1456	1219	1099	102	3	8	23	71
13	大同市第五人民医院	山西	三甲	1556	1190	1025	145	2	14	12	63
14	阳泉煤业集团总医院	山西	三甲	1170	1148	1099	161	4	1	6	70
15	长治市人民医院	山西	三甲	1346	1073	947	89	2	9	12	69
16	大同市第三人民医院	山西	三甲	1146	950	831	128	8	8	10	73
17	临汾市人民医院	山西	三乙	824	943	861	325	2	5	5	47
18	山西医科大学附属太钢总医院	山西	三甲	965	923	794	144	13	11	8	78
19	阳泉市第一人民医院	山西	三甲	877	789	731	95	1	6	12	38
20	山西西山煤电集团古交矿区总医院	山西	三乙	520	787	775	152	0	2	3	11
21	忻州市人民医院	山西	三乙	805	768	725	209	2	6	1	47
22	吕梁市人民医院	山西	三乙	988	749	668	85	1	8	7	33
23	中国人民解放军第二六四医院	山西	三甲	1147	738	605	117	16	7	13	106
24	武警山西总队医院	山西	三甲	874	727	593	120	10	6	9	78
25	长治医学院附属和济医院	山西	三甲	874	688	548	137	12	8	42	74
26	中国人民解放军第三二二医院	山西	三甲	737	642	555	108	4	3	0	57
27	晋中市第一人民医院	山西	三乙	632	628	569	117	1	2	6	34
28	大同煤矿集团总医院	山西	三乙	331	621	593	160	1	1	1	22
29	大同市第七人民医院	山西	二甲	795	601	570	16	0	0	29	54
30	太原市妇幼保健院	山西	三乙	880	567	522	51	3	2	13	44
31	晋城市人民医院	山西	三乙	626	562	513	54	3	2	6	39
32	朔州市人民医院	山西	二甲	340	561	552	65	0	0	0	14

表1：各省（直辖市）2002～2011年医疗机构发表文献排序表

序号	机构名称	地区	级别	总被引频次	2002～2011年发文量		2011年发文量	基金论文量			北大核心期刊论文量
					总发文量	第一作者		国家	省市	其他	
33	大同市第二人民医院	山西	二甲	465	551	493	71	1	1	4	18
34	晋城市矿务局医院	山西	二甲	583	551	474	121	3	9	11	85
35	山西省眼科医院	山西	三甲	967	524	430	68	8	25	35	115
36	太原市第三人民医院	山西	三乙	642	505	425	47	24	3	8	48
37	山西煤炭中心医院	山西	二甲	556	486	430	86	0	6	10	29
38	太原市人民医院	山西	二甲	654	473	389	56	2	15	23	16
39	山西中医学院第二中医院	山西	三甲	765	414	323	53	10	20	18	34
40	大同市第一人民医院	山西	三乙	421	396	348	77	0	1	4	26
41	长治医学院附属和健医院	山西	三乙	410	395	364	55	1	1	5	16
42	晋中市第二人民医院	山西	三乙	381	391	321	43	2	2	2	21
43	阳泉市第三人民医院	山西	三乙	483	366	330	45	2	1	2	25
44	山西省心血管疾病医院	山西	三甲	471	362	262	58	2	17	23	19
45	侯马市人民医院	山西	三乙	257	348	324	41	2	0	0	26
46	潞安矿业（集团）总医院	山西	三乙	203	333	321	78	1	1	0	13
47	山西省第二人民医院	山西	三甲	503	310	249	36	2	2	4	27
48	山西省太原精神病医院	山西	三乙	303	261	227	29	3	6	7	17
49	忻州市中医院	山西	三乙	154	228	216	41	0	0	1	9
陕西省											
1	第四军医大学第一附属医院	陕西	三甲	58303	17071	13142	1655	3280	529	990	8611
2	西安交通大学第一附属医院	陕西	三甲	27884	8795	6742	957	891	486	558	3879
3	第四军医大学第二附属医院	陕西	三甲	26972	8073	6441	787	1211	311	455	3715
4	西安交通大学第二附属医院	陕西	三甲	20269	6132	4679	671	691	622	503	2816
5	延安大学附属医院	陕西	三甲	3179	2652	2277	352	34	28	74	314
6	西安交通大学医学院第三附属医院	陕西	三甲	5652	2483	1875	308	86	177	212	675
7	陕西中医学院附属医院	陕西	三甲	5419	2301	1624	322	40	70	169	185
8	中国人民解放军第四五一医院	陕西	三甲	2882	1798	1504	255	37	13	31	580
9	西安市中心医院	陕西	三甲	3706	1766	1358	177	28	50	100	394
10	第四军医大学第三附属医院	陕西	三甲	4551	1566	1061	155	289	52	117	759
11	陕西省中医医院	陕西	三甲	3599	1363	946	171	20	49	91	139
12	西安市第四医院	陕西	三甲	2475	1253	979	134	25	25	122	272
13	武警陕西省总队医院	陕西	三甲	1593	1168	972	153	18	16	37	340
14	西安市红十字会医院	陕西	三甲	2112	1061	859	157	9	25	51	252
15	中国人民解放军第三二三医院	陕西	三甲	1438	993	797	163	23	17	46	195
16	陕西中医学院西安附属医院	陕西	三甲	2721	993	737	134	13	16	45	91

表1：各省（直辖市）2002～2011年医疗机构发表文献排序表

序号	机构名称	地区	级别	总被引频次	2002～2011年发文量		2011年发文量	基金论文量			北大核心期刊论文量
					总发文量	第一作者		国家	省市	其他	
17	西安交通大学附属儿童医院	陕西	三甲	1388	973	811	138	7	21	23	179
18	中国人民解放军第三医院	陕西	三甲	2461	931	787	124	19	3	86	215
19	宝鸡市中心医院	陕西	三甲	1023	892	764	146	6	4	22	106
20	西安市第一医院	陕西	三甲	1631	880	657	98	10	14	30	152
21	陕西省第三人民医院	陕西	三甲	2063	798	555	96	19	25	53	116
22	延安市人民医院	陕西	三甲	857	762	636	156	18	4	9	81
23	宝鸡市中医医院	陕西	三甲	1144	713	566	83	2	0	12	47
24	榆林市第一医院	陕西	三甲	714	666	574	124	2	0	8	40
25	榆林市第二医院	陕西	三甲	567	643	555	102	5	1	4	38
26	咸阳市第二人民医院	陕西	三乙	810	621	512	97	3	6	11	81
27	西安交通大学医学院附属西安市第九医院	陕西	三甲	662	618	522	96	6	3	14	43
28	陕西省疾病预防控制中心	陕西		2064	609	400	53	85	16	64	163
29	陕西省核工业二一五医院	陕西	三乙	597	606	524	96	6	1	9	56
30	陕西省妇幼保健院	陕西	三甲	1077	579	454	85	36	12	36	120
31	西安医学院附属医院	陕西	三乙	555	569	465	103	9	35	31	89
32	安康市中心医院	陕西	三甲	643	564	500	95	2	5	13	47
33	西安交通大学附属口腔医院	陕西	三甲	977	542	377	82	51	104	80	152
34	陕西中医学院第二附属医院	陕西	三甲	553	523	434	84	7	7	20	44
35	渭南市中心医院	陕西	三甲	533	504	417	59	5	1	4	28
36	汉中市中心医院	陕西	三甲	561	503	440	95	0	4	6	72
37	西安市高新医院	陕西	三甲	530	467	352	79	7	9	15	139
38	中国西电集团医院	陕西	三乙	592	450	359	57	6	1	19	60
39	商洛市中心医院	陕西	三乙	355	399	346	38	5	0	1	19
40	宝鸡市人民医院	陕西	三乙	601	388	324	59	3	0	11	37
41	陕西省第二人民医院	陕西	三乙	592	386	304	43	1	1	5	42
42	陕西铜川矿务局中心医院	陕西	三乙	440	364	315	19	1	4	1	18
43	榆林市第四医院	陕西	三乙	323	355	314	72	1	1	3	18
44	铜川市人民医院	陕西	三乙	360	339	302	81	2	1	6	31
45	咸阳市第一人民医院	陕西	三乙	543	328	280	46	0	0	5	33
46	安康市中医院	陕西	三甲	371	325	295	66	0	3	3	15
47	中国人民解放军第三十一医院	陕西	三甲	339	259	222	54	2	6	22	38
48	陕西省友谊医院	陕西	三乙	341	237	181	16	0	4	7	18
49	西安医学院第二附属医院	陕西	三乙	247	235	205	78	2	3	6	25
50	榆林市中医院	陕西	三乙	244	225	179	28	0	0	1	14

表1：各省（直辖市）2002～2011年医疗机构发表文献排序表

序号	机构名称	地区	级别	总被引频次	2002～2011年发文量		2011年发文量	基金论文量			北大核心期刊论文量
					总发文量	第一作者		国家	省市	其他	
51	延安大学医学院第三附属医院	陕西	三乙	197	225	186	59	0	1	6	18
52	西安市第八医院	陕西	三甲	339	210	166	29	1	0	7	27
53	西安市第七医院	陕西	三乙	309	210	179	58	3	1	21	16
上海市											
1	中国人民解放军第二军医大学第一附属医院	上海	三甲	62500	16371	12953	1659	1934	739	1001	7985
2	上海交通大学医学院附属瑞金医院	上海	三甲	56872	14213	11479	1728	1481	977	923	6976
3	中国人民解放军第二军医大学第二附属医院	上海	三甲	50297	13125	10189	1301	1382	607	927	6776
4	复旦大学附属中山医院	上海	三甲	47331	11280	8859	1362	1095	628	807	5557
5	复旦大学附属华山医院	上海	三甲	45991	10530	8010	1280	1202	528	791	5677
6	上海交通大学医学院附属仁济医院	上海	三甲	37235	10108	8575	1205	823	871	783	5137
7	上海市第六人民医院	上海	三甲	29409	9435	8034	1518	508	507	832	4485
8	上海交通大学医学院附属第一人民医院	上海	三甲	28334	8726	7363	1147	511	400	695	3593
9	上海交通大学医学院附属新华医院	上海	三甲	29215	8583	7277	997	656	528	664	4772
10	上海交通大学医学院附属第九人民医院	上海	三甲	26800	8060	6733	1031	1022	1030	670	2841
11	同济大学附属同济医院	上海	三甲	12868	3690	2879	452	466	162	236	1548
12	上海中医药大学附属龙华医院	上海	三甲	15237	3220	2569	509	408	437	510	728
13	复旦大学附属肿瘤医院	上海	三甲	13101	3147	2346	460	230	143	223	2054
14	上海中医药大学附属曙光医院	上海	三甲	12780	3128	2367	548	382	404	377	853
15	复旦大学附属儿科医院	上海	三甲	13722	2975	2476	388	257	79	246	1576
16	中国人民解放军第二军医大学第三附属医院	上海	三甲	10047	2772	2102	304	383	141	188	1443
17	上海中医药大学附属岳阳中西医结合医院	上海	三甲	10478	2646	2003	396	404	356	354	651
18	上海市第十人民医院	上海	三甲	6180	2583	2071	430	259	133	221	970
19	复旦大学附属眼耳鼻喉科医院	上海	三甲	6072	2481	2053	284	219	86	185	1164
20	上海东方医院	上海	三甲	7006	2460	1881	405	165	142	359	1062
21	上海市精神卫生中心（总部）	上海	三甲	8268	2431	1741	358	327	106	369	697
22	复旦附属大学华东医院	上海	三甲	7690	2274	1818	316	71	105	226	766
23	上海市肺科医院	上海	三甲	5586	1971	1548	337	116	133	227	925
24	上海市儿童医院	上海	三甲	5982	1829	1381	349	327	57	150	885
25	上海交通大学医学院附属上海儿童医学中心	上海	三甲	3087	1711	1363	399	108	73	165	936
26	上海复旦大学附属妇产医院	上海	三甲	6211	1565	1216	215	225	74	138	971
27	上海市胸科医院	上海	三甲	4481	1520	1223	197	55	82	166	714
28	上海市普陀区中心医院	上海	二甲	3598	1388	1154	208	82	108	163	493
29	上海市中医医院	上海	三甲	4038	1297	1052	260	60	75	184	243
30	复旦大学附属上海市第五人民医院	上海	二甲	3504	1181	990	177	19	33	102	452

表1：各省（直辖市）2002～2011年医疗机构发表文献排序表

序号	机构名称	地区	级别	总被引频次	2002～2011年发文量		2011年发文量	基金论文量			北大核心期刊论文量
					总发文量	第一作者		国家	省市	其他	
31	复旦大学附属金山医院	上海	三甲	3535	1180	937	195	35	46	84	461
32	中国人民解放军第四一一医院	上海	三甲	2494	1113	933	164	42	22	72	271
33	复旦大学附属公共卫生中心	上海	三甲	1845	1088	873	254	61	43	213	314
34	上海交通大学医学院附属第三人民医院	上海	三甲	3229	1058	857	159	48	89	177	514
35	上海市徐汇区中心医院	上海	二甲	1790	996	776	174	20	37	124	313
36	武警上海总队医院	上海	三甲	2075	929	798	102	23	7	15	193
37	上海市杨浦区中心医院	上海	二甲	2735	894	713	100	19	11	42	256
38	上海市第一妇婴保健院	上海	三甲	3160	889	722	146	29	27	81	399
39	中国人民解放军第四五五医院	上海	三甲	2070	866	716	95	27	59	90	243
40	上海浦东新区人民医院	上海	二甲	1859	852	683	145	21	18	154	242
41	中国人民解放军第八十五医院	上海	三甲	2058	803	624	105	48	21	44	221
42	上海市静安区中心医院	上海	二甲	3715	800	672	76	12	10	54	222
43	上海市闵行区中心医院	上海	二甲	1632	725	576	144	7	29	60	217
44	上海市长宁区中心医院	上海	二甲	1530	711	617	125	12	10	50	211
45	上海市浦东新区公利医院	上海	二甲	1484	698	543	117	11	18	121	239
46	上海交通大学医学院附属国际和平妇幼保健院	上海	三甲	2719	697	558	88	36	26	47	366
47	上海市第七人民医院	上海	二甲	1539	687	574	126	19	12	131	217
48	上海市第八人民医院	上海	二甲	1865	666	542	95	21	41	64	212
49	上海市南汇区中心医院	上海	二甲	1527	589	517	63	5	13	25	110
50	上海市中西医结合医院	上海	三甲	1699	516	382	49	11	4	34	128
51	上海市杨浦区市东医院	上海	二甲	1240	496	403	74	5	10	36	154
52	上海市浦东新区浦南医院	上海	二甲	1077	476	379	87	5	10	66	158
53	上海市皮肤病性病防治中心	上海	三甲	1163	452	354	94	7	18	38	233
54	同济大学附属口腔医院	上海	三甲	599	329	241	49	57	26	46	73
	四川省										
1	四川大学华西医院	四川	三甲	88552	25709	20821	2682	2854	640	1057	10727
2	四川省医学科学院·四川省人民医院	四川	三甲	15720	8174	6981	1266	210	332	214	1709
3	泸州医学院附属医院	四川	三甲	14322	7057	5962	877	209	467	427	2153
4	中国人民解放军成都军区总医院	四川	三甲	10294	5149	4467	681	168	68	234	1134
5	四川大学华西第二医院	四川	三甲	14163	4390	3495	517	504	118	192	2258
6	川北医学院附属医院	四川	三甲	7353	4319	3629	737	137	301	257	942
7	成都中医药大学附属医院	四川	三甲	7117	2507	1615	451	136	112	252	518
8	四川省第二人民医院	四川	三甲	3775	1958	1556	300	51	92	101	495
9	四川省疾病预防控制中心	四川		7107	1943	1378	190	161	72	193	512

表1：各省（直辖市）2002～2011年医疗机构发表文献排序表

序号	机构名称	地区	级别	总被引频次	2002～2011年发文量		2011年发文量	基金论文量			北大核心期刊论文量
					总发文量	第一作者		国家	省市	其他	
10	南充市中心医院	四川	三甲	2120	1855	1674	369	31	22	59	183
11	成都市第三人民医院	四川	三甲	3592	1852	1547	161	20	36	94	309
12	绵阳市中心医院	四川	三甲	3166	1810	1549	258	23	55	39	375
13	四川大学华西口腔医院	四川	三甲	4306	1544	1032	183	321	111	104	721
14	成都市中西医结合医院	四川	三甲	4058	1544	1243	125	28	29	81	223
15	成都市妇女儿童医学中心	四川	二甲	3135	1541	1217	218	18	70	75	422
16	宜宾市第二人民医院	四川	三甲	2086	1522	1381	247	11	16	49	255
17	达州市中心医院	四川	三甲	2048	1488	1399	178	5	15	12	211
18	德阳市人民医院	四川	三甲	1615	1485	1335	185	10	26	28	182
19	遂宁市中心医院	四川	三甲	1536	1362	1216	188	13	10	37	206
20	宜宾市第一人民医院	四川	三甲	1758	1354	1257	271	11	10	35	147
21	成都市第二人民医院	四川	三甲	2759	1354	1088	169	28	32	78	265
22	攀枝花市中心医院	四川	三甲	1352	1134	1032	214	3	6	13	131
23	成都大学附属医院	四川	三甲	2403	1107	970	26	11	13	26	176
24	成都医学院第一附属医院	四川	三甲	1550	1095	905	146	24	30	68	203
25	空军成都医院	四川	三甲	1469	1074	884	224	60	25	32	202
26	内江市第一人民医院	四川	三甲	1353	957	874	137	4	4	5	133
27	泸州医学院附属中医院	四川	三甲	1550	916	704	181	12	57	62	171
28	成都市第六人民医院	四川	三乙	1106	851	713	116	5	6	20	111
29	凉山州第一人民医院	四川	三甲	722	829	795	174	1	6	9	87
30	内江市第二人民医院	四川	三甲	937	821	726	132	1	3	2	72
31	四川省精神卫生中心	四川	三甲	1615	818	672	114	15	31	39	137
32	攀枝花钢铁（集团）公司职工总医院	四川	三甲	906	816	747	77	0	6	10	62
33	武警四川总队医院	四川	三甲	1031	791	706	92	8	3	5	133
34	乐山市人民医院	四川	三甲	1348	744	652	97	0	7	8	131
35	绵阳四〇四医院	四川	三乙	1478	744	619	73	29	29	47	118
36	广元市中心医院	四川	三甲	748	722	666	106	1	9	3	73
37	自贡市第四人民医院	四川	三甲	907	722	642	120	15	12	9	117
38	雅安市人民医院	四川	三甲	981	670	589	103	4	6	10	98
39	自贡市第一人民医院	四川	三甲	845	665	571	111	3	3	12	133
40	简阳市人民医院	四川	三甲	582	660	600	117	2	4	4	59
41	四川省妇幼保健院	四川	三甲	1147	633	450	116	7	32	19	247
42	成都市第五人民医院	四川	三乙	479	567	490	116	5	5	19	67
43	攀枝花市第五人民医院	四川	三甲	807	563	500	93	2	2	1	64

表1：各省（直辖市）2002～2011年医疗机构发表文献排序表

序号	机构名称	地区	级别	总被引频次	2002～2011年发文量		2011年发文量	基金论文量			北大核心期刊论文量
					总发文量	第一作者		国家	省市	其他	
44	成都市第七人民医院	四川	二甲	733	556	437	64	7	15	9	54
45	广元市第一人民医院	四川	二甲	403	533	505	87	0	1	2	37
46	泸州市人民医院	四川	三甲	525	521	460	110	3	13	15	52
47	自贡市第三人民医院	四川	三乙	613	500	435	90	3	3	3	48
48	绵阳市人民医院	四川	二甲	479	494	435	101	5	0	12	54
49	眉山市人民医院	四川	三乙	479	465	415	121	0	2	14	40
50	达州市中西医结合医院	四川	三甲	446	465	425	55	6	1	2	55
51	都江堰市医疗中心	四川	三乙	273	460	404	203	8	2	7	38
52	崇州市人民医院	四川	二甲	579	457	422	100	0	1	6	81
53	核工业四一六医院	四川	二甲	552	453	369	59	2	9	7	84
54	广安市人民医院	四川	三甲	525	433	381	66	2	12	9	58
55	四川省骨科医院	四川	三甲	608	370	297	69	15	11	24	96
56	自贡市第二人民医院	四川	三甲	383	366	343	56	1	0	2	25
57	四川大学华西第四医院	四川	三甲	1000	343	209	36	25	11	17	199
58	内江市中医院	四川	三甲	282	317	298	67	1	1	4	14
59	成都市第十人民医院	四川	三乙	362	307	261	60	2	2	28	43
60	阆中市人民医院	四川	三乙	254	300	278	33	0	3	3	17
61	江油市人民医院	四川	三乙	240	283	257	76	1	0	4	13
62	攀枝花市第三人民医院	四川	三甲	234	279	263	54	2	0	2	17
63	广元市中医院	四川	三甲	229	259	242	39	0	0	3	12
64	三台县人民医院	四川	三乙	253	256	237	42	0	1	5	13
65	自贡市第五人民医院	四川	三甲	442	224	199	54	1	2	4	18
	天津市										
1	天津医科大学总医院	天津	三甲	23698	9349	7532	1358	797	550	489	4499
2	天津中医药大学第一附属医院	天津	三甲	16377	4685	3165	782	617	199	374	1118
3	天津市第一中心医院	天津	三甲	11379	4387	3569	539	78	126	278	2137
4	天津医科大学附属肿瘤医院	天津	三甲	10054	3842	3160	792	513	165	260	2263
5	天津医科大学第二附属医院	天津	三甲	7219	3595	2895	572	105	279	254	1625
6	武警医学院附属医院平津医院	天津	三甲	5474	2861	2090	463	201	129	297	812
7	中国医学科学院血液病医院	天津	三甲	7962	2325	1892	303	589	169	161	1176
8	天津市人民医院	天津	三甲	4719	2186	1738	274	39	39	78	702
9	天津市第三中心医院	天津	三甲	4659	2027	1725	262	58	73	120	795
10	天津医院	天津	三甲	6632	1926	1483	295	86	79	101	913
11	天津市中西医结合医院	天津	三甲	4622	1789	1286	337	62	92	103	499

表1：各省（直辖市）2002～2011年医疗机构发表文献排序表

序号	机构名称	地区	级别	总被引频次	2002～2011年发文量		2011年发文量	基金论文量			北大核心期刊论文量
					总发文量	第一作者		国家	省市	其他	
12	天津市儿童医院	天津	三甲	3419	1766	1578	207	12	19	52	843
13	天津市环湖医院	天津	三甲	4295	1620	1251	205	66	24	96	664
14	天津市中医药大学第二附属医院	天津	三甲	3211	1348	1015	276	130	93	100	223
15	天津市胸科医院	天津	三甲	3059	1248	932	189	41	65	129	773
16	天津市第四中心医院	天津	三乙	2029	1227	1111	147	14	12	26	310
17	蓟县人民医院	天津	三乙	1492	1210	1172	147	0	2	10	98
18	天津市第三医院	天津	三乙	2311	1092	1033	107	6	0	10	233
19	天津市中心妇产科医院	天津	三甲	2163	1078	885	170	25	37	40	375
20	中国人民解放军第二五四医院	天津	三甲	2016	1037	854	134	17	10	47	185
21	天津市第五中心医院	天津	三乙	1282	960	849	153	18	9	34	211
22	天津市宝坻区人民医院	天津	三乙	1166	797	741	86	11	6	4	104
23	天津市眼科医院	天津	三甲	1600	790	603	83	55	19	34	455
24	天津医科大学代谢病医院	天津	三乙	2237	766	629	118	69	71	61	351
25	天津市公安医院	天津	二甲	1655	763	569	112	7	19	49	215
26	天津市海河医院	天津	三乙	1183	730	639	146	9	9	30	189
27	天津市天和医院	天津	三乙	1948	723	605	106	12	10	45	305
28	天津市长征医院	天津	三甲	1770	696	518	71	7	19	37	257
29	天津市武清区人民医院	天津	二甲	831	621	600	53	0	2	0	45
30	天津市精神卫生中心	天津	三乙	1348	591	509	81	13	15	27	83
31	南开大学附属口腔医院	天津	三甲	813	569	462	89	37	11	34	146
32	泰达国际心血管病医院	天津	三甲	668	560	433	128	14	15	26	216
33	天津市传染病医院	天津	三甲	1397	557	459	86	8	13	48	175
34	天津市大港医院	天津	二甲	785	526	495	66	2	7	4	87
35	天津中医药研究院附属医院	天津	三甲	770	471	413	147	6	2	28	77
36	宁河县医院	天津	二甲	463	463	453	47	0	0	1	56
37	静海县人民医院	天津	三乙	552	429	394	55	9	3	2	42
38	天津医科大学口腔医院	天津	三甲	794	417	327	76	32	32	28	146
39	天津市第四医院	天津	三乙	816	414	358	47	1	3	24	140
40	中国人民解放军空军天津医院	天津	三甲	902	380	306	65	8	1	12	89
41	天津市中医医院	天津	三甲	1983	371	336	2	12	0	13	52
42	天津市西青医院	天津	三乙	474	329	318	35	1	3	3	32
43	天津医科大学眼科医院	天津	三甲	180	287	265	81	23	8	14	223
44	天津市公安局安康医院	天津	三乙	358	233	204	41	1	1	12	25

表1：各省（直辖市）2002～2011年医疗机构发表文献排序表

序号	机构名称	地区	级别	总被引频次	2002～2011年发文量		2011年发文量	基金论文量			北大核心期刊论文量
					总发文量	第一作者		国家	省市	其他	
	西藏自治区										
1	中国人民解放军西藏军区总医院	西藏	三甲	1786	1254	1038	105	60	6	70	251
2	西藏人民医院	西藏	三甲	492	733	625	123	18	7	6	95
	新疆维吾尔自治区										
1	新疆医科大学第一附属医院	新疆	三甲	15745	8120	6505	1415	679	183	681	2398
2	新疆维吾尔自治区人民医院	新疆	三甲	6460	6275	5164	1178	179	86	274	958
3	中国人民解放军兰州军区乌鲁木齐总医院	新疆	三甲	6375	3739	3161	534	110	27	276	812
4	石河子大学医学院第一附属医院	新疆	三甲	5231	3314	2579	460	191	13	377	694
5	新疆医科大学附属中医医院	新疆	三甲	4501	2940	2203	559	121	54	202	472
6	新疆医科大学附属肿瘤医院	新疆	三甲	2855	1834	1451	336	115	40	166	488
7	克拉玛依市中心医院	新疆	三甲	1965	1403	1216	205	13	3	35	247
8	新疆医科大学第二附属医院	新疆	三甲	1518	1319	1006	216	28	14	64	245
9	新疆医科大学第五附属医院	新疆	三甲	1208	1179	925	222	32	5	34	235
10	新疆伊犁州奎屯医院	新疆	三甲	808	953	876	144	2	2	8	59
11	中国人民解放军第四七四医院	新疆	三甲	1193	876	697	153	9	7	28	206
12	新疆生产建设兵团总医院	新疆	三甲	885	866	709	100	6	1	33	95
13	新疆生产建设兵团农业建设第一师医院	新疆	二甲	759	845	768	80	2	0	6	62
14	新疆伊犁哈萨克自治州友谊医院	新疆	三甲	976	715	577	101	21	6	24	144
15	乌鲁木齐市友谊医院	新疆	三甲	893	713	552	113	8	2	37	69
16	武警新疆总队医院	新疆	三甲	982	707	521	104	14	7	33	97
17	新疆兵团石河子人民医院	新疆	二甲	690	630	526	81	4	1	34	97
18	新疆医科大学第六附属医院	新疆	二甲	620	622	499	113	12	4	11	133
19	阿克苏地区第一人民医院	新疆	二甲	249	599	529	139	1	0	3	60
20	中国人民解放军第十五中心医院	新疆	三乙	682	577	508	72	5	6	7	111
21	喀什地区第一人民医院	新疆	二甲	386	577	457	116	16	3	17	74
22	巴音郭楞州人民医院	新疆	二甲	377	571	504	106	1	0	5	45
23	新疆兵团农十师北屯医院	新疆	二甲	360	559	515	27	0	0	0	20
24	乌鲁木齐市中医院	新疆	三乙	819	556	419	117	17	2	11	41
25	新疆生产建设兵团农业建设第七师医院	新疆	二甲	618	540	492	33	3	2	22	54
26	中国人民解放军第二七三医院	新疆	二甲	473	513	424	80	8	0	11	86
27	昌吉州人民医院	新疆	二甲	390	490	403	96	0	1	9	30
28	乌鲁木齐市第一人民医院	新疆	二甲	436	489	377	144	1	1	28	57
29	中国人民解放军第十八医院	新疆	二甲	814	475	420	38	74	0	50	75

表1：各省（直辖市）2002～2011年医疗机构发表文献排序表

序号	机构名称	地区	级别	总被引频次	2002～2011年发文量		2011年发文量	基金论文量			北大核心期刊论文量
					总发文量	第一作者		国家	省市	其他	
30	新疆兵团农四师医院	新疆	二甲	452	459	406	49	0	1	7	32
31	中国人民解放军第十二中心医院	新疆	三甲	451	436	380	43	6	0	8	64
32	新疆维吾尔自治区维吾尔医医院	新疆	三甲	322	322	252	79	60	3	34	44
33	昌吉州中医院	新疆	三乙	303	291	256	40	0	1	4	18
34	乌鲁木齐市妇幼保健院	新疆	三乙	239	284	196	50	4	3	12	77
35	乌鲁木齐市第四人民医院	新疆	三乙	348	206	158	57	3	3	15	36
	云南省										
1	昆明医学院第一附属医院	云南	三甲	14462	7415	6011	1038	360	393	642	2059
2	中国人民解放军昆明总医院	云南	三甲	11130	4734	4118	596	186	188	238	964
3	昆明医学院第二附属医院	云南	三甲	8001	4122	3334	661	161	193	334	1016
4	云南省第一人民医院	云南	三甲	6323	3845	3341	480	68	142	196	898
5	云南省第二人民医院	云南	三甲	3998	2158	1843	359	44	104	205	476
6	云南省肿瘤医院	云南	三甲	3894	2148	1853	388	74	94	287	466
7	中国人民解放军第五十九中心医院	云南	三甲	1298	1478	1427	256	3	7	10	114
8	昆明医学院附属延安医院	云南	三甲	1883	1400	1229	271	21	10	78	268
9	云南中医学院第一附属医院	云南	三甲	2425	1316	1072	219	31	27	79	88
10	昆明市第一人民医院	云南	三甲	1643	1234	1055	235	7	23	94	204
11	玉溪市人民医院	云南	三甲	1804	1201	1114	134	2	6	13	178
12	云南省第四人民医院	云南	三甲	978	1041	914	139	21	10	61	102
13	大理州人民医院	云南	三甲	1018	1025	945	184	4	2	21	108
14	昆明市儿童医院	云南	二甲	959	945	846	132	4	11	43	199
15	曲靖市第一人民医院	云南	三甲	958	783	725	144	1	2	8	86
16	云南中医学院第三附属医院	云南	三甲	1226	728	642	128	4	3	25	55
17	西双版纳州人民医院	云南	三甲	604	569	528	60	1	1	0	42
18	楚雄州人民医院	云南	三甲	598	564	522	81	4	3	10	72
19	昭通市第一人民医院	云南	三甲	510	547	514	93	0	0	6	47
20	云南省第三人民医院	云南	三甲	484	474	415	88	3	5	20	56
21	曲靖市第二人民医院	云南	二甲	864	460	442	76	3	2	1	39
22	云南中医学院第四附属医院	云南	三甲	388	447	417	70	1	0	2	45
23	云南省精神病医院	云南	三甲	581	397	364	81	5	4	11	60
24	昆明市妇幼保健院	云南	三甲	520	369	316	67	3	3	12	59
25	保山市人民医院	云南	三甲	247	353	329	73	0	2	2	30
26	昆明市第三人民医院	云南	三甲	479	349	306	79	8	4	15	50

表1：各省（直辖市）2002～2011年医疗机构发表文献排序表

序号	机构名称	地区	级别	总被引频次	2002～2011年发文量		2011年发文量	基金论文量			北大核心期刊论文量
					总发文量	第一作者		国家	省市	其他	
27	红河州人民医院	云南	三甲	267	340	320	85	6	2	6	39
28	临沧市人民医院	云南	三甲	288	327	300	68	0	6	3	15
29	武警云南省总队医院	云南	三乙	434	323	253	28	3	0	10	26
30	丽江市人民医院	云南	三甲	214	319	294	40	1	1	6	39
31	昭通市中医院	云南	三甲	285	295	270	49	0	0	5	10
32	云南省德宏州医疗集团	云南	三甲	191	290	252	73	0	1	5	30
33	红河州滇南中心医院	云南	三甲	266	288	266	50	0	2	4	18
34	云南省妇幼保健院	云南	三甲	531	279	209	31	25	6	30	121
35	文山州人民医院	云南	三甲	194	269	250	53	0	2	3	20
36	昆明钢铁集团有限责任公司医院	云南	三乙	193	255	251	31	1	0	0	4
37	昆明市第二人民医院	云南	三乙	224	215	191	57	0	0	3	20
38	云南中医学院第五附属医院	云南	三甲	232	214	200	61	8	0	2	12
39	大理医学院附属医院	云南	三级	433	203	170	1	2	6	3	54
40	红河州第三人民医院	云南	三甲	150	202	186	34	1	0	3	19
	浙江省										
1	温州医学院附属第一医院	浙江	三甲	21623	9936	8188	1362	311	863	1326	3470
2	浙江大学医学院附属第一医院	浙江	三甲	33090	9306	7069	1050	731	755	548	4137
3	温州医学院附属第二医院	浙江	三甲	20241	9094	7640	1212	190	588	1072	2991
4	浙江大学医学院附属第二医院	浙江	三甲	27951	8023	6087	814	399	629	346	4170
5	浙江省台州医院	浙江	二甲	8992	5474	4812	772	34	98	163	1187
6	浙江大学医学院附属邵逸夫医院	浙江	三甲	17331	4563	3475	546	186	341	200	2410
7	浙江省人民医院	浙江	三甲	10141	4415	3721	627	58	281	150	1209
8	杭州市第一人民医院	浙江	三甲	8341	4222	3647	677	53	155	285	996
9	浙江中医院	浙江	三甲	9914	4123	2860	732	96	461	257	749
10	绍兴市人民医院	浙江	三甲	6139	3230	2923	524	16	83	95	931
11	丽水市中心医院	浙江	三甲	4455	2858	2492	348	8	47	59	576
12	丽水市人民医院	浙江	三甲	4580	2797	2446	343	6	33	49	461
13	浙江大学医学院附属儿童医院	浙江	三甲	7846	2793	2395	323	114	315	181	1466
14	舟山市人民医院	浙江	三甲	4789	2735	2520	424	18	54	151	488
15	浙江中医药附属大学肿瘤医院	浙江	三甲	7209	2671	2187	456	61	211	114	765
16	浙江大学医学院附属妇产科医院	浙江	三甲	9596	2629	2225	271	109	172	106	1311
17	金华市中心医院	浙江	三甲	4383	2388	2054	281	20	51	128	603
18	浙江中医药大学附属广兴医院	浙江	三甲	6549	2309	1865	302	35	175	183	314

表1：各省（直辖市）2002～2011 年医疗机构发表文献排序表

序号	机构名称	地区	级别	总被引频次	2002～2011 年发文量		2011 年发文量	基金论文量			北大核心期刊论文量
					总发文量	第一作者		国家	省市	其他	
19	宁波市第一医院	浙江	三甲	3828	2119	1832	297	17	42	102	395
20	温州市第二人民医院	浙江	三甲	3815	2108	1758	306	10	31	242	489
21	湖州市中心医院	浙江	三甲	4062	2068	1834	268	5	36	78	447
22	嘉兴市第一医院	浙江	三甲	3903	2067	1849	251	15	37	57	443
23	浙江省立同德医院	浙江	三甲	5648	2041	1551	327	52	194	184	453
24	瑞安市人民医院	浙江	三甲	3914	1930	1738	380	6	60	294	496
25	杭州师范大学附属医院	浙江	三甲	3299	1894	1561	301	31	96	135	449
26	杭州市萧山区第一人民医院	浙江	三甲	3025	1842	1637	184	8	21	49	271
27	杭州市红十字会医院	浙江	三甲	4239	1827	1514	242	38	109	149	339
28	南京军区杭州疗养院	浙江	三甲	2635	1810	1647	278	19	15	55	192
29	宁波市医疗中心李惠利医院	浙江	三甲	2501	1757	1466	268	36	34	50	298
30	台州学院医学院附属中心医院	浙江	三甲	3253	1714	1510	253	10	42	84	389
31	温岭市第一人民医院	浙江	三甲	2673	1696	1541	267	11	17	72	329
32	嘉兴市第二医院	浙江	三甲	3508	1669	1487	254	9	32	80	432
33	浙江医院	浙江	三甲	3732	1662	1396	237	32	123	85	333
34	中国人民解放军第一一七医院	浙江	三甲	3530	1651	1367	242	27	33	93	356
35	宁波市第二医院	浙江	三甲	2629	1592	1342	232	14	33	99	293
36	浙江中医院大学附属杭州第三医院	浙江	二甲	2946	1528	1225	231	39	78	95	373
37	诸暨市人民医院	浙江	三甲	2185	1523	1417	227	10	16	16	243
38	温州市第三人民医院	浙江	三甲	2730	1514	1251	219	10	29	202	371
39	衢州市人民医院	浙江	三甲	2647	1419	1249	196	6	53	65	249
40	绍兴市第二医院	浙江	三甲	2486	1410	1265	208	2	10	14	285
41	义乌市中心医院	浙江	三乙	2603	1401	1284	180	3	45	60	272
42	台州市中西医结合医院	浙江	二甲	1728	1358	1203	348	36	97	71	157
43	宁波大学医学院附属医院	浙江	三甲	2665	1352	1105	213	23	24	99	340
44	浙江省绍兴市妇幼保健院	浙江	三甲	2514	1328	1244	132	6	7	19	318
45	台州学院医学院附属市立医院	浙江	三甲	2391	1327	1166	186	16	63	77	266
46	慈溪市人民医院	浙江	三甲	1499	1290	1180	230	3	16	92	189
47	宁波市妇女儿童医院	浙江	三甲	1927	1199	1028	197	22	21	66	259
48	台州市第一人民医院	浙江	三甲	1776	1186	1079	185	3	35	44	188
49	湖州市第一人民医院	浙江	三甲	2573	1166	1083	118	1	4	49	215
50	宁波市鄞州人民医院	浙江	三甲	1733	1158	1028	180	2	25	42	232
51	东阳市人民医院	浙江	三甲	1531	1127	1055	215	9	11	12	190

表1：各省（直辖市）2002～2011年医疗机构发表文献排序表

序号	机构名称	地区	级别	总被引频次	2002～2011年发文量		2011年发文量	基金论文量			北大核心期刊论文量
					总发文量	第一作者		国家	省市	其他	
52	宁波大学附属阳明医院	浙江	三甲	2007	1094	993	192	7	19	26	179
53	浙江省新华医院	浙江	三甲	1795	1029	765	175	19	115	61	163
54	宁波市第六医院	浙江	二甲	2877	1021	899	165	7	30	36	233
55	金华市人民医院	浙江	三甲	1532	951	807	135	1	9	38	160
56	浙江中医药大学附属第六医院	浙江	三甲	1584	919	757	167	9	54	126	207
57	温州医学院附属眼视光医院	浙江	三甲	1791	904	742	173	67	51	87	364
58	中国人民解放军第九八医院	浙江	三甲	2466	901	797	158	12	7	62	243
59	武警浙江省总队医院	浙江	三甲	1416	881	780	128	7	19	18	225
60	中国人民解放军第一一三医院	浙江	三甲	2121	874	764	106	11	1	30	171
61	绍兴市中医院	浙江	三甲	1223	873	831	129	1	10	24	76
62	永康市第一人民医院	浙江	二甲	1139	820	761	118	1	7	10	109
63	温州市中医院	浙江	三甲	1912	815	672	119	15	27	93	128
64	浙江省湖州市妇幼保健院	浙江	三甲	1327	806	758	101	6	5	30	128
65	奉化市人民医院	浙江	二甲	1080	806	751	131	1	0	3	96
66	嘉兴市妇幼保健院	浙江	三甲	1211	806	733	104	3	21	37	172
67	杭州师范大学附属余杭医院	浙江	二甲	1137	804	749	146	3	15	9	99
68	嘉兴市中医医院	浙江	三甲	1195	792	737	146	2	9	31	92
69	金华市中医院	浙江	三甲	1408	785	681	90	4	24	30	87
70	浙江省萧山医院	浙江	二甲	942	784	712	151	3	8	15	140
71	衢州化学工业公司职工医院	浙江	二甲	1030	704	641	93	4	8	13	127
72	桐乡市第一人民医院	浙江	二甲	813	699	642	119	1	1	12	67
73	长兴县人民医院	浙江	二甲	603	688	665	116	2	2	9	63
74	绍兴文理学院附属医院	浙江	二甲	1358	683	572	84	11	35	16	203
75	江山市人民医院	浙江	二甲	870	667	621	129	1	6	22	54
76	乐清市人民医院	浙江	三甲	919	656	580	98	4	4	50	106
77	浙江中医药大学附属宁波中医院	浙江	三甲	1313	653	575	109	3	24	35	64
78	嘉善县第一人民医院	浙江	二甲	714	639	600	46	1	2	2	46
79	温州市中西医结合医院	浙江	三甲	1150	639	534	93	1	10	42	86
80	德清县人民医院	浙江	二甲	749	632	592	93	0	0	5	77
81	绍兴市第四医院	浙江	二甲	926	624	551	128	1	3	11	89
82	新昌县人民医院	浙江	二甲	850	623	585	115	3	3	6	136
83	宁海县第一医院	浙江	二甲	805	611	575	85	1	2	0	99
84	平阳县人民医院	浙江	二甲	851	606	562	79	0	3	17	76

表1：各省（直辖市）2002～2011年医疗机构发表文献排序表

序号	机构名称	地区	级别	总被引频次	2002～2011年发文量		2011年发文量	基金论文量			北大核心期刊论文量
					总发文量	第一作者		国家	省市	其他	
85	嵊州市人民医院	浙江	二甲	1040	598	561	106	0	0	2	97
86	杭州市萧山区中医院	浙江	三甲	1110	596	500	69	1	21	15	77
87	诸暨市中医院	浙江	三甲	946	569	520	93	1	7	9	65
88	湖州市第三人民医院	浙江	三甲	939	565	515	98	7	5	16	100
89	杭州肿瘤医院	浙江	二甲	1021	560	461	51	9	19	10	92
90	象山县第一人民医院	浙江	二甲	564	552	510	109	1	0	2	90
91	宁波市第七医院	浙江	二甲	812	550	496	89	3	7	13	77
92	武警浙江省总队杭州医院	浙江	三甲	956	547	464	57	2	17	9	125
93	玉环县人民医院	浙江	二甲	721	536	507	55	0	0	8	63
94	绍兴市第六人民医院	浙江	三甲	858	535	481	92	0	3	11	88
95	仙居县人民医院	浙江	二甲	671	532	497	59	0	1	8	92
96	舟山市普陀区人民医院	浙江	二甲	692	525	484	60	0	2	8	82
97	杭州市第七人民医院	浙江	三甲	1682	505	407	69	16	9	40	146
98	浙江中医药大学附属第三医院	浙江	三甲	784	500	395	147	12	41	52	70
99	上虞市人民医院	浙江	二甲	665	498	463	75	2	4	6	59
100	兰溪市人民医院	浙江	二甲	557	497	471	104	1	3	3	72
101	浙江大学附属口腔医院	浙江	三甲	1372	483	344	44	55	94	35	147
102	浦江县人民医院	浙江	二甲	526	459	433	66	1	3	1	55
103	青田县人民医院	浙江	二甲	465	455	422	91	1	2	0	48
104	丽水市中医院	浙江	二甲	881	455	393	71	2	3	7	43
105	丽水市第二人民医院	浙江	三甲	928	425	347	45	0	5	12	56
106	湖州市中医院	浙江	三甲	745	383	360	24	0	2	22	41
107	浙江省宁波市传染病院	浙江	三甲	786	383	328	46	5	3	24	55
108	绍兴市第七人民医院	浙江	三甲	1133	372	331	39	0	1	33	105
109	宁波市鄞州第二人民医院	浙江	三甲	176	339	303	111	5	3	21	64
110	瑞安市中医院	浙江	三甲	481	321	279	62	4	7	40	33
111	宁波市康宁医院	浙江	三甲	418	302	262	56	6	9	22	42
重庆市											
1	第三军医大学第一附属医院	重庆	三甲	55410	15083	12587	1292	3058	416	727	9168
2	重庆医科大学附属第一医院	重庆	三甲	34564	11464	9385	1472	1251	524	1158	7213
3	第三军医大学第三附属医院	重庆	三甲	34030	10085	8585	960	1793	427	651	5356
4	第三军医大学第二附属医院	重庆	三甲	30890	9890	8300	931	1702	298	515	5700
5	重庆医科大学附属第二医院	重庆	三甲	20321	5978	4848	900	953	214	415	3437

表1：各省（直辖市）2002～2011年医疗机构发表文献排序表

序号	机构名称	地区	级别	总被引频次	2002～2011年发文量		2011年发文量	基金论文量			北大核心期刊论文量
					总发文量	第一作者		国家	省市	其他	
6	重庆医科大学附属儿童医院	重庆	三甲	14554	4735	4037	643	631	149	347	2705
7	重庆市涪陵中心医院	重庆	三甲	2598	1626	1480	113	20	27	30	335
8	重庆三峡中心医院	重庆	三甲	2369	1550	1405	236	17	23	67	440
9	重庆市第四人民医院	重庆	三甲	3192	1217	1034	117	30	19	52	602
10	中国人民解放军三二四医院	重庆	三甲	1717	1141	1003	149	48	30	39	318
11	重庆市肿瘤医院	重庆	三甲	1771	960	810	124	34	20	56	501
12	重庆市第九人民医院	重庆	三甲	2004	925	776	120	31	18	43	365
13	重庆医科大学附属永川医院	重庆	三甲	1372	898	794	120	21	7	39	332
14	重庆市第三人民医院	重庆	三甲	2038	896	733	85	14	14	40	453
15	重庆市中医研究院重庆市中医院	重庆	三甲	1602	762	620	97	30	15	52	104
16	重庆市第一人民医院	重庆	三甲	940	591	448	80	9	4	39	255
17	重庆市中山医院	重庆	三甲	1361	565	488	38	8	6	11	306
18	重庆医科大学附属口腔医院	重庆	三甲	1186	552	469	96	31	42	116	366
19	重庆市妇幼保健院	重庆	三甲	920	472	401	41	15	5	14	249
20	武警重庆总队医院	重庆	三甲	594	436	372	59	9	8	10	149
21	重庆市第五人民医院	重庆	三甲	389	352	304	72	7	1	19	107
22	重庆市第十一人民医院	重庆	三甲	515	335	298	52	8	0	11	110
23	重庆市万州区人民医院	重庆	三甲	168	210	198	65	0	0	0	24
24	重庆市黔江中心医院	重庆	三甲	262	204	180	34	3	0	3	60

表2：2002～2011年医疗机构发表文献影响力统计汇总表

序号	机构名称	级别	总发文量	下载量	被引用频次					零被引文献量
					合计	被期刊引	被博士论文引	被硕士论文引	被会议论文引	
1	中国人民解放军总医院	三甲	32779	1915078	123598	92017	6152	24006	1423	14032
2	四川大学华西医院	三甲	25709	1784529	88552	64125	4390	19036	1001	10796
3	北京协和医院	三甲	19199	1179996	83548	65032	3031	14658	827	9739
4	华中科技大学同济医学院附属同济医院	三甲	21894	1341699	79174	54875	5289	18161	849	8467
5	北京大学第一医院	三甲	13482	957249	67704	52280	2506	12293	625	5837
6	中山大学附属第一医院	三甲	18643	1103906	65281	49924	2567	12182	608	8019
7	华中科技大学同济医学院附属协和医院	三甲	18335	1074522	62547	43392	4103	14471	581	7045
8	中国人民解放军第二军医大学第一附属医院	三甲	16371	925569	62500	45558	3322	12751	869	6738
9	南方医科大学附属南方医院	三甲	16436	1028137	59557	42552	3395	12872	738	6602
10	第四军医大学第一附属医院	三甲	17071	939705	58303	39587	3851	14303	562	6488
11	上海交通大学医学院附属瑞金医院	三甲	14213	935246	56872	42535	2399	11357	581	6010
12	第三军医大学第一附属医院	三甲	15083	812264	55410	39624	3501	11754	531	5562
13	中南大学湘雅二医院	三甲	14941	1029817	53225	37599	2705	12422	499	6037
14	中南大学湘雅医院	三甲	14487	825802	53168	37715	3313	11603	537	5600
15	北京大学人民医院	三甲	12432	803588	51212	39902	1614	9222	474	5908
16	南京军区南京总医院	三甲	13034	836001	50574	39695	1733	8454	692	5170
17	中国人民解放军第二军医大学第二附属医院	三甲	13125	740926	50297	37264	2502	9868	663	5235
18	复旦大学附属中山医院	三甲	11280	692752	47331	34686	2467	9646	532	4754
19	复旦大学附属华山医院	三甲	10530	690284	45991	33357	2761	9284	589	4273
20	江苏省人民医院	三甲	15083	912946	45599	32771	2271	10064	493	6766
21	中国医科大学第一附属医院	三甲	14234	784818	41725	29725	2140	9467	393	6608
22	北京大学第三医院	三甲	9539	667684	38027	29049	1445	7155	378	4199
23	山东大学齐鲁医院	三甲	11742	643193	37669	26209	2066	9008	386	4658
24	上海交通大学医学院附属仁济医院	三甲	10108	632201	37235	27774	1512	7551	398	4367
25	中国医科大学附属第二医院	三甲	12382	649467	36331	27162	1471	7417	281	5683
26	武汉大学人民医院	三甲	12270	616217	35520	24625	2032	8450	413	5534
27	重庆医科大学附属第一医院	三甲	11464	718722	34564	24307	1878	8028	351	4604
28	北京中日友好医院	三甲	9093	540256	34205	23701	2046	7700	758	4466
29	第三军医大学第三附属医院	三甲	10085	551711	34030	23651	2172	7859	348	3990
30	首都医科大学宣武医院	三甲	9688	603290	33590	25949	1372	5842	427	4335
31	浙江大学医学院附属第一医院	三甲	9306	488211	33090	24012	1621	7038	419	4229
32	山东省立医院	三甲	12442	594257	32346	23907	1346	6717	376	5548
33	中山大学附属第二医院	三甲	10918	595276	31831	23864	1280	6389	298	5145
34	第三军医大学第二附属医院	三甲	9890	551220	30890	21615	2021	6977	277	3976

表 2：2002～2011 年医疗机构发表文献影响力统计汇总表

序号	机构名称	级别	总发文量	下载量	被引用频次					零被引文献量
					合计	被期刊引	被博士论文引	被硕士论文引	被会议论文引	
35	广州中医药大学第二附属医院	三甲	9190	601947	30563	16547	2754	10238	1024	3851
36	青岛大学医学院附属医院	三甲	12646	612985	30344	21767	1239	7063	275	5816
37	上海市第六人民医院	三甲	9435	527898	29409	22445	1071	5577	316	4527
38	上海交通大学医学院附属新华医院	三甲	8583	473573	29215	22540	1051	5336	288	3712
39	郑州大学第一附属医院	三甲	15367	703134	28863	20616	1401	6632	214	7935
40	中国协和医科大学阜外心血管病医院	三甲	6584	390898	28810	21275	1469	5670	396	3019
41	北京医院	三甲	7377	412378	28633	22355	942	4952	384	3704
42	上海交通大学医学院附属第一人民医院	三甲	8726	474737	28334	21127	1161	5773	273	3984
43	浙江大学医学院附属第二医院	三甲	8023	426457	27951	20443	1443	5768	297	3480
44	西安交通大学第一附属医院	三甲	8795	536021	27884	20310	1346	5960	268	3733
45	中国医学科学院肿瘤医院	三甲	5674	407716	27617	19607	1522	6171	317	2547
46	吉林大学第一医院	三甲	11298	640202	27573	19780	1504	6055	234	5253
47	广东省人民医院	三甲	8788	477087	27315	21564	787	4634	330	3889
48	广西医科大学第一附属医院	三甲	12297	649086	27284	20413	952	5688	231	5836
49	首都医科大学附属北京同仁医院	三甲	9168	449987	27236	20484	1057	5405	290	4663
50	第四军医大学第二附属医院	三甲	8073	424328	26972	18870	1595	6182	325	3129
51	上海交通大学医学院附属第九人民医院	三甲	8060	511357	26800	18895	1527	6111	267	3295
52	南方医科大学珠江医院	三甲	7148	442837	26212	18163	1940	5824	285	2757
53	中山大学附属第三医院	三甲	8752	474522	25911	20302	784	4514	311	4186
54	安徽医科大学第一附属医院	三甲	8941	507162	25532	18158	1046	6031	297	3772
55	苏州大学第一附属医院	三甲	10133	465258	25477	18433	1290	5483	271	4920
56	首都医科大学附属北京朝阳医院	三甲	7864	385934	25452	20567	638	3897	350	4256
57	广州中医药大学第一附属医院	三甲	6746	446252	25286	13068	2662	8932	624	2676
58	广州军区广州总医院	三甲	8657	447484	25176	18324	1252	5290	310	3916
59	首都医科大学附属北京友谊医院	三甲	8136	423971	25060	19440	784	4527	309	4255
60	首都医科大学附属北京天坛医院	三甲	7601	445339	24594	18958	935	4417	284	3746
61	天津医科大学总医院	三甲	9349	526327	23698	16628	1310	5562	198	4815
62	河北医科大学第二医院	三甲	10113	483721	23551	16764	1076	5498	213	5106
63	中国人民解放军总医院第一附属医院	三甲	5616	267662	23412	17047	1432	4658	275	2714
64	中国人民解放军第三〇七医院	三甲	5801	559589	22723	13735	2168	6480	340	2307
65	哈尔滨医科大学附属第一医院	三甲	9138	442861	22367	16702	928	4520	217	4439
66	温州医学院附属第一医院	三甲	9936	465525	21623	16687	728	3974	234	4923
67	深圳市人民医院	三甲	7067	336953	21142	16087	785	4043	227	2928
68	南京大学医学院附属鼓楼医院	三甲	8463	452726	20881	16199	768	3669	245	4119

表2：2002～2011年医疗机构发表文献影响力统计汇总表

序号	机构名称	级别	总发文量	下载量	被引用频次					零被引文献量
					合计	被期刊引	被博士论文引	被硕士论文引	被会议论文引	
69	重庆医科大学附属第二医院	三甲	5978	347748	20321	14308	1190	4617	206	2494
70	中山大学附属肿瘤医院	三甲	5169	366025	20299	14804	883	4367	245	2054
71	西安交通大学第二附属医院	三甲	6132	370912	20269	14341	1022	4723	183	2406
72	温州医学院附属第二医院	三甲	9094	412984	20241	15968	580	3453	240	4402
73	武汉大学中南医院	三甲	6373	329205	20207	13543	1247	5188	229	2783
74	福州总医院	三甲	8919	402162	20122	15392	741	3708	281	4653
75	哈尔滨医科大学附属第二医院	三甲	7330	395784	19525	13932	972	4414	207	3284
76	广州医学院第一附属医院	三甲	5200	259845	18902	14697	621	3370	214	2454
77	北京军区总医院	三甲	8633	365723	18340	14161	731	3162	286	4909
78	广东医学院附属医院	三甲	7325	340336	18182	13715	734	3550	183	3122
79	首都医科大学附属北京安贞医院	三甲	6573	304208	17706	13648	631	3192	235	3566
80	浙江大学医学院附属邵逸夫医院	三甲	4563	224562	17331	13904	471	2742	214	2087
81	暨南大学医学院第一附属医院	三甲	4993	313158	17162	12306	781	3886	189	1992
82	南京中医药大学附属医院	三甲	6524	431483	16827	9800	1256	5338	433	3072
83	吉林大学第三医院	三甲	7084	364684	16731	11876	895	3788	172	3262
84	安徽省立医院	三甲	7242	374816	16684	12521	574	3392	197	3418
85	中国人民解放军沈阳军区总医院	三甲	6755	294310	16643	12560	648	3248	187	3476
86	东南大学附属中大医院	三甲	5518	346872	16632	11662	879	3889	202	2350
87	中国中医科学院西苑医院	三甲	3313	292456	16619	9214	1988	4771	646	1344
88	天津中医药大学第一附属医院	三甲	4685	405622	16377	9124	1275	5354	624	1880
89	大连医科大学附属第一医院	三甲	5557	282474	16243	11624	717	3719	183	2686
90	中国人民解放军海军总医院	三甲	6521	279230	16202	12444	660	2894	204	3271
91	中国中医科学院广安门医院	三甲	4495	351348	15890	8674	1513	5019	684	2118
92	新疆医科大学第一附属医院	三甲	8120	367385	15745	11072	738	3799	136	4486
93	四川省医学科学院·四川省人民医院	三甲	8174	346210	15720	12273	513	2769	165	4273
94	广州医学院附属广州市第一人民医院	三甲	5728	242318	15471	12133	392	2779	167	2645
95	中国人民解放军三〇二医院	三甲	4566	289779	15279	10890	919	3067	403	2053
96	上海中医药大学附属龙华医院	三甲	3220	257107	15237	8432	1250	4993	562	1082
97	山东中医药大学附属医院	三甲	5008	290796	15102	7769	1336	5565	432	2215
98	山西医科大学第一医院	三甲	7207	336842	15091	10793	617	3562	119	3573
99	北京中医药大学东直门医院	三甲	3316	277439	15082	7548	1815	5113	606	1294
100	河北医科大学第四医院	三甲	5672	300762	14789	9860	871	3899	159	2746
101	重庆医科大学附属儿童医院	三甲	4735	267686	14554	10918	582	2950	104	2059
102	山西医科大学第二附属医院	三甲	7309	343677	14552	10185	669	3572	126	3698

表2：2002～2011年医疗机构发表文献影响力统计汇总表

序号	机构名称	级别	总发文量	下载量	被引用频次					零被引文献量
					合计	被期刊引	被博士论文引	被硕士论文引	被会议论文引	
103	昆明医学院第一附属医院	三甲	7415	367886	14462	10315	652	3327	168	3878
104	泸州医学院附属医院	三甲	7057	325490	14322	10398	589	3207	128	3481
105	北京积水潭医院	三甲	4337	209074	14271	11318	420	2339	194	2350
106	河北医科大学第三医院	三甲	5636	263479	14235	10070	662	3353	150	2713
107	四川大学华西第二医院	三甲	4390	314924	14163	10799	562	2719	83	1878
108	广州军区武汉总医院	三甲	5108	246054	13748	10525	519	2538	166	2176
109	复旦大学附属儿科医院	三甲	2975	188117	13722	10918	496	2171	137	1285
110	南方医科大学附属深圳医院	三甲	4723	209169	13404	10336	453	2414	201	2106
111	吉林大学第二医院	三甲	6164	313899	13366	9254	700	3288	124	2908
112	北京大学深圳医院	三甲	4873	242533	13185	10108	491	2417	169	2208
113	复旦大学附属肿瘤医院	三甲	3147	234745	13101	9696	615	2627	163	1361
114	首都医科大学附属北京儿童医院	三甲	4507	232410	13055	10894	273	1783	105	2430
115	福建医科大学附属第一医院	三甲	5415	265630	12988	9015	609	3257	107	2674
116	同济大学附属同济医院	三甲	3690	213674	12868	9317	608	2793	150	1571
117	广西人民医院	三甲	7115	257731	12801	10089	387	2184	141	3609
118	上海中医药大学附属曙光医院	三甲	3128	225988	12780	7504	983	3981	312	1215
119	南通大学附属医院	三甲	6427	279734	12768	9592	523	2545	108	3207
120	中国人民解放军空军总医院	三甲	5940	236130	12765	9782	479	2351	153	3119
121	河南省人民医院	三甲	6725	246469	12669	9774	456	2306	133	3518
122	福建医科大学附属协和医院	三甲	4470	232405	12662	8728	701	3116	117	2032
123	中国人民解放军济南军区总医院	三甲	5444	233759	12625	9095	618	2762	150	2730
124	武警总医院	三甲	6034	226570	12553	9595	544	2240	174	3516
125	中南大学湘雅三医院	三甲	4753	263542	12364	8972	599	2682	111	2094
126	南昌大学第一附属医院	三甲	6381	294375	12291	8798	478	2876	139	3307
127	苏州大学附属第二医院	三甲	4781	220164	12143	8699	713	2620	111	2236
128	广州医学院第二附属医院	三甲	5076	216715	12023	9095	431	2381	116	2368
129	佛山市第一人民医院	三甲	5103	187491	11982	9772	242	1826	142	2616
130	汕头大学医学院第一附属医院	三甲	4806	208226	11824	9509	327	1878	110	2082
131	河北省人民医院	三甲	4968	247666	11555	8316	536	2597	106	2303
132	中国人民解放军白求恩国际和平医院	三甲	5107	216481	11441	8789	461	2056	135	2332
133	天津市第一中心医院	三甲	4387	205555	11379	8448	440	2340	151	2171
134	兰州军区总医院	三甲	5134	233489	11242	7943	529	2659	111	2503
135	中国人民解放军昆明总医院	三甲	4734	199192	11130	8548	423	2025	134	2254
136	北京肿瘤医院	三甲	2463	189525	10892	8101	481	2190	120	1121

表2：2002～2011年医疗机构发表文献影响力统计汇总表

序号	机构名称	级别	总发文量	下载量	被引用频次					零被引文献量
					合计	被期刊引	被博士论文引	被硕士论文引	被会议论文引	
137	河南中医学院第一附属医院	三甲	4696	243249	10888	6067	811	3644	366	2156
138	首都儿科研究所附属儿童医院	三甲	2304	121834	10862	8766	270	1708	118	1181
139	十堰市太和医院	三甲	4997	227838	10852	8161	457	2111	123	2197
140	中国人民解放军总参谋部总医院	三甲	4816	191638	10837	8671	331	1718	117	2609
141	贵阳医学院附属医院	三甲	5686	219637	10706	8005	416	2142	143	2949
142	中国海洋大学附属医院	三甲	4854	193082	10637	8361	313	1865	98	2520
143	上海中医药大学附属岳阳中西医结合医院	三甲	2646	191498	10478	5923	834	3230	491	1028
144	中国人民解放军成都军区总医院	三甲	5149	231212	10294	7460	514	2163	157	2608
145	宁夏医科大学附属医院	三甲	7311	271164	10235	7612	344	2188	91	4280
146	浙江省人民医院	三甲	4415	163973	10141	8174	299	1568	100	2306
147	天津医科大学附属肿瘤医院	三甲	3842	205811	10054	7172	438	2330	114	2134
148	中山大学附属眼科医院	三甲	2397	148510	10052	7483	433	2044	92	887
149	辽宁中医药大学附属医院	三甲	3814	223701	10050	5270	846	3647	287	1792
150	中国人民解放军第二军医大学第三附属医院	三甲	2772	177611	10047	7278	562	2108	99	1120
151	浙江中医院	三甲	4123	213474	9914	6204	656	2815	239	2030
152	南京医科大学附属南京第一医院	三甲	4618	204415	9680	7471	318	1793	98	2291
153	首都医科大学附属北京妇产医院	三甲	2676	144228	9646	8020	178	1357	91	1381
154	浙江大学医学院附属妇产科医院	三甲	2629	157870	9596	7231	370	1933	62	1169
155	大连医科大学附属第二医院	三甲	3891	203971	9588	6650	510	2301	127	1803
156	广西中医学院第一附属医院	三甲	3766	228088	9196	5813	557	2582	244	1696
157	湖南中医药大学第一附属医院	三甲	2888	146830	9188	5111	729	3075	273	1202
158	浙江省台州医院	二甲	5474	186978	8992	7378	189	1319	106	2915
159	广州中医药大学深圳附属医院	三甲	2866	127608	8964	5374	736	2632	222	1141
160	湖北中医药大学附属医院	三甲	2835	141777	8835	4971	718	2898	248	1160
161	福建省立医院	三甲	4084	168232	8710	6277	389	1943	101	2163
162	徐州医学院附属医院	三甲	4518	224467	8700	6345	421	1849	85	2398
163	中国人民解放军第二五一医院	三甲	4666	140489	8513	7040	211	1161	101	2563
164	新乡医学院第一附属医院	三甲	5476	170553	8494	6886	219	1297	92	2822
165	兰州大学第二附属医院	三甲	3360	163517	8419	5843	395	2118	63	1625
166	杭州市第一人民医院	三甲	4222	160187	8341	6411	259	1571	100	2283
167	山东省千佛山医院	三甲	4512	181249	8338	6079	338	1794	127	2437
168	首都医科大学附属北京中医医院	三甲	2332	180114	8323	4363	717	2883	360	967
169	上海市精神卫生中心（总部）	三甲	2431	150596	8268	6258	338	1543	129	1074
170	中国人民解放军第三〇六医院	三甲	3126	141105	8253	6269	334	1505	145	1766

表2：2002～2011年医疗机构发表文献影响力统计汇总表

序号	机构名称	级别	总发文量	下载量	被引用频次					零被引文献量
					合计	被期刊引	被博士论文引	被硕士论文引	被会议论文引	
171	聊城市人民医院	三乙	4765	154110	8251	6729	154	1299	69	2549
172	山东省肿瘤医院	三甲	3047	147850	8206	6081	378	1667	80	1500
173	南京医科大学附属脑科医院	三甲	2580	153993	8103	5962	355	1683	103	1189
174	首都医科大学附属北京佑安医院	三甲	2779	136153	8068	6183	325	1358	202	1460
175	蚌埠医学院附属医院	三甲	4093	180612	8052	6399	263	1333	57	1964
176	海南省人民医院	三甲	4914	184070	8010	6523	190	1210	87	2735
177	昆明医学院第二附属医院	三甲	4122	179715	8001	5813	306	1795	87	2275
178	安徽中医学院第一附属医院	三甲	2697	168689	7994	4815	596	2339	244	1143
179	中国医学科学院血液病医院	三甲	2325	153130	7962	5146	722	1984	110	1052
180	广西中医学院附属瑞康医院	三甲	3409	190567	7916	5229	422	2086	179	1549
181	遵义医学院附属医院	三甲	4621	158993	7872	5745	249	1740	138	2516
182	浙江大学医学院附属儿童医院	三甲	2793	123555	7846	6388	219	1193	46	1321
183	兰州大学第一附属医院	三甲	3431	176263	7756	5130	414	2122	90	1694
184	首都医科大学附属复兴医院	三乙	2140	113119	7751	6323	169	1178	81	1021
185	山东大学第二附属医院	三甲	2790	134554	7722	5451	421	1774	76	1147
186	复旦附属大学华东医院	三甲	2274	114973	7690	5882	239	1461	108	1041
187	滨州医学院附属医院	三甲	4015	147217	7648	5767	249	1544	88	2187
188	泰安市中心医院	三甲	5187	168243	7392	6023	175	1103	91	3079
189	武汉市中西医院结合医院	三甲	3345	139519	7379	4857	427	1978	117	1695
190	川北医学院附属医院	三甲	4319	163977	7353	5622	247	1389	95	2360
191	北京中医药大学东方医院	三甲	2249	162025	7338	3913	761	2405	259	994
192	烟台毓璜顶医院	三甲	4026	144839	7326	5645	260	1352	69	2218
193	广州市儿童医院	三甲	2062	100807	7279	6074	164	991	50	803
194	南昌大学第二附属医院	三甲	4403	212284	7252	5248	339	1594	71	2332
195	广西医科大学附属肿瘤医院	三甲	2684	154122	7242	4938	398	1826	80	1202
196	辽宁医学院附属第一医院	三甲	3950	214485	7230	4994	347	1810	79	2040
197	天津医科大学第二附属医院	三甲	3595	172075	7219	5219	316	1611	73	1921
198	浙江中医药附属大学肿瘤医院	三甲	2671	145250	7209	5424	278	1384	123	1343
199	潍坊市人民医院	三甲	4550	144132	7136	5674	168	1225	69	2641
200	成都中医药大学附属医院	三甲	2507	143045	7117	3918	614	2401	184	1153
201	中国人民解放军第二五二医院	三甲	5868	172308	7113	5895	158	978	82	3659
202	四川省疾病预防控制中心		1943	94051	7107	5256	288	1446	117	759
203	临沂市人民医院	三甲	4183	139958	7038	5369	238	1352	79	2217
204	郑州大学第二附属医院	三甲	3864	162267	7025	5134	274	1561	56	1968

表2：2002～2011年医疗机构发表文献影响力统计汇总表

序号	机构名称	级别	总发文量	下载量	被引用频次					零被引文献量
					合计	被期刊引	被博士论文引	被硕士论文引	被会议论文引	
205	上海东方医院	三甲	2460	137293	7006	5360	261	1299	86	1130
206	中国医学科学院皮肤病医院	三甲	2145	94653	6877	5079	327	1361	110	1075
207	皖南医学院弋矶山医院	三甲	3250	164784	6720	5007	288	1342	83	1606
208	南华大学附属第一医院	三甲	2982	168617	6687	4670	339	1609	69	1372
209	天津医院	三甲	1926	102430	6632	5057	241	1230	104	949
210	河南科技大学第一附属医院	三甲	4099	135685	6614	5179	193	1176	66	2283
211	中国康复研究中心	三甲	1730	107117	6571	4887	254	1201	229	688
212	浙江中医药大学附属广兴医院	三甲	2309	107831	6549	4160	428	1859	102	1092
213	汕头大学医学院第二附属医院	三甲	2707	123774	6546	4865	255	1347	79	1215
214	新疆维吾尔自治区人民医院	三甲	6275	189579	6460	4864	221	1309	66	4303
215	惠州市中心人民医院	三甲	3805	121110	6423	5058	167	1123	75	2050
216	中国人民解放军兰州军区乌鲁木齐总医院	三甲	3739	125781	6375	5013	184	1090	88	2098
217	哈尔滨医科大学附属肿瘤医院	三甲	2847	133429	6373	4523	294	1487	69	1420
218	云南省第一人民医院	三甲	3845	136817	6323	4790	232	1232	69	2119
219	黑龙江中医药大学第一附属医院	三甲	2425	160316	6297	3331	518	2310	138	1031
220	长春中医药大学附属医院	三甲	2991	150596	6243	3412	444	2211	176	1533
221	北京地坛医院	三甲	1960	104025	6220	4769	291	1019	141	1006
222	上海复旦大学附属妇产医院	三甲	1565	131652	6211	4309	369	1471	62	610
223	贵州省人民医院	三甲	3988	127552	6202	4734	186	1191	91	2232
224	东莞市人民医院	三甲	2977	106556	6198	5128	106	893	71	1445
225	河南省中医院	三甲	2697	119789	6197	3602	421	1983	191	1236
226	佛山市中医院	三甲	2723	107748	6189	4355	253	1443	138	1346
227	上海市第十人民医院	三甲	2583	125617	6180	4664	250	1201	65	1280
228	内蒙古医学院附属医院	三甲	4834	203006	6141	4370	225	1466	80	2914
229	绍兴市人民医院	三甲	3230	104712	6139	5093	109	886	51	1800
230	中国医学科学院整形外科医院	三甲	1695	70322	6094	4733	318	981	62	693
231	柳州市工人医院	三甲	4375	149039	6082	5124	104	803	51	2460
232	复旦大学附属眼耳鼻喉科医院	三甲	2481	101328	6072	4394	349	1276	53	1252
233	承德医学院附属医院	三甲	3491	147202	6044	4434	241	1288	81	1922
234	上海市儿童医院	三甲	1829	103925	5982	4735	201	995	51	986
235	河北联合大学附属医院	三甲	3238	159026	5978	4209	267	1446	56	1591
236	桂林医学院附属医院	三甲	3942	179786	5920	4568	164	1143	45	2220
237	湖北省十堰市人民医院	三甲	3070	127472	5845	4348	242	1195	60	1509
238	广州医学院第三附属医院	三甲	2757	111553	5807	4435	183	1127	62	1417

表2：2002～2011年医疗机构发表文献影响力统计汇总表

序号	机构名称	级别	总发文量	下载量	被引用频次					零被引文献量
					合计	被期刊引	被博士论文引	被硕士论文引	被会议论文引	
239	深圳市福田区人民医院	三甲	2525	104290	5805	4485	181	1084	55	1182
240	苏州大学医学院附属第三医院	三甲	3144	118086	5791	4483	196	1050	62	1712
241	河南省精神病医院	三甲	2087	92923	5779	4518	141	1040	80	864
242	中国人民解放军海军第四〇一医院	三甲	2833	101868	5744	4654	136	873	81	1527
243	无锡市人民医院	三甲	4450	129003	5743	4689	130	875	49	2867
244	柳州市人民医院	三甲	3581	150473	5702	4680	110	861	51	1854
245	西安交通大学医学院第三附属医院	三甲	2483	98995	5652	4390	167	1027	68	1225
246	浙江省立同德医院	三甲	2041	110804	5648	3842	289	1399	118	945
247	济宁医学院第二附属医院	三甲	1757	65310	5609	4534	128	877	70	795
248	上海市肺科医院	三甲	1971	94809	5586	4250	179	1041	116	954
249	河北医科大学中医院	三甲	2120	104253	5542	2920	436	2076	110	858
250	武警医学院附属医院平津医院	三甲	2861	137199	5474	3728	302	1372	72	1488
251	河北医科大学第一医院	三甲	2219	105002	5472	4219	201	1000	52	1044
252	江苏省中医药研究院	三甲	1650	152675	5461	3230	368	1740	123	709
253	陕西中医学院附属医院	三甲	2301	93798	5419	3071	369	1841	138	1029
254	中国人民解放军第八十一医院	三甲	1924	93101	5405	4115	178	1030	82	905
255	江苏省肿瘤医院	三甲	1959	104821	5398	4010	221	1108	59	917
256	广州市红十字会医院	三甲	2225	88800	5394	3878	206	1228	82	1111
257	华中科技大学同济医学院附属荆州医院	三甲	2652	97387	5330	4695	68	526	41	1347
258	中国人民解放军第一七五医院	三甲	3197	91875	5316	4445	112	692	67	1805
259	延边大学附属医院	三甲	3709	124962	5282	3839	205	1171	67	2275
260	江苏大学附属医院	三甲	2657	118455	5254	3949	185	1060	60	1322
261	湖北省武汉市妇女儿童医疗保健中心	三甲	2077	77123	5250	4442	81	689	38	1047
262	石河子大学医学院第一附属医院	三甲	3314	154258	5231	3743	169	1277	42	1884
263	郑州大学附属肿瘤医院	三甲	2907	108872	5186	3930	164	1047	45	1566
264	福建省疾病预防控制中心		1788	87608	5163	3749	170	1095	149	761
265	深圳市第八人民医院	二甲	2447	92747	5115	4084	144	830	57	1128
266	南阳市中心医院	三甲	4094	114911	5042	4018	113	856	55	2386
267	泰山医学院附属医院	三甲	2237	87830	5008	3813	190	949	56	1092
268	首都医科大学附属北京胸科医院	三甲	1124	56271	5007	3876	149	883	99	547
269	江西省人民医院	三甲	3197	133933	4986	3710	157	1036	83	1769
270	甘肃省人民医院	三甲	2092	90371	4972	3552	226	1138	56	1095
271	中山市人民医院	三甲	2261	86258	4925	4025	90	775	35	1107
272	山西省人民医院	三甲	3530	112060	4907	3758	164	917	68	2048

表2：2002～2011年医疗机构发表文献影响力统计汇总表

序号	机构名称	级别	总发文量	下载量	被引用频次					零被引文献量
					合计	被期刊引	被博士论文引	被硕士论文引	被会议论文引	
273	大庆油田总医院	三甲	4256	143495	4886	3653	142	1036	55	2749
274	济南市中心医院	三甲	2227	95206	4876	3539	189	1076	72	1083
275	苏州大学附属儿童医院	三甲	1797	81538	4868	3783	159	899	27	927
276	北京世纪坛医院	三甲	2121	106161	4865	3553	220	1018	74	1135
277	山西省肿瘤医院	三甲	2745	91091	4808	3526	175	1055	52	1556
278	舟山市人民医院	三甲	2735	79368	4789	3772	136	834	47	1524
279	连云港市第一人民医院	三甲	3206	104524	4777	3842	94	796	45	1706
280	黑龙江省医院	三甲	3731	106562	4775	3735	127	867	46	2297
281	辽宁省人民医院	三甲	2001	75486	4772	3669	156	858	89	1050
282	中山市中医院	三甲	1679	81136	4730	3140	209	1240	141	718
283	湛江中心人民医院	三甲	2585	82180	4724	3809	101	751	63	1305
284	天津市人民医院	三甲	2186	96920	4719	3628	157	878	56	1145
285	广州中医药大学附属广州市中医院	三甲	1383	78640	4699	2565	382	1606	146	510
286	苏州市立医院	三甲	3105	105595	4687	3687	118	840	42	1741
287	天津市第三中心医院	三甲	2027	101040	4659	3510	156	945	48	1037
288	天津市中西医结合医院	三甲	1789	99111	4622	3281	219	1050	72	896
289	郑州大学第三附属医院	三甲	2132	101107	4621	3533	147	903	38	1000
290	中山大学附属第五医院	三甲	3021	112938	4608	3578	162	820	48	1739
291	丽水市人民医院	三甲	2797	87289	4580	3743	91	689	57	1494
292	潍坊医学院附属医院	三甲	2534	102480	4560	3275	192	1047	46	1350
293	南京医科大学第二附属医院	三甲	2123	94617	4554	3424	187	903	40	1103
294	第四军医大学第三附属医院	三甲	1566	91608	4551	2964	306	1250	31	577
295	中国医科大学第四附属医院	三甲	2725	106489	4547	3419	142	910	76	1491
296	青岛大学医学院附属海慈医院	三甲	2357	95526	4541	3056	245	1154	86	1246
297	福建省人民医院	三甲	1493	73423	4531	2551	339	1533	108	680
298	厦门大学附属中山医院	三甲	2103	95023	4527	3332	186	961	48	1090
299	扬州大学医学院附属医院	三甲	2919	102941	4522	3677	112	698	35	1583
300	中国人民解放军第八十八医院	三甲	2122	80450	4521	3484	155	823	59	1075
301	福建省肿瘤医院	三甲	2073	89691	4509	3445	125	895	44	1068
302	广东省第二人民医院	三甲	1995	75086	4507	3690	118	641	58	995
303	新疆医科大学附属中医医院	三甲	2940	134231	4501	2424	277	1717	83	1671
304	中国中医科学院望京医院	三甲	1286	77304	4493	2663	380	1299	151	526
305	襄阳市中心医院	三甲	2723	88056	4490	3855	72	532	31	1529
306	上海市胸科医院	三甲	1520	92336	4481	3380	192	840	69	678

表2：2002～2011年医疗机构发表文献影响力统计汇总表

序号	机构名称	级别	总发文量	下载量	被引用频次					零被引文献量
					合计	被期刊引	被博士论文引	被硕士论文引	被会议论文引	
307	丽水市中心医院	三甲	2858	83402	4455	3767	78	573	37	1588
308	菏泽市立医院	三甲	2189	62886	4417	3682	73	628	34	1102
309	广东省妇幼保健院	三甲	1686	72011	4417	3639	94	660	24	790
310	南京医科大学附属南京市儿童医院	三甲	2415	107876	4406	3462	118	787	39	1289
311	湖南省人民医院	三甲	2883	106231	4393	3440	123	788	42	1622
312	金华市中心医院	三甲	2388	71537	4383	3670	84	592	37	1260
313	深圳市第九人民医院	三乙	2452	82264	4343	3407	138	751	47	1300
314	深圳市第六人民医院	三甲	2144	86699	4327	3359	132	789	47	1085
315	中山大学附属汕头医院	三甲	2416	71298	4321	3658	67	555	41	1302
316	四川大学华西口腔医院	三甲	1544	132360	4306	2891	203	1183	29	592
317	天津市环湖医院	三甲	1620	84000	4295	3183	214	860	38	768
318	无锡市第二人民医院	三甲	2944	97122	4285	3393	117	720	55	1824
319	南京市中医院	三甲	1681	86977	4281	2493	246	1395	147	815
320	杭州市红十字会医院	三甲	1827	77784	4239	2969	213	978	79	892
321	湖南省肿瘤医院	三甲	1886	82053	4215	3220	153	798	44	942
322	宜昌市中心人民医院	三甲	2715	108403	4209	3371	99	711	28	1490
323	右江民族医学院附属医院	三甲	2769	104617	4193	3255	109	780	49	1431
324	吉林省人民医院	三甲	2713	101431	4191	3118	141	884	48	1549
325	济宁市第一人民医院	三甲	2877	85554	4173	3188	131	810	44	1705
326	南京医科大学附属常州市第二人民医院	三甲	2124	75111	4169	3324	105	697	43	1115
327	佛山市顺德区第一人民医院	三甲	1700	56320	4166	3627	41	475	23	796
328	唐山市工人医院	三甲	2680	100509	4133	3140	169	792	32	1498
329	河北大学附属医院	三甲	2979	108724	4065	3094	125	807	39	1746
330	湖州市中心医院	三甲	2068	64138	4062	3462	84	487	29	1068
331	中山大学附属江门医院	三甲	2242	73788	4058	3240	95	678	45	1136
332	成都市中西医结合医院	三甲	1544	70790	4058	2597	212	1173	76	718
333	上海市中医医院	三甲	1297	80571	4038	2194	300	1403	141	571
334	深圳市儿童医院	二甲	1628	77947	4017	3095	139	757	26	745
335	江西中医学院附属医院	三甲	1614	93222	4016	2407	260	1177	172	782
336	新乡市中心医院	三甲	3125	85358	4007	3169	90	703	45	1811
337	云南省第二人民医院	三甲	2158	74942	3998	3137	128	686	47	1194
338	商丘市第一人民医院	二甲	3264	63677	3983	3227	83	644	29	2111
339	辽宁省肿瘤医院	三甲	1433	66887	3976	2936	123	872	45	705
340	中国人民解放军第二炮兵总医院	三乙	1985	83941	3954	2867	200	829	58	1090

表2：2002～2011年医疗机构发表文献影响力统计汇总表

序号	机构名称	级别	总发文量	下载量	被引用频次					零被引文献量
					合计	被期刊引	被博士论文引	被硕士论文引	被会议论文引	
341	瑞安市人民医院	三甲	1930	61831	3914	3252	94	524	44	1081
342	镇江市第一人民医院	三甲	2257	84080	3905	3000	136	725	44	1230
343	嘉兴市第一医院	三甲	2067	65305	3903	3380	48	438	37	1080
344	云南省肿瘤医院	三甲	2148	100839	3894	2814	136	889	55	1224
345	扬州市第一人民医院	三甲	2270	78743	3873	3134	94	613	32	1158
346	大连市中心医院	三甲	1825	74748	3847	2904	123	773	47	923
347	宁波市第一医院	三甲	2119	72281	3828	2993	96	694	45	1219
348	温州市第二人民医院	三甲	2108	77177	3815	3180	74	530	31	1113
349	郴州市第一人民医院	三甲	2726	87830	3799	3010	92	668	29	1604
350	四川省第二人民医院	三甲	1958	76229	3775	2897	115	727	36	1072
351	湖南省儿童医院	三甲	2930	84375	3758	3139	69	521	29	1896
352	北华大学附属医院	三甲	2637	94066	3752	2808	142	760	42	1550
353	广州中医药大学附属广东省第二中医院	三甲	1349	61691	3751	2094	248	1315	94	621
354	浙江医院	三甲	1662	66702	3732	2836	115	725	56	853
355	淮安市第一人民医院	三甲	3129	92555	3727	3020	74	605	28	1856
356	深圳市第五人民医院	二甲	1192	46794	3726	2985	118	598	25	537
357	珠海市人民医院	三甲	1562	56549	3718	2966	102	611	39	753
358	上海市静安区中心医院	二甲	800	48250	3715	2808	124	704	79	316
359	西安市中心医院	三甲	1766	63428	3706	2764	143	746	53	878
360	北京华信医院	三乙	1314	66619	3677	2943	111	586	37	658
361	肇庆市第一人民医院	三甲	2402	63028	3658	3080	68	448	62	1259
362	无锡市第四人民医院	三甲	2263	85204	3655	2816	128	686	25	1220
363	福建中医药大学附属第二人民医院	三甲	1456	76367	3649	2111	288	1146	104	692
364	哈尔滨医科大学附属第四医院	三甲	2127	80973	3642	2694	140	762	46	1224
365	山东省中医药研究院	二甲	862	86335	3613	2081	228	1147	157	327
366	陕西省中医医院	三甲	1363	78427	3599	1964	292	1258	85	571
367	上海市普陀区中心医院	二甲	1388	70603	3598	2705	138	688	67	638
368	成都市第三人民医院	三甲	1852	76807	3592	2808	99	646	39	925
369	深圳市妇幼保健院	二甲	1652	76072	3592	2972	87	498	35	805
370	汕头大学医学院附属粤北人民医院	三甲	1767	60144	3579	2833	113	604	29	890
371	山东省中西医结合医院	三甲	1774	76362	3575	2673	132	720	50	908
372	广西百色市人民医院	三甲	2636	68374	3567	3003	73	445	46	1453
373	大连北海医院	三甲	2064	70106	3544	2571	179	722	72	1217
374	河南省洛阳正骨医院	三甲	1971	65464	3541	2529	124	838	50	997

表 2：2002 ~2011 年医疗机构发表文献影响力统计汇总表

序号	机构名称	级别	总发文量	下载量	被引用频次					零被引文献量
					合计	被期刊引	被博士论文引	被硕士论文引	被会议论文引	
375	复旦大学附属金山医院	三甲	1180	53844	3535	2562	143	786	44	525
376	广西民族医院	三甲	1639	56153	3535	2858	93	525	59	836
377	厦门市第一医院	三甲	2415	92004	3533	2691	132	667	43	1443
378	中国人民解放军第一七四医院	三甲	2201	66063	3532	2986	61	443	42	1255
379	中国人民解放军第一一七医院	三甲	1651	61407	3530	2728	119	640	43	852
380	中国人民解放军第二〇二医院	三甲	1590	66543	3517	2574	126	777	40	836
381	黑龙江中医药大学第二附属医院	三甲	1027	64247	3515	1827	287	1290	111	411
382	河南大学淮河医院	三甲	2458	74353	3514	2870	84	526	34	1398
383	嘉兴市第二医院	三甲	1669	52446	3508	2921	64	466	57	851
384	枣庄市立医院	三甲	2640	57563	3506	2996	49	427	34	1649
385	复旦大学附属上海市第五人民医院	二甲	1181	54953	3504	2657	128	679	40	550
386	佳木斯大学附属第一医院	三甲	3338	114529	3460	2549	139	734	38	2074
387	聊城市第二人民医院	三甲	2976	72296	3451	2991	48	390	22	1863
388	广州市妇女儿童医疗中心	三甲	2173	85805	3433	2833	88	480	32	1253
389	天津市儿童医院	三甲	1766	80888	3419	2727	80	577	35	959
390	济宁医学院附属医院	三甲	2095	77230	3418	2530	152	698	38	1220
391	安徽医科大学第三附属医院	三甲	1723	70644	3368	2872	48	417	31	850
392	北京回龙观医院	三甲	936	53867	3318	2501	100	647	70	501
393	吉林省中西医结合医院	三乙	920	68739	3303	1751	279	1190	83	346
394	杭州师范大学附属医院	三甲	1894	62646	3299	2564	81	607	47	1098
395	山西省中医院	三甲	1370	68652	3293	1851	205	1138	99	687
396	徐州市第四人民医院	三甲	2162	71483	3287	2617	91	523	56	1248
397	暨南大学医学院第六附属医院	三甲	1249	49028	3285	2192	149	887	57	531
398	中国人民解放军第一八〇医院	三甲	2326	57164	3282	2771	69	403	39	1379
399	滕州市中心人民医院	三甲	2380	48838	3256	2688	60	482	26	1576
400	台州学院医学院附属中心医院	三甲	1714	58322	3253	2611	90	523	29	928
401	平顶山煤业（集团）公司总医院	三甲	2380	67840	3249	2733	61	423	32	1267
402	首都医科大学附属北京安定医院	三甲	960	59585	3247	2530	117	534	66	480
403	河北北方学院附属第一医院	三甲	2104	83277	3237	2396	105	712	24	1134
404	上海交通大学医学院附属第三人民医院	三甲	1058	56439	3229	2454	92	653	30	467
405	南宁市第一人民医院	三甲	1733	59025	3220	2704	60	432	24	836
406	天津市中医药大学第二附属医院	三甲	1348	95048	3211	1789	276	1052	94	655
407	武汉市中心医院	三甲	1712	62094	3199	2532	85	554	28	987
408	重庆市第四人民医院	三甲	1217	45118	3192	2695	66	403	28	537

表2：2002～2011年医疗机构发表文献影响力统计汇总表

序号	机构名称	级别	总发文量	下载量	被引用频次					零被引文献量
					合计	被期刊引	被博士论文引	被硕士论文引	被会议论文引	
409	洛阳市中心医院	三甲	2172	58292	3191	2609	58	489	35	1251
410	河南省中医药研究院		792	59674	3179	1513	311	1217	138	282
411	延安大学附属医院	三甲	2652	85152	3179	2405	93	654	27	1598
412	内蒙古医学院第三附属医院	三甲	2544	88627	3176	2494	73	575	34	1616
413	绵阳市中心医院	三甲	1810	59960	3166	2578	70	482	36	1000
414	上海市第一妇婴保健院	三甲	889	51895	3160	2669	49	422	20	470
415	沈阳医学院奉天医院	三甲	1749	62209	3145	2347	144	625	29	948
416	甘肃省中医院	三甲	2330	91482	3136	1992	190	869	85	1347
417	成都市妇女儿童医学中心	二甲	1541	56591	3135	2534	60	511	30	798
418	广东药学院附属第一医院	三甲	1542	64710	3124	2442	94	536	52	761
419	广东省心血管病研究所	三甲	890	41219	3118	2352	119	620	27	381
420	内蒙古自治区医院	三甲	2508	98393	3111	2233	137	685	56	1553
421	中国医科大学附属口腔医院	三甲	1186	74065	3097	2040	134	908	15	499
422	上海交通大学医学院附属上海儿童医学中心	三甲	1711	75789	3087	2567	93	404	23	961
423	滨州市人民医院	三甲	1727	55723	3068	2534	69	430	35	883
424	天津市胸科医院	三甲	1248	56311	3059	2238	126	645	50	667
425	黑龙江省中医院	三甲	1324	74153	3055	1631	253	1117	54	652
426	福建医科大学附属第二医院	三甲	1813	60760	3055	2353	89	594	19	1027
427	大庆市人民医院	三甲	3025	95898	3049	2483	54	476	36	1844
428	中国人民解放军第四二一医院	三甲	1125	42584	3043	2210	128	649	56	506
429	海南医学院附属医院	三甲	2273	89217	3029	2261	111	626	31	1254
430	杭州市萧山区第一人民医院	三甲	1842	54374	3025	2467	69	444	45	981
431	济南市第四人民医院	三甲	1512	52281	3022	2308	99	589	26	763
432	大连大学附属中山医院	三甲	1715	65067	3021	2351	107	534	29	965
433	胜利油田中心医院	三甲	2206	62115	3020	2437	56	504	23	1324
434	湖南中医药大学附属中西医结合医院	三甲	1079	61174	3007	1422	323	1164	98	508
435	青海大学医学院附属医院	三甲	2452	82939	2998	2265	82	618	33	1505
436	南通大学第三附属医院	三甲	2000	65679	2985	2357	106	485	37	1171
437	广西南溪山医院	三甲	2266	71870	2949	2458	46	409	36	1268
438	浙江中医院大学附属杭州第三医院	二甲	1528	60984	2946	2018	110	757	61	839
439	德州市人民医院	三甲	1836	46576	2944	2394	75	452	23	1021
440	临沂市中医院	三甲	1655	55772	2935	1869	154	844	68	911
441	广州医学院附属脑科医院	三甲	1098	52441	2928	2319	89	468	52	509
442	北京大学口腔医院	三甲	1047	60594	2926	2093	95	719	19	546

表2：2002～2011年医疗机构发表文献影响力统计汇总表

序号	机构名称	级别	总发文量	下载量	被引用频次					零被引文献量
					合计	被期刊引	被博士论文引	被硕士论文引	被会议论文引	
443	郑州大学第五附属医院	三甲	2175	70911	2919	2312	62	511	34	1186
444	新乡医学院第三附属医院	三甲	1436	49814	2911	2232	101	540	38	667
445	威海市文登中心医院	三甲	2954	60151	2905	2274	76	515	40	2016
446	山西省儿童医院	三甲	1573	55496	2902	2159	89	621	33	832
447	济南市妇幼保健院	三甲	1240	51700	2898	2273	87	513	25	590
448	中国人民解放军第四五一医院	三甲	1798	59070	2882	2313	103	442	24	980
449	宁波市第六医院	二甲	1021	33451	2877	2468	46	331	32	504
450	茂名市人民医院	三甲	1463	45374	2867	2278	69	479	41	745
451	新疆医科大学附属肿瘤医院	三甲	1834	84355	2855	1954	95	779	27	1009
452	中国人民解放军第八十九医院	三甲	1702	49888	2836	2248	81	461	46	949
453	日照市人民医院	三甲	2015	45973	2834	2279	85	442	28	1243
454	广州市胸科医院	三甲	1142	42571	2827	2269	64	411	83	485
455	赣南医学院第一附属医院	三甲	2410	73854	2824	2174	92	525	33	1510
456	北海市人民医院	三甲	2008	66602	2819	2269	55	449	46	1101
457	江阴市人民医院	二甲	2766	74684	2806	2346	63	378	19	1726
458	中国人民解放军第四五八医院	三甲	1227	55835	2799	1972	196	597	34	553
459	湖北省妇幼保健院	三甲	1265	52752	2786	2283	65	423	15	662
460	中山市博爱医院	三甲	1251	46174	2784	2318	47	404	15	596
461	东风汽车公司总医院	三甲	1584	61602	2773	2213	87	439	34	779
462	广州中医药大学第三附属医院	二甲	975	49450	2764	1605	289	815	55	418
463	佛山市第二人民医院	三甲	1250	44920	2762	2254	63	423	22	591
464	烟台市烟台山医院	三甲	1768	53760	2760	2187	72	471	30	1056
465	焦作市第二人民医院	三甲	2408	64743	2759	2364	44	326	25	1394
466	成都市第二人民医院	三甲	1354	51109	2759	2160	72	494	33	689
467	海口市人民医院	三甲	1874	65854	2746	2249	66	407	24	1075
468	上海市杨浦区中心医院	二甲	894	38950	2735	2027	99	576	33	419
469	温州市第三人民医院	三甲	1514	54555	2730	2222	69	416	23	780
470	陕西中医学院西安附属医院	三甲	993	49199	2721	1446	178	1047	50	396
471	玉林市第一人民医院	三甲	1919	60042	2720	2310	42	349	19	1055
472	上海交通大学医学院附属国际和平妇幼保健院	三甲	697	42091	2719	2300	48	360	11	308
473	威海市立医院	三甲	2028	60860	2716	2150	71	461	34	1188
474	中国人民解放军第二一五医院	二甲	1206	49737	2713	1923	121	636	33	618
475	盐城市第一人民医院	三甲	1864	53512	2713	2108	74	496	35	1056
476	荆州市第一人民医院	三甲	2686	74704	2701	2162	54	442	43	1788

表2：2002～2011年医疗机构发表文献影响力统计汇总表

序号	机构名称	级别	总发文量	下载量	被引用频次					零被引文献量
					合计	被期刊引	被博士论文引	被硕士论文引	被会议论文引	
477	广州医学院附属肿瘤医院	三甲	1094	50883	2698	1908	109	632	49	505
478	煤炭工业总医院	三乙	1722	60435	2685	2049	107	485	44	1108
479	南华大学附属第二医院	三甲	1580	79013	2677	1885	116	659	17	806
480	温岭市第一人民医院	三甲	1696	56497	2673	2142	68	427	36	931
481	宁波大学医学院附属医院	三甲	1352	49612	2665	2156	65	416	28	735
482	沧州市中心医院	三甲	2312	69825	2663	2231	42	370	20	1435
483	郑州人民医院	二甲	2531	74787	2651	2112	79	435	25	1596
484	衢州市人民医院	三甲	1419	45084	2647	2253	51	315	28	768
485	郑州市中心医院	三甲	1950	59280	2642	2007	74	537	24	1143
486	南京军区杭州疗养院	三甲	1810	55114	2635	2005	92	503	35	1012
487	深圳市第三人民医院	三乙	1034	43654	2634	1945	122	477	90	473
488	宁波市第二医院	三甲	1592	54036	2629	2033	71	515	10	848
489	福建医科大学附属泉州第一医院	三甲	1677	55929	2626	2089	66	439	32	927
490	柳州市中医院	三甲	1496	64445	2615	1710	127	724	54	737
491	南阳医学高等专科学校第一附属医院	二甲	2808	71328	2614	2105	58	415	36	1878
492	广州市第八人民医院	三甲	876	36698	2613	2087	101	363	62	383
493	江西省妇幼保健院	三甲	1391	57221	2604	2074	59	455	16	692
494	义乌市中心医院	三乙	1401	36420	2603	2153	63	369	18	749
495	重庆市涪陵中心医院	三甲	1626	50550	2598	2174	47	352	25	838
496	郑州市儿童医院	二甲	1957	55174	2591	2197	34	349	11	1125
497	湖州市第一人民医院	三甲	1166	34766	2573	2268	29	251	25	566
498	青岛市中心医院	三甲	1620	59108	2563	1880	82	573	28	853
499	黄石市中心医院	三甲	1527	46951	2562	1991	81	452	38	860
500	南京医科大学附属妇幼保健院	三甲	1327	64423	2558	2016	79	443	20	684
501	中国人民解放军一五〇中心医院	三甲	1466	49317	2557	1946	83	501	27	813
502	广东省口腔医院	三甲	1197	73060	2556	1826	86	632	12	537
503	南京中医药大学附属常州市中医院	三甲	1157	55491	2536	1548	191	720	77	574
504	大连市友谊医院	三甲	1028	46458	2535	1926	91	488	30	484
505	漯河医学高等专科学校第一附属医院	三甲	1978	51912	2531	2114	42	344	31	1117
506	南京市第二医院	三甲	1418	56363	2521	1952	99	438	32	748
507	浙江省绍兴市妇幼保健院	三甲	1328	43901	2514	2185	33	274	22	678
508	武警广东省总队医院	三甲	1188	42310	2505	1825	140	508	32	634
509	中国人民解放军第一五三中心医院	三甲	1569	47142	2505	1874	103	496	32	896
510	贵阳中医学院第二附属医院	三甲	1257	51662	2503	1536	141	770	56	603

表2：2002～2011年医疗机构发表文献影响力统计汇总表

序号	机构名称	级别	总发文量	下载量	被引用频次					零被引文献量
					合计	被期刊引	被博士论文引	被硕士论文引	被会议论文引	
511	宁波市医疗中心李惠利医院	三甲	1757	53588	2501	2049	44	389	19	1024
512	青海省人民医院	三甲	2218	61246	2499	1939	80	458	22	1360
513	武汉市普爱医院	三甲	1139	46151	2496	1878	98	498	22	600
514	中国人民解放军第四一一医院	三甲	1113	47532	2494	1877	114	479	24	574
515	绍兴市第二医院	三甲	1410	42763	2486	2062	45	364	15	762
516	西安市第四医院	三甲	1253	41031	2475	1930	53	469	23	638
517	濮阳市油田总医院	三甲	1639	49345	2470	1859	84	498	29	943
518	中国人民解放军第九八医院	三甲	901	27738	2466	2093	36	311	26	469
519	中国人民解放军第三医院	三甲	931	34107	2461	1748	115	571	27	493
520	无锡市中医医院	三甲	1427	59895	2455	1570	112	712	61	723
521	沈阳市第四人民医院	三甲	1260	46148	2453	1830	83	510	30	617
522	贵阳中医学院第一附属医院	三甲	1113	50307	2452	1350	164	873	65	578
523	广州市番禺中心医院	二甲	1393	45412	2439	1986	65	356	32	743
524	南通大学第二附属医院	三甲	1923	64775	2438	1909	57	441	31	1105
525	中国人民解放军第四六三医院	三甲	906	39941	2437	1781	102	526	28	468
526	广西医科大学第三附属医院	三甲	1369	50286	2435	1928	52	432	23	691
527	武汉市中医医院	三甲	1296	55972	2434	1368	158	846	62	656
528	云南中医学院第一附属医院	三甲	1316	57253	2425	1378	155	825	67	687
529	襄樊市第一人民医院	三甲	1450	51980	2412	1968	64	353	27	730
530	成都大学附属医院	三甲	1107	42034	2403	1868	70	425	40	530
531	河北省儿童医院	三甲	1401	47700	2400	1957	64	370	9	729
532	厦门市中医院	三甲	1054	47941	2397	1367	163	804	63	481
533	中山大学附属东华医院	三甲	1163	36192	2391	2080	22	275	14	572
534	台州学院医学院附属市立医院	三甲	1327	46088	2391	1969	55	343	24	704
535	中国人民解放军第九四医院	三甲	1191	42436	2382	1959	55	340	28	589
536	汕头大学医学院附属肿瘤医院	三甲	748	35108	2374	1862	48	445	19	326
537	重庆三峡中心医院	三甲	1550	52146	2369	2009	42	294	24	832
538	泰州市人民医院	三甲	2071	54898	2362	1999	50	292	21	1302
539	青岛市妇女儿童医疗保健中心	三甲	1001	43410	2360	1834	52	438	36	460
540	泰山医学院附属莱芜医院	三甲	2019	48122	2338	1834	66	413	25	1282
541	安阳市人民医院	三甲	1837	47524	2332	1922	46	343	21	1039
542	宁夏医科大学第二附属医院	三甲	1708	52225	2323	1815	57	422	29	928
543	荆门市第一人民医院	三甲	1533	44351	2315	1922	40	336	17	907
544	天津市第三医院	三乙	1092	45218	2311	1862	42	382	25	586

表2：2002～2011年医疗机构发表文献影响力统计汇总表

序号	机构名称	级别	总发文量	下载量	被引用频次					零被引文献量
					合计	被期刊引	被博士论文引	被硕士论文引	被会议论文引	
545	平顶山市第一人民医院	三甲	1841	48875	2307	1794	55	441	17	1084
546	中国人民解放军第九七医院	三甲	919	38735	2295	1820	80	363	32	431
547	南京市口腔医院	三甲	1029	50646	2292	1751	64	448	29	477
548	梅州市人民医院	三甲	1701	41382	2289	1917	47	306	19	975
549	信阳市中心医院	三甲	1837	45179	2284	1883	29	342	30	1083
550	石家庄市第一医院	三甲	1363	53120	2270	1704	92	461	13	709
551	大连市中医院	三甲	918	42140	2263	1160	173	871	59	414
552	广州医学院附属市十二人民医院	三甲	1287	47963	2260	1737	73	425	25	672
553	焦作市人民医院	三甲	1720	41974	2254	1818	53	359	24	1055
554	江苏省省级机关医院	二级	854	40545	2250	1623	88	491	48	400
555	衡水市哈励逊国际和平医院	三甲	1656	48749	2239	1821	58	329	31	1040
556	福建省妇幼保健院	三甲	1105	43486	2237	1848	46	311	32	591
557	天津医科大学代谢病医院	三乙	766	46236	2237	1499	111	598	29	400
558	太原市中心医院	三甲	1721	50442	2232	1635	68	503	26	1053
559	南通市第五人民医院	二甲	1294	46956	2229	1817	53	345	14	695
560	湖南省第二人民医院	三乙	1014	39623	2213	1497	135	520	61	599
561	佳木斯市中心医院	三甲	1773	53555	2208	1767	50	375	16	1037
562	内蒙古科技大学第一附属医院	三甲	2143	68181	2203	1650	83	450	20	1358
563	北京大学首钢医院	三乙	837	31657	2201	1637	97	443	24	515
564	滨州市中心医院	三乙	1556	37755	2200	1830	52	295	23	878
565	清华大学第二附属医院	三乙	1025	42032	2189	1660	67	436	26	608
566	诸暨市人民医院	三甲	1523	40937	2185	1737	56	370	22	922
567	中国人民解放军第一〇一医院	三甲	1182	38016	2180	1802	58	300	20	634
568	大连大学附属新华医院	三甲	1329	49884	2175	1578	105	464	28	818
569	广东省中医院珠海医院	三甲	810	34839	2175	1366	149	628	32	343
570	天津市中心妇产科医院	三甲	1078	59406	2163	1590	56	490	27	589
571	佛山市妇幼保健院佛山市妇儿医院	二甲	792	29790	2140	1857	29	243	11	413
572	北京市第六医院	二甲	883	32705	2138	1664	56	386	32	465
573	北京市垂杨柳医院	二甲	893	41627	2136	1659	57	403	17	463
574	河南大学第一附属医院	三乙	1163	38477	2133	1710	63	339	21	605
575	中国人民解放军第一一三医院	三甲	874	24819	2121	1847	45	214	15	463
576	南充市中心医院	三甲	1855	56481	2120	1732	61	302	25	1110
577	贵港市人民医院	三甲	2176	55988	2115	1784	29	285	17	1420
578	宁夏回族自治区人民医院	三甲	1713	57221	2114	1588	71	421	34	1034

表2：2002～2011年医疗机构发表文献影响力统计汇总表

序号	机构名称	级别	总发文量	下载量	被引用频次					零被引文献量
					合计	被期刊引	被博士论文引	被硕士论文引	被会议论文引	
579	广东省珠海市妇幼保健院	三甲	799	33353	2114	1764	28	291	31	341
580	西安市红十字会医院	三甲	1061	36245	2112	1669	63	357	23	550
581	哈尔滨市第一医院	三甲	1455	46516	2108	1496	102	475	35	855
582	广东省职业病防治院		810	35227	2100	1573	48	429	50	342
583	蚌埠市中心医院	三甲	1446	50211	2099	1775	36	266	22	736
584	文登整骨医院	二甲	1495	41638	2096	1637	42	388	29	816
585	中国人民解放军第一〇七中心医院	三甲	1199	30743	2095	1672	55	342	26	654
586	沈阳市第五人民医院	三甲	964	36924	2089	1546	70	447	26	509
587	宜宾市第二人民医院	三甲	1522	47060	2086	1754	44	275	13	835
588	江苏省无锡市妇幼保健院	三甲	1387	48346	2083	1702	48	319	14	749
589	沂水中心医院	三乙	1715	42062	2078	1723	36	297	22	1043
590	武警上海总队医院	三甲	929	35303	2075	1674	49	333	19	476
591	河北工程大学附属医院	三乙	1049	36956	2075	1548	72	439	16	501
592	沧州市中西医结合医院	三甲	1438	46066	2075	1572	74	395	34	877
593	北京市中西医结合医院	二甲	518	30705	2071	1295	135	573	68	200
594	中国人民解放军第四五五医院	三甲	866	38309	2070	1574	103	368	25	415
595	陕西省疾病预防控制中心		609	29460	2064	1613	79	345	27	230
596	陕西省第三人民医院	三甲	798	37247	2063	1525	81	430	27	351
597	武汉市第三医院	三甲	1164	37007	2062	1595	61	393	13	640
598	中国人民解放军第八十五医院	三甲	803	32933	2058	1569	89	378	22	373
599	中国人民解放军第二一一医院	三甲	1082	38214	2054	1489	94	443	28	586
600	青岛市第八人民医院	三乙	1633	46585	2053	1630	58	339	26	998
601	河南省胸科医院	二甲	1341	36446	2050	1698	46	288	18	748
602	辽宁省中医研究院	二甲	1055	53609	2049	1115	156	726	52	562
603	达州市中心医院	三甲	1488	40494	2048	1758	33	243	14	844
604	沈阳医学院沈洲医院	三甲	1011	39355	2048	1466	72	474	36	503
605	湖北省肿瘤医院	三甲	901	38679	2046	1559	73	388	26	450
606	青海省疾病预防控制中心		1026	32627	2044	1600	86	334	24	553
607	重庆市第三人民医院	三甲	896	33282	2038	1661	49	307	21	419
608	天津市第四中心医院	三乙	1227	50114	2029	1586	44	380	19	654
609	长治医学院附属和平医院	三甲	1371	41728	2029	1552	68	392	17	793
610	三峡大学仁和医院	三乙	1122	39925	2028	1625	58	327	18	630
611	郑州市中医院	三甲	1087	37921	2028	1277	112	605	34	548
612	焦作煤业（集团）中央医院	二甲	1855	42425	2026	1734	31	238	23	1131

表2：2002～2011年医疗机构发表文献影响力统计汇总表

序号	机构名称	级别	总发文量	下载量	被引用频次					零被引文献量
					合计	被期刊引	被博士论文引	被硕士论文引	被会议论文引	
613	广东医学院附属韶关医院	三乙	845	27567	2024	1620	44	340	20	388
614	中国人民解放军第二五四医院	三甲	1037	37128	2016	1447	87	447	35	549
615	常德市第一人民医院	三甲	1254	40101	2011	1646	34	310	21	633
616	北京市海淀医院	二甲	845	39658	2010	1581	53	356	20	414
617	宁波大学附属阳明医院	三甲	1094	28756	2007	1670	50	276	11	623
618	新乡市第一人民医院	三乙	1372	38635	2005	1633	50	299	23	792
619	重庆市第九人民医院	三甲	925	40978	2004	1487	61	429	27	437
620	潍坊市中医院	三甲	1112	43301	2004	1237	123	615	29	560
621	唐山市第六医院	三甲	1252	43931	1987	1645	24	300	18	711
622	濮阳市人民医院	三甲	1868	50153	1987	1679	32	262	14	1108
623	天津市中医医院	三甲	371	31170	1983	962	171	792	58	100
624	江西省肿瘤医院	三甲	1203	56226	1980	1398	69	486	27	605
625	江西省儿童医院	三甲	1191	46920	1980	1501	66	398	15	671
626	吉林医药学院附属医院	三甲	1267	44719	1978	1390	88	473	27	722
627	汕头市第二人民医院	三乙	944	29034	1977	1642	40	276	19	442
628	保定市第一中心医院	三甲	1384	39735	1976	1603	30	325	18	865
629	中国人民解放军第二〇八医院	三甲	1153	49406	1975	1332	113	508	22	660
630	东营市人民医院	二甲	1062	33425	1974	1641	29	280	24	531
631	克拉玛依市中心医院	三甲	1403	43673	1965	1447	48	425	45	866
632	高州市人民医院	二甲	1372	35187	1959	1723	19	201	16	747
633	宜昌市第一人民医院	三甲	1064	39843	1957	1588	44	303	22	614
634	长春市中心医院	三甲	1796	58501	1951	1502	52	380	17	1108
635	天津市天和医院	三乙	723	34226	1948	1402	74	432	40	396
636	邯郸市第一医院	三甲	1501	49240	1939	1449	77	402	11	898
637	开封市第一人民医院	三甲	1380	40184	1939	1554	38	317	30	790
638	中国人民解放军第一四八中心医院	三甲	979	30490	1936	1580	64	265	27	528
639	潍坊市益都中心医院	三甲	1740	40637	1933	1577	42	290	24	1114
640	牡丹江医学院红旗医院	三甲	2073	63164	1933	1440	81	388	24	1365
641	中山大学附属口腔医院	三甲	1182	86170	1930	1358	60	504	8	590
642	宁波市妇女儿童医院	三甲	1199	39839	1927	1587	35	290	15	620
643	温州市中医院	三甲	815	38485	1912	1181	121	571	39	383
644	常州和平医院	三甲	761	36046	1910	1490	55	332	33	366
645	华中科技大学同济医院附属孝感医院	三甲	1540	45781	1909	1608	56	230	15	950
646	山东省胸科医院	三乙	1040	33789	1904	1526	40	293	45	539

表2：2002~2011年医疗机构发表文献影响力统计汇总表

序号	机构名称	级别	总发文量	下载量	被引用频次					零被引文献量
					合计	被期刊引	被博士论文引	被硕士论文引	被会议论文引	
647	大连市妇产医院	三甲	836	34513	1903	1478	63	352	10	397
648	中国人民解放军第一〇五医院	三甲	1141	41168	1897	1504	61	307	25	617
649	邢台市人民医院	三甲	1408	41817	1896	1475	66	325	30	812
650	唐山市第二医院	二甲	1079	36028	1885	1566	46	261	12	631
651	昆明医学院附属延安医院	三甲	1400	47537	1883	1477	48	331	27	860
652	南通市中医院	三甲	1135	41190	1881	1192	91	561	37	606
653	中国人民解放军第一六三医院	三甲	1060	38050	1880	1477	36	344	23	549
654	中国人民解放军三〇三医院	三甲	1161	35765	1877	1536	54	269	18	673
655	襄樊市中医院	三甲	983	36179	1877	1089	112	631	45	504
656	铜陵市人民医院	三甲	1165	39896	1872	1611	38	208	15	619
657	广东省农垦中心医院	三甲	1082	29908	1869	1533	41	265	30	571
658	上海市第八人民医院	二甲	666	27539	1865	1280	72	482	31	317
659	淄博市中心医院	三甲	1208	40420	1864	1493	42	317	12	668
660	湖北省新华医院	三乙	959	36823	1863	1433	80	333	17	508
661	上海浦东新区人民医院	二甲	852	31078	1859	1456	69	315	19	449
662	华中科技大学同济医学院附属梨园医院	三甲	633	34664	1853	1295	87	433	38	275
663	南华大学附属南华医院	三甲	1256	54191	1851	1465	30	336	20	715
664	济南市中医院	三甲	722	32375	1848	930	154	727	37	312
665	宜兴市人民医院	二甲	1129	35167	1848	1505	40	287	16	655
666	复旦大学附属公共卫生中心	三甲	1088	45605	1845	1396	85	320	44	700
667	石家庄市中心医院	二甲	874	30819	1843	1314	64	438	27	435
668	驻马店中心人民医院	三甲	1937	43875	1841	1575	39	219	8	1219
669	中国人民解放军二八一医院	二甲	1673	42459	1839	1373	67	353	46	1115
670	唐山市人民医院	三甲	1360	49837	1835	1356	60	399	20	755
671	中国人民解放军济南军区青岛第二疗养院	三级	1529	43039	1833	1331	78	395	29	940
672	中国人民解放军第一八一医院	三甲	1212	38604	1826	1491	57	258	20	672
673	中国人民解放军第一六一中心医院	三甲	1046	35895	1819	1424	71	307	17	547
674	深圳市龙岗区人民医院		1109	40809	1806	1410	49	320	27	572
675	石家庄市中医院	三甲	881	36870	1806	1035	118	622	31	421
676	深圳市慢性病防治院		574	30482	1805	1308	64	397	36	241
677	玉溪市人民医院	三甲	1201	30457	1804	1496	30	218	60	731
678	浙江省新华医院	三甲	1029	41969	1795	1281	71	412	31	534
679	温州医学院附属眼视光医院	三甲	904	37245	1791	1336	37	407	11	492
680	上海市徐汇区中心医院	二甲	996	43904	1790	1296	60	407	27	520

表2：2002～2011年医疗机构发表文献影响力统计汇总表

序号	机构名称	级别	总发文量	下载量	被引用频次					零被引文献量
					合计	被期刊引	被博士论文引	被硕士论文引	被会议论文引	
681	中国人民解放军西藏军区总医院	三甲	1254	31929	1786	1359	76	337	14	734
682	咸宁学院附属第一医院	三甲	1670	41185	1783	1269	68	421	25	1070
683	台州市第一人民医院	三甲	1186	33394	1776	1491	18	252	15	676
684	吉林省肿瘤医院	三甲	1457	52861	1775	1362	52	341	20	883
685	首都医科大学附属北京口腔医院	三甲	744	42462	1773	1240	46	463	24	349
686	遵义市第一人民医院	三乙	1513	36992	1773	1438	30	294	11	913
687	重庆市肿瘤医院	三甲	960	39570	1771	1470	50	242	9	477
688	天津市长征医院	三甲	696	44686	1770	1074	107	553	36	302
689	清远市人民医院	三甲	936	30964	1764	1456	29	257	22	472
690	南方医科大学附属莆田医院	三甲	1291	41670	1763	1359	31	338	35	753
691	宜宾市第一人民医院	三甲	1354	38999	1758	1472	40	239	7	814
692	秦皇岛市第一医院	三甲	1467	46901	1752	1362	47	317	26	904
693	广东医学院第二附属医院	二甲	1097	32294	1748	1457	26	243	22	533
694	山东泰和医院		1054	28381	1736	1406	51	249	30	584
695	武警湖北省总队医院	三甲	864	27818	1735	1262	85	366	22	448
696	三明市第一医院	三甲	1098	30720	1733	1347	37	321	28	608
697	宁波市鄞州人民医院	三甲	1158	35115	1733	1451	23	236	23	649
698	甘肃中医学院附属医院	三甲	791	41217	1731	987	110	598	36	382
699	郑州市骨科医院	三甲	1395	41122	1730	1319	40	352	19	805
700	泰兴市人民医院	二甲	1504	41633	1730	1439	29	248	14	888
701	台州市中西医结合医院	二甲	1358	51951	1728	1205	90	401	32	846
702	航天中心医院	三乙	997	40406	1722	1358	40	298	26	563
703	平顶山市第二人民医院	三乙	1429	36824	1720	1270	65	355	30	843
704	中国人民解放军三二四医院	三甲	1141	39117	1717	1298	76	323	20	608
705	揭阳市人民医院	二甲	1213	34413	1711	1404	37	254	16	727
706	恩施州中心医院	三甲	1482	40674	1708	1299	80	313	16	950
707	锦州市中心医院	三甲	1151	41024	1703	1267	62	358	16	691
708	南京医科大学无锡精神卫生中心	三甲	749	39348	1702	1342	41	289	30	361
709	邯郸市中心医院	三甲	1429	45221	1701	1344	50	298	9	843
710	上海市中西医结合医院	三甲	516	26404	1699	1158	98	412	31	203
711	潮州市中心医院	三甲	921	25435	1691	1383	51	232	25	483
712	杭州市第七人民医院	三甲	505	29536	1682	1265	34	359	24	216
713	武汉科技大学附属天佑医院	三甲	1028	37262	1681	1339	39	273	30	550
714	徐州医学院附属徐州市立医院	三甲	1424	41882	1673	1352	47	256	18	852

表2：2002～2011年医疗机构发表文献影响力统计汇总表

序号	机构名称	级别	总发文量	下载量	被引用频次					零被引文献量
					合计	被期刊引	被博士论文引	被硕士论文引	被会议论文引	
715	南通市第三人民医院	三甲	1426	47844	1671	1333	58	259	21	839
716	中国人民解放军第四五四医院	三甲	883	35491	1668	1210	74	350	34	415
717	中国人民解放军第四十四医院	三甲	951	28784	1666	1304	54	277	31	506
718	北京市海淀区妇幼保健院	二甲	765	31093	1663	1395	28	225	15	426
719	天津市公安医院	二甲	763	36079	1655	1135	82	417	21	414
720	淮安市第二人民医院	三甲	1521	39327	1654	1372	30	236	16	970
721	南昌大学第三附属医院	三甲	1022	36764	1652	1307	48	285	12	597
722	安阳市地区医院	三甲	1401	35079	1650	1311	53	273	13	867
723	山东省莱阳市中心医院	三甲	1256	35030	1646	1286	49	297	14	732
724	武警北京市总队医院	三甲	795	27363	1643	1204	60	354	25	416
725	昆明市第一人民医院	三甲	1234	43697	1643	1240	48	335	20	768
726	吉林大学第四医院	三甲	1494	47619	1642	1276	57	295	14	868
727	安阳市肿瘤医院	三甲	1007	28425	1638	1322	35	268	13	562
728	上海市闵行区中心医院	二甲	725	24387	1632	1376	35	213	8	384
729	西安市第一医院	三甲	880	31240	1631	1254	28	329	20	463
730	中国人民解放军第一医院	三甲	1049	32000	1629	1241	55	322	11	643
731	三门峡市中心医院	三甲	1264	36889	1625	1227	42	340	16	728
732	金乡县人民医院	三甲	1131	24739	1620	1370	24	211	15	655
733	湘潭市中心医院	三甲	1057	34125	1617	1315	27	246	29	581
734	广州医学院附属深圳沙井医院	二甲	1159	31575	1615	1305	51	251	8	660
735	四川省精神卫生中心	三甲	818	32087	1615	1173	73	350	19	428
736	德阳市人民医院	三甲	1485	38800	1615	1325	27	245	18	941
737	东莞市石龙人民医院	二甲	992	27717	1614	1274	42	278	20	535
738	柳州市第三人民医院	三甲	1374	45386	1609	1321	33	245	10	848
739	重庆市中医研究院重庆市中医院	三甲	762	36863	1602	866	117	583	36	392
740	天津市眼科医院	三甲	790	30558	1600	1189	58	344	9	427
741	威海市立第二医院	三甲	1253	34591	1600	1310	34	233	23	779
742	山东省交通医院	二甲	729	26266	1599	1201	67	309	22	390
743	武警陕西省总队医院	三甲	1168	40068	1593	1186	47	341	19	657
744	中国人民解放军第一五九医院	三甲	1079	25572	1591	1293	35	251	12	601
745	甘肃省肿瘤医院	三甲	1075	46722	1591	1070	95	400	26	628
746	泰山医学院附属新泰医院	二甲	1130	29120	1588	1327	29	217	15	671
747	四平市中心医院	二甲	2182	54805	1587	1314	29	213	31	1553
748	中国人民解放军第三〇五医院	三甲	891	37275	1585	1158	56	351	20	503

表2：2002～2011年医疗机构发表文献影响力统计汇总表

序号	机构名称	级别	总发文量	下载量	被引用频次					零被引文献量
					合计	被期刊引	被博士论文引	被硕士论文引	被会议论文引	
749	浙江中医药大学附属第六医院	三甲	919	34290	1584	1128	79	342	35	515
750	唐山市中医院	三甲	967	35529	1583	1001	81	463	38	522
751	漳州市医院	三甲	1409	40804	1582	1318	20	230	14	901
752	龙岩市第一医院	三甲	1164	31738	1581	1229	36	281	35	700
753	山西省汾阳医院	三甲	1331	31397	1580	1272	30	250	28	900
754	中国人民解放军第九十二医院	三甲	1566	35999	1578	1434	11	121	12	962
755	运城市中心医院	三甲	1584	38078	1576	1311	39	212	14	1023
756	大同市第五人民医院	三甲	1190	32932	1556	1276	36	235	9	714
757	周口市中心医院	三甲	1432	30435	1552	1246	29	260	17	920
758	泸州医学院附属中医院	三甲	916	37574	1550	949	86	486	29	517
759	成都医学院第一附属医院	三甲	1095	45394	1550	1228	52	250	20	578
760	枣庄矿业（集团）有限责任公司中心医院	三甲	1537	31475	1546	1310	28	193	15	976
761	深圳市宝安区西乡人民医院	二甲	1141	35550	1546	1245	41	252	8	647
762	聊城市中医院	三甲	915	30124	1545	909	68	534	34	477
763	北京市石景山医院	二甲	1000	33635	1544	1250	33	240	21	558
764	青岛市人民医院	三甲	434	18582	1543	1104	52	370	17	168
765	安徽中医学院第二附属医院	三甲	367	26925	1541	833	110	519	79	133
766	淄博市第一医院	三甲	1029	27174	1540	1269	37	216	18	586
767	上海市第七人民医院	二甲	687	28465	1539	1115	67	324	33	363
768	遂宁市中心医院	三甲	1362	38298	1536	1197	34	281	24	806
769	金华市人民医院	三甲	951	27137	1532	1274	30	214	14	519
770	东阳市人民医院	三甲	1127	29935	1531	1252	35	233	11	688
771	上海市长宁区中心医院	二甲	711	26384	1530	1193	46	279	12	369
772	上海市南汇区中心医院	二甲	589	24243	1527	1113	62	323	29	284
773	长春市儿童医院	三甲	1220	35882	1527	1205	32	272	18	750
774	玉林市肿瘤医院	二甲	1111	33683	1520	1309	25	170	16	572
775	福建中医学院附属泉州中医院	三乙	520	22786	1518	924	97	438	59	228
776	新疆医科大学第二附属医院	三甲	1319	44137	1518	1154	42	306	16	818
777	广东公安边防总队医院	二甲	832	27832	1517	1045	52	395	25	431
778	胜利油田胜利医院	三甲	921	32593	1513	1024	71	395	23	526
779	长沙市中心医院	三甲	944	31993	1508	1159	47	287	15	539
780	武警山东省总队医院	三甲	833	23496	1502	1077	81	320	24	466
781	慈溪市人民医院	三甲	1290	33818	1499	1274	26	179	20	793
782	蓟县人民医院	三乙	1210	38447	1492	1259	26	191	16	717

表 2：2002 ~2011 年医疗机构发表文献影响力统计汇总表

序号	机构名称	级别	总发文量	下载量	被引用频次					零被引文献量
					合计	被期刊引	被博士论文引	被硕士论文引	被会议论文引	
783	沈阳市红十字会医院	三甲	666	26670	1491	1112	48	314	17	359
784	镇江市第四人民医院	三甲	795	28924	1484	1144	69	250	21	384
785	上海市浦东新区公利医院	二甲	698	26969	1484	1208	37	228	11	372
786	昆山市第一人民医院	二甲	1651	44607	1484	1217	32	225	10	1056
787	福州市中西结合医院	三甲	751	26425	1479	1136	46	286	11	409
788	靖江市人民医院	二甲	1103	28564	1479	1319	11	132	17	641
789	绵阳四〇四医院	三乙	744	27374	1478	1103	42	307	26	408
790	河北医科大学附属以岭医院	三级	587	36070	1474	721	168	528	57	256
791	空军成都医院	三甲	1074	39686	1469	1109	61	279	20	634
792	郑州市妇幼保健院	二甲	970	31410	1460	1187	48	218	7	570
793	廊坊市人民医院	三甲	1325	37240	1458	1190	23	237	8	836
794	济南市传染病医院	二甲	700	26504	1457	1078	63	296	20	380
795	山西中医学院中西医结合医院	三甲	1219	30817	1456	1169	31	229	27	746
796	中国人民解放军济南军区青岛第一疗养院	二级	1173	39559	1453	1004	56	364	29	714
797	山东省皮肤病医院	三甲	758	31635	1453	1077	40	306	30	448
798	广西壮族自治区妇幼保健院	三甲	946	32586	1451	1246	31	165	9	508
799	内蒙古自治区中蒙医院	三甲	1232	44266	1447	885	85	442	35	825
800	沈阳市第一人民医院	三甲	728	28625	1444	1064	44	320	16	354
801	广州医学院荔湾医院	二甲	662	26024	1442	1093	52	281	16	320
802	中国人民解放军第三二三医院	三甲	993	32661	1438	1101	66	256	15	552
803	河南中医学院第三附属医院	二甲	649	36108	1434	818	102	454	60	291
804	三明市第二医院	三乙	931	27169	1433	1208	27	180	18	500
805	济南市第三人民医院	二甲	898	25153	1430	1140	29	240	21	502
806	中山市小榄人民医院	二甲	1005	28955	1430	1223	14	175	18	567
807	鞍山市中心医院	三甲	934	29110	1424	1128	36	250	10	568
808	武警浙江省总队医院	三甲	881	25596	1416	1127	34	239	16	515
809	北京市急救医疗中心	三甲	489	18291	1415	1213	24	159	19	274
810	中国石油中心医院	三甲	1069	38056	1413	1080	41	284	8	684
811	莱芜市中医院	二甲	1067	30762	1412	899	57	418	38	618
812	中国人民解放军第一六九中心医院	三甲	885	25941	1409	1175	18	204	12	503
813	金华市中医院	三甲	785	26389	1408	992	51	340	25	402
814	包头市中心医院	三甲	1583	49501	1407	1025	42	323	17	1103
815	广州市番禺区妇幼保健院	二甲	672	22345	1398	1179	23	181	15	362
816	天津市传染病医院	三甲	557	28122	1397	1078	43	262	14	278

表2：2002～2011年医疗机构发表文献影响力统计汇总表

序号	机构名称	级别	总发文量	下载量	被引用频次					零被引文献量
					合计	被期刊引	被博士论文引	被硕士论文引	被会议论文引	
817	南方医科大学附属花都医院	二甲	864	26780	1395	1104	37	242	12	462
818	连云港市第二人民医院	二甲	1171	34464	1392	1059	34	286	13	721
819	苏州市中医医院	三甲	673	30693	1391	808	113	450	20	372
820	西安交通大学附属儿童医院	三甲	973	28545	1388	1122	30	224	12	555
821	厦门市第二医院	三乙	869	29607	1388	1087	35	240	26	508
822	许昌市中心医院	三甲	1261	27031	1388	1201	21	148	18	803
823	内蒙古民族大学附属医院	三甲	1529	54195	1386	990	38	338	20	1007
824	河池市人民医院	三甲	1132	28244	1385	1166	17	186	16	691
825	江门市人民医院	二甲	871	23334	1381	1115	33	224	9	477
826	邵阳市中心医院	三甲	1114	30599	1381	1128	24	222	7	654
827	东南大学医学院附属盐城医院	二甲	1097	31685	1377	1165	22	175	15	672
828	江门市新会区人民医院	二甲	912	27405	1374	1178	15	165	16	484
829	重庆医科大学附属永川医院	三甲	898	28365	1372	1163	22	162	25	523
830	浙江大学附属口腔医院	三甲	483	32933	1372	883	71	413	5	186
831	武警安徽省总队医院	三甲	667	24022	1371	1150	16	188	17	341
832	钦州市第二人民医院	三甲	1313	36665	1370	1182	16	158	14	824
833	吉林市第二中心医院	三甲	1235	32162	1367	1082	32	231	22	768
834	大连市第三人民医院	三甲	800	29686	1362	1049	41	259	13	411
835	重庆市中山医院	三甲	565	21215	1361	1115	34	205	7	244
836	广西第三人民医院	三乙	775	33255	1359	982	51	311	15	359
837	绍兴文理学院附属医院	二甲	683	25245	1358	1001	59	274	24	347
838	本溪市中心医院	三甲	1044	34373	1358	1111	34	205	8	630
839	北京市通州区潞河医院	二甲	845	29377	1355	1122	32	188	13	466
840	内江市第一人民医院	三甲	957	23595	1353	1195	14	133	11	570
841	攀枝花市中心医院	三甲	1134	33414	1352	1123	21	196	12	695
842	深圳市第七人民医院	二甲	705	21682	1351	1124	37	182	8	367
843	沈阳市第七人民医院	三甲	744	29153	1349	819	63	442	25	413
844	天津市精神卫生中心	三乙	591	27876	1348	977	54	287	30	295
845	乐山市人民医院	三甲	744	25448	1348	1128	14	191	15	405
846	长治市人民医院	三甲	1073	25812	1346	1041	35	262	8	676
847	南京医科大学附属口腔医院	三甲	765	40290	1339	963	47	323	6	394
848	合肥市第二人民医院	三甲	996	30808	1338	1159	21	149	9	579
849	赣州市人民医院	三甲	1697	42838	1333	1075	16	224	18	1196
850	深圳市福田区中医院	二甲	506	21376	1332	794	108	404	26	215

表2：2002～2011年医疗机构发表文献影响力统计汇总表

序号	机构名称	级别	总发文量	下载量	被引用频次					零被引文献量
					合计	被期刊引	被博士论文引	被硕士论文引	被会议论文引	
851	浙江省湖州市妇幼保健院	三甲	806	26757	1327	1112	19	184	12	425
852	肥城市人民医院	二甲	973	26516	1327	1075	38	199	15	580
853	新乡市第二人民医院	三乙	984	24040	1325	1048	28	239	10	588
854	深圳市孙逸仙心血管医院	三甲	678	24081	1322	1083	37	193	9	340
855	武钢总医院	三甲	554	20564	1316	924	53	319	20	300
856	惠州市第三人民医院	二甲	842	23406	1313	994	42	255	22	475
857	浙江中医药大学附属宁波中医院	三甲	653	28624	1313	716	82	482	33	317
858	淮北市人民医院	三甲	784	25568	1311	1089	26	181	15	396
859	贵阳市妇幼保健院	三甲	992	29809	1311	986	41	270	14	603
860	六安市人民医院	三甲	1181	33527	1303	1115	19	163	6	684
861	泰安市中医医院	三甲	795	29967	1303	821	77	373	32	434
862	武汉亚洲心脏病医院	三甲	757	22858	1303	1126	30	142	5	435
863	中国人民解放军第五医院	三甲	799	23647	1302	975	47	264	16	477
864	漳州市中医院	三甲	579	21287	1299	848	71	350	30	286
865	中国人民解放军第五十九中心医院	三甲	1478	31036	1298	1137	15	132	14	953
866	怀化市第一人民医院	三甲	895	25953	1298	1022	39	222	15	497
867	湖北民族学院医学院附属医院	二甲	1128	39118	1297	946	55	278	18	638
868	吉林大学口腔医院	二甲	692	39853	1294	874	69	344	7	356
869	南方医科大学附属南海人民医院	三甲	838	27629	1293	1096	21	168	8	422
870	桂林市人民医院	三甲	1071	34018	1293	1096	17	170	10	621
871	北京市丰台区丰台医院	二甲	704	23785	1291	1046	35	200	10	377
872	哈尔滨市肛肠医院	三甲	567	21467	1289	663	109	482	35	294
873	湘西州人民医院	三甲	849	27980	1284	1011	40	213	20	483
874	徐州市中医院	三甲	669	24181	1283	707	83	448	45	351
875	天津市第五中心医院	三乙	960	34992	1282	987	45	240	10	566
876	北华大学第二附属医院	三甲	1381	39395	1281	1018	15	232	16	936
877	海南省农垦总局医院	三甲	1013	31673	1281	982	37	245	17	580
878	桂东人民医院	三乙	691	20971	1281	1167	9	100	5	394
879	大庆市第四医院	三甲	1603	43029	1279	1005	39	222	13	1040
880	中国人民解放军第四五六医院	二甲	868	26188	1277	992	48	225	12	534
881	石家庄市第三医院	二甲	700	28086	1272	928	59	270	15	329
882	哈尔滨市第三医院	三甲	1238	31507	1272	999	29	234	10	797
883	中国人民解放军第三五九医院	三甲	587	18899	1271	983	26	249	13	294
884	青海红十字医院	三甲	1646	33042	1269	1035	24	204	6	1150

表2：2002～2011年医疗机构发表文献影响力统计汇总表

序号	机构名称	级别	总发文量	下载量	被引用频次					零被引文献量
					合计	被期刊引	被博士论文引	被硕士论文引	被会议论文引	
885	武警河南总队医院	三甲	747	25319	1267	972	34	251	10	392
886	钦州市第一人民医院	三甲	1174	30093	1266	1102	15	144	5	694
887	莱州市人民医院	三甲	1678	29055	1261	984	27	231	19	1225
888	深圳市宝安区中医院	二甲	622	26650	1256	805	85	339	27	290
889	中国人民解放军空军航空医学研究所附属医院	三甲	534	19122	1254	1007	40	199	8	271
890	海安县人民医院	二甲	1203	30466	1250	1050	25	161	14	737
891	湖南省妇幼保健院	三甲	811	25800	1247	1004	27	209	7	497
892	江汉石油管理局中心医院	三甲	1062	27093	1244	989	29	210	16	659
893	广州中医药大学附属南海妇产儿童医院	二甲	608	27519	1241	848	49	288	56	303
894	中国人民解放军第二五三医院	三甲	1065	28639	1241	1012	28	186	15	688
895	上海市杨浦区市东医院	二甲	496	19629	1240	980	32	213	15	236
896	肇庆市第二人民医院	二甲	591	19239	1237	1022	31	164	20	283
897	荣成市人民医院	二甲	1381	29268	1236	1017	24	186	9	956
898	安阳市中医院	三甲	863	27554	1234	724	73	408	29	472
899	鄂州市中心医院	三甲	729	20376	1234	1052	22	149	11	401
900	株洲市第一医院	三甲	1126	31649	1231	1003	37	175	16	729
901	中国人民解放军第一二三中心医院	三甲	743	20549	1230	1033	25	164	8	406
902	广东省深圳市宝安区妇幼保健院	二甲	733	24705	1229	1025	25	171	8	406
903	云南中医学院第三附属医院	三甲	728	26981	1226	673	70	444	39	434
904	广东省中西医结合医院	三甲	675	26499	1225	867	49	274	35	320
905	东莞市太平人民医院	二甲	898	26388	1224	1006	12	181	25	504
906	绍兴市中医院	三甲	873	31447	1223	879	48	269	27	518
907	济南市第五人民医院	二甲	726	23291	1222	877	43	289	13	407
908	湖南省老年医院	三甲	619	28061	1217	824	43	338	12	349
909	阳江市人民医院	三甲	1110	25524	1216	1055	15	132	14	670
910	武汉市第六医院	二甲	700	22917	1212	933	36	232	11	395
911	大连市儿童医院	三甲	650	22432	1212	958	35	207	12	347
912	嘉兴市妇幼保健院	三甲	806	21921	1211	1053	9	140	9	445
913	无锡市第五人民医院	二甲	572	18815	1208	1031	27	142	8	248
914	新疆医科大学第五附属医院	三甲	1179	41328	1208	895	42	261	10	729
915	中国医科大学北京顺义医院	二甲	1012	23049	1206	941	53	208	4	725
916	南京市胸科医院	三甲	729	25735	1201	965	47	176	13	381
917	常熟市第二人民医院	二甲	754	23327	1201	1016	22	156	7	419
918	徐州医学院第二附属医院	三甲	876	29420	1200	962	46	182	10	491

表2：2002～2011年医疗机构发表文献影响力统计汇总表

序号	机构名称	级别	总发文量	下载量	被引用频次					零被引文献量
					合计	被期刊引	被博士论文引	被硕士论文引	被会议论文引	
919	常州市武进人民医院	二甲	998	26707	1199	1039	17	134	9	608
920	本溪钢铁（集团）公司总医院	三甲	921	28302	1198	911	37	242	8	556
921	福建医科大学附属口腔医院	三甲	516	27927	1197	817	42	333	5	220
922	嘉兴市中医医院	三甲	792	25275	1195	820	38	320	17	445
923	昆山市中医院	二甲	965	32588	1195	880	49	254	12	578
924	中国人民解放军第四七四医院	三甲	876	25630	1193	874	36	267	16	552
925	兖州久益医院	三甲	682	24471	1193	926	31	222	14	368
926	中国人民解放军第一五七医院	三甲	336	13492	1191	876	59	240	16	118
927	安阳钢铁集团公司职工总医院	二甲	1060	26326	1191	937	22	221	11	640
928	重庆医科大学附属口腔医院	三甲	552	28322	1186	834	35	311	6	232
929	山东省单县中心医院	三甲	960	20219	1186	1016	21	135	14	590
930	天津市海河医院	三乙	730	31817	1183	994	19	150	20	417
931	沈阳市妇婴医院	三甲	440	15845	1176	990	18	158	10	223
932	岳阳市第一人民医院	三甲	855	26530	1176	951	25	191	9	497
933	吉林市中心医院	三甲	1359	37764	1175	914	32	214	15	888
934	中国人民解放军第三七一中心医院	三甲	916	24910	1174	948	32	178	16	523
935	郑州市第一人民医院	三甲	1211	32334	1172	952	24	179	17	789
936	南昌大学附属第四医院	二甲	844	34953	1171	872	39	248	12	462
937	石家庄市第四医院	二甲	690	25401	1170	811	69	278	12	363
938	阳泉煤业集团总医院	三甲	1148	25987	1170	995	18	149	8	745
939	沧州市人民医院	三甲	1007	26421	1168	1010	27	123	8	649
940	武汉大学中山医院	三甲	955	29129	1168	875	40	238	15	606
941	天津市宝坻区人民医院	三乙	797	32414	1166	883	35	236	12	421
942	漯河医学高等专科学校第二附属医院	三乙	1309	27669	1165	1038	11	113	3	840
943	上海市皮肤病性病防治中心	三甲	452	15446	1163	941	28	178	16	276
944	广州中医药大学附属东莞中医院	三甲	573	20102	1159	744	60	325	30	290
945	华北石油管理局总医院	三甲	735	21880	1158	913	28	202	15	450
946	马鞍山市中心医院	三甲	602	21444	1156	888	40	224	4	312
947	娄底市中心医院	三甲	886	30424	1155	911	30	206	8	519
948	中国人民解放军第二六一医院	三乙	752	27821	1154	897	32	208	17	444
949	深圳市蛇口人民医院西区	二甲	624	23465	1153	868	48	217	20	360
950	温州市中西医结合医院	三甲	639	21248	1150	792	51	295	12	333
951	四川省妇幼保健院	三甲	633	30036	1147	931	24	184	8	335
952	中国人民解放军第二六四医院	三甲	738	20308	1147	891	36	198	22	408

表2：2002～2011年医疗机构发表文献影响力统计汇总表

序号	机构名称	级别	总发文量	下载量	被引用频次					零被引文献量
					合计	被期刊引	被博士论文引	被硕士论文引	被会议论文引	
953	河北省第六人民医院	三甲	517	24371	1146	909	33	193	11	261
954	大同市第三人民医院	三甲	950	26212	1146	892	39	205	10	568
955	朝阳市中心医院	三甲	915	26931	1145	915	15	204	11	574
956	民航总医院	二甲	553	24022	1144	857	36	227	24	305
957	宝鸡市中医医院	三甲	713	21029	1144	774	40	307	23	392
958	河北省胸科医院	三级	752	27042	1142	891	32	207	12	390
959	潍坊市妇幼保健院	三甲	964	27626	1140	936	18	181	5	589
960	永康市第一人民医院	二甲	820	22331	1139	948	19	159	13	484
961	北京电力总医院	三乙	1064	64423	1139	821	49	247	22	753
962	杭州师范大学附属余杭医院	二甲	804	20513	1137	877	27	215	18	495
963	曲阜市人民医院	二甲	835	21952	1136	917	26	183	10	505
964	山东大学齐鲁儿童医院	三甲	621	21721	1135	895	33	192	15	337
965	绍兴市第七人民医院	三甲	372	15100	1133	977	19	128	9	162
966	荆门市第二人民医院	二甲	868	27514	1133	902	41	177	13	508
967	青岛市内分泌糖尿病医院	三级	255	24083	1128	698	66	354	10	93
968	长沙市第一医院	三甲	785	26265	1127	881	31	210	5	487
969	长沙市第八医院	三甲	800	24667	1117	670	59	366	22	487
970	甘肃省妇幼保健医院	二甲	964	28630	1114	864	34	195	21	623
971	河南科技大学第三附属医院	三乙	809	23918	1113	824	39	240	10	456
972	杭州市萧山区中医院	三甲	596	22464	1110	749	55	292	14	307
973	青海省中医院	三甲	584	20127	1110	603	70	409	28	323
974	中国人民解放军二六〇医院	三乙	929	26274	1107	921	20	162	4	594
975	成都市第六人民医院	三乙	851	26375	1106	865	32	202	7	478
976	北京老年医院	三乙	799	30736	1101	862	39	178	22	492
977	武汉钢铁（集团）公司第二职工医院	三甲	558	16838	1093	844	23	213	13	298
978	辽宁医学院附属第三医院	三甲	992	28825	1091	842	35	198	16	610
979	平顶山市中医院	二甲	499	18030	1090	571	82	417	20	226
980	徐州市第三人民医院	三甲	647	20177	1090	842	35	194	19	342
981	烟台市中医医院	三甲	506	19303	1089	619	82	372	16	253
982	鹤壁市第一人民医院	三甲	852	18085	1089	845	38	201	5	493
983	内蒙古科技大学第二附属医院	三乙	915	28400	1089	845	21	212	11	610
984	广西柳州市妇幼保健院	三甲	887	30253	1088	935	10	137	6	532
985	南阳市第一人民医院	三乙	1118	26531	1086	941	17	121	7	713
986	河南科技大学第二附属医院	三乙	919	23533	1085	889	13	174	9	542

表2：2002～2011年医疗机构发表文献影响力统计汇总表

序号	机构名称	级别	总发文量	下载量	被引用频次					零被引文献量
					合计	被期刊引	被博士论文引	被硕士论文引	被会议论文引	
987	淮北矿工总医院	三甲	658	20354	1080	886	24	163	7	361
988	奉化市人民医院	二甲	806	17744	1080	918	16	136	10	499
989	宁德市闽东医院	三甲	993	26203	1079	884	18	166	11	642
990	上海市浦东新区浦南医院	二甲	476	15659	1077	874	20	179	4	258
991	陕西省妇幼保健院	三甲	579	21747	1077	847	30	194	6	301
992	山东大学口腔医院	三甲	423	25976	1074	683	54	333	4	159
993	湘南学院附属医院	三甲	820	26946	1066	811	22	219	14	491
994	首都医科大学燕京医学院附属大兴医院	二甲	667	23782	1065	892	7	155	11	387
995	连云港市中医院	三甲	807	25850	1063	722	35	289	17	441
996	齐齐哈尔医学院第三附属医院	三甲	1141	29472	1062	865	27	157	13	727
997	大连市第二人民医院	三甲	536	20999	1062	727	49	266	20	253
998	郑州市第三人民医院	三甲	1129	28298	1058	820	24	197	17	742
999	桂林市中医医院	三甲	528	21984	1057	717	46	263	31	254
1000	河北医科大学附属石家庄第五医院	二甲	627	22333	1057	831	39	173	14	313
1001	齐齐哈尔医学院第一附属医院	三甲	859	24575	1055	801	36	210	8	517
1002	武警河北省总队医院	三甲	719	21875	1051	746	53	234	18	393
1003	青岛市胶州中心医院	三乙	918	26459	1051	847	14	177	13	597
1004	深圳市龙岗区第二人民医院	二甲	674	20418	1050	837	32	170	11	381
1005	哈尔滨市第五医院	三甲	779	20268	1048	784	34	219	11	470
1006	中国人民解放军四〇四医院	二甲	1006	21299	1047	777	33	223	14	696
1007	濮阳市中医院	二甲	717	22150	1045	634	53	337	21	383
1008	芜湖市第二人民医院	三甲	704	20345	1041	901	10	124	6	389
1009	嵊州市人民医院	二甲	598	16872	1040	842	22	159	17	351
1010	驻马店市第二人民医院	三乙	585	16858	1036	881	18	124	13	297
1011	齐齐哈尔医学院第六附属医院	三甲	1244	34799	1035	821	44	163	7	844
1012	河源市人民医院	三乙	910	26223	1035	905	18	108	4	531
1013	南昌市第三医院	三甲	688	23621	1034	829	27	166	12	401
1014	鄂尔多斯市中心医院	三甲	1242	33377	1034	774	39	209	12	882
1015	内蒙古医学院第二附属医院	三甲	849	29490	1034	736	52	232	14	516
1016	武警四川总队医院	三甲	791	19623	1031	835	20	164	12	477
1017	衢州化学工业公司职工医院	二甲	704	20152	1030	822	24	172	12	404
1018	安庆市立医院	三甲	909	30130	1028	916	13	93	6	543
1019	东莞市厚街医院	二甲	777	22391	1027	889	20	110	8	431
1020	济南第二人民医院	二甲	581	19970	1025	770	38	204	13	319

表2：2002～2011年医疗机构发表文献影响力统计汇总表

序号	机构名称	级别	总发文量	下载量	被引用频次					零被引文献量
					合计	被期刊引	被博士论文引	被硕士论文引	被会议论文引	
1021	哈尔滨市虹桥医院	三甲	938	24068	1023	730	34	244	15	624
1022	宝鸡市中心医院	三甲	892	26352	1023	867	18	132	6	503
1023	日照市中医院	二甲	797	20741	1023	740	38	236	9	476
1024	杭州肿瘤医院	二甲	560	20338	1021	757	33	217	14	291
1025	东莞市虎门医院	二甲	478	12991	1018	884	11	115	8	263
1026	大理州人民医院	三甲	1025	27953	1018	828	24	156	10	652
1027	鹤壁煤业集团总医院	二级	996	23528	1016	870	11	124	11	617
1028	漯河市第二人民医院	二甲	802	19163	1016	778	49	176	13	492
1029	北京航天总医院	三乙	731	25550	1014	772	23	211	8	422
1030	中国人民解放军第四二二医院	三甲	500	14887	1011	801	36	163	11	256
1031	柳州医学高等专科学校第一附属医院	三甲	860	24915	1010	832	15	147	16	523
1032	泰山医学院附属莱钢医院	三甲	1062	27876	1009	850	14	135	10	702
1033	广西壮族自治区职业病防治研究所	三甲	541	20667	1006	797	30	163	16	252
1034	内蒙古医学院附属人民医院	三乙	1013	31661	1004	842	15	139	8	671
1035	四川大学华西第四医院	三甲	343	18890	1000	694	49	250	7	129
1036	盐城市中医院	三甲	537	16379	996	586	50	339	21	278
1037	吕梁市人民医院	三乙	749	18590	988	803	31	144	10	409
1038	巢湖市第一人民医院	三甲	592	19225	987	792	30	157	8	325
1039	南阳市第二人民医院	二甲	907	21318	987	841	16	120	10	617
1040	南通大学附属吴江医院	二甲	712	18620	986	850	12	117	7	421
1041	珠海市第二人民医院	三乙	532	20494	984	722	41	217	4	288
1042	青岛市第三人民医院	二甲	454	15217	983	719	47	207	10	280
1043	常州市妇幼保健院	三甲	595	20223	983	828	18	136	1	323
1044	贵阳市第一人民医院	三乙	844	22731	983	785	30	157	11	496
1045	武警新疆总队医院	三甲	707	22287	982	716	44	208	14	435
1046	泉州市儿童医院	二甲	600	17193	982	809	17	153	3	331
1047	雅安市人民医院	三甲	670	19626	981	785	23	158	15	413
1048	云南省第四人民医院	三甲	1041	35535	978	775	32	153	18	664
1049	南平市第一医院	三甲	942	25496	978	774	27	157	20	594
1050	西安交通大学附属口腔医院	三甲	542	29121	977	723	28	226	0	269
1051	黔南州人民医院	三级	549	13760	976	800	23	147	6	314
1052	新疆伊犁哈萨克自治州友谊医院	三甲	715	20190	976	769	21	178	8	456
1053	沈阳市第六人民医院	二甲	546	19477	976	702	38	220	16	300
1054	漯河市中医院	三甲	607	18382	973	582	45	331	15	332

表2：2002～2011年医疗机构发表文献影响力统计汇总表

序号	机构名称	级别	总发文量	下载量	被引用频次					零被引文献量
					合计	被期刊引	被博士论文引	被硕士论文引	被会议论文引	
1055	开封市第二人民医院	二甲	742	16882	972	784	21	160	7	474
1056	岳阳市第二人民医院	三甲	659	20280	972	828	12	124	8	368
1057	开滦医院	三甲	547	19831	971	715	34	211	11	305
1058	荆州市中日友好医院	二甲	668	19167	970	821	15	127	7	391
1059	阜阳市人民医院	三甲	641	18605	970	807	19	137	7	338
1060	山西省眼科医院	三甲	524	17298	967	761	20	174	12	259
1061	保定市第二医院	二甲	740	23079	966	758	29	170	9	461
1062	宜春市人民医院	三甲	822	22036	966	753	30	176	7	501
1063	山西医科大学附属太钢总医院	三甲	923	22968	965	741	41	172	11	589
1064	湖南中医药大学第二附属医院	三甲	639	26363	963	556	65	330	12	347
1065	商丘市第三人民医院	二甲	907	19638	959	762	25	165	7	554
1066	昆明市儿童医院	二甲	945	24790	959	773	23	153	10	616
1067	曲靖市第一人民医院	三甲	783	22143	958	833	12	107	6	515
1068	武警浙江省总队杭州医院	三甲	547	19724	956	679	32	228	17	287
1069	广西医科大学附属第七医院	三甲	936	24642	956	835	16	93	12	591
1070	龙岩市第二医院	三乙	662	20163	954	694	42	189	29	385
1071	广西龙潭医院	三乙	803	20642	951	859	9	67	16	472
1072	武警江西省总队医院	三甲	558	17578	950	713	38	186	13	325
1073	中国人民解放军第二〇五医院	三甲	546	17878	949	638	46	249	16	316
1074	黄山市人民医院	三甲	692	20080	949	860	4	74	11	359
1075	常州市第三人民医院	三甲	654	18486	948	750	25	158	15	396
1076	武警江苏总队医院	三甲	618	18927	947	723	47	166	11	350
1077	诸暨市中医院	三甲	569	17159	946	648	34	242	22	308
1078	永州市中心医院	三甲	670	18370	944	816	18	100	10	376
1079	枣庄矿务局滕南医院	二甲	997	18265	944	853	9	77	5	646
1080	浙江省萧山医院	二甲	784	20787	942	776	16	146	4	484
1081	重庆市第一人民医院	三甲	591	26052	940	666	52	210	12	316
1082	福州市第一医院	三乙	645	20572	940	694	25	210	11	384
1083	蚌埠市第一人民医院	二甲	725	23482	940	820	8	103	9	405
1084	湖州市第三人民医院	三甲	565	18310	939	780	22	118	19	324
1085	安徽省立儿童医院	三甲	552	18872	938	810	18	103	7	303
1086	内江市第二人民医院	三甲	821	22664	937	792	20	115	10	491
1087	武汉精神卫生中心	三甲	352	17369	935	738	32	159	6	159
1088	开平市中心医院	二甲	597	15255	933	749	22	152	10	329

表2：2002～2011年医疗机构发表文献影响力统计汇总表

序号	机构名称	级别	总发文量	下载量	被引用频次					零被引文献量
					合计	被期刊引	被博士论文引	被硕士论文引	被会议论文引	
1089	益阳市中心医院	三甲	717	19684	928	784	25	110	9	437
1090	丽水市第二人民医院	三甲	425	13745	928	769	16	133	10	213
1091	九江市第一人民医院	三甲	1048	28759	927	741	28	147	11	686
1092	枣庄市中医院	三甲	629	17562	926	582	44	277	23	372
1093	绍兴市第四医院	二甲	624	13104	926	781	20	117	8	400
1094	聊城市第三人民医院	二甲	653	18654	926	810	21	92	3	369
1095	中国人民解放军第一八七中心医院	三甲	729	20290	921	738	34	141	8	439
1096	怀化市第二人民医院	二甲	636	16375	921	710	35	163	13	368
1097	承德市中心医院	三甲	738	22952	920	703	32	176	9	451
1098	重庆市妇幼保健院	三甲	472	22306	920	741	19	152	8	202
1099	北京市东城区和平里医院	二甲	513	18081	920	659	34	219	8	294
1100	广州经济技术开发区医院	二甲	510	17803	919	742	11	158	8	265
1101	乐清市人民医院	三甲	656	21054	919	714	18	178	9	370
1102	厦门市妇幼保健院	三甲	501	22376	915	743	23	138	11	294
1103	南阳市张仲景国医院	三甲	528	16050	913	494	65	334	20	292
1104	无锡市传染病医院	二甲	729	22561	911	731	24	142	14	455
1105	通辽市医院	三乙	885	20902	907	687	29	181	10	624
1106	自贡市第四人民医院	三甲	722	22274	907	769	17	116	5	416
1107	攀枝花钢铁（集团）公司职工总医院	三甲	816	18873	906	712	29	153	12	529
1108	邯郸市中医院	三甲	472	15715	906	513	61	313	19	231
1109	丹东市中医院	三甲	304	12641	906	493	72	322	19	133
1110	东南大学医学院附属南京江北人民医院	二甲	795	23513	905	719	27	154	5	510
1111	广西医科大学附属口腔医院	三甲	441	21771	905	679	20	195	11	205
1112	河南省传染病医院	二甲	670	16302	904	704	25	163	12	432
1113	泰安市第一人民医院	二甲	580	17486	903	723	19	154	7	335
1114	中国人民解放军空军天津医院	三甲	380	15492	902	557	55	273	17	196
1115	大庆市中医医院	三甲	567	20036	902	577	48	260	17	315
1116	郑州市第二人民医院	二甲	852	21258	900	722	33	136	9	529
1117	中国人民解放军四五七医院	三甲	458	13858	897	674	42	167	14	256
1118	巴彦淖尔市医院	三乙	1104	26019	896	759	13	114	10	766
1119	胶南市人民医院	二甲	571	17372	895	704	30	156	5	324
1120	乌鲁木齐市友谊医院	三甲	713	18570	893	695	34	159	5	484
1121	乳山市人民医院	二甲	732	16805	891	722	16	140	13	462
1122	丹阳市人民医院	二甲	709	18315	890	748	20	108	14	439

表2：2002～2011年医疗机构发表文献影响力统计汇总表

序号	机构名称	级别	总发文量	下载量	被引用频次					零被引文献量
					合计	被期刊引	被博士论文引	被硕士论文引	被会议论文引	
1123	武警北京市总队第二医院	三甲	533	17704	889	603	50	200	36	339
1124	山东中医药大学第四附属医院	三甲	394	16450	887	502	68	294	23	197
1125	新疆生产建设兵团总医院	三甲	866	25200	885	724	17	131	13	608
1126	滁州市第一人民医院	三甲	492	14527	885	780	8	90	7	263
1127	漯河市第三人民医院	二甲	762	18222	883	744	10	126	3	435
1128	宜昌市第二人民医院	三甲	485	17766	882	733	20	123	6	259
1129	丽水市中医院	二甲	455	15295	881	567	48	255	11	253
1130	太原市妇幼保健院	三乙	567	15860	880	743	17	113	7	332
1131	郓城县人民医院	二甲	690	14525	880	677	22	171	10	441
1132	阳泉市第一人民医院	三甲	789	20626	877	753	11	108	5	491
1133	临沂市精神卫生中心临沂市第四人民医院	二甲	499	15647	876	738	11	110	17	243
1134	广西龙泉山医院	三乙	616	23827	875	697	17	150	11	327
1135	武警山西总队医院	三甲	727	18545	874	685	25	148	16	464
1136	长治医学院附属和济医院	三甲	688	18624	874	727	16	125	6	422
1137	山东省荣军总医院	二甲	495	16810	873	575	47	239	12	255
1138	姜堰市人民医院	二甲	622	15887	872	723	17	127	5	345
1139	南通瑞慈医院		508	17341	872	740	18	111	3	248
1140	马鞍山市人民医院	三甲	628	18614	871	746	9	107	9	387
1141	深圳市宝安区松岗人民医院	二甲	625	18138	870	693	21	147	9	368
1142	江山市人民医院	二甲	667	16341	870	686	16	165	3	410
1143	保定市第一医院	二甲	695	24221	869	657	24	184	4	425
1144	张家港市第一人民医院	二甲	809	23093	867	724	14	122	7	452
1145	曲靖市第二人民医院	二甲	460	10791	864	813	3	43	5	267
1146	梧州市红十字会医院	三乙	724	19703	864	669	28	156	11	444
1147	深圳市宝安区龙华人民医院	二甲	670	20348	859	733	13	101	12	412
1148	常熟市第一人民医院	二甲	651	19036	858	698	22	131	7	384
1149	绍兴市第六人民医院	三甲	535	17249	858	728	15	107	8	289
1150	延安市人民医院	三甲	762	19380	857	661	26	160	10	510
1151	常州市第四人民医院	二甲	585	18467	856	684	13	148	11	313
1152	平阳县人民医院	二甲	606	15953	851	727	9	109	6	327
1153	新昌县人民医院	二甲	623	15977	850	676	20	148	6	381
1154	周口市中医院	三甲	707	16537	845	492	41	299	13	420
1155	自贡市第一人民医院	三甲	665	19064	845	709	17	109	10	374
1156	兖州矿业集团公司总医院	三甲	860	21602	844	702	16	114	12	542

表2：2002～2011年医疗机构发表文献影响力统计汇总表

序号	机构名称	级别	总发文量	下载量	被引用频次					零被引文献量
					合计	被期刊引	被博士论文引	被硕士论文引	被会议论文引	
1157	费县人民医院	二甲	460	11705	844	683	31	114	16	250
1158	鞍钢总医院	三甲	1097	28208	841	619	29	187	6	779
1159	南宁市红十字会医院	二甲	603	17895	838	709	10	106	13	330
1160	南通大学附属东台医院	二甲	700	19052	838	708	14	104	12	424
1161	安徽省精神卫生防治中心	三甲	286	17563	837	619	30	177	11	129
1162	蚌埠医学院第二附属医院	三乙	657	23675	836	712	13	104	7	347
1163	丹江口市第一医院	二甲	516	14092	833	557	32	221	23	315
1164	惠州市中医院	三甲	497	15052	833	601	32	190	10	249
1165	驻马店市第一人民医院	三乙	874	18477	833	695	16	114	8	556
1166	郑州市第七人民医院	三甲	715	14983	832	719	17	87	9	450
1167	黄石市第二医院	二甲	570	17096	831	628	26	160	17	325
1168	天津市武清区人民医院	二甲	621	24507	831	704	13	111	3	360
1169	广东药学院附属第二医院	二甲	665	19365	830	626	22	177	5	377
1170	洛阳市第一人民医院	二甲	633	14789	830	587	27	212	4	376
1171	兰州大学附属兰州医院	三甲	658	24439	827	572	37	211	7	406
1172	临汾市人民医院	三乙	943	19900	824	713	17	84	10	677
1173	大丰市人民医院	二甲	764	16758	824	688	23	109	4	457
1174	丹东市中心医院	三甲	745	20039	824	621	26	168	9	491
1175	泰州市中医院	三甲	551	18404	823	526	37	250	10	312
1176	江阴市中医院	二甲	599	19175	820	558	21	227	14	346
1177	乌鲁木齐市中医院	三乙	556	17946	819	449	55	296	19	347
1178	营口市中心医院	三甲	542	15540	819	632	27	148	12	294
1179	天津市第四医院	三乙	414	14866	816	629	26	153	8	216
1180	驻马店市中医院	三甲	626	17682	816	473	39	292	12	389
1181	武警湖南省总队医院	三甲	412	12558	814	635	24	142	13	207
1182	中国人民解放军第十八医院	二甲	475	13260	814	675	15	122	2	230
1183	南开大学附属口腔医院	三甲	569	25429	813	591	26	192	4	316
1184	桐乡市第一人民医院	二甲	699	19154	813	686	11	109	7	431
1185	宁波市第七医院	二甲	550	15594	812	654	16	132	10	321
1186	葛洲坝中心医院	三甲	477	21648	812	665	24	110	13	264
1187	呼伦贝尔市人民医院	三乙	839	25947	812	627	10	167	8	557
1188	咸阳市第二人民医院	三乙	621	16898	810	640	26	143	1	352
1189	黄石市中医院	三甲	616	20367	810	480	46	252	32	374
1190	如皋市人民医院	二甲	994	19696	809	654	15	133	7	684

表2：2002～2011年医疗机构发表文献影响力统计汇总表

序号	机构名称	级别	总发文量	下载量	被引用频次					零被引文献量
					合计	被期刊引	被博士论文引	被硕士论文引	被会议论文引	
1191	新疆伊犁州奎屯医院	三甲	953	22952	808	682	16	105	5	621
1192	攀枝花市第五人民医院	三甲	563	16224	807	589	34	177	7	341
1193	武汉大学口腔医院	三甲	400	22688	807	560	24	212	11	199
1194	佛山市顺德区桂洲医院	二甲	453	14248	806	635	19	145	7	237
1195	忻州市人民医院	三乙	768	15753	805	610	33	156	6	523
1196	宁海县第一医院	二甲	611	14962	805	669	18	108	10	377
1197	桂林市妇女儿童医院	三甲	564	17382	804	699	11	88	6	316
1198	青海省心脑血管病专科医院	三甲	404	11169	803	548	48	191	16	264
1199	南昌市中西医结合医院	三甲	536	17324	803	610	17	162	14	320
1200	哈尔滨市儿童医院	三甲	686	17136	802	671	19	108	4	443
1201	邵阳市第一人民医院	三甲	490	13799	799	619	26	144	10	275
1202	桂林市第二人民医院	三甲	556	17542	799	640	16	130	13	318
1203	中国人民解放军第一五五中心医院	三乙	656	17525	798	591	27	170	10	448
1204	青岛市第七人民医院	三乙	423	16033	798	693	10	88	7	201
1205	荆州市中医院	三甲	416	15115	796	447	48	292	9	216
1206	沈阳市骨科医院	二甲	509	18674	796	572	32	178	14	273
1207	大同市第七人民医院	二甲	601	17544	795	634	15	140	6	317
1208	天津医科大学口腔医院	三甲	417	21932	794	547	25	219	3	210
1209	山西焦煤西山煤电集团公司职工总医院	三乙	1278	27667	792	635	17	130	10	957
1210	河池市第一人民医院	三甲	654	16414	791	718	5	65	3	385
1211	抚顺市中心医院	三甲	579	18724	790	616	18	150	6	332
1212	济南钢铁总医院	二甲	532	14827	789	600	21	160	8	297
1213	航空工业中心医院	二甲	569	18921	788	631	25	125	7	323
1214	浙江省宁波市传染病院	三甲	383	13914	786	623	27	120	16	192
1215	天津市大港医院	二甲	526	22729	785	640	14	125	6	288
1216	浙江中医药大学附属第三医院	三甲	500	19394	784	525	44	177	38	324
1217	安阳市第三人民医院	二甲	627	12818	780	648	20	104	8	387
1218	汕尾逸挥基金医院	二甲	458	13957	779	586	23	163	7	248
1219	抚顺矿业集团总医院	三甲	585	19676	777	641	18	111	7	325
1220	常州市武进中医医院	二甲	665	15096	776	525	45	184	22	442
1221	山东省淄博市妇幼保健院	三甲	593	19198	771	605	22	137	7	353
1222	天津中医药研究院附属医院	三甲	471	24845	770	451	43	264	12	251
1223	宿州市立医院	二甲	560	17343	770	646	16	100	8	306
1224	鞍钢铁西医院	三甲	735	20457	767	605	23	129	10	432

表2：2002～2011年医疗机构发表文献影响力统计汇总表

序号	机构名称	级别	总发文量	下载量	被引用频次					零被引文献量
					合计	被期刊引	被博士论文引	被硕士论文引	被会议论文引	
1225	廊坊市中医院	三甲	480	15198	767	486	33	224	24	283
1226	江西省胸科医院	三甲	463	14710	766	609	24	127	6	254
1227	葫芦岛市中心医院	三甲	666	19419	766	621	18	124	3	404
1228	山西中医学院第二中医院	三甲	414	17783	765	392	56	289	28	206
1229	中国人民解放军第八十二医院	三甲	579	15926	759	631	12	112	4	334
1230	新疆生产建设兵团农业建设第一师医院	二甲	845	19669	759	629	15	107	8	551
1231	长沙市第四医院	三甲	515	16820	758	549	24	176	9	306
1232	宿迁市人民医院	三甲	797	19840	754	645	13	95	1	523
1233	青岛市第五人民医院	三甲	369	14415	754	488	27	225	14	197
1234	长春市妇产科医院	三甲	796	21185	753	617	12	111	13	526
1235	武汉市第五医院	三甲	475	17111	753	520	34	187	12	301
1236	盘锦市第二人民医院	三甲	665	18933	750	578	26	134	12	424
1237	德清县人民医院	二甲	632	15440	749	599	14	124	12	387
1238	启东市人民医院	二甲	703	16588	749	588	22	137	2	459
1239	广元市中心医院	三甲	722	16398	748	623	12	100	13	458
1240	湖州市中医院	三甲	383	14727	745	455	46	229	15	169
1241	湘潭市第一人民医院	三乙	502	14464	745	589	17	124	15	280
1242	青岛市肿瘤医院	三甲	506	15610	739	597	19	112	11	297
1243	福州市传染病医院	三甲	408	14440	739	543	16	161	19	231
1244	中国长城铝业公司总医院	二甲	607	13947	738	606	19	104	9	360
1245	贵阳市金阳医院	二甲	494	14323	737	544	18	169	6	293
1246	中国人民解放军第三二二医院	三甲	642	14069	737	619	20	92	6	398
1247	赤峰市医院	三甲	635	17525	735	601	12	116	6	403
1248	南宁市第四人民医院	三乙	554	14877	735	633	14	80	8	327
1249	长春市人民医院	二甲	646	18404	734	509	35	172	18	408
1250	天门市第一人民医院	二甲	645	14841	733	669	7	51	6	392
1251	成都市第七人民医院	二甲	556	19650	733	604	13	105	11	322
1252	怀化医专附属医院	二甲	545	15503	731	614	18	93	6	328
1253	福建省级机关医院	二甲	562	20282	730	562	33	127	8	320
1254	贵州省第二人民医院	三乙	405	11641	729	562	28	122	17	239
1255	张家界市人民医院	三甲	539	14727	727	604	15	96	12	314
1256	大连大学附属口腔医院	三甲	430	19635	723	496	21	203	3	223
1257	武警辽宁总队医院	三甲	612	18620	723	532	26	160	5	385
1258	凉山州第一人民医院	三甲	829	21498	722	608	13	93	8	545

表2：2002～2011年医疗机构发表文献影响力统计汇总表

序号	机构名称	级别	总发文量	下载量	被引用频次					零被引文献量
					合计	被期刊引	被博士论文引	被硕士论文引	被会议论文引	
1259	南昌大学附属口腔医院	三甲	514	21419	721	480	10	226	5	265
1260	平舆县人民医院	二甲	510	15548	721	470	39	203	9	275
1261	河北省复员军人医院	二甲	559	14933	721	503	30	176	12	333
1262	中国人民解放军第一五二中心医院	三甲	538	14833	721	575	14	124	8	298
1263	玉环县人民医院	二甲	536	13740	721	579	14	119	9	318
1264	北京大学第六医院	三甲	284	19051	718	526	25	158	9	145
1265	山东省临沂市妇幼保健院	二甲	558	16423	717	598	11	100	8	313
1266	深圳市龙岗区横岗人民医院	二甲	490	12451	714	574	16	118	6	268
1267	嘉善县第一人民医院	二甲	639	15653	714	618	15	73	8	384
1268	榆林市第一医院	三甲	666	15340	714	601	11	95	7	441
1269	辽阳市第三人民医院	三乙	393	13926	714	559	14	136	5	224
1270	肥城矿业集团中心医院	三甲	623	13318	713	605	12	90	6	389
1271	九江学院附属医院	三甲	677	21456	713	552	23	128	10	421
1272	茂名市中医院	三甲	364	11637	712	473	26	194	19	185
1273	义马煤业（集团）总医院	二甲	642	14557	708	577	18	105	8	386
1274	扬中市人民医院	二甲	472	11211	708	583	11	109	5	271
1275	中国人民解放军第一八八医院	三甲	405	11897	706	535	30	133	8	238
1276	宁德市医院	三乙	861	21859	701	588	16	86	11	586
1277	抚州市第一人民医院	三甲	686	19133	701	584	15	97	5	436
1278	邢台市第三医院	三乙	509	14605	699	578	18	99	4	305
1279	吉林市第三人民医院	三甲	686	20569	699	453	40	195	11	435
1280	长沙市第三医院	三甲	536	19482	697	548	21	117	11	314
1281	铜仁市人民医院	二甲	714	16391	697	628	4	57	8	458
1282	广东三九脑科医院	三甲	281	10837	695	533	28	119	15	148
1283	海南省中医院	三甲	466	17542	695	432	40	217	6	244
1284	兴宁市人民医院	二甲	627	13160	693	602	15	71	5	396
1285	临清市人民医院	二甲	513	10776	693	576	6	103	8	324
1286	商丘市中心医院	二甲	654	14595	693	568	14	102	9	407
1287	舟山市普陀区人民医院	二甲	525	12892	692	597	12	77	6	312
1288	巩义市人民医院	二甲	745	14782	692	563	16	108	5	510
1289	辽宁省金秋医院	三甲	359	13343	692	537	21	128	6	195
1290	秦皇岛市妇幼保健院	三甲	528	15696	691	600	7	79	5	327
1291	新疆兵团石河子人民医院	二甲	630	18712	690	555	16	116	3	410
1292	仙桃市第一人民医院	二甲	548	13763	690	610	14	63	3	323

表2：2002 ~2011 年医疗机构发表文献影响力统计汇总表

序号	机构名称	级别	总发文量	下载量	被引用频次					零被引文献量
					合计	被期刊引	被博士论文引	被硕士论文引	被会议论文引	
1293	南通市第二人民医院	二甲	688	16394	689	571	13	99	6	427
1294	普宁市人民医院	三甲	516	11056	689	612	8	69	0	312
1295	鞍山市双山医院	三甲	594	13928	685	572	16	87	10	357
1296	山东省青岛疗养院	三甲	297	13301	685	502	20	153	10	129
1297	大连市金州区第一人民医院	二甲	601	18458	685	549	22	110	4	344
1298	金坛市人民医院	二甲	565	14527	684	591	9	77	7	350
1299	中国人民解放军第十五中心医院	三乙	577	11654	682	571	20	79	12	365
1300	鸡西市人民医院	三甲	865	21041	682	512	25	128	17	598
1301	辽阳市中心医院	三甲	636	17709	682	565	18	90	9	395
1302	沭阳县人民医院	二甲	872	21027	681	585	8	83	5	569
1303	齐齐哈尔医学院第二附属医院	三甲	576	14465	681	574	14	86	7	356
1304	海门市人民医院	二甲	600	13694	681	560	12	104	5	388
1305	济宁市中医院	三甲	385	13241	681	386	42	238	15	199
1306	邹城市人民医院	二甲	669	16505	680	542	11	126	1	424
1307	淮南市第一人民医院	三甲	630	12402	680	603	9	63	5	404
1308	中国人民解放军第三二一医院	二甲	736	16988	680	542	26	103	9	492
1309	武警福建总队医院	三甲	503	13913	679	515	23	132	9	314
1310	淄博市临淄区人民医院	二甲	597	15034	678	519	21	130	8	366
1311	吉林省前卫医院	二甲	630	15327	676	604	4	63	5	369
1312	宁夏第二人民医院	三乙	782	15956	676	531	13	121	11	545
1313	萍乡市人民医院	三甲	787	20491	676	551	14	104	7	529
1314	甘肃省张掖市人民医院	三甲	719	16757	675	558	14	98	5	494
1315	内蒙古科技大学第三附属医院	三乙	1022	26749	674	588	10	72	4	736
1316	邢台市眼科医院	三级	623	14345	673	551	13	99	10	393
1317	威海市中医院	三甲	473	13919	673	437	21	203	12	260
1318	仙居县人民医院	二甲	532	13941	671	562	6	97	6	315
1319	北京市宣武区中医医院	三乙	230	13156	670	340	62	251	17	109
1320	泰达国际心血管病医院	三甲	560	18906	668	530	19	114	5	376
1321	江都市人民医院	二甲	773	17781	666	571	11	74	10	497
1322	上虞市人民医院	二甲	498	12639	665	535	13	106	11	297
1323	南京市江宁医院	二甲	676	19301	664	565	10	86	3	433
1324	兖州市人民医院	二甲	685	15130	664	569	7	77	11	421
1325	济源市人民医院	二甲	523	12551	663	559	8	89	7	337
1326	寿光市人民医院	二甲	986	19431	663	559	6	90	8	707

表2：2002～2011年医疗机构发表文献影响力统计汇总表

序号	机构名称	级别	总发文量	下载量	被引用频次					零被引文献量
					合计	被期刊引	被博士论文引	被硕士论文引	被会议论文引	
1327	西安交通大学医学院附属西安市第九医院	三甲	618	19067	662	519	15	121	7	372
1328	湛江市第一中医医院	三甲	298	10133	660	406	33	214	7	126
1329	首都医科大学燕京医学院附属平谷区医院	二甲	560	16296	660	541	15	104	0	339
1330	郑州大学第四附属医院	二甲	492	15749	660	560	10	88	2	285
1331	中山大学附属第六医院	二甲	601	27338	657	525	15	113	4	379
1332	青岛经济技术开发区第一医院	二甲	466	15225	656	535	15	99	7	270
1333	太原市人民医院	二甲	473	15287	654	483	19	147	5	272
1334	增城市人民医院	二甲	471	11864	653	541	16	85	11	293
1335	聊城国际和平医院	二甲	522	11850	651	530	8	107	6	292
1336	莆田市第一医院	三乙	661	17154	650	538	11	94	7	403
1337	焦作市中医院	二甲	497	14957	650	414	31	198	7	273
1338	即墨市人民医院	二甲	770	20680	649	457	25	157	10	546
1339	中国人民解放军第四七七医院	二甲	549	13398	648	548	13	77	10	319
1340	新余市人民医院	三甲	747	17852	648	537	14	94	3	471
1341	青岛骨伤科医院	三乙	386	12083	648	542	22	74	10	220
1342	北京房山区第二医院	二甲	641	15729	645	518	16	102	9	446
1343	玉林市中医院	三甲	350	14380	644	396	34	194	20	162
1344	宁夏医科大学附属银川市中医院	三甲	337	15852	643	345	50	236	12	161
1345	安康市中心医院	三甲	564	14720	643	545	13	78	7	361
1346	太原市第三人民医院	三乙	505	15717	642	500	26	114	2	298
1347	长春市传染病医院	二甲	476	18624	640	450	18	159	13	301
1348	玉林市第二人民医院	三乙	582	16643	639	519	10	105	5	331
1349	大连市第六人民医院	三甲	368	13411	639	443	22	163	11	205
1350	随州市中心医院	三甲	493	15396	638	515	9	112	2	306
1351	长春中医药大学第二附属医院	三甲	633	22569	638	380	35	207	16	399
1352	山东侨联医院	三甲	270	7383	637	541	11	76	9	140
1353	黄冈市中心医院	三甲	397	12087	633	525	14	83	11	239
1354	莒县人民医院	二甲	752	14082	632	511	16	99	6	509
1355	晋中市第一人民医院	三乙	628	16301	632	503	13	111	5	426
1356	北京市怀柔区第一医院	二甲	473	14094	631	552	4	68	7	299
1357	朝阳市第二医院	三甲	626	13987	631	477	20	130	4	406
1358	商丘市中医院	二甲	499	15276	630	385	36	203	6	278
1359	枣庄市王开传染病医院	二甲	659	11761	628	544	9	67	8	435
1360	包头市第七医院	二甲	520	17877	627	430	34	157	6	310

表2：2002～2011年医疗机构发表文献影响力统计汇总表

序号	机构名称	级别	总发文量	下载量	被引用频次					零被引文献量
					合计	被期刊引	被博士论文引	被硕士论文引	被会议论文引	
1361	濮阳市妇幼保健院	二甲	451	13357	627	526	10	89	2	259
1362	南通大学附属南通妇幼保健院	三甲	552	16150	626	500	19	101	6	332
1363	哈尔滨市红十字中心医院	三甲	573	16913	626	483	27	103	13	347
1364	晋城市人民医院	三乙	562	14345	626	493	17	108	8	349
1365	邹平县人民医院	二甲	498	12888	626	493	17	109	7	288
1366	衡阳市中心医院	三甲	529	17522	626	509	19	93	5	319
1367	洛阳市洛轴总医院	二甲	460	11032	626	491	14	107	14	246
1368	鞍山市中医院	三甲	370	10869	625	324	42	246	13	196
1369	北京京煤集团总医院	三乙	476	12141	624	549	7	63	5	298
1370	石家庄市第二医院	二甲	456	14163	623	418	37	162	6	290
1371	成武县人民医院	二甲	582	11745	623	511	13	92	7	353
1372	东海县人民医院	二甲	653	13372	622	493	18	103	8	429
1373	新疆医科大学第六附属医院	二甲	622	19684	620	466	12	135	7	425
1374	包头市第四医院	三丙	750	21957	619	475	24	108	12	529
1375	日照市东港医院	二甲	521	12190	618	492	19	102	5	332
1376	新疆生产建设兵团农业建设第七师医院	二甲	540	13924	618	492	23	98	5	357
1377	江苏省淮安市妇幼保健院	二甲	574	16212	617	512	14	87	4	353
1378	唐山市丰润区人民医院	二甲	694	15666	616	520	10	82	4	458
1379	河南安阳市妇幼保健院	二甲	590	14027	614	514	11	85	4	358
1380	东莞市常平医院	二甲	543	14813	613	475	13	122	3	331
1381	自贡市第三人民医院	三乙	500	12036	613	533	4	72	4	310
1382	河北北方学院附属第二医院	二甲	555	16648	611	484	17	107	3	345
1383	中国人民解放军第一七一医院	三甲	505	13134	610	536	12	59	3	316
1384	高要市人民医院	二甲	501	10595	610	537	6	59	8	306
1385	平度市人民医院	二甲	616	14710	609	482	11	111	5	395
1386	荆州市第三人民医院	二甲	512	11073	609	509	10	78	12	344
1387	北京燕化医院	三乙	260	9256	608	453	13	134	8	135
1388	四川省骨科医院	三甲	370	15980	608	416	33	152	7	203
1389	阜新市中心医院	三甲	493	14499	608	490	11	100	7	287
1390	西双版纳州人民医院	三甲	569	14116	604	482	19	90	13	372
1391	化州市人民医院	二甲	472	10454	604	507	8	85	4	266
1392	九江市妇女儿童医院	三甲	475	12573	603	511	8	81	3	279
1393	长兴县人民医院	二甲	688	14658	603	533	8	57	5	459
1394	中山市陈星海医院	二甲	527	13563	602	510	13	73	6	309

表2：2002～2011年医疗机构发表文献影响力统计汇总表

序号	机构名称	级别	总发文量	下载量	被引用频次					零被引文献量
					合计	被期刊引	被博士论文引	被硕士论文引	被会议论文引	
1395	佛山市三水区人民医院	二甲	548	12057	602	510	3	85	4	352
1396	盘锦市第一人民医院	三甲	553	16312	602	478	7	111	6	339
1397	宝鸡市人民医院	三乙	388	10749	601	454	12	129	6	215
1398	同济大学附属口腔医院	三甲	329	22090	599	409	27	162	1	152
1399	楚雄州人民医院	三甲	564	13014	598	492	12	87	7	361
1400	陕西省核工业二一五医院	三乙	606	14588	597	449	13	129	6	389
1401	沈阳市第十人民医院	二级	530	13934	597	486	6	93	12	336
1402	合肥市第五人民医院	三甲	519	17675	596	495	11	86	4	291
1403	天水市第一人民医院	三甲	437	11982	594	480	11	94	9	274
1404	武警重庆总队医院	三甲	436	11416	594	438	23	125	8	257
1405	苍山县人民医院	二甲	635	12975	593	467	15	104	7	410
1406	池州市人民医院	三甲	438	13722	593	526	4	55	8	231
1407	黔东南州人民医院	二甲	559	12278	593	493	13	78	9	365
1408	陕西省第二人民医院	三乙	386	11123	592	499	15	72	6	210
1409	桓台县人民医院	二甲	701	14601	592	433	18	135	6	474
1410	中国西电集团医院	三乙	450	13358	592	463	9	111	9	238
1411	莒县中医院	二甲	530	11612	591	382	30	166	13	342
1412	青岛市传染病医院	三甲	432	14789	591	452	25	104	10	240
1413	菏泽市牡丹人民医院	二甲	579	12460	590	481	11	94	4	341
1414	新汶矿业集团中心医院	三甲	530	15444	588	480	8	96	4	336
1415	云浮市人民医院	三乙	536	13890	588	511	8	67	2	319
1416	菏泽市中医医院	三甲	404	10466	587	366	31	184	6	249
1417	吉林市第四医院	二甲	601	15454	586	456	18	108	4	383
1418	中国人民解放军第二十二医院		524	9334	585	472	18	95	0	356
1419	晋城市矿务局医院	二甲	551	14332	583	478	14	80	11	356
1420	简阳市人民医院	三甲	660	14920	582	511	12	54	5	446
1421	内蒙古医学院第四附属医院	三乙	511	14941	581	460	16	98	7	327
1422	云南省精神病医院	三甲	397	14934	581	457	12	101	11	241
1423	德州市中心医院	三甲	366	11985	580	387	24	153	16	197
1424	崇州市人民医院	二甲	457	10687	579	507	5	64	3	270
1425	中国人民解放军第二六六医院	三甲	324	9990	579	454	28	93	4	178
1426	鹤岗市人民医院	三乙	746	19931	578	435	12	123	8	493
1427	贺州市人民医院	二甲	566	15204	578	503	14	56	5	349
1428	保定市第三医院	二甲	507	16349	577	412	13	145	7	325

表 2：2002～2011 年医疗机构发表文献影响力统计汇总表

序号	机构名称	级别	总发文量	下载量	被引用频次					零被引文献量
					合计	被期刊引	被博士论文引	被硕士论文引	被会议论文引	
1429	酒钢医院	三乙	422	11445	577	422	24	124	7	253
1430	安顺市人民医院	三乙	479	12101	576	460	18	94	4	295
1431	开封市儿童医院	二甲	578	14110	576	476	10	84	6	364
1432	德州市第二人民医院	三甲	386	10421	574	497	16	52	9	206
1433	酒泉市人民医院	三甲	552	12742	574	465	11	94	4	369
1434	青海省妇女儿童医院	三甲	630	15266	572	480	14	75	3	391
1435	抚顺市中医院	三甲	306	9853	572	306	43	213	10	161
1436	福州市中医院	三乙	343	13595	572	301	53	208	10	178
1437	兰州大学附属天浩医院	三甲	409	13707	572	398	32	137	5	238
1438	中国中医科学院眼科医院	三甲	307	15181	570	363	56	137	14	157
1439	章丘市人民医院	二甲	565	14715	570	446	19	99	6	350
1440	林州市人民医院	二甲	512	11589	569	479	6	75	9	298
1441	大连市第五人民医院	三甲	444	13986	569	464	15	87	3	255
1442	兴化市人民医院	二甲	592	12960	568	474	3	88	3	366
1443	榆林市第二医院	三甲	643	15374	567	435	15	116	1	423
1444	青州市人民医院	二甲	565	14176	566	463	7	86	10	372
1445	象山县第一人民医院	二甲	552	11087	564	477	5	78	4	336
1446	汉中市中心医院	三甲	503	11552	561	427	11	116	7	336
1447	凉州医院	三乙	645	14638	558	440	17	89	12	475
1448	溧阳市人民医院	二甲	500	11788	558	479	8	65	6	312
1449	阜阳市第二人民医院	三甲	336	10903	557	499	7	44	7	183
1450	兰溪市人民医院	二甲	497	12578	557	482	11	60	4	316
1451	寿光市中心医院	二甲	583	14599	556	374	20	144	18	400
1452	山西煤炭中心医院	二甲	486	12133	556	473	6	72	5	335
1453	吉林省第三人民医院	三甲	390	12348	555	417	21	108	9	264
1454	西安医学院附属医院	三乙	569	18125	555	457	8	84	6	367
1455	吉林省武警总队医院	三乙	626	18406	555	435	18	99	3	408
1456	大连市皮肤病医院	三甲	357	13018	555	362	25	142	26	203
1457	陕西中医学院第二附属医院	三甲	523	14842	553	434	19	94	6	325
1458	中国人民解放军第四六七医院	三级	238	8344	553	381	26	136	10	117
1459	核工业四一六医院	二甲	453	18826	552	431	13	107	1	256
1460	南京军区福州总医院第三附属医院	三甲	287	8445	552	412	19	116	5	141
1461	静海县人民医院	三乙	429	18361	552	455	13	78	6	255
1462	兰州市第二人民医院	二甲	472	14457	551	399	15	126	11	302

表2：2002～2011年医疗机构发表文献影响力统计汇总表

序号	机构名称	级别	总发文量	下载量	被引用频次					零被引文献量
					合计	被期刊引	被博士论文引	被硕士论文引	被会议论文引	
1463	宁夏自治区第五人民医院	三甲	579	11708	550	441	11	91	7	404
1464	中国人民解放军第二〇三医院	三甲	440	8970	549	457	10	75	7	276
1465	临沭县人民医院	二甲	577	10742	549	466	4	77	2	391
1466	北海市中医院	三乙	333	12613	548	303	27	203	15	172
1467	湖南省直中医院	三甲	357	11427	547	348	24	163	12	219
1468	扬州市中医院	三甲	339	13823	547	369	28	139	11	170
1469	南京中医药大学姜堰附属医院	二甲	484	11434	546	354	21	161	10	321
1470	建湖县人民医院	二甲	470	11012	546	435	12	94	5	296
1471	临朐县人民医院	二甲	945	16550	546	390	20	131	5	694
1472	扬州市妇幼保健院	二甲	452	11808	545	445	3	88	9	274
1473	齐齐哈尔医学院附属第八医院	三甲	557	16922	545	360	28	148	9	357
1474	唐山市协和医院	二甲	530	17954	545	400	14	127	4	345
1475	哈尔滨市第四医院	三甲	464	12116	544	380	17	141	6	286
1476	佳木斯大学附属第二医院	三甲	648	24008	544	362	25	152	5	436
1477	上饶市人民医院	三甲	491	11356	543	417	15	106	5	323
1478	咸阳市第一人民医院	三乙	328	10067	543	375	22	138	8	209
1479	双鸭山矿业集团总医院	三甲	630	17528	542	449	8	79	6	413
1480	桂林市第五人民医院	三乙	421	14281	541	403	19	116	3	233
1481	铁岭市中心医院	三甲	587	14335	539	448	7	76	8	378
1482	赣榆县人民医院	二甲	553	11213	537	455	8	69	5	364
1483	渭南市中心医院	三甲	504	13586	533	439	11	78	5	303
1484	云南省妇幼保健院	三甲	279	10791	531	363	17	136	15	120
1485	胶州市人民医院	二甲	774	16244	530	401	19	104	6	549
1486	西安市高新医院	三甲	467	14427	530	416	20	93	1	302
1487	长江航运总医院	三甲	418	12104	529	429	8	84	8	251
1488	河北医科大学口腔医院	三甲	239	11683	529	372	15	139	3	110
1489	梧州市人民医院	三乙	623	15863	529	464	9	54	2	411
1490	青岛阜外心血管病医院	三甲	274	9076	528	368	22	133	5	163
1491	莒南县人民医院	二甲	582	11423	528	410	15	97	6	397
1492	枣庄市立第三医院	三甲	428	10611	528	438	10	74	6	267
1493	梅河口市医院	二甲	554	13536	526	374	28	119	5	372
1494	平邑县人民医院	二甲	558	10654	526	454	8	56	8	370
1495	淄博矿业集团中心医院	三甲	464	12028	526	463	6	53	4	277
1496	浦江县人民医院	二甲	459	11127	526	409	10	99	8	286

表2：2002～2011年医疗机构发表文献影响力统计汇总表

序号	机构名称	级别	总发文量	下载量	被引用频次					零被引文献量
					合计	被期刊引	被博士论文引	被硕士论文引	被会议论文引	
1497	呼和浩特市第一医院	三乙	423	12804	525	368	27	128	2	294
1498	广安市人民医院	三甲	433	12400	525	435	6	75	9	242
1499	泸州市人民医院	三甲	521	12960	525	422	12	89	2	336
1500	邢台矿业（集团）总医院	二甲	491	12324	523	443	11	66	3	316
1501	沈阳市儿童医院	三甲	299	10377	521	418	3	91	9	156
1502	汶上县人民医院	二甲	627	13373	521	409	19	90	3	432
1503	山西西山煤电集团古交矿区总医院	三乙	787	17156	520	431	5	80	4	536
1504	昆明市妇幼保健院	三甲	369	11691	520	418	6	90	6	200
1505	深圳市宝安区观澜人民医院	二甲	614	15107	519	425	17	73	4	396
1506	邳州市人民医院	二甲	571	12014	519	446	10	63	0	395
1507	诸城市人民医院	二甲	692	14565	518	434	8	68	8	502
1508	保定市第一中医院	三甲	305	12495	518	281	33	198	6	153
1509	阜新矿业集团总医院	三甲	563	15523	516	423	11	78	4	364
1510	牡丹江市第二人民医院	三甲	594	15429	516	408	12	90	6	400
1511	甘肃省第二人民医院	三甲	500	17104	515	363	29	115	8	323
1512	重庆市第十一人民医院	三甲	335	9956	515	453	11	46	5	178
1513	河南第一荣康医院		548	12058	514	396	10	104	4	352
1514	南京市中西医结合医院	二甲	534	15507	514	379	21	102	12	345
1515	青海卫生职业技术学院附属医院	三乙	485	13575	513	391	18	90	14	304
1516	高唐县人民医院	二甲	564	10574	513	434	11	60	8	378
1517	昭通市第一人民医院	三甲	547	12976	510	441	13	52	4	345
1518	莱芜市第二人民医院	二甲	452	9418	510	408	13	83	6	306
1519	江西省精神病院	三甲	208	8124	509	371	26	103	9	129
1520	大庆油田总医院集团第三医院	三甲	454	12489	507	397	13	90	7	292
1521	招远市人民医院	二甲	508	12944	506	457	8	39	2	334
1522	淮安市第三人民医院	三甲	308	9883	504	376	11	111	6	180
1523	辽源市中医院	三甲	442	13718	504	319	26	148	11	287
1524	中国人民解放军第四〇六医院	三甲	287	9411	503	370	23	108	2	165
1525	山西省第二人民医院	三甲	310	9204	503	423	9	59	12	171
1526	如东县人民医院	二甲	587	11917	502	448	7	43	4	404
1527	牡丹江医学院附属第二医院	二甲	796	16940	502	427	12	57	6	570
1528	中国人民解放军第一五四医院	三乙	361	10356	502	401	12	82	7	198
1529	乌兰察布市中心医院	三乙	610	14883	499	392	13	87	7	428
1530	秦皇岛市第二医院	三乙	534	12975	499	393	8	92	6	352

表 2：2002～2011 年医疗机构发表文献影响力统计汇总表

序号	机构名称	级别	总发文量	下载量	被引用频次					零被引文献量
					合计	被期刊引	被博士论文引	被硕士论文引	被会议论文引	
1531	德州市立医院	二甲	567	12680	496	379	9	101	7	385
1532	吉安市中心人民医院	三甲	828	15752	495	376	18	89	12	615
1533	济南医院	二甲	545	9965	494	338	11	142	3	414
1534	武警内蒙古总队医院	三乙	413	12479	493	348	19	123	3	251
1535	洛阳市妇女儿童医疗保健中心	二甲	494	13453	493	417	7	65	4	313
1536	镇江市第三人民医院	三甲	388	11268	493	386	14	88	5	222
1537	西藏人民医院	三甲	733	16546	492	372	22	92	6	564
1538	茌平县人民医院	二甲	469	8970	489	425	3	55	6	300
1539	吉林油田总医院	三甲	754	18082	489	424	5	57	3	551
1540	黑龙江省第二医院	三甲	356	11779	489	379	4	96	10	194
1541	辽河油田中心医院	三甲	573	16279	488	383	14	83	8	387
1542	镇江市中医院	三甲	265	9137	487	264	27	183	13	150
1543	皖南医学院第二附属医院	三甲	295	8627	485	387	16	77	5	166
1544	广西壮族自治区中医骨伤科研究所	三甲	427	13343	484	368	10	97	9	222
1545	云南省第三人民医院	三甲	474	15153	484	387	10	77	10	294
1546	阳泉市第三人民医院	三乙	366	8334	483	404	9	66	4	220
1547	瑞安市中医院	三甲	321	11866	481	327	18	128	8	187
1548	长葛市人民医院	二甲	484	9927	481	391	10	78	2	312
1549	鸡西矿业集团总医院	三甲	615	16960	480	409	3	60	8	410
1550	眉山市人民医院	三乙	465	11239	479	406	6	61	6	298
1551	绵阳市人民医院	二甲	494	12283	479	390	7	75	7	349
1552	成都市第五人民医院	三乙	567	15201	479	411	14	52	2	366
1553	昆明市第三人民医院	三甲	349	9815	479	364	13	95	7	219
1554	鞍钢长甸医院	三甲	247	7555	478	268	34	166	10	157
1555	合肥市第三人民医院	二甲	486	15488	476	408	7	59	2	299
1556	天津市西青医院	三乙	329	13185	474	370	13	88	3	171
1557	中国人民解放军第二七三医院	二甲	513	11207	473	383	8	72	10	346
1558	沂水县人民医院	二甲	467	8712	473	345	11	114	3	289
1559	清远市中医院	三甲	304	9400	471	264	22	166	19	183
1560	辉县市人民医院	二甲	478	10752	471	407	11	48	5	284
1561	宁阳县第一人民医院	二甲	537	12802	471	374	10	81	6	378
1562	山西省心血管疾病医院	三甲	362	12678	471	355	14	101	1	223
1563	徐州市儿童医院	三甲	460	12068	471	408	4	53	6	282
1564	江苏省徐州市妇幼保健院	三甲	398	11061	467	370	10	80	7	238

表2：2002～2011年医疗机构发表文献影响力统计汇总表

序号	机构名称	级别	总发文量	下载量	被引用频次					零被引文献量
					合计	被期刊引	被博士论文引	被硕士论文引	被会议论文引	
1565	丹东市第一医院	三甲	392	10770	467	408	5	48	6	254
1566	中国人民解放军第二五五医院	三甲	346	9761	466	365	18	78	5	212
1567	六盘水市人民医院	三乙	436	8376	465	377	13	72	3	287
1568	青田县人民医院	二甲	455	11362	465	354	8	99	4	294
1569	大同市第二人民医院	二甲	551	13863	465	365	11	83	6	353
1570	宁河县医院	二甲	463	13007	463	398	7	54	4	272
1571	金川集团有限公司职工医院	三乙	332	12469	463	320	18	119	6	196
1572	秦皇岛市中医院	三甲	363	12642	463	283	24	143	13	209
1573	白银市第一人民医院	三乙	426	10737	460	373	10	71	6	261
1574	黄河三门峡医院	三甲	536	14054	460	370	11	71	8	353
1575	黑龙江省佳木斯市妇幼保健院	二甲	459	12796	453	383	9	56	5	284
1576	新疆兵团农四师医院	二甲	459	12357	452	355	13	77	7	306
1577	安庆市第一人民医院	三乙	538	21900	452	370	10	66	6	370
1578	中国人民解放军第十二中心医院	三甲	436	9153	451	378	8	60	5	260
1579	西平县人民医院	二甲	492	9788	450	339	11	91	9	331
1580	通辽市肿瘤医院	三乙	392	11921	449	337	12	96	4	252
1581	赣州市立医院	三甲	458	11663	449	345	10	88	6	282
1582	贵港市中西医结合骨科医院	二甲	482	12613	449	390	1	55	3	302
1583	赤峰学院附属医院	三乙	650	21526	448	339	7	100	2	454
1584	达州市中西医结合医院	三甲	465	11792	446	363	8	70	5	270
1585	保定市妇幼保健院	三甲	340	10723	445	364	7	73	1	209
1586	沈阳二四二医院	三甲	309	11143	445	338	8	91	8	182
1587	内蒙古林业总医院	三甲	610	16613	442	353	6	83	0	426
1588	自贡市第五人民医院	三甲	224	8166	442	382	10	46	4	120
1589	河南油田总医院	二甲	512	11450	441	363	8	67	3	350
1590	陕西铜川矿务局中心医院	三乙	364	9833	440	335	12	88	5	227
1591	蒙阴县人民医院	二甲	455	11301	440	326	15	91	8	285
1592	通化市人民医院	二甲	476	13209	438	304	16	111	7	317
1593	哈尔滨医科大学附属口腔医院	三甲	258	12275	438	333	14	90	1	122
1594	厦门市第三医院	三乙	326	10316	437	360	3	65	9	193
1595	鄄城县人民医院	二甲	597	10294	437	369	9	55	4	423
1596	常德市第一中医院	三甲	411	10027	436	327	17	85	7	254
1597	乌鲁木齐市第一人民医院	二甲	489	11699	436	361	12	61	2	356
1598	武警云南省总队医院	三乙	323	10351	434	339	4	88	3	185

表2：2002～2011年医疗机构发表文献影响力统计汇总表

序号	机构名称	级别	总发文量	下载量	被引用频次					零被引文献量
					合计	被期刊引	被博士论文引	被硕士论文引	被会议论文引	
1599	大理医学院附属医院	三级	203	5682	433	336	13	82	2	107
1600	蚌埠医学院第三附属医院	三甲	365	12197	431	401	5	24	1	207
1601	丰县人民医院	二甲	513	9987	429	373	11	42	3	332
1602	泗水县人民医院	二甲	495	11642	428	338	11	74	5	321
1603	井冈山大学医学院附属医院	三甲	671	15488	427	317	7	99	4	468
1604	开封市中医院	三甲	450	15969	426	295	16	100	15	281
1605	邯郸市第三医院	三乙	349	10038	424	341	8	72	3	221
1606	南京中医药大学附属第二医院	三甲	265	10936	422	269	16	125	12	131
1607	牡丹江市第一人民医院	三甲	435	11530	421	338	9	65	9	284
1608	大同市第一人民医院	三乙	396	9204	421	369	4	45	3	254
1609	青州市荣军康复医院	二甲	513	10818	421	351	8	53	9	364
1610	鞍山市第三医院	三甲	410	10336	418	343	4	68	3	261
1611	宁波市康宁医院	三甲	302	10375	418	339	3	70	6	161
1612	沂源县人民医院	二甲	467	10174	417	348	5	63	1	298
1613	福州市第四医院	三甲	278	8732	416	342	9	62	3	165
1614	海南省第三人民医院	三甲	457	11399	412	364	3	42	3	298
1615	广州军区桂林疗养院	三甲	275	4850	410	365	4	36	5	173
1616	长治医学院附属和健医院	三乙	395	9262	410	334	8	63	5	242
1617	灵山县人民医院	二甲	527	11623	405	345	12	48	0	354
1618	广元市第一人民医院	二甲	533	12854	403	347	3	48	5	362
1619	鹰潭市人民医院	三甲	499	11990	402	339	2	57	4	310
1620	十堰市妇幼保健院	三甲	398	10425	400	300	15	79	6	255
1621	安徽医科大学第二附属医院	三甲	567	20392	397	316	5	75	1	414
1622	中国人民解放军第二三〇医院	三甲	276	8433	396	303	11	77	5	171
1623	迁安市人民医院	二甲	455	11182	395	313	12	64	6	310
1624	南阳南石医院	三乙	356	6975	394	318	8	62	6	237
1625	阜宁县人民医院	二甲	504	11287	393	325	7	54	7	338
1626	柳钢集团职工医院	三乙	369	11343	391	331	3	41	16	235
1627	确山县人民医院	二甲	476	9950	391	300	13	73	5	346
1628	昌吉州人民医院	二甲	490	11083	390	325	5	55	5	339
1629	东明县人民医院	二甲	456	8749	390	294	9	83	4	308
1630	重庆市第五人民医院	三甲	352	11059	389	332	8	41	8	220
1631	云南中医学院第四附属医院	三甲	447	12658	388	212	24	140	12	298
1632	包头市第八医院	二甲	459	12807	387	323	6	53	5	307

表 2：2002 ~2011 年医疗机构发表文献影响力统计汇总表

序号	机构名称	级别	总发文量	下载量	被引用频次					零被引文献量
					合计	被期刊引	被博士论文引	被硕士论文引	被会议论文引	
1633	江西中医学院第六附属医院	三甲	309	10977	386	227	29	124	6	171
1634	喀什地区第一人民医院	二甲	577	11777	386	292	5	84	5	452
1635	黑龙江省森工总医院	三甲	436	11497	385	292	14	76	3	278
1636	石嘴山市第一人民医院	二甲	560	8326	384	323	6	43	12	419
1637	自贡市第二人民医院	三甲	366	10710	383	245	18	114	6	227
1638	晋中市第二人民医院	三乙	391	7702	381	291	18	68	4	255
1639	长春市第二医院	二甲	471	13702	381	302	9	67	3	313
1640	南昌市第九医院	三甲	252	9594	380	263	12	97	8	138
1641	辽源市中心医院	三甲	616	14732	379	322	9	46	2	439
1642	天水市中医院	三乙	252	9177	378	204	28	139	7	146
1643	巴音郭楞州人民医院	二甲	571	14344	377	287	10	75	5	432
1644	黄石市爱康医院	三甲	377	8746	375	311	12	49	3	245
1645	十堰市中医院	三甲	271	9244	373	215	24	126	8	161
1646	阜新市第二人民医院	三甲	350	10938	372	307	11	52	2	208
1647	冀中能源峰峰集团总医院	三甲	394	9062	371	308	4	52	7	264
1648	安康市中医院	三甲	325	8412	371	237	16	111	7	211
1649	湛江市第二中医院	三乙	247	8577	371	277	13	76	5	108
1650	郸城县人民医院	二甲	461	6863	365	293	4	63	5	310
1651	昌邑市人民医院	二甲	564	13867	364	301	7	46	10	399
1652	武汉市普仁医院	三甲	252	7152	363	303	10	47	3	142
1653	成都市第十人民医院	三乙	307	9664	362	296	6	55	5	182
1654	中国人民解放军第四医院	三甲	322	9046	362	279	12	68	3	202
1655	新疆兵团农十师北屯医院	二甲	559	11574	360	290	8	59	3	393
1656	松原市中心医院	二甲	531	10747	360	278	18	62	2	387
1657	铜川市人民医院	三乙	339	8271	360	281	9	63	7	205
1658	南平市中医院	三乙	253	7768	358	232	15	101	10	140
1659	天津市公安局安康医院	三乙	233	9523	358	288	7	59	4	125
1660	玉林市妇幼保健院	三甲	258	6168	357	331	5	21	0	150
1661	黔西南州人民医院	三乙	542	10620	357	316	5	33	3	379
1662	毕节地区医院	三乙	516	9790	357	281	8	65	3	366
1663	新钢中心医院	二甲	534	10146	356	294	5	52	5	365
1664	商洛市中心医院	三乙	399	8921	355	299	9	43	4	258
1665	潍坊市寒亭区人民医院	二甲	755	11462	353	288	14	48	3	589
1666	唐河县人民医院	二甲	462	8650	353	304	4	41	4	323

表2：2002～2011年医疗机构发表文献影响力统计汇总表

序号	机构名称	级别	总发文量	下载量	被引用频次					零被引文献量
					合计	被期刊引	被博士论文引	被硕士论文引	被会议论文引	
1667	枣庄市市中区人民医院	二甲	466	8546	349	261	7	78	3	334
1668	内蒙古自治区妇幼保健院	三甲	361	11437	349	246	8	90	5	234
1669	乌鲁木齐市第四人民医院	三乙	206	7178	348	245	16	83	4	129
1670	武警甘肃省总队医院	三甲	275	8497	347	232	24	89	2	155
1671	湖南师范大学附属湘东医院	三甲	387	10810	345	271	7	64	3	247
1672	射阳县人民医院	二甲	453	8715	345	264	12	66	3	303
1673	阜新市中医院	三甲	236	8310	345	161	26	152	6	129
1674	黑龙江省农垦总医院	三甲	359	10248	343	263	12	61	7	240
1675	陕西省友谊医院	三乙	237	7578	341	253	10	70	8	135
1676	朔州市人民医院	二甲	561	9957	340	284	5	47	4	407
1677	中国人民解放军第三十一医院	三甲	259	8008	339	247	14	75	3	149
1678	西安市第八医院	三甲	210	7327	339	255	10	68	6	117
1679	六安市中医院	三甲	356	11939	337	261	7	59	10	220
1680	玉林市骨科医院	三甲	351	7989	337	268	3	66	0	230
1681	赤峰市第二医院	三乙	302	7289	336	248	28	59	1	203
1682	鹤岗矿业集团总医院	三甲	669	17402	336	275	6	50	5	488
1683	大同煤矿集团总医院	三乙	621	13161	331	276	8	43	4	463
1684	包头市蒙中医院	三甲	456	10786	330	204	19	93	14	319
1685	福鼎市医院	三乙	205	5554	330	251	10	65	4	128
1686	贺州市中医院	三甲	248	8827	328	234	11	79	4	129
1687	三亚市人民医院	三甲	295	6689	328	283	10	34	1	206
1688	通化市中心医院	二甲	536	12159	324	253	13	55	3	385
1689	榆林市第四医院	三乙	355	8385	323	249	5	68	1	216
1690	新疆维吾尔自治区维吾尔医医院	三甲	322	9592	322	227	8	84	3	229
1691	永州职业技术学院附属医院	三乙	311	7842	321	282	3	33	3	196
1692	济宁市第三人民医院	三甲	241	6420	320	239	13	66	2	142
1693	抚顺市第三医院	三甲	221	5413	318	223	13	76	6	133
1694	遵义县人民医院	二甲	475	9586	314	275	6	33	0	348
1695	乌海市人民医院	三丙	440	11019	311	251	6	51	3	316
1696	西安市第七医院	三乙	210	7322	309	237	8	58	6	128
1697	昌吉州中医院	三乙	291	8110	303	178	19	101	5	196
1698	山西省太原精神病医院	三乙	261	8432	303	231	8	63	1	160
1699	淮安市楚州医院	二甲	453	9667	302	236	12	54	0	326
1700	徐州医学院第三附属医院	三甲	396	8210	301	231	6	62	2	279

表2：2002～2011年医疗机构发表文献影响力统计汇总表

序号	机构名称	级别	总发文量	下载量	被引用频次					零被引文献量
					合计	被期刊引	被博士论文引	被硕士论文引	被会议论文引	
1701	湖北中医学院附属宜昌医院	三甲	275	10135	301	192	20	87	2	162
1702	锡林郭勒盟医院	三乙	364	9686	300	222	14	64	0	246
1703	佳木斯市中医医院	三甲	238	7819	297	197	14	80	6	142
1704	牡丹江市中医院	三甲	220	7342	296	164	14	111	7	131
1705	定西市人民医院	三乙	343	10049	291	240	8	35	8	243
1706	贵州航天医院	二甲	523	8805	290	234	9	45	2	397
1707	铁法矿务局总医院	三甲	341	8627	289	226	12	50	1	223
1708	临沧市人民医院	三甲	327	7724	288	232	6	48	2	227
1709	抚顺市第二医院	三甲	211	6623	286	208	10	66	2	130
1710	昭通市中医院	三甲	295	8104	285	169	17	95	4	188
1711	辽源矿业（集团）公司总医院	三甲	375	8735	284	238	6	38	2	256
1712	内江市中医院	三甲	317	8103	282	201	11	66	4	206
1713	中国人民解放军第三一三医院	三甲	249	6735	279	229	8	41	1	166
1714	淮南新华医疗集团新华医院	三甲	266	6770	279	245	2	31	1	168
1715	景德镇市第一人民医院	三甲	357	8069	279	250	5	24	0	228
1716	兴安盟人民医院	三乙	418	8563	276	223	4	46	3	313
1717	九江市第三人民医院	三甲	276	7211	273	213	8	47	5	171
1718	都江堰市医疗中心	三乙	460	10113	273	238	2	31	2	333
1719	泉州市正骨医院	三乙	254	6280	272	223	2	34	13	169
1720	锦州市第二医院	三甲	334	8093	268	220	3	44	1	216
1721	南昌市洪都中医院	三甲	436	8700	268	154	15	89	10	328
1722	武钢集团鄂钢医院	三级	246	7015	267	214	4	47	2	152
1723	红河州人民医院	三甲	340	6733	267	202	6	56	3	247
1724	红河州滇南中心医院	三甲	288	7193	266	230	6	26	4	190
1725	重庆市黔江中心医院	三甲	204	5544	262	201	8	53	0	113
1726	萍乡矿业集团有限公司总医院	三甲	484	9553	261	243	2	16	0	360
1727	侯马市人民医院	三乙	348	6734	257	212	6	36	3	233
1728	阆中市人民医院	三乙	300	6561	254	203	4	46	1	200
1729	吉安市第三人民医院	三甲	256	7148	254	201	7	45	1	171
1730	三台县人民医院	三乙	256	5624	253	197	11	42	3	171
1731	敦化市医院	二甲	486	9359	253	210	4	35	4	363
1732	萍乡市第二人民医院	三甲	328	7410	249	203	2	43	1	230
1733	阿克苏地区第一人民医院	二甲	599	11264	249	183	9	56	1	467
1734	西安医学院第二附属医院	三乙	235	5531	247	210	3	32	2	156

表2：2002 ~2011 年医疗机构发表文献影响力统计汇总表

序号	机构名称	级别	总发文量	下载量	被引用频次					零被引文献量
					合计	被期刊引	被博士论文引	被硕士论文引	被会议论文引	
1735	保山市人民医院	三甲	353	8838	247	201	4	41	1	258
1736	鞍山市第四医院	三甲	296	7500	247	187	7	48	5	217
1737	榆林市中医院	三乙	225	5836	244	166	13	61	4	125
1738	福州肺科医院	三甲	211	5995	244	212	5	23	4	128
1739	钦州市妇幼保健院	三甲	270	8290	243	220	3	17	3	163
1740	江油市人民医院	三乙	283	6187	240	210	4	26	0	186
1741	乌鲁木齐市妇幼保健院	三乙	284	7702	239	188	2	45	4	196
1742	攀枝花市第三人民医院	三甲	279	5936	234	208	2	24	0	164
1743	天水市中西医结合医院	三乙	261	6360	232	160	14	53	5	177
1744	景德镇市第二人民医院	三甲	423	7951	232	197	2	33	0	318
1745	云南中医学院第五附属医院	三甲	214	6600	232	141	9	74	8	122
1746	衡阳市第一人民医院	三甲	224	5281	231	161	6	61	3	142
1747	水城矿业集团总医院	三甲	309	5910	231	173	4	54	0	220
1748	广元市中医院	三甲	259	6844	229	149	17	59	4	167
1749	牡丹江医学院附属第三医院	三乙	310	8290	227	196	2	26	3	197
1750	青海省第三人民医院	三甲	202	7432	224	180	4	39	1	115
1751	昆明市第二人民医院	三乙	215	5561	224	181	5	34	4	142
1752	赣州市妇幼保健院	三甲	280	6062	216	184	4	27	1	201
1753	绥化市第一医院	三甲	340	7132	215	183	5	23	4	238
1754	丽江市人民医院	三甲	319	6360	214	158	9	45	2	226
1755	公主岭市中心医院	二甲	456	8293	214	177	3	34	0	347
1756	平凉市人民医院	三甲	318	6726	204	146	7	45	6	235
1757	潞安矿业（集团）总医院	三乙	333	7269	203	175	3	25	0	226
1758	宣城市人民医院	三乙	238	6910	199	181	3	12	3	147
1759	江西中医学院第八附属医院	三甲	200	5170	198	133	6	54	5	132
1760	青海省第五人民医院	三乙	333	7414	197	162	4	30	1	230
1761	延安大学医学院第三附属医院	三乙	225	5699	197	152	1	37	7	153
1762	文山州人民医院	三甲	269	5403	194	164	3	27	0	193
1763	南平市第二医院	三乙	223	4747	194	152	2	38	2	148
1764	靖远煤业有限责任公司职工总医院	三乙	270	5752	194	148	8	36	2	182
1765	昆明钢铁集团有限责任公司医院	三乙	255	5738	193	146	3	36	8	176
1766	中国人民解放军第十医院	三甲	218	4540	192	143	6	43	0	150
1767	云南省德宏州医疗集团	三甲	290	7168	191	158	3	29	1	207
1768	天津医科大学眼科医院	三甲	287	6800	180	123	8	49	0	210

表2：2002～2011年医疗机构发表文献影响力统计汇总表

序号	机构名称	级别	总发文量	下载量	被引用频次					零被引文献量
					合计	被期刊引	被博士论文引	被硕士论文引	被会议论文引	
1769	宁波市鄞州第二人民医院	三甲	339	8003	176	150	0	25	1	253
1770	贵阳医学院第三附属医院	三乙	264	4870	175	146	1	26	2	194
1771	庆阳市人民医院	三乙	283	7650	172	134	7	30	1	200
1772	双鸭山市人民医院	三甲	240	6652	168	151	0	16	1	160
1773	重庆市万州区人民医院	三甲	210	4515	168	145	2	21	0	143
1774	安徽中医学院附属太和中医院	三甲	221	5047	167	132	5	24	6	155
1775	景德镇同济医院	三甲	240	7213	161	139	3	18	1	163
1776	忻州市中医院	三乙	228	4958	154	110	5	35	4	157
1777	红河州第三人民医院	三甲	202	5082	150	123	1	24	2	132
1778	贵阳医学院第二附属医院	三乙	331	5851	150	129	3	18	0	249
1779	七台河市人民医院	三甲	225	5365	150	129	2	18	1	152
1780	临夏州人民医院	三乙	281	5059	147	122	2	20	3	204
1781	贵州省肿瘤医院	三乙	200	4881	125	114	2	9	0	144
1782	中国人民解放军第二〇六医院	三乙	223	3640	113	96	1	16	0	176
1783	中平能化医疗集团总医院	三甲	312	5735	59	53	0	6	0	264

表3：2007～2011年中国医院分学科发表文献统计表

表3.1 R0：医药卫生事业管理

序号	机构名称	本学科发表文献量						被引频次	下载频次	篇均被引频次
		合计	2007年	2008年	2009年	2010年	2011年			
1	华中科技大学同济医学院附属同济医院	54	11	10	12	9	12	109	3523	2.019
2	四川大学华西医院	119	15	18	23	28	35	104	5900	0.874
3	北京大学人民医院	103	21	21	10	22	29	73	3667	0.709
4	北京大学第一医院	118	23	24	10	30	31	68	1674	0.576
5	南京军区南京总医院	76	11	12	15	30	8	44	4507	0.579
6	中国医科大学附属第二医院	47	6	16	8	9	8	43	2207	0.915
7	中南大学湘雅二医院	30	7	6	4	7	6	42	2046	1.400
8	武汉大学人民医院	22	3	3	5	6	5	34	1997	1.545
9	北京协和医院	150	22	27	15	31	55	31	2601	0.207
10	中国人民解放军总医院	111	11	21	8	28	43	28	2060	0.252
11	中国中医科学院广安门医院	30	7	7	10	3	3	27	1512	0.900
12	中国人民解放军空军总医院	32	6	5	7	8	6	20	715	0.625
13	首都医科大学宣武医院	30	9	9	3	2	7	19	959	0.633
14	复旦大学附属华山医院	57	6	13	15	12	11	19	886	0.333
15	复旦大学附属中山医院	40	4	6	9	9	12	18	1200	0.450
16	上海交通大学医学院附属仁济医院	44	1	10	12	11	10	18	901	0.409
17	首都医科大学附属北京朝阳医院	29	2	7	8	9	3	17	436	0.586
18	江苏省人民医院	48	3	6	5	11	23	17	1454	0.354
19	上海交通大学医学院附属瑞金医院	53	8	7	13	15	10	17	1550	0.321
20	首都医科大学附属北京同仁医院	87	12	17	15	23	20	17	1957	0.195
21	北京医院	35	6	4	3	3	19	16	613	0.457
22	中南大学湘雅医院	19	4	6	2	6	1	15	700	0.789
23	天津医科大学总医院	22	5	5	5	3	4	15	822	0.682
24	新疆维吾尔自治区人民医院	23	9	9	4	0	1	15	931	0.652
25	中国人民解放军第二军医大学第一附属医院	41	2	12	8	8	11	15	1048	0.366
26	上海交通大学医学院附属第九人民医院	47	4	19	6	12	6	15	1104	0.319
27	南方医科大学附属南方医院	23	6	3	5	5	4	14	1565	0.609
28	西安交通大学第一附属医院	24	4	6	2	7	5	13	1602	0.542
29	北京大学第三医院	46	9	7	4	10	16	13	1187	0.283
30	广东省人民医院	21	3	5	6	1	6	12	551	0.571
31	中国医科大学第一附属医院	19	4	1	7	4	3	11	449	0.579
32	上海交通大学医学院附属新华医院	27	0	2	10	6	9	11	467	0.407
33	第四军医大学第一附属医院	31	5	6	8	2	10	11	1070	0.355
34	北京肿瘤医院	19	2	5	3	3	6	10	471	0.526

表 3.1　R0：医药卫生事业管理

序号	机构名称	本学科发表文献量						被引频次	下载频次	篇均被引频次
		合计	2007 年	2008 年	2009 年	2010 年	2011 年			
35	北京中日友好医院	34	8	7	6	2	11	10	1631	0. 294
36	中国协和医科大学阜外心血管病医院	35	2	8	6	7	12	10	1145	0. 286
37	中山大学附属第一医院	52	3	13	9	14	13	10	1141	0. 192
38	广州中医药大学第二附属医院	19	2	2	1	7	7	9	885	0. 474
39	中国人民解放军海军总医院	20	4	2	3	8	3	9	425	0. 450
40	中国人民解放军总医院第一附属医院	26	4	3	5	5	9	9	432	0. 346
41	上海市精神卫生中心（总部）	20	4	5	5	5	1	8	455	0. 400
42	华中科技大学同济医学院附属协和医院	32	1	4	8	8	11	8	1073	0. 250

表 3.2　R1：预防医学与卫生学

序号	机构名称	本学科发表文献量						被引频次	下载频次	篇均被引频次
		合计	2007 年	2008 年	2009 年	2010 年	2011 年			
1	中国人民解放军总医院	962	137	159	184	241	241	1701	40359	1.768
2	四川大学华西医院	820	132	180	175	159	174	1648	56415	2.010
3	南京军区南京总医院	494	80	89	93	109	123	1119	20787	2.265
4	南方医科大学附属南方医院	489	72	77	94	99	147	1001	29585	2.047
5	第三军医大学第一附属医院	460	87	98	78	96	101	937	20407	2.037
6	首都医科大学宣武医院	436	42	75	91	119	109	852	22405	1.954
7	华中科技大学同济医学院附属同济医院	347	52	49	63	85	98	746	24682	2.150
8	四川省疾病预防控制中心	401	73	86	83	87	72	676	17358	1.686
9	武警总医院	382	69	67	76	100	70	652	10782	1.707
10	广州中医药大学第二附属医院	315	56	70	49	81	59	614	19815	1.949
11	北京大学第三医院	430	63	79	66	101	121	606	21792	1.409
12	江苏省人民医院	433	47	57	87	93	149	600	18727	1.386
13	中南大学湘雅医院	283	68	53	45	66	51	599	12122	2.117
14	中山大学附属第一医院	380	56	52	84	106	82	595	16730	1.566
15	中国海洋大学附属医院	121	14	14	20	32	41	593	3815	4.901
16	上海交通大学医学院附属新华医院	364	51	75	72	90	76	574	18538	1.577
17	青岛大学医学院附属医院	311	41	63	63	73	71	549	15544	1.765
18	北京协和医院	513	75	78	74	125	161	541	16277	1.055
19	中国医科大学附属第二医院	243	50	41	47	58	47	529	12505	2.177
20	中国人民解放军第二军医大学第一附属医院	402	66	69	76	107	84	517	17635	1.286
21	北京大学第一医院	401	53	63	92	105	88	505	15526	1.259
22	中国人民解放军第二军医大学第二附属医院	346	34	46	90	96	80	500	13555	1.445
23	福建省疾病预防控制中心	323	65	62	59	52	85	497	14317	1.539
24	温州医学院附属第一医院	306	54	52	48	93	59	485	16564	1.585
25	重庆医科大学附属第一医院	241	40	32	46	58	65	467	12362	1.938
26	北京大学人民医院	407	44	54	44	109	156	462	13270	1.135
27	中国医科大学第一附属医院	273	31	40	41	61	100	459	12225	1.681
28	首都儿科研究所附属儿童医院	239	41	44	34	58	62	453	9318	1.895
29	首都医科大学附属北京朝阳医院	457	52	64	66	116	159	453	15058	0.991
30	四川大学华西第二医院	206	32	43	41	46	44	437	12502	2.121
31	哈尔滨医科大学附属第二医院	202	24	21	42	50	65	430	10939	2.129
32	上海市第六人民医院	235	28	48	41	65	53	429	13797	1.826
33	广州军区武汉总医院	178	31	29	33	31	54	426	7594	2.393
34	第三军医大学第二附属医院	326	54	66	56	71	79	423	11153	1.298
35	第三军医大学第三附属医院	332	50	62	67	77	76	417	13368	1.256

表 3.2　R1：预防医学与卫生学

序号	机构名称	本学科发表文献量						被引频次	下载频次	篇均被引频次
		合计	2007 年	2008 年	2009 年	2010 年	2011 年			
36	西安交通大学第一附属医院	318	50	65	74	61	68	407	12333	1.280
37	四川省医学科学院·四川省人民医院	297	35	54	55	76	77	403	14837	1.357
38	广东省人民医院	226	31	42	60	50	43	400	15200	1.770
39	陕西省疾病预防控制中心	175	54	36	26	27	32	398	8597	2.274
40	新疆医科大学第一附属医院	319	32	59	44	76	108	380	12184	1.191
41	哈尔滨医科大学附属第一医院	209	25	42	40	48	54	377	12306	1.804
42	广西医科大学第一附属医院	270	63	44	61	44	58	377	12593	1.396
43	上海交通大学医学院附属瑞金医院	201	21	29	42	48	61	374	7754	1.861
44	第四军医大学第一附属医院	301	44	52	69	58	78	374	12141	1.243
45	中国人民解放军第二五一医院	202	54	36	32	38	42	372	7000	1.842
46	吉林大学第一医院	194	35	34	30	49	46	366	8195	1.887
47	中山大学附属第二医院	203	36	30	32	64	41	360	8819	1.773
48	中国人民解放军第二军医大学第三附属医院	145	15	39	37	35	19	355	8168	2.448
49	首都医科大学附属北京妇产医院	331	66	65	64	53	83	350	10001	1.057
50	广东省职业病防治院	295	48	42	62	62	81	343	11917	1.163
51	郑州大学第一附属医院	249	44	47	44	53	61	339	11344	1.361
52	绍兴市人民医院	178	32	28	30	54	34	337	6764	1.893
53	北京中日友好医院	367	72	63	66	72	94	332	12125	0.905
54	福州总医院	266	36	32	52	63	83	331	10662	1.244
55	南通大学附属医院	243	35	38	39	51	80	323	9197	1.329
56	山东省立医院	197	31	32	45	51	38	319	8834	1.619
57	武汉大学人民医院	269	28	46	51	67	77	319	9809	1.186
58	中山大学附属第三医院	216	41	38	47	47	43	317	8291	1.468
59	新疆维吾尔自治区人民医院	317	46	70	53	61	87	313	11284	0.987
60	中南大学湘雅二医院	201	38	45	35	50	33	309	11395	1.537
61	南京大学医学院附属鼓楼医院	225	45	41	48	50	41	309	9763	1.373
62	重庆医科大学附属儿童医院	180	25	19	33	59	44	304	10336	1.689
63	广州军区广州总医院	187	30	39	24	43	51	298	7047	1.594
64	第四军医大学第二附属医院	190	31	37	37	48	37	297	7476	1.563
65	广州医学院附属广州市第一人民医院	128	30	21	29	21	27	296	5730	2.313
66	华中科技大学同济医学院附属协和医院	196	26	32	37	45	56	293	9401	1.495
67	温州医学院附属第二医院	257	30	40	54	67	66	293	12061	1.140
68	广州中医药大学第一附属医院	280	38	42	44	77	79	290	10798	1.036
69	深圳市人民医院	138	34	30	24	21	29	289	6522	2.094
70	昆明医学院第一附属医院	204	28	36	40	51	49	284	10010	1.392

表 3.2　R1：预防医学与卫生学

序号	机构名称	本学科发表文献量						被引频次	下载频次	篇均被引频次
		合计	2007 年	2008 年	2009 年	2010 年	2011 年			
71	中国人民解放军成都军区总医院	197	18	47	42	41	49	280	7741	1.421
72	北京军区总医院	352	32	51	74	106	89	280	8353	0.795
73	中国人民解放军三〇二医院	144	19	28	28	29	40	279	5777	1.938
74	天津医科大学总医院	212	49	46	34	42	41	274	7452	1.292
75	青海省疾病预防控制中心	208	32	54	40	41	41	273	6677	1.313
76	安徽医科大学第一附属医院	200	20	22	26	58	74	272	9636	1.360
77	山东大学齐鲁医院	120	23	17	18	29	33	261	6069	2.175
78	浙江省台州医院	291	46	39	44	87	75	261	10468	0.897
79	上海交通大学医学院附属仁济医院	181	17	32	42	46	44	260	8979	1.436
80	北京大学深圳医院	133	29	23	20	35	26	255	6765	1.917
81	复旦大学附属中山医院	253	18	30	43	74	88	255	8116	1.008
82	安徽省立医院	179	23	34	33	39	50	254	8450	1.419
83	中国人民解放军海军总医院	223	20	30	48	61	64	250	8489	1.121
84	广州医学院附属市十二人民医院	226	49	42	41	39	55	247	8493	1.093
85	川北医学院附属医院	174	25	20	25	51	53	246	7270	1.414
86	十堰市太和医院	214	36	45	63	46	24	244	7925	1.140
87	广东医学院附属医院	182	26	40	34	41	41	243	7095	1.335
88	山西医科大学第一医院	185	22	30	53	42	38	243	7648	1.314
89	北京医院	234	48	29	40	52	65	241	6826	1.030
90	海南省人民医院	147	26	26	35	32	28	236	6456	1.605
91	中南大学湘雅三医院	136	31	18	19	29	39	235	8147	1.728
92	首都医科大学附属北京友谊医院	295	44	45	39	62	105	235	9525	0.797
93	成都大学附属医院	68	16	18	27	6	1	230	4162	3.382
94	杭州市第一人民医院	128	33	19	19	25	32	229	5706	1.789
95	重庆医科大学附属第二医院	164	18	21	24	49	52	226	7199	1.378
96	深圳市妇幼保健院	118	22	22	25	27	22	224	5201	1.898
97	首都医科大学附属复兴医院	104	16	19	24	27	18	217	5135	2.087
98	广西人民医院	214	38	38	39	49	50	213	6542	0.995
99	成都市妇女儿童医学中心	96	28	21	17	16	14	209	3747	2.177
100	南方医科大学珠江医院	124	21	14	25	37	27	209	6418	1.685
101	浙江大学医学院附属第一医院	139	23	24	17	29	46	209	4338	1.504
102	上海交通大学医学院附属第一人民医院	188	19	24	37	52	56	208	7710	1.106
103	广州医学院第一附属医院	139	25	21	17	37	39	201	6400	1.446
104	首都医科大学附属北京安贞医院	187	24	21	27	42	73	199	6911	1.064
105	南昌市疾病预防控制中心	142	13	30	32	31	36	193	5836	1.359

表 3.2 R1：预防医学与卫生学

序号	机构名称	本学科发表文献量						被引频次	下载频次	篇均被引频次
		合计	2007 年	2008 年	2009 年	2010 年	2011 年			
106	襄阳市中心医院	106	15	26	26	30	9	192	4971	1.811
107	苏州大学第一附属医院	135	20	29	25	34	27	192	6174	1.422
108	中国人民解放军白求恩国际和平医院	153	33	20	31	41	28	192	4564	1.255
109	广州市妇女儿童医疗中心	168	20	23	49	48	28	192	6076	1.143
110	无锡市人民医院	247	23	39	37	76	72	192	6928	0.777
111	山西省儿童医院	123	24	22	18	26	33	191	5336	1.553
112	中国人民解放军兰州军区乌鲁木齐总医院	138	27	20	23	22	46	191	5722	1.384
113	中国人民解放军济南军区总医院	126	17	23	16	28	42	187	4316	1.484
114	首都医科大学附属北京儿童医院	232	52	34	52	37	57	187	7995	0.806
115	广东省第二人民医院	101	11	25	20	30	15	183	5865	1.812
116	山西医科大学第二附属医院	156	42	24	25	38	27	182	5882	1.167
117	南京医科大学附属南京第一医院	125	22	15	22	30	36	179	4978	1.432
118	济宁医学院附属医院	96	24	21	22	12	17	178	5345	1.854
119	福建医科大学附属协和医院	68	15	4	17	20	12	177	3825	2.603
120	中国人民解放军总医院第一附属医院	130	21	21	28	25	35	177	3650	1.362
121	复旦大学附属华山医院	191	18	30	25	60	58	177	7225	0.927
122	上海交通大学医学院附属国际和平妇幼保健院	75	15	13	17	13	17	176	3363	2.347
123	福建医科大学附属第一医院	130	18	28	29	28	27	176	5115	1.354
124	宁夏医科大学附属医院	239	43	23	44	48	81	176	6074	0.736
125	中国人民解放军第三〇七医院	166	25	20	32	24	65	175	8085	1.054
126	浙江大学医学院附属邵逸夫医院	135	24	28	20	30	33	173	4414	1.281
127	暨南大学医学院第一附属医院	72	18	12	12	11	19	172	3687	2.389
128	河北省人民医院	140	26	30	28	28	28	170	5084	1.214
129	汕头大学医学院第一附属医院	83	23	17	21	9	13	169	3374	2.036
130	中山大学附属肿瘤医院	105	18	28	31	15	13	169	5228	1.610
131	广西壮族自治区职业病防治研究所	168	38	45	35	24	26	169	6068	1.006
132	浙江省人民医院	138	24	27	26	33	28	167	4425	1.210
133	泰安市中心医院	143	24	21	32	33	33	167	4991	1.168
134	中国人民解放军第一七四医院	109	14	23	17	26	29	166	3787	1.523
135	上海交通大学医学院附属上海儿童医学中心	121	9	20	35	30	27	165	5499	1.364
136	浙江大学医学院附属妇产科医院	115	35	23	15	14	28	164	3695	1.426
137	吉林大学第三医院	158	27	20	31	38	42	164	6461	1.038
138	扬州大学医学院附属医院	179	24	26	24	41	64	164	6661	0.916
139	潍坊市人民医院	122	29	30	19	24	20	163	3943	1.336
140	南昌大学第一附属医院	102	15	15	21	33	18	162	5201	1.588

表 3.2 R1：预防医学与卫生学

序号	机构名称	本学科发表文献量						被引频次	下载频次	篇均被引频次
		合计	2007 年	2008 年	2009 年	2010 年	2011 年			
141	中国人民解放军第二五二医院	285	44	48	57	84	52	162	7439	0.568
142	南京医科大学附属妇幼保健院	100	16	29	20	17	18	161	3920	1.610
143	中国人民解放军空军总医院	132	22	30	20	37	23	161	4257	1.220
144	首都医科大学附属北京天坛医院	215	31	36	40	55	53	160	8100	0.744
145	湖北省武汉市妇女儿童医疗保健中心	120	27	22	23	23	25	159	4346	1.325
146	山东省千佛山医院	129	16	18	25	28	42	159	4129	1.233
147	煤炭工业总医院	111	17	13	34	21	26	158	4322	1.423
148	广州医学院第二附属医院	149	20	21	27	41	40	158	5524	1.060
149	温州市第二人民医院	72	9	7	19	23	14	157	2789	2.181
150	北京市海淀区妇幼保健院	103	23	21	17	16	26	157	4241	1.524
151	上海市第一妇婴保健院	104	24	17	20	20	23	156	3991	1.500
152	深圳市福田区人民医院	70	24	11	15	14	6	154	3206	2.200
153	济南市妇幼保健院	78	23	20	20	7	8	154	4096	1.974
154	山西省人民医院	153	20	19	36	44	34	154	5475	1.007
155	中国中医科学院广安门医院	169	20	42	36	32	39	154	5494	0.911
156	河北联合大学附属医院	117	14	21	30	43	9	153	5632	1.308
157	河北医科大学第二医院	124	17	25	16	35	31	153	4231	1.234
158	中国人民解放军昆明总医院	162	34	28	28	29	43	153	5139	0.944
159	武警医学院附属医院平津医院	105	11	24	20	29	21	152	4184	1.448
160	东南大学附属中大医院	101	22	15	17	16	31	150	3588	1.485
161	山西省肿瘤医院	99	16	9	24	26	24	148	3355	1.495
162	成都医学院第一附属医院	103	28	19	17	18	21	147	7239	1.427
163	首都医科大学附属北京佑安医院	99	15	8	15	29	32	146	3727	1.475
164	吉林大学第二医院	105	18	22	22	25	18	145	4594	1.381
165	贵州省人民医院	90	16	12	14	18	30	142	2615	1.578
166	宁夏疾病预防控制中心	113	16	19	34	14	30	142	3825	1.257
167	黑龙江省医院	126	16	29	26	24	31	140	3546	1.111
168	南方医科大学附属深圳医院	85	19	15	18	13	20	139	3502	1.635
169	惠州市中心人民医院	112	12	29	25	20	26	139	4297	1.241
170	福建省妇幼保健院	87	12	18	17	20	20	138	4001	1.586
171	河北医科大学第四医院	107	18	15	23	30	21	138	3546	1.290
172	南京中医药大学附属医院	165	17	31	35	38	44	138	6033	0.836
173	烟台毓璜顶医院	106	20	27	16	17	26	137	3977	1.292
174	广东省妇幼保健院	107	24	21	26	12	24	137	3571	1.280
175	首都医科大学附属北京同仁医院	236	25	55	46	42	68	135	6105	0.572

表 3.2　R1：预防医学与卫生学

序号	机构名称	本学科发表文献量						被引频次	下载频次	篇均被引频次
		合计	2007 年	2008 年	2009 年	2010 年	2011 年			
176	云南省妇幼保健院	63	23	14	12	9	5	134	3049	2.127
177	云南省第一人民医院	106	19	29	15	11	32	134	3909	1.264
178	中国协和医科大学阜外心血管病医院	135	18	18	22	37	40	134	4954	0.993
179	中国人民解放军第一八一医院	54	18	11	8	5	12	133	2836	2.463
180	中国人民解放军第三医院	66	12	17	16	8	13	133	2859	2.015
181	无锡市第二人民医院	181	22	25	25	45	64	133	7759	0.735
182	哈尔滨医科大学附属肿瘤医院	86	8	8	14	32	24	132	4388	1.535
183	石河子大学医学院第一附属医院	146	23	31	26	41	25	132	5651	0.904
184	广东省深圳市宝安区妇幼保健院	82	22	10	11	21	18	131	2556	1.598
185	襄樊市第一人民医院	93	26	14	13	25	15	130	3401	1.398
186	郴州市第一人民医院	101	12	23	16	19	31	130	3376	1.287
187	遵义医学院附属医院	107	13	19	16	30	29	130	3159	1.215
188	徐州医学院附属医院	77	7	10	15	12	33	129	3618	1.675
189	柳州市人民医院	105	31	30	21	12	11	129	3655	1.229
190	蚌埠医学院附属医院	131	14	19	27	27	44	129	4961	0.985
191	中国医学科学院肿瘤医院	144	13	29	25	33	44	129	6882	0.896
192	西安交通大学医学院第三附属医院	91	11	23	17	22	18	127	3036	1.396
193	浙江大学医学院附属第二医院	110	17	21	13	29	30	127	3703	1.155
194	宜昌市中心人民医院	173	37	15	26	32	63	127	4837	0.734
195	郑州大学附属肿瘤医院	71	13	16	15	11	16	126	2484	1.775
196	华中科技大学同济医学院附属荆州医院	133	31	17	28	19	38	126	4715	0.947
197	江苏大学附属医院	73	13	13	26	7	14	125	3217	1.712
198	佛山市第一人民医院	149	20	14	28	16	71	125	3841	0.839
199	大庆油田总医院	112	14	25	13	33	27	124	4121	1.107
200	新乡医学院第一附属医院	137	17	37	33	28	22	124	5954	0.905
201	广州医学院第三附属医院	77	14	10	22	15	16	122	4152	1.584
202	北京肿瘤医院	91	10	17	24	21	19	122	5325	1.341
203	浙江中医院	84	17	11	17	12	27	121	2769	1.440
204	北华大学附属医院	176	11	12	36	71	46	121	5279	0.688
205	深圳市第八人民医院	70	12	15	14	14	15	120	2623	1.714
206	深圳市慢性病防治院	75	9	11	16	15	24	120	4705	1.600
207	大连医科大学附属第一医院	87	15	8	9	32	23	120	3939	1.379
208	聊城市人民医院	115	20	19	26	33	17	120	4056	1.043
209	滨州医学院附属医院	101	18	13	17	27	26	119	4015	1.178
210	中国人民解放军总参谋部总医院	157	11	30	32	34	50	119	4737	0.758

表 3.2　R1：预防医学与卫生学

序号	机构名称	本学科发表文献量						被引频次	下载频次	篇均被引频次
		合计	2007 年	2008 年	2009 年	2010 年	2011 年			
211	柳州市工人医院	176	23	49	39	32	33	119	4906	0.676
212	上海市儿童医院	63	21	21	3	9	9	118	3236	1.873
213	湖北省妇幼保健院	67	18	9	12	10	18	117	3537	1.746
214	无锡市第四人民医院	86	17	8	12	20	29	117	4521	1.360
215	复旦附属大学华东医院	75	10	8	16	21	20	116	4356	1.547
216	右江民族医学院附属医院	88	14	20	26	11	17	116	2623	1.318
217	舟山市人民医院	68	10	7	15	15	21	115	2423	1.691
218	南阳市中心医院	75	20	32	4	9	10	115	3239	1.533
219	南京医科大学附属南京市儿童医院	101	17	13	20	19	32	115	4753	1.139
220	浙江医院	68	17	13	14	15	9	113	2352	1.662
221	哈尔滨医科大学附属第四医院	95	9	10	19	23	34	113	4243	1.189
222	复旦大学附属儿科医院	102	12	25	17	25	23	112	4639	1.098
223	桂林医学院附属医院	147	10	8	21	52	56	112	5729	0.762
224	苏州大学附属儿童医院	87	20	19	15	16	17	111	3848	1.276
225	湖北省十堰市人民医院	107	17	22	26	24	18	111	3833	1.037
226	杭州师范大学附属医院	85	29	8	16	17	15	110	3469	1.294
227	兰州军区总医院	118	15	19	18	29	37	110	4413	0.932
228	皖南医学院弋矶山医院	78	13	19	13	15	18	108	4029	1.385
229	河南省人民医院	135	30	17	24	26	38	108	4376	0.800
230	武汉大学中南医院	91	15	15	12	20	29	107	3726	1.176
231	广西南溪山医院	64	13	17	14	10	10	106	2692	1.656
232	福建省立医院	96	16	15	18	22	25	106	3432	1.104
233	四川省妇幼保健院	90	20	12	15	22	21	105	3413	1.167
234	平顶山煤业（集团）公司总医院	95	41	17	23	9	5	105	3171	1.105
235	湖南省儿童医院	364	26	69	75	90	104	104	6119	0.286
236	吉林省人民医院	70	8	21	12	20	9	103	2078	1.471
237	承德医学院附属医院	104	20	14	15	21	34	103	3617	0.990
238	北京地坛医院	105	11	18	25	17	34	102	4729	0.971
239	中山大学附属第五医院	109	11	20	21	31	26	101	3448	0.927
240	临沂市人民医院	68	15	13	19	8	13	100	2987	1.471
241	台州学院医学院附属中心医院	77	15	6	11	21	24	100	2340	1.299
242	大连医科大学附属第二医院	94	16	17	24	23	14	100	3863	1.064
243	昆明医学院第二附属医院	107	12	30	13	23	29	100	4578	0.935
244	云南省肿瘤医院	98	13	7	20	28	30	99	3066	1.010
245	延边大学附属医院	166	40	31	43	23	29	99	5080	0.596

表 3.2　R1：预防医学与卫生学

序号	机构名称	本学科发表文献量						被引频次	下载频次	篇均被引频次
		合计	2007 年	2008 年	2009 年	2010 年	2011 年			
246	北海市人民医院	78	34	18	7	11	8	98	2985	1.256
247	济宁市第一人民医院	87	16	16	18	30	7	98	2955	1.126
248	江苏省无锡市妇幼保健院	115	23	19	30	15	28	98	2925	0.852
249	上海交通大学医学院附属第九人民医院	117	13	22	22	25	35	98	4253	0.838
250	北京回龙观医院	53	9	5	13	12	14	97	2313	1.830
251	南通大学第二附属医院	68	12	13	10	16	17	97	2526	1.426
252	扬州市第一人民医院	79	12	17	13	23	14	97	3252	1.228
253	湖南省劳动卫生职业病防治研究所	100	23	15	19	16	27	97	3696	0.970
254	杭州市红十字会医院	52	14	17	5	6	10	96	1822	1.846
255	苏州市立医院	80	18	9	12	20	21	96	3069	1.200
256	中国人民解放军第二炮兵总医院	87	19	17	9	23	19	96	4358	1.103
257	南昌大学第二附属医院	56	11	12	10	13	10	95	2325	1.696
258	北京世纪坛医院	98	8	15	13	18	44	94	4725	0.959
259	西安交通大学第二附属医院	137	27	16	25	36	33	94	3476	0.686
260	上海市第十人民医院	65	9	5	7	23	21	93	2924	1.431
261	上海东方医院	66	10	10	15	18	13	93	3747	1.409
262	苏州大学附属第二医院	96	10	19	21	20	26	93	3926	0.969
263	淮安市第一人民医院	114	10	15	30	22	37	93	3803	0.816
264	汕头大学医学院第二附属医院	61	25	13	9	7	7	92	2368	1.508
265	中国人民解放军沈阳军区总医院	112	20	20	14	26	32	91	3853	0.813
266	无锡市中医医院	64	4	17	20	12	11	90	3150	1.406
267	上海市精神卫生中心（总部）	91	9	15	19	23	25	90	3868	0.989
268	延安大学附属医院	125	19	35	32	23	16	90	3505	0.720
269	郑州大学第三附属医院	64	18	14	11	11	10	89	3298	1.391
270	贵阳医学院附属医院	88	10	15	19	17	27	89	3177	1.011
271	深圳市职业病防治院	93	8	14	21	20	30	89	3108	0.957
272	宜宾市第一人民医院	68	7	7	22	18	14	88	2760	1.294
273	丽水市人民医院	88	17	14	8	26	23	88	3163	1.000
274	荆州市第一人民医院	117	11	9	23	23	51	88	3284	0.752
275	北京积水潭医院	131	21	28	21	34	27	88	3710	0.672
276	武汉市中心医院	77	7	10	13	23	24	86	3002	1.117
277	新疆医科大学第二附属医院	95	13	13	23	19	27	86	2906	0.905
278	南京军区杭州疗养院	104	21	21	14	17	31	86	2094	0.827
279	北京市垂杨柳医院	56	14	18	6	10	8	85	2102	1.518
280	北京华信医院	64	11	12	11	15	15	84	3166	1.313

表 3.2　R1：预防医学与卫生学

序号	机构名称	本学科发表文献量						被引频次	下载频次	篇均被引频次
		合计	2007 年	2008 年	2009 年	2010 年	2011 年			
281	湖南省妇幼保健院	85	11	14	19	21	20	84	3324	0.988
282	南通市第三人民医院	66	13	13	13	12	15	83	2402	1.258
283	江阴市人民医院	89	11	23	17	21	17	83	2787	0.933
284	深圳市宝安区西乡人民医院	89	14	10	17	21	27	83	3044	0.933
285	牡丹江医学院红旗医院	122	7	13	23	35	44	83	3703	0.680
286	天津市第一中心医院	68	11	14	11	16	16	82	2631	1.206
287	天津市第三中心医院	84	15	16	16	19	18	82	2913	0.976
288	浙江大学医学院附属儿童医院	89	16	22	16	15	20	82	2098	0.921
289	河北大学附属医院	125	21	32	30	14	28	82	2938	0.656
290	中山大学附属江门医院	57	9	3	8	21	16	81	1572	1.421
291	绵阳市中心医院	101	3	39	29	18	12	81	2666	0.802
292	泰州市人民医院	89	5	7	14	38	25	80	2652	0.899
293	重庆市涪陵中心医院	90	18	18	18	17	19	80	2771	0.889
294	湖南省人民医院	109	15	16	26	24	28	80	3513	0.734
295	浙江省绍兴市妇幼保健院	53	21	7	6	7	12	79	1704	1.491
296	大庆市人民医院	100	16	17	27	20	20	79	3131	0.790
297	山东中医药大学附属医院	77	16	14	17	18	12	77	2785	1.000
298	宁波市第二医院	58	9	7	13	19	10	76	2720	1.310
299	南通市第五人民医院	59	12	10	11	13	13	76	2498	1.288
300	新疆医科大学第五附属医院	86	15	15	8	21	27	75	2090	0.872
301	甘肃省中医院	98	5	18	13	36	26	75	3606	0.765
302	湖北省新华医院	57	11	11	5	13	17	74	2848	1.298
303	中山市博爱医院	58	11	9	6	17	15	74	2320	1.276
304	中国人民解放军第八十八医院	67	9	17	16	16	9	74	2207	1.104
305	湛江中心人民医院	74	12	17	19	11	15	74	2082	1.000
306	新疆医科大学附属肿瘤医院	80	4	18	18	21	19	74	2909	0.925
307	唐山市工人医院	84	15	10	18	21	20	74	3070	0.881
308	南京医科大学第二附属医院	105	14	12	21	34	24	74	3679	0.705
309	中国医科大学第四附属医院	61	16	4	5	24	12	73	3237	1.197
310	中山市人民医院	73	8	16	15	15	19	73	2452	1.000
311	大连市中心医院	74	6	14	5	17	32	73	3191	0.986
312	广州中医药大学深圳附属医院	76	9	12	17	22	16	73	3784	0.961
313	广西中医学院第一附属医院	80	10	8	9	28	25	73	3203	0.913
314	中国人民解放军第一一七医院	85	24	24	18	11	8	73	1667	0.859
315	泸州医学院附属医院	89	6	12	19	24	28	72	2853	0.809

表 3.2　R1：预防医学与卫生学

序号	机构名称	本学科发表文献量						被引频次	下载频次	篇均被引频次
		合计	2007 年	2008 年	2009 年	2010 年	2011 年			
316	山东大学第二附属医院	57	14	9	8	12	14	71	2101	1.246
317	福建省肿瘤医院	96	13	24	20	19	20	71	3368	0.740
318	河南中医学院第一附属医院	111	10	17	19	26	39	71	2913	0.640
319	广西壮族自治区妇幼保健院	59	4	17	6	15	17	70	1858	1.186
320	赣南医学院第一附属医院	94	15	23	13	21	22	70	2870	0.745
321	瑞安市人民医院	68	4	11	10	17	26	69	2470	1.015
322	华中科技大学同济医院附属孝感医院	79	9	8	13	20	29	69	2797	0.873
323	苏州大学医学院附属第三医院	88	13	11	18	29	17	69	3454	0.784
324	慈溪市人民医院	70	7	7	13	18	25	68	2428	0.971
325	江西省人民医院	64	12	14	7	12	19	67	2304	1.047
326	南通大学第三附属医院	77	10	14	10	23	20	67	2527	0.870
327	河南省洛阳正骨医院	58	15	14	10	5	14	66	1747	1.138
328	镇江市第一人民医院	61	11	6	7	14	23	65	1961	1.066
329	衡水市哈励逊国际和平医院	73	13	9	2	20	29	65	2534	0.890
330	青岛大学医学院附属海慈医院	53	15	10	8	10	10	64	1969	1.208
331	中国人民解放军第九十二医院	55	15	5	16	7	12	64	2110	1.164
332	中山大学附属汕头医院	56	13	4	8	14	17	63	1640	1.125
333	安徽中医学院第一附属医院	84	7	23	13	14	27	63	1921	0.750
334	厦门市第一医院	87	9	9	20	15	34	63	2727	0.724
335	大连北海医院	97	10	16	25	24	22	63	2311	0.649
336	兰州大学第一附属医院	101	12	16	24	24	25	63	3401	0.624
337	中国人民解放军济南军区青岛第一疗养院	102	18	18	15	29	22	63	2310	0.618

表 3.3 R2：中医学与中药学

序号	机构名称	本学科发表文献量						被引频次	下载频次	篇均被引频次
		合计	2007 年	2008 年	2009 年	2010 年	2011 年			
1	广州中医药大学第二附属医院	3059	535	570	620	634	700	6730	217695	2. 200
2	中国中医科学院广安门医院	2129	297	338	452	502	540	5209	190204	2. 447
3	广州中医药大学第一附属医院	2130	353	428	506	424	419	4584	156394	2. 152
4	天津中医药大学第一附属医院	2138	433	334	384	447	540	4455	191269	2. 084
5	北京中医药大学东直门医院	1456	260	227	302	325	342	4079	125702	2. 802
6	中国中医科学院西苑医院	1312	214	216	214	350	318	3705	118273	2. 824
7	南京中医药大学附属医院	2120	296	370	429	454	571	3685	163505	1. 738
8	上海中医药大学附属龙华医院	1231	252	216	215	248	300	3318	98437	2. 695
9	河南中医学院第一附属医院	1852	228	283	396	464	481	3279	114774	1. 771
10	辽宁中医药大学附属医院	1546	248	269	291	334	404	3131	101582	2. 025
11	山东中医药大学附属医院	1611	247	302	317	334	411	2851	105098	1. 770
12	上海中医药大学附属曙光医院	1106	175	201	194	236	300	2792	92097	2. 524
13	上海中医药大学附属岳阳中西医结合医院	1083	178	196	223	234	252	2662	80986	2. 458
14	广西中医学院第一附属医院	1391	222	250	277	335	307	2528	96980	1. 817
15	北京中医药大学东方医院	1019	189	172	227	214	217	2518	85917	2. 471
16	首都医科大学附属北京中医医院	1068	168	197	192	255	256	2447	87040	2. 291
17	北京中日友好医院	878	182	163	160	188	185	2427	76323	2. 764
18	浙江中医院	1219	177	199	265	258	320	2247	81758	1. 843
19	湖南中医药大学第一附属医院	1071	196	158	195	273	249	2139	57417	1. 997
20	中国人民解放军总医院	757	140	160	130	145	182	2013	64970	2. 659
21	黑龙江中医药大学第一附属医院	1108	131	172	239	245	321	2001	72433	1. 806
22	安徽中医学院第一附属医院	1081	161	201	188	258	273	1997	70446	1. 847
23	湖北中医药大学附属医院	945	226	161	205	179	174	1908	50529	2. 019
24	华中科技大学同济医学院附属同济医院	584	156	134	113	92	89	1825	50085	3. 125
25	江苏省中医药研究院	650	105	114	141	138	152	1755	80632	2. 700
26	河北医科大学中医院	912	167	200	179	195	171	1735	48577	1. 902
27	长春中医药大学附属医院	1056	241	152	188	206	269	1709	57515	1. 618
28	四川大学华西医院	491	112	134	89	92	64	1645	51963	3. 350
29	成都中医药大学附属医院	1011	140	171	200	230	270	1604	59946	1. 587
30	武汉市中西医院结合医院	726	138	137	145	135	171	1596	41178	2. 198
31	中国人民解放军三〇二医院	409	61	71	87	97	93	1588	55134	3. 883
32	中南大学湘雅医院	478	129	95	96	85	73	1487	38278	3. 111
33	广州中医药大学深圳附属医院	813	135	170	174	180	154	1456	39707	1. 791
34	江西中医学院附属医院	693	91	131	120	166	185	1442	46964	2. 081
35	河南省中医院	844	164	141	168	185	186	1417	41906	1. 679

表 3.3　R2：中医学与中药学

序号	机构名称	本学科发表文献量						被引频次	下载频次	篇均被引频次
		合计	2007 年	2008 年	2009 年	2010 年	2011 年			
36	新疆医科大学附属中医医院	973	141	160	212	206	254	1398	51803	1.437
37	山东省中医药研究院	492	93	64	87	116	132	1374	50391	2.793
38	广西中医学院附属瑞康医院	871	132	156	174	205	204	1365	59321	1.567
39	第四军医大学第一附属医院	424	95	79	92	85	73	1222	34897	2.882
40	陕西中医学院附属医院	703	126	134	157	128	158	1199	31467	1.706
41	天津市中医药大学第二附属医院	643	104	106	114	148	171	1128	52818	1.754
42	广州中医药大学附属广州市中医院	478	81	121	103	82	91	1116	29402	2.335
43	上海市中医医院	571	86	85	129	125	146	1100	37580	1.926
44	华中科技大学同济医学院附属协和医院	398	68	91	103	69	67	1080	29093	2.714
45	中山市中医院	438	57	81	99	96	105	1042	30044	2.379
46	浙江中医药大学附属广兴医院	490	101	105	92	101	91	1040	30547	2.122
47	黑龙江中医药大学第二附属医院	498	80	68	75	103	172	1002	30936	2.012
48	复旦大学附属华山医院	251	59	50	36	44	62	983	25183	3.916
49	南方医科大学附属南方医院	417	51	97	94	90	85	983	38407	2.357
50	南京军区南京总医院	346	56	73	62	86	69	959	30485	2.772
51	黑龙江省中医院	636	111	79	110	145	191	933	36763	1.467
52	中国中医科学院望京医院	402	62	53	83	96	108	890	25244	2.214
53	温州医学院附属第二医院	389	73	72	67	90	87	879	30121	2.260
54	中国人民解放军第三〇七医院	222	46	39	47	40	50	874	33632	3.937
55	重庆医科大学附属第一医院	312	47	48	71	69	77	864	25875	2.769
56	中国人民解放军第二军医大学第一附属医院	323	50	58	63	91	61	846	28564	2.619
57	温州医学院附属第一医院	389	65	88	77	66	93	839	26821	2.157
58	江苏省人民医院	324	54	62	68	70	70	837	24013	2.583
59	浙江省立同德医院	476	67	100	104	93	112	827	33482	1.737
60	中山大学附属第一医院	350	66	71	73	61	79	817	26131	2.334
61	广州军区广州总医院	357	50	80	82	75	70	811	28335	2.272
62	广州中医药大学附属广东省第二中医院	487	49	107	93	87	151	807	26995	1.657
63	中国人民解放军第二军医大学第二附属医院	339	56	49	68	91	75	805	24221	2.375
64	武汉大学人民医院	373	79	69	81	74	70	798	26018	2.139
65	吉林大学第一医院	372	78	83	71	76	64	792	27248	2.129
66	陕西省中医医院	510	125	89	107	78	111	786	29795	1.541
67	河南省中医药研究院	304	62	67	67	52	56	782	24051	2.572
68	武汉市中医医院	492	88	77	73	130	124	771	23052	1.567
69	南京市中医院	462	56	62	83	124	137	760	28017	1.645
70	辽宁省中医研究院	461	73	78	104	107	99	754	26538	1.636

表 3.3 R2：中医学与中药学

序号	机构名称	本学科发表文献量						被引频次	下载频次	篇均被引频次
		合计	2007 年	2008 年	2009 年	2010 年	2011 年			
71	陕西中医学院西安附属医院	367	85	73	56	63	90	740	19078	2.016
72	佛山市中医院	427	73	65	74	99	116	722	24055	1.691
73	柳州市中医院	451	71	66	97	132	85	716	22939	1.588
74	福建省人民医院	365	67	56	69	72	101	699	19307	1.915
75	甘肃省中医院	582	59	91	113	136	183	686	28344	1.179
76	贵阳中医学院第二附属医院	441	69	87	87	78	120	682	20427	1.546
77	第四军医大学第二附属医院	238	43	35	49	52	59	674	19595	2.832
78	杭州市红十字会医院	306	45	58	71	66	66	668	19987	2.183
79	福建中医药大学附属第二人民医院	405	57	73	75	87	113	666	23899	1.644
80	中南大学湘雅二医院	238	64	52	37	45	40	663	22862	2.786
81	首都医科大学宣武医院	242	38	65	44	43	52	654	19381	2.702
82	河北医科大学第二医院	270	52	70	53	47	48	654	19659	2.422
83	山西省中医院	510	78	88	94	122	128	648	27575	1.271
84	山东省立医院	267	55	51	66	49	46	627	16961	2.348
85	青岛大学医学院附属海慈医院	435	71	70	64	98	132	623	22567	1.432
86	天津市中西医结合医院	336	57	58	79	64	78	622	26760	1.851
87	青岛大学医学院附属医院	302	58	79	58	48	59	618	20760	2.046
88	十堰市太和医院	253	58	59	56	63	17	612	20276	2.419
89	吉林省中西医结合医院	198	97	54	16	16	15	611	17213	3.086
90	湖北省十堰市人民医院	235	51	59	65	50	10	601	16490	2.557
91	湖南中医药大学附属中西医结合医院	426	92	60	60	98	116	601	24338	1.411
92	西安交通大学第二附属医院	217	51	48	48	30	40	600	18225	2.765
93	山东大学齐鲁医院	223	58	46	35	41	43	597	18101	2.677
94	无锡市中医医院	337	43	48	70	91	85	596	18153	1.769
95	南京大学医学院附属鼓楼医院	215	35	35	43	51	51	591	20159	2.749
96	天津市第一中心医院	215	94	40	24	32	25	585	17272	2.721
97	福州总医院	252	47	47	80	54	24	582	22345	2.310
98	广州中医药大学第三附属医院	305	36	62	68	68	71	576	17235	1.889
99	河南中医学院第三附属医院	353	59	65	60	73	96	576	20441	1.632
100	云南中医学院第一附属医院	464	63	83	87	99	132	568	22167	1.224
101	石家庄市中医院	356	55	76	87	67	71	566	17434	1.590
102	安徽医科大学第一附属医院	161	43	30	26	27	35	563	18195	3.497
103	上海市第六人民医院	226	35	43	46	45	57	556	19892	2.460
104	泸州医学院附属医院	259	45	60	46	52	56	550	17800	2.124
105	成都市中西医结合医院	288	88	38	46	79	37	548	18431	1.903

表 3.3　R2：中医学与中药学

序号	机构名称	本学科发表文献量						被引频次	下载频次	篇均被引频次
		合计	2007 年	2008 年	2009 年	2010 年	2011 年			
106	贵阳中医学院第一附属医院	419	53	68	76	89	133	545	19528	1. 301
107	唐山市中医院	389	42	46	81	98	122	540	16362	1. 388
108	广州医学院第一附属医院	191	35	32	40	37	47	536	12784	2. 806
109	兰州军区总医院	211	33	29	38	58	53	535	17953	2. 536
110	湖南中医药大学第二附属医院	308	38	66	57	83	64	524	15533	1. 701
111	北京大学第一医院	147	42	30	26	21	28	512	15850	3. 483
112	中国医科大学附属第二医院	182	48	41	35	27	31	510	12819	2. 802
113	郑州大学第一附属医院	237	37	64	45	48	43	508	15492	2. 143
114	郑州市中医院	255	47	47	50	46	65	508	13236	1. 992
115	浙江大学医学院附属第一医院	170	50	29	20	34	37	495	14888	2. 912
116	安徽中医学院第二附属医院	178	17	29	35	49	48	487	13457	2. 736
117	台州市中西医结合医院	345	39	51	65	87	103	466	19424	1. 351
118	北京协和医院	200	25	40	28	49	58	465	15297	2. 325
119	北京军区总医院	220	26	40	52	61	41	459	15274	2. 086
120	广西医科大学第一附属医院	246	39	41	51	46	69	459	16707	1. 866
121	广东省人民医院	234	49	34	65	49	37	457	16271	1. 953
122	南京中医药大学附属常州市中医院	274	58	43	41	51	81	457	17061	1. 668
123	重庆医科大学附属第二医院	176	30	25	37	45	39	456	13714	2. 591
124	哈尔滨医科大学附属第一医院	268	52	58	47	51	60	455	17088	1. 698
125	吉林大学第三医院	170	24	47	46	36	17	451	13886	2. 653
126	首都医科大学附属北京友谊医院	220	51	28	39	51	51	451	14318	2. 050
127	上海市普陀区中心医院	188	24	35	50	43	36	448	13775	2. 383
128	兰州大学第一附属医院	187	28	50	33	29	47	446	15956	2. 385
129	大连市中医院	265	63	49	42	55	56	446	11450	1. 683
130	南华大学附属第一医院	142	33	30	26	26	27	441	10563	3. 106
131	河北医科大学第四医院	160	34	36	29	32	29	440	11894	2. 750
132	南方医科大学珠江医院	196	27	44	36	44	45	440	16118	2. 245
133	暨南大学医学院第一附属医院	164	35	31	35	30	33	433	15658	2. 640
134	广东医学院附属医院	202	37	55	51	27	32	432	13802	2. 139
135	西安交通大学第一附属医院	177	29	30	54	32	32	430	14155	2. 429
136	首都医科大学附属北京朝阳医院	152	40	22	26	31	33	427	13540	2. 809
137	中国人民解放军空军总医院	220	47	25	43	51	54	425	13500	1. 932
138	四川省医学科学院・四川省人民医院	198	33	43	42	37	43	423	12303	2. 136
139	温州市中医院	228	55	49	49	36	39	423	14064	1. 855
140	苏州市中医医院	208	24	21	38	58	67	419	11765	2. 014

表 3.3　R2：中医学与中药学

序号	机构名称	本学科发表文献量						被引频次	下载频次	篇均被引频次
		合计	2007 年	2008 年	2009 年	2010 年	2011 年			
141	南方医科大学附属深圳医院	202	41	53	41	36	31	417	12930	2.064
142	河北医科大学附属以岭医院	188	39	37	23	40	49	416	12905	2.213
143	新乡医学院第一附属医院	241	37	62	49	51	42	414	12160	1.718
144	延边大学附属医院	200	43	37	39	33	48	413	15258	2.065
145	武汉大学中南医院	159	31	24	37	28	39	407	11436	2.560
146	广东省中医院珠海医院	216	34	35	50	55	42	403	11120	1.866
147	安徽省立医院	144	19	30	30	37	28	399	14999	2.771
148	广西人民医院	246	46	58	63	45	34	398	15434	1.618
149	桂林医学院附属医院	207	18	35	50	58	46	396	16263	1.913
150	甘肃中医学院附属医院	293	43	42	69	57	82	393	15708	1.341
151	中国人民解放军海军总医院	181	28	37	36	34	46	390	13264	2.155
152	上海交通大学医学院附属仁济医院	157	44	41	24	22	26	383	11475	2.439
153	承德医学院附属医院	165	37	32	29	34	33	383	12961	2.321
154	杭州市第一人民医院	181	51	34	36	25	35	383	12719	2.116
155	遵义医学院附属医院	214	36	53	42	40	43	383	11487	1.790
156	北京医院	174	27	26	35	34	52	382	14527	2.195
157	深圳市宝安区中医院	218	22	53	46	53	44	382	11734	1.752
158	山西医科大学第二附属医院	192	46	45	38	33	30	380	12084	1.979
159	山西医科大学第一医院	174	26	39	40	29	40	371	11096	2.132
160	深圳市人民医院	199	45	45	34	33	42	363	11930	1.824
161	内蒙古自治区中蒙医院	413	113	84	67	65	84	362	16903	0.877
162	临沂市中医院	178	63	57	23	14	21	361	10321	2.028
163	第三军医大学第一附属医院	133	26	39	23	20	25	360	12803	2.707
164	中国人民解放军沈阳军区总医院	217	37	29	44	43	64	358	15065	1.650
165	第三军医大学第二附属医院	136	27	29	35	21	24	357	14082	2.625
166	重庆市中医研究院重庆市中医院	258	58	50	39	51	60	357	13521	1.384
167	哈尔滨医科大学附属第二医院	132	35	22	21	27	27	356	10462	2.697
168	福建医科大学附属协和医院	115	22	37	20	21	15	355	10769	3.087
169	辽宁医学院附属第一医院	177	26	29	47	31	44	353	12725	1.994
170	首都医科大学附属北京安贞医院	90	17	10	13	27	23	350	7294	3.889
171	天津医科大学总医院	188	26	29	56	44	33	347	13663	1.846
172	泸州医学院附属中医院	243	28	29	47	66	73	343	11937	1.412
173	上海交通大学医学院附属第一人民医院	207	29	37	47	47	47	339	12981	1.638
174	首都医科大学附属北京天坛医院	141	26	26	32	29	28	337	10608	2.390
175	中南大学湘雅三医院	123	24	13	24	38	24	333	9859	2.707

表 3.3　R2：中医学与中药学

序号	机构名称	本学科发表文献量						被引频次	下载频次	篇均被引频次
		合计	2007 年	2008 年	2009 年	2010 年	2011 年			
176	山东省千佛山医院	147	31	25	38	25	28	333	10346	2.265
177	中山大学附属第二医院	168	32	43	21	37	35	333	10321	1.982
178	河北省人民医院	185	34	29	29	39	54	332	11356	1.795
179	浙江省台州医院	180	31	33	33	43	40	331	10769	1.839
180	上海交通大学医学院附属瑞金医院	155	21	36	36	28	34	329	10917	2.123
181	贵阳医学院附属医院	176	36	30	33	31	46	326	9513	1.852
182	福建省立医院	167	37	24	28	39	39	325	9947	1.946
183	安阳市中医院	284	58	46	63	55	62	324	10454	1.141
184	河北联合大学附属医院	139	25	29	24	43	18	323	7723	2.324
185	广州军区武汉总医院	137	21	33	30	29	24	322	12605	2.350
186	浙江省新华医院	194	34	40	28	37	55	322	12232	1.660
187	浙江大学医学院附属第二医院	96	23	26	12	13	22	319	8445	3.323
188	中国人民解放军白求恩国际和平医院	138	33	21	32	29	23	319	10518	2.312
189	山东省中西医结合医院	205	30	29	40	53	53	319	12528	1.556
190	河北医科大学第三医院	147	31	35	21	37	23	318	8219	2.163
191	南通市中医院	285	32	41	67	68	77	317	12166	1.112
192	中国医科大学第一附属医院	153	26	27	26	31	43	316	10660	2.065
193	第三军医大学第三附属医院	97	17	12	23	21	24	315	8292	3.247
194	桂林市中医医院	139	36	29	22	24	28	314	8386	2.259
195	武警医学院附属医院平津医院	151	23	36	39	25	28	312	11831	2.066
196	上海市第十人民医院	151	39	38	26	22	26	312	11486	2.066
197	北京市中西医结合医院	155	22	25	37	43	28	311	10726	2.006
198	北京中医药大学附属护国寺中医医院	181	31	33	30	40	47	308	10678	1.702
199	大庆油田总医院	211	20	47	53	55	36	308	13576	1.460
200	厦门市中医院	207	26	41	56	51	33	305	11865	1.473
201	吉林大学第二医院	177	31	30	32	52	32	304	10620	1.718
202	河南省人民医院	98	20	23	20	13	22	302	6931	3.082
203	潍坊市中医院	226	43	51	41	41	50	301	10267	1.332
204	沧州市中西医结合医院	260	41	50	32	54	83	300	9718	1.154
205	大连医科大学附属第二医院	115	31	19	12	21	32	298	10053	2.591
206	福建医科大学附属第一医院	125	22	27	31	28	17	295	8820	2.360
207	中国中医科学院眼科医院	137	25	19	32	32	29	295	7787	2.153
208	复旦大学附属中山医院	111	31	14	16	22	28	294	7408	2.649
209	泰安市中医医院	172	25	28	33	36	50	291	9577	1.692
210	宁夏医科大学附属医院	211	30	40	37	46	58	290	12056	1.374

表 3.3 R2：中医学与中药学

序号	机构名称	本学科发表文献量						被引频次	下载频次	篇均被引频次
		合计	2007 年	2008 年	2009 年	2010 年	2011 年			
211	浙江中医药附属大学肿瘤医院	98	13	16	16	29	24	289	11034	2.949
212	广东省中西医结合医院	212	18	19	43	70	62	289	10349	1.363
213	广州医学院附属广州市第一人民医院	129	31	20	32	24	22	286	8307	2.217
214	邯郸市中医院	195	41	44	31	38	41	285	7531	1.462
215	北京大学第三医院	132	16	22	22	41	31	284	10708	2.152
216	江西省人民医院	134	26	28	30	27	23	284	9378	2.119
217	东南大学附属中大医院	101	26	15	15	16	29	283	8177	2.802
218	新疆医科大学第一附属医院	183	25	35	47	33	43	282	12645	1.541
219	浙江省人民医院	135	20	25	28	34	28	281	9672	2.081
220	北京中医药大学第三附属医院	161	15	21	27	42	56	281	12224	1.745
221	天津中医药研究院附属医院	225	30	27	19	70	79	278	13552	1.236
222	昆明医学院第一附属医院	188	32	44	27	34	51	277	10416	1.473
223	大连医科大学附属第一医院	115	29	15	25	20	26	276	9471	2.400
224	四川省中医药研究院附属医院	122	22	26	19	31	24	272	7255	2.230
225	浙江中医药大学附属宁波中医院	199	30	38	48	40	43	272	9789	1.367
226	焦作市中医院	204	21	40	54	41	48	271	7220	1.328
227	中国海洋大学附属医院	124	19	24	24	22	35	270	7744	2.177
228	广州中医药大学附属南海妇产儿童医院	126	14	25	25	31	31	270	8029	2.143
229	河南省洛阳正骨医院	198	33	37	37	34	57	269	8434	1.359
230	青海省中医院	184	42	38	36	40	28	265	8293	1.440
231	临沂市人民医院	117	26	27	26	17	21	261	8601	2.231
232	深圳市第八人民医院	114	18	24	35	18	19	260	7798	2.281
233	上海交通大学医学院附属新华医院	128	19	18	25	36	30	260	8738	2.031
234	首都医科大学附属北京同仁医院	134	26	19	35	24	30	258	7781	1.925
235	平顶山市第二人民医院	151	24	48	35	21	23	258	6413	1.709
236	聊城市中医院	176	45	47	27	33	24	258	8162	1.466
237	襄樊市中医院	185	56	29	28	49	23	255	8762	1.378
238	北京大学深圳医院	112	20	23	29	27	13	254	9487	2.268
239	深圳市福田区中医院	162	26	21	38	35	42	254	7859	1.568
240	武警总医院	144	28	29	27	32	28	253	7443	1.757
241	首都医科大学附属北京佑安医院	99	17	21	18	20	23	252	6777	2.545
242	黄石市中医院	180	37	16	45	43	39	252	6287	1.400
243	北京大学人民医院	116	15	19	21	26	35	251	8949	2.164
244	河南省中医药研究院附属医院	145	22	21	19	34	49	251	6088	1.731
245	徐州医学院附属医院	118	19	21	15	21	42	250	7643	2.119

表 3.3　R2：中医学与中药学

序号	机构名称	本学科发表文献量						被引频次	下载频次	篇均被引频次
		合计	2007 年	2008 年	2009 年	2010 年	2011 年			
246	川北医学院附属医院	149	21	21	29	30	48	249	8191	1.671
247	浙江中医药大学附属第三医院	202	18	23	49	44	68	248	10275	1.228
248	重庆医科大学附属儿童医院	90	18	15	18	15	24	247	7253	2.744
249	厦门市第一医院	98	12	22	20	25	19	241	6884	2.459
250	北京世纪坛医院	100	16	20	15	25	24	241	7593	2.410
251	河北北方学院附属第一医院	145	27	37	16	31	34	239	8790	1.648
252	大庆市中医医院	171	9	49	39	39	35	238	7677	1.392
253	上海交通大学医学院附属第九人民医院	126	16	23	26	27	34	234	8631	1.857
254	烟台市中医医院	123	32	29	9	25	28	233	6616	1.894
255	长沙市第八医院	135	30	22	18	28	37	233	4934	1.726
256	漯河市中医院	143	27	25	48	21	22	232	6016	1.622
257	开封市中医院	185	1	2	45	67	70	232	8893	1.254
258	绍兴市中医院	264	31	61	64	55	53	230	10973	0.871
259	兰州大学第二附属医院	107	21	20	19	22	25	227	8273	2.121
260	吉林省人民医院	165	30	39	45	25	26	227	7886	1.376
261	中国人民解放军第二五一医院	172	40	33	28	33	38	227	7117	1.320
262	丽水市人民医院	161	53	24	33	20	31	226	7146	1.404
263	驻马店市中医院	226	18	41	52	55	60	226	7556	1.000
264	广州医学院第三附属医院	123	18	26	25	21	33	225	7403	1.829
265	云南中医学院第三附属医院	199	25	28	30	50	66	225	8617	1.131
266	浙江中医院大学附属杭州第三医院	123	25	21	23	22	32	224	8602	1.821
267	南阳市中心医院	145	39	45	16	23	22	224	7129	1.545
268	山西中医学院第二中医院	150	20	18	28	50	34	224	8202	1.493
269	暨南大学医学院第六附属医院	161	25	23	31	38	44	224	7261	1.391
270	南昌大学第一附属医院	143	18	31	39	24	31	222	9431	1.552
271	中山大学附属第三医院	144	27	28	25	28	36	222	9771	1.542
272	宁夏医科大学附属银川市中医院	116	25	19	29	21	22	220	6638	1.897
273	内蒙古医学院附属医院	152	26	35	21	34	36	220	8986	1.447
274	内蒙古民族大学附属医院	287	44	58	53	69	63	218	11702	0.760
275	河北大学附属医院	153	17	39	31	30	36	214	7825	1.399
276	中国人民解放军第二五二医院	119	22	31	22	18	26	213	5820	1.790
277	佳木斯大学附属第一医院	176	26	30	29	32	59	213	9320	1.210
278	诸暨市中医院	108	20	22	23	22	21	210	4887	1.944
279	湖南省直中医院	121	12	19	25	37	28	210	5549	1.736
280	江阴市中医院	138	18	20	32	25	43	210	6660	1.522

表 3.3　R2：中医学与中药学

序号	机构名称	本学科发表文献量						被引频次	下载频次	篇均被引频次
		合计	2007 年	2008 年	2009 年	2010 年	2011 年			
281	西安交通大学医学院第三附属医院	128	26	16	20	30	36	209	7051	1.633
282	嘉兴市中医医院	150	24	19	21	32	54	209	6816	1.393
283	中国人民解放军成都军区总医院	134	21	17	39	26	31	208	8448	1.552
284	新乡市中心医院	129	16	33	39	23	18	206	5311	1.597
285	东风汽车公司总医院	132	13	20	40	54	5	206	7467	1.561
286	南通大学附属医院	135	19	17	39	30	30	206	8292	1.526
287	玉林市中医院	155	18	28	40	38	31	206	7121	1.329
288	广州医学院第二附属医院	118	21	21	20	32	24	205	7489	1.737
289	海南省中医院	148	14	34	29	41	30	204	6473	1.378
290	中国人民解放军第三〇六医院	109	13	20	26	24	26	203	6824	1.862
291	长春中医药大学第二附属医院	154	37	37	28	27	25	202	6654	1.312
292	保定市第一中医院	119	28	22	24	22	23	198	5086	1.664
293	中国人民解放军总参谋部总医院	136	15	25	26	32	38	195	7609	1.434
294	连云港市中医院	155	40	33	21	27	34	193	6541	1.245
295	唐山市工人医院	114	19	20	37	20	18	192	5659	1.684
296	中山大学附属第五医院	153	16	20	25	40	52	192	8328	1.255
297	湖州市中医院	90	36	19	17	9	9	191	4015	2.122
298	聊城市人民医院	108	27	30	19	13	19	191	6050	1.769
299	南昌大学第二附属医院	105	15	19	24	29	18	189	7302	1.800
300	濮阳市中医院	159	18	35	29	34	43	188	7399	1.182
301	贵州省人民医院	145	26	26	27	24	42	183	6616	1.262
302	北京市宣武区中医医院	101	9	18	20	24	30	182	6866	1.802
303	舟山市人民医院	123	23	19	18	29	34	181	5067	1.472
304	绵阳市中医院	133	19	29	25	31	29	180	6325	1.353
305	昆山市中医院	175	19	19	35	51	51	180	9288	1.029
306	中国人民解放军济南军区总医院	106	19	24	14	24	25	178	7080	1.679
307	宜昌市中心人民医院	117	30	19	22	18	28	178	7703	1.521
308	泰山医学院附属医院	95	20	18	21	20	16	177	5770	1.863
309	华中科技大学同济医学院附属荆州医院	109	17	21	32	27	12	177	8467	1.624
310	金华市中医院	120	23	21	23	28	25	177	5396	1.475
311	郑州市中心医院	91	16	15	12	18	30	176	4817	1.934
312	柳州市人民医院	99	17	22	33	16	11	176	6965	1.778
313	唐山市人民医院	103	8	23	36	17	19	174	4988	1.689
314	四平市中心医院	133	35	32	26	27	13	174	6109	1.308
315	荆州市中医院	113	21	10	28	29	25	173	5165	1.531

表 3.3 R2：中医学与中药学

序号	机构名称	本学科发表文献量						被引频次	下载频次	篇均被引频次
		合计	2007 年	2008 年	2009 年	2010 年	2011 年			
316	泰州市中医院	116	28	19	32	16	21	173	4999	1.491
317	内蒙古科技大学第一附属医院	114	24	35	18	17	20	172	5758	1.509
318	洛阳市第一中医院	142	8	17	55	30	32	172	5562	1.211
319	聊城市第二人民医院	93	14	31	18	19	11	170	5610	1.828
320	泰安市中心医院	96	19	16	21	20	20	169	6180	1.760
321	哈尔滨市肛肠医院	148	11	17	49	44	27	169	6670	1.142
322	湖北民族学院医学院附属医院	123	31	27	28	18	19	168	6531	1.366
323	内蒙古医学院第三附属医院	145	25	35	25	29	31	168	7556	1.159
324	海南医学院附属医院	104	12	28	28	17	19	166	6549	1.596
325	盐城市中医院	122	29	29	25	22	17	165	4847	1.352
326	大庆市人民医院	142	20	27	42	29	24	164	8882	1.155
327	迁安市中医院	178	21	25	29	47	56	161	5558	0.904
328	沈阳市中医院	100	29	28	12	12	19	160	4078	1.600
329	苏州大学第一附属医院	109	14	28	24	16	27	160	6168	1.468
330	福州市中医院	134	12	35	32	23	32	160	5641	1.194
331	秦皇岛市中医院	138	15	22	37	32	32	158	5966	1.145
332	济南市中医院	133	30	25	21	23	34	155	6321	1.165
333	北海市中医院	107	19	16	29	21	22	154	4810	1.439
334	兴化市中医院	114	26	17	23	27	21	152	5225	1.333
335	黑龙江省医院	118	10	14	19	29	46	150	5386	1.271
336	北华大学附属医院	128	15	30	38	21	24	150	5648	1.172
337	牡丹江医学院红旗医院	163	14	21	16	39	73	150	6830	0.920
338	郴州市第一人民医院	99	10	23	17	20	29	148	4602	1.495
339	徐州市中医院	149	11	14	31	45	48	148	5754	0.993

表 3.4　R3：基础医学

序号	机构名称	本学科发表文献量						被引频次	下载频次	篇均被引频次
		合计	2007 年	2008 年	2009 年	2010 年	2011 年			
1	中国人民解放军总医院	980	229	201	174	189	187	1732	79421	1.767
2	南方医科大学附属南方医院	758	177	148	131	133	169	1305	57815	1.722
3	华中科技大学同济医学院附属同济医院	897	219	190	160	154	174	1280	64100	1.427
4	华中科技大学同济医学院附属协和医院	752	205	174	129	118	126	1217	49742	1.618
5	第三军医大学第一附属医院	714	153	173	158	121	109	1163	52351	1.629
6	第四军医大学第一附属医院	705	162	147	122	118	156	1051	49236	1.491
7	重庆医科大学附属第一医院	613	89	111	131	158	124	1047	43657	1.708
8	四川大学华西医院	571	134	135	114	100	88	980	53073	1.716
9	南京军区南京总医院	342	79	78	64	58	63	807	30718	2.360
10	第三军医大学第二附属医院	446	106	109	91	79	61	803	35097	1.800
11	安徽医科大学第一附属医院	366	76	81	72	67	70	802	30660	2.191
12	中南大学湘雅医院	322	59	70	61	71	61	784	24827	2.435
13	中山大学附属第一医院	498	99	109	103	85	102	782	39170	1.570
14	上海交通大学医学院附属第九人民医院	447	102	90	90	70	95	769	39112	1.720
15	中国人民解放军第二军医大学第一附属医院	369	72	78	60	86	73	691	26360	1.873
16	南方医科大学珠江医院	404	70	93	92	64	85	678	34497	1.678
17	第三军医大学第三附属医院	424	88	99	102	78	57	674	32639	1.590
18	北京协和医院	291	51	71	45	43	81	665	21074	2.285
19	江苏省人民医院	448	101	89	73	91	94	638	39043	1.424
20	上海交通大学医学院附属瑞金医院	344	85	61	63	63	72	629	32633	1.828
21	吉林大学第一医院	346	88	84	58	47	69	611	33833	1.766
22	中南大学湘雅二医院	343	81	74	44	69	75	577	27891	1.682
23	中国医科大学第一附属医院	347	78	78	52	61	78	569	25368	1.640
24	中国人民解放军第二军医大学第二附属医院	356	103	79	67	50	57	566	25236	1.590
25	青岛大学医学院附属医院	275	49	50	56	59	61	508	20448	1.847
26	广西医科大学第一附属医院	290	51	57	60	64	58	505	25545	1.741
27	中国人民解放军第三〇七医院	343	65	63	64	67	84	502	32659	1.464
28	上海市第六人民医院	283	40	46	69	63	65	501	21896	1.770
29	中山大学附属第二医院	325	80	60	51	60	74	489	24504	1.505
30	中国人民解放军总医院第一附属医院	257	51	66	31	40	69	469	21842	1.825
31	北京大学第三医院	232	37	53	49	43	50	439	23544	1.892
32	苏州大学第一附属医院	287	59	53	59	52	64	432	18122	1.505
33	北京大学第一医院	186	39	46	28	26	47	430	17379	2.312
34	第四军医大学第二附属医院	299	59	75	52	59	54	430	22478	1.438
35	复旦大学附属中山医院	217	49	44	48	27	49	423	17340	1.949

表 3.4 R3：基础医学

序号	机构名称	本学科发表文献量						被引频次	下载频次	篇均被引频次
		合计	2007 年	2008 年	2009 年	2010 年	2011 年			
36	郑州大学第一附属医院	383	58	61	74	104	86	410	29340	1.070
37	复旦大学附属华山医院	281	56	65	49	49	62	409	20604	1.456
38	山西医科大学第二附属医院	287	40	57	65	60	65	404	21732	1.408
39	温州医学院附属第一医院	319	67	57	56	58	81	404	18826	1.266
40	南昌大学第一附属医院	280	44	53	53	65	65	402	20874	1.436
41	中国医科大学附属第二医院	313	66	49	58	63	77	393	22985	1.256
42	浙江大学医学院附属第一医院	224	60	41	41	29	53	383	14439	1.710
43	昆明医学院第一附属医院	232	33	59	44	57	39	380	19796	1.638
44	兰州军区总医院	171	37	37	38	30	29	378	17457	2.211
45	吉林大学第三医院	226	37	42	57	53	37	376	16408	1.664
46	重庆医科大学附属儿童医院	245	28	51	48	57	61	365	18610	1.490
47	武汉大学人民医院	305	49	34	73	62	87	363	17689	1.190
48	重庆医科大学附属第二医院	274	44	44	45	52	89	362	16415	1.321
49	南京大学医学院附属鼓楼医院	237	31	64	42	40	60	339	19979	1.430
50	天津医科大学总医院	275	40	42	59	65	69	331	17414	1.204
51	上海交通大学医学院附属仁济医院	218	39	45	37	39	58	327	17354	1.500
52	中山大学附属第三医院	281	40	61	70	44	66	325	17804	1.157
53	暨南大学医学院第一附属医院	171	26	32	29	41	43	318	17098	1.860
54	哈尔滨医科大学附属第二医院	188	45	28	36	33	46	313	14779	1.665
55	泸州医学院附属医院	232	48	37	43	54	50	308	17750	1.328
56	安徽省立医院	214	38	47	41	38	50	306	15130	1.430
57	广州军区广州总医院	257	45	47	44	49	72	305	17043	1.187
58	吉林大学第二医院	177	40	32	41	34	30	300	13538	1.695
59	福建医科大学附属第一医院	186	28	36	42	41	39	282	13152	1.516
60	山东省立医院	217	56	40	45	41	35	281	14741	1.295
61	首都医科大学宣武医院	182	34	34	39	40	35	280	12695	1.538
62	福州总医院	222	44	47	36	44	51	279	15409	1.257
63	新疆医科大学第一附属医院	271	42	37	55	51	86	271	17321	1.000
64	山东大学齐鲁医院	180	51	26	30	29	44	269	11617	1.494
65	温州医学院附属第二医院	193	39	30	45	38	41	263	13547	1.363
66	中南大学湘雅三医院	155	26	27	26	31	45	262	11516	1.690
67	四川大学华西第二医院	153	41	31	33	24	24	260	15570	1.699
68	南通大学附属医院	143	41	37	21	21	23	255	10038	1.783
69	中国人民解放军总参谋部总医院	208	29	39	47	47	46	250	13252	1.202
70	西安交通大学第二附属医院	153	33	44	31	19	26	248	10541	1.621

表 3.4　R3：基础医学

序号	机构名称	本学科发表文献量						被引频次	下载频次	篇均被引频次
		合计	2007 年	2008 年	2009 年	2010 年	2011 年			
71	东南大学附属中大医院	160	41	23	27	35	34	248	13115	1.550
72	北京大学人民医院	157	33	32	31	25	36	246	13484	1.567
73	南昌大学第二附属医院	169	32	39	39	31	28	236	15630	1.396
74	苏州大学附属第二医院	119	26	23	21	20	29	231	7685	1.941
75	上海交通大学医学院附属新华医院	212	39	45	38	45	45	230	13652	1.085
76	广州医学院附属广州市第一人民医院	148	19	37	29	26	37	229	7129	1.547
77	北京军区总医院	212	28	33	36	57	58	223	13310	1.052
78	中国人民解放军海军总医院	143	21	34	34	24	30	222	10431	1.552
79	河北医科大学第二医院	183	14	46	40	41	42	221	11498	1.208
80	广东省人民医院	182	36	36	33	31	46	217	12250	1.192
81	广州医学院第一附属医院	186	27	26	34	44	55	216	11721	1.161
82	北京中日友好医院	133	23	30	27	20	33	212	10423	1.594
83	中国人民解放军昆明总医院	131	36	29	15	23	28	211	10495	1.611
84	山西医科大学第一医院	193	22	35	47	45	44	208	10785	1.078
85	福建医科大学附属协和医院	110	27	23	19	19	22	204	8609	1.855
86	广州中医药大学第二附属医院	128	11	28	33	23	33	197	9149	1.539
87	西安交通大学第一附属医院	166	28	32	36	27	43	193	11537	1.163
88	广东医学院附属医院	120	15	20	29	28	28	189	11018	1.575
89	深圳市人民医院	163	20	42	38	40	23	187	10419	1.147
90	辽宁医学院附属第一医院	147	17	24	27	42	37	179	10475	1.218
91	浙江大学医学院附属第二医院	109	26	18	12	23	30	173	7631	1.587
92	武汉大学中南医院	130	11	26	26	32	35	172	7266	1.323
93	中国协和医科大学阜外心血管病医院	109	21	21	26	11	30	171	8041	1.569
94	中国人民解放军沈阳军区总医院	116	21	19	23	20	33	170	7708	1.466
95	上海交通大学医学院附属第一人民医院	156	31	36	34	23	32	169	10280	1.083
96	哈尔滨医科大学附属第一医院	178	31	44	31	28	44	167	10443	0.938
97	武警总医院	113	18	20	23	25	27	165	8329	1.460
98	北京医院	113	28	18	18	19	30	164	8862	1.451
99	中国医学科学院血液病医院	115	15	35	20	26	19	162	9361	1.409
100	遵义医学院附属医院	144	18	28	29	31	38	160	7502	1.111
101	中国人民解放军三〇二医院	128	17	20	28	35	28	157	12285	1.227
102	昆明医学院第二附属医院	135	13	19	29	31	43	150	10461	1.111
103	徐州医学院附属医院	144	26	18	26	30	44	150	8851	1.042
104	北京大学深圳医院	155	27	29	33	29	37	149	8667	0.961
105	首都医科大学附属北京友谊医院	131	19	26	23	28	35	144	8090	1.099

表 3.4 R3：基础医学

序号	机构名称	本学科发表文献量						被引频次	下载频次	篇均被引频次
		合计	2007 年	2008 年	2009 年	2010 年	2011 年			
106	中国人民解放军空军总医院	121	17	20	31	18	35	138	6317	1.140
107	宁夏医科大学附属医院	122	9	17	23	27	46	131	7128	1.074
108	首都医科大学附属北京同仁医院	111	24	19	22	24	22	128	6235	1.153

表 3.5 R47：护理学

序号	机构名称	本学科发表文献量						被引频次	下载频次	篇均被引频次
		合计	2007 年	2008 年	2009 年	2010 年	2011 年			
1	中山大学附属第一医院	1528	206	376	398	329	219	2067	57125	1.353
2	四川大学华西医院	1288	168	265	353	204	298	1741	59522	1.352
3	中国人民解放军总医院	1368	93	229	284	365	397	1638	39582	1.197
4	华中科技大学同济医学院附属协和医院	799	123	151	172	158	195	1585	33270	1.984
5	山西医科大学第一医院	498	91	122	129	76	80	1546	33288	3.104
6	南京军区南京总医院	800	65	84	159	180	312	1326	27040	1.658
7	江苏省人民医院	826	105	153	154	202	212	1156	29969	1.400
8	广东省人民医院	523	95	123	99	104	102	1060	25903	2.027
9	首都医科大学宣武医院	565	67	97	122	151	128	1048	23624	1.855
10	四川省医学科学院·四川省人民医院	1223	120	196	252	318	337	1046	35849	0.855
11	温州医学院附属第一医院	726	159	203	129	121	114	1017	25656	1.401
12	广西医科大学第一附属医院	769	195	122	161	152	139	1008	28620	1.311
13	北京协和医院	803	63	150	206	199	185	998	22488	1.243
14	广东医学院附属医院	847	123	173	189	173	189	988	20230	1.166
15	浙江大学医学院附属邵逸夫医院	260	37	56	47	48	72	964	17456	3.708
16	中国人民解放军第二军医大学第一附属医院	488	85	102	93	103	105	953	26293	1.953
17	华中科技大学同济医学院附属同济医院	675	72	126	130	157	190	937	24871	1.388
18	中国人民解放军第二五二医院	1579	248	399	318	309	305	914	38830	0.579
19	北京大学第三医院	297	54	58	69	67	49	879	21061	2.960
20	山东省立医院	600	153	128	106	114	99	804	17126	1.340
21	哈尔滨医科大学附属第二医院	453	74	93	102	76	108	783	21014	1.728
22	南方医科大学珠江医院	168	40	30	29	33	36	782	14231	4.655
23	浙江大学医学院附属第二医院	379	90	100	51	59	79	766	15957	2.021
24	华中科技大学同济医学院附属荆州医院	464	109	90	80	82	103	762	15117	1.642
25	吉林大学第一医院	807	125	218	210	151	103	755	24591	0.936
26	青岛大学医学院附属医院	603	138	133	102	114	116	749	20942	1.242
27	温州医学院附属第二医院	761	139	151	178	165	128	748	23137	0.983
28	南方医科大学附属南方医院	369	48	79	79	74	89	730	22264	1.978
29	聊城市人民医院	525	216	135	68	62	44	726	14221	1.383
30	南通大学附属医院	659	113	138	133	121	154	704	19251	1.068
31	南京大学医学院附属鼓楼医院	546	63	110	125	115	133	698	19555	1.278
32	广西人民医院	679	132	134	145	136	132	683	17399	1.006
33	中山大学附属第三医院	699	81	101	166	173	178	679	21490	0.971
34	中国人民解放军第二军医大学第二附属医院	407	48	66	69	109	115	676	22801	1.661
35	山西医科大学第二附属医院	412	127	106	78	56	45	671	13904	1.629

表 3.5　R47：护理学

序号	机构名称	本学科发表文献量						被引频次	下载频次	篇均被引频次
		合计	2007 年	2008 年	2009 年	2010 年	2011 年			
36	上海交通大学医学院附属瑞金医院	267	43	61	67	42	54	663	13742	2.483
37	第三军医大学第一附属医院	698	114	172	120	136	156	651	18268	0.933
38	深圳市第八人民医院	411	40	92	110	95	74	636	13288	1.547
39	中国人民解放军第二五一医院	746	204	150	109	119	164	620	18752	0.831
40	北京大学人民医院	235	58	52	44	42	39	609	13768	2.591
41	潍坊市人民医院	592	229	167	100	50	46	601	14601	1.015
42	中山大学附属第二医院	808	91	141	146	205	225	594	19664	0.735
43	宁夏医科大学附属医院	1250	168	195	291	286	310	594	24248	0.475
44	中南大学湘雅二医院	458	45	101	123	88	101	585	17015	1.277
45	中南大学湘雅医院	372	70	89	61	66	86	582	14463	1.565
46	安徽省立医院	394	71	75	63	89	96	582	14693	1.477
47	河北医科大学第四医院	529	62	93	117	141	116	577	15998	1.091
48	柳州市人民医院	391	129	100	89	35	38	568	14682	1.453
49	贵阳医学院附属医院	409	58	86	100	84	81	562	13398	1.374
50	中山大学附属肿瘤医院	408	77	92	72	77	90	558	16058	1.368
51	浙江省台州医院	486	137	120	59	74	96	549	14512	1.130
52	大庆市人民医院	733	136	136	157	154	150	546	18200	0.745
53	暨南大学医学院第一附属医院	196	52	39	43	37	25	536	10998	2.735
54	上海市第六人民医院	361	48	64	67	76	106	536	13503	1.485
55	福州总医院	462	104	108	90	84	76	533	13134	1.154
56	襄阳市中心医院	646	136	149	134	155	72	533	16012	0.825
57	郑州大学第一附属医院	483	127	117	66	84	89	519	17193	1.075
58	连云港市第一人民医院	470	61	61	137	95	116	518	12572	1.102
59	中国医科大学第一附属医院	319	71	71	58	50	69	513	12773	1.608
60	蚌埠医学院附属医院	345	71	79	59	68	68	510	12913	1.478
61	北京大学第一医院	237	28	62	49	42	56	508	10702	2.143
62	北京大学深圳医院	379	31	46	99	95	108	504	12403	1.330
63	延边大学附属医院	765	170	140	178	119	158	504	18545	0.659
64	苏州大学第一附属医院	450	42	54	98	125	131	501	16127	1.113
65	哈尔滨医科大学附属第一医院	465	81	96	93	96	99	493	10398	1.060
66	聊城市第二人民医院	416	69	126	93	87	41	491	9349	1.180
67	扬州大学医学院附属医院	555	55	65	115	145	175	488	13542	0.879
68	吉林大学第二医院	433	121	115	73	80	44	487	13848	1.125
69	上海交通大学医学院附属第一人民医院	200	21	51	48	38	42	481	9692	2.405
70	第三军医大学第三附属医院	655	87	124	157	153	134	481	15364	0.734

表3.5 R47：护理学

序号	机构名称	本学科发表文献量						被引频次	下载频次	篇均被引频次
		合计	2007年	2008年	2009年	2010年	2011年			
71	浙江省人民医院	322	71	67	54	49	81	474	10913	1.472
72	第四军医大学第一附属医院	474	68	109	89	86	122	472	12899	0.996
73	新乡医学院第一附属医院	524	165	141	132	47	39	469	12387	0.895
74	重庆医科大学附属第一医院	381	57	63	66	92	103	465	16276	1.220
75	惠州市中心人民医院	521	51	91	115	139	125	456	13149	0.875
76	汕头大学医学院第一附属医院	437	71	138	94	70	64	455	11664	1.041
77	东莞市人民医院	407	38	82	141	79	67	450	11712	1.106
78	杭州市第一人民医院	396	92	71	54	81	98	448	11465	1.131
79	广州军区广州总医院	455	60	67	82	100	146	445	12613	0.978
80	浙江大学医学院附属第一医院	287	86	66	40	35	60	443	11058	1.544
81	佛山市第一人民医院	605	79	27	128	76	295	428	14152	0.707
82	中国海洋大学附属医院	377	62	79	62	82	92	422	9895	1.119
83	中国人民解放军总参谋部总医院	381	28	58	83	92	120	418	10796	1.097
84	泰安市中心医院	682	116	126	216	97	127	413	16320	0.606
85	河南省人民医院	357	107	67	56	49	78	407	11396	1.140
86	江阴市人民医院	556	22	73	109	178	174	401	14232	0.721
87	首都医科大学附属北京朝阳医院	265	27	33	53	56	96	400	10244	1.509
88	中国人民解放军白求恩国际和平医院	349	53	61	59	85	91	399	8966	1.143
89	滨州医学院附属医院	334	68	77	67	57	65	398	9682	1.192
90	焦作市第二人民医院	448	40	178	113	51	66	396	14056	0.884
91	第三军医大学第二附属医院	453	36	54	93	121	149	391	11965	0.863
92	湛江中心人民医院	451	36	79	114	116	106	385	9985	0.854
93	北京军区总医院	484	39	52	123	102	168	385	12087	0.795
94	重庆医科大学附属儿童医院	245	46	44	53	38	64	383	11109	1.563
95	山西省人民医院	422	70	101	96	70	85	380	10989	0.900
96	西安交通大学第一附属医院	200	32	39	45	45	39	378	8132	1.890
97	武警总医院	303	54	53	49	62	85	377	8132	1.244
98	吉林大学第三医院	406	86	91	50	94	85	377	11700	0.929
99	十堰市太和医院	467	85	124	132	93	33	371	11886	0.794
100	临沂市人民医院	357	129	102	70	31	25	368	9712	1.031
101	安徽医科大学第一附属医院	326	30	33	83	87	93	367	10145	1.126
102	无锡市人民医院	677	36	94	129	203	215	367	12299	0.542
103	苏州大学附属第二医院	245	43	45	56	45	56	353	7679	1.441
104	桂林医学院附属医院	449	44	61	85	119	140	348	11896	0.775
105	南方医科大学附属深圳医院	301	31	44	69	65	92	347	9146	1.153

表 3.5 R47：护理学

序号	机构名称	本学科发表文献量						被引频次	下载频次	篇均被引频次
		合计	2007 年	2008 年	2009 年	2010 年	2011 年			
106	河北省人民医院	240	44	40	53	48	55	345	8206	1.438
107	广州中医药大学第二附属医院	339	33	65	84	80	77	345	10902	1.018
108	新疆医科大学第一附属医院	365	55	100	88	54	68	343	10747	0.940
109	广西中医学院附属瑞康医院	259	37	53	60	41	68	342	9235	1.320
110	吕梁市人民医院	181	68	40	21	19	33	339	4610	1.873
111	黑龙江省医院	509	79	62	117	94	157	339	10763	0.666
112	遵义医学院附属医院	388	56	77	76	92	87	337	10609	0.869
113	复旦大学附属华山医院	175	26	23	38	31	57	336	9038	1.920
114	广州军区武汉总医院	309	31	40	32	55	151	336	9457	1.087
115	上海交通大学医学院附属仁济医院	220	24	71	33	41	51	335	8533	1.523
116	新疆维吾尔自治区人民医院	573	68	96	112	147	150	335	14516	0.585
117	玉林市第一人民医院	329	36	47	103	80	63	334	9976	1.015
118	山东大学齐鲁医院	252	46	57	49	56	44	333	6366	1.321
119	金华市中心医院	274	79	58	48	52	37	331	8526	1.208
120	平顶山煤业（集团）公司总医院	359	109	88	95	56	11	331	10244	0.922
121	丽水市中心医院	292	75	79	61	36	41	328	8841	1.123
122	中国人民解放军第九十二医院	483	144	100	87	95	57	328	10272	0.679
123	南京中医药大学附属医院	370	31	48	69	87	135	325	10082	0.878
124	丽水市人民医院	318	70	64	61	71	52	323	8936	1.016
125	武汉大学人民医院	313	22	46	76	88	81	321	8515	1.026
126	南京医科大学附属南京第一医院	285	23	29	66	104	63	320	9014	1.123
127	玉林市肿瘤医院	306	32	55	95	67	57	318	7848	1.039
128	武汉市中心医院	335	17	43	51	103	121	318	8016	0.949
129	宜昌市中心人民医院	354	99	51	33	59	112	318	9573	0.898
130	柳州市工人医院	574	120	127	93	113	121	314	13589	0.547
131	中国人民解放军成都军区总医院	361	44	65	94	76	82	313	9798	0.867
132	扬州市第一人民医院	279	75	56	37	59	52	311	6701	1.115
133	福建省立医院	333	40	58	68	79	88	311	8569	0.934
134	浙江中医药附属大学肿瘤医院	233	18	20	60	70	65	308	7355	1.322
135	中国人民解放军昆明总医院	319	47	47	75	69	81	308	8385	0.966
136	中国人民解放军海军总医院	444	39	49	72	116	168	308	11024	0.694
137	浙江大学医学院附属妇产科医院	156	35	43	18	30	30	307	6252	1.968
138	郑州大学第二附属医院	319	42	51	75	65	86	306	9383	0.959
139	上海市第十人民医院	126	15	26	25	27	33	299	6391	2.373
140	湖州市中心医院	201	70	42	17	29	43	297	6772	1.478

表 3.5　R47：护理学

序号	机构名称	本学科发表文献量						被引频次	下载频次	篇均被引频次
		合计	2007 年	2008 年	2009 年	2010 年	2011 年			
141	第四军医大学第二附属医院	293	46	63	46	63	75	295	7928	1.007
142	荆门市第一人民医院	348	39	46	68	100	95	294	8283	0.845
143	常德市第一人民医院	172	44	58	25	23	22	293	5694	1.703
144	广州医学院附属广州市第一人民医院	272	50	62	44	51	65	293	7928	1.077
145	南昌大学第一附属医院	286	40	53	50	58	85	290	8391	1.014
146	中山大学附属汕头医院	335	53	52	74	63	93	290	6762	0.866
147	济宁市第一人民医院	375	78	71	52	104	70	290	8222	0.773
148	四川省第二人民医院	278	43	77	40	53	65	288	6620	1.036
149	枣庄市立医院	408	56	142	90	56	64	288	7401	0.706
150	右江民族医学院附属医院	273	41	55	68	35	74	287	8233	1.051
151	中国人民解放军第一七五医院	510	50	83	110	81	186	287	8398	0.563
152	深圳市人民医院	310	34	47	61	90	78	284	8190	0.916
153	江苏省无锡市妇幼保健院	260	57	85	49	35	34	283	7130	1.088
154	湖南省人民医院	355	53	86	76	72	68	283	8424	0.797
155	中山大学附属第五医院	421	15	68	91	112	135	281	10762	0.667
156	深圳市福田区人民医院	198	27	42	58	42	29	279	6671	1.409
157	山西省肿瘤医院	269	61	47	62	54	45	279	7783	1.037
158	江西省人民医院	269	45	57	73	46	48	277	8774	1.030
159	大同市第五人民医院	174	25	52	18	44	35	276	4600	1.586
160	舟山市人民医院	226	33	30	40	60	63	275	6463	1.217
161	安徽医科大学第三附属医院	236	42	47	48	47	52	274	8139	1.161
162	杭州师范大学附属医院	185	55	52	14	18	46	272	5408	1.470
163	浙江中医院	162	46	35	33	21	27	271	6362	1.673
164	山东省千佛山医院	399	68	66	78	95	92	268	6694	0.672
165	湖北省十堰市人民医院	407	79	104	109	89	26	268	9105	0.658
166	南阳医学高等专科学校第一附属医院	612	70	108	148	124	162	266	12849	0.435
167	郴州市第一人民医院	336	35	63	59	86	93	263	8402	0.783
168	北京积水潭医院	418	25	40	88	133	132	262	8847	0.627
169	大庆市第四医院	505	67	148	107	82	101	262	11727	0.519
170	承德医学院附属医院	323	44	59	78	88	54	261	9730	0.808
171	徐州医学院附属医院	405	30	61	90	79	145	261	8775	0.644
172	皖南医学院弋矶山医院	211	43	52	39	37	40	260	6600	1.232
173	中南大学湘雅三医院	226	33	56	39	43	55	260	7659	1.150
174	浙江大学医学院附属儿童医院	189	60	39	23	18	49	259	5937	1.370
175	河南科技大学第一附属医院	329	42	60	66	67	94	259	8572	0.787

表 3.5 R47：护理学

序号	机构名称	本学科发表文献量						被引频次	下载频次	篇均被引频次
		合计	2007 年	2008 年	2009 年	2010 年	2011 年			
176	首都医科大学附属北京同仁医院	342	22	50	91	91	88	258	6688	0.754
177	北京中日友好医院	167	34	38	38	24	33	257	5396	1.539
178	哈尔滨医科大学附属肿瘤医院	203	35	33	45	43	47	248	5477	1.222
179	南通大学第三附属医院	343	51	51	73	112	56	248	8221	0.723
180	大庆油田总医院	436	5	63	42	172	154	248	9418	0.569
181	济宁医学院第二附属医院	284	44	57	48	52	83	247	5181	0.870
182	中国人民解放军济南军区总医院	342	52	48	47	59	136	247	7886	0.722
183	昆山市第一人民医院	355	36	56	69	101	93	247	8292	0.696
184	苏州大学医学院附属第三医院	274	30	42	55	49	98	246	6912	0.898
185	山西省汾阳医院	332	39	31	41	87	134	246	7089	0.741
186	佳木斯市中心医院	276	45	56	99	65	11	245	7843	0.888
187	中国人民解放军空军总医院	288	35	48	45	76	84	245	6814	0.851
188	蚌埠市中心医院	196	37	34	32	39	54	244	6625	1.245
189	四川大学华西第二医院	155	29	29	34	29	34	241	6477	1.555
190	台州学院医学院附属中心医院	169	27	38	26	42	36	241	5407	1.426
191	石河子大学医学院第一附属医院	184	28	39	41	40	36	241	7305	1.310
192	慈溪市人民医院	219	33	35	49	44	58	241	5275	1.100
193	首都医科大学附属北京友谊医院	226	24	28	60	56	58	241	5789	1.066
194	中国人民解放军总医院第一附属医院	242	27	29	39	60	87	240	4966	0.992
195	泸州医学院附属医院	309	58	57	65	58	71	240	8156	0.777
196	贵州省人民医院	289	57	58	48	62	64	239	7500	0.827
197	深圳市第九人民医院	224	20	36	45	52	71	238	5963	1.063
198	中国人民解放军三〇二医院	233	38	59	58	38	40	238	5706	1.021
199	南阳市中心医院	281	96	110	22	8	45	236	7617	0.840
200	海南省人民医院	366	21	62	84	93	106	236	9043	0.645
201	首都医科大学附属北京天坛医院	231	25	34	57	52	63	235	6364	1.017
202	中国医科大学附属第二医院	380	25	47	76	74	158	235	9118	0.618
203	广西南溪山医院	327	30	77	82	78	60	234	8479	0.716
204	四平市中心医院	472	63	103	82	107	117	233	8719	0.494
205	南宁市第一人民医院	180	38	36	40	38	28	232	6002	1.289
206	河北医科大学第二医院	187	23	36	30	40	58	230	5379	1.230
207	中山大学附属江门医院	243	23	30	55	80	55	230	5492	0.947
208	南华大学附属第一医院	260	49	67	34	50	60	230	8163	0.885
209	南京医科大学附属常州市第二人民医院	242	27	53	53	40	69	228	6351	0.942
210	中山市人民医院	230	26	33	55	46	70	227	6534	0.987

表 3.5 R47：护理学

序号	机构名称	本学科发表文献量						被引频次	下载频次	篇均被引频次
		合计	2007 年	2008 年	2009 年	2010 年	2011 年			
211	东南大学附属中大医院	134	14	31	28	30	31	224	5537	1.672
212	衢州市人民医院	138	25	29	29	23	32	224	4858	1.623
213	菏泽市立医院	155	41	50	34	14	16	223	5041	1.439
214	泰山医学院附属医院	166	38	42	37	23	26	223	4667	1.343
215	襄樊市第一人民医院	189	57	34	19	53	26	221	4566	1.169
216	广州中医药大学第一附属医院	281	42	62	52	60	65	221	8001	0.786
217	南通市第五人民医院	226	19	31	40	62	74	217	6478	0.960
218	牡丹江医学院红旗医院	352	43	87	56	77	89	216	6427	0.614
219	重庆市涪陵中心医院	212	65	57	41	38	11	215	6183	1.014
220	兰州军区总医院	288	32	31	52	63	110	215	7319	0.747
221	湖南省肿瘤医院	183	15	38	28	51	51	213	6444	1.164
222	佛山市中医院	259	30	43	69	55	62	213	6597	0.822
223	湖南省儿童医院	366	45	64	63	89	105	213	7578	0.582
224	宜宾市第二人民医院	169	26	22	31	49	41	212	5155	1.254
225	天津医科大学总医院	186	20	31	44	53	38	212	7058	1.140
226	荆州市第一人民医院	588	28	49	95	175	241	212	11486	0.361
227	重庆医科大学附属第二医院	183	21	20	40	42	60	211	6693	1.153
228	嘉兴市第二医院	139	25	30	26	32	26	210	5800	1.511
229	广东药学院附属第一医院	184	37	43	24	42	38	208	5654	1.130
230	泰州市人民医院	334	23	29	62	111	109	207	6677	0.620
231	平顶山市第一人民医院	291	35	52	91	45	68	206	6990	0.708
232	武汉大学中南医院	160	18	31	28	36	47	205	5328	1.281
233	濮阳市油田总医院	219	20	82	45	22	50	204	4936	0.932
234	中国人民解放军第一八〇医院	428	55	90	85	98	100	203	8459	0.474
235	嘉兴市第一医院	140	38	27	23	20	32	202	4209	1.443
236	深圳市宝安区西乡人民医院	173	13	49	38	29	44	202	5843	1.168
237	武汉市中西医院结合医院	208	35	32	30	30	81	202	4139	0.971
238	首都医科大学附属北京安贞医院	174	8	22	23	63	58	201	4739	1.155
239	肇庆市第一人民医院	268	24	46	70	78	50	201	5524	0.750
240	焦作煤业（集团）中央医院	333	57	51	70	99	56	200	6615	0.601
241	中国人民解放军第二军医大学第三附属医院	160	17	33	42	37	31	199	5749	1.244
242	徐州市第四人民医院	274	34	37	58	78	67	199	5524	0.726
243	内蒙古医学院附属医院	317	45	67	75	69	61	199	7777	0.628
244	河北大学附属医院	272	27	63	50	77	55	198	7981	0.728
245	上海交通大学医学院附属新华医院	138	15	28	13	50	32	197	5066	1.428

表 3.5　R47：护理学

序号	机构名称	本学科发表文献量						被引频次	下载频次	篇均被引频次
		合计	2007 年	2008 年	2009 年	2010 年	2011 年			
246	达州市中心医院	202	23	62	25	40	52	196	5412	0.970
247	江苏省肿瘤医院	211	43	36	34	49	49	195	7016	0.924
248	长治市人民医院	159	33	61	25	25	15	193	3440	1.214
249	中国人民解放军兰州军区乌鲁木齐总医院	249	37	56	54	40	62	193	5573	0.775
250	吉林省人民医院	338	28	77	54	62	117	192	7005	0.568
251	贵港市人民医院	438	83	50	79	90	136	192	8873	0.438
252	浙江省绍兴市妇幼保健院	153	51	33	25	17	27	191	4720	1.248
253	运城市中心医院	210	67	34	17	33	59	190	4972	0.905
254	廊坊市人民医院	187	25	40	57	41	24	189	4618	1.011
255	聊城国际和平医院	130	27	53	29	13	8	187	3133	1.438
256	邢台市人民医院	159	18	37	39	25	40	187	4962	1.176
257	镇江市第一人民医院	180	42	30	28	40	40	187	4842	1.039
258	海安县人民医院	259	53	55	48	49	54	187	5456	0.722
259	沧州市中心医院	280	32	63	73	64	48	187	6927	0.668
260	太原市中心医院	131	44	23	26	15	23	185	3554	1.412
261	天津市第一中心医院	166	36	34	26	31	39	184	6058	1.108
262	内蒙古医学院第三附属医院	234	47	29	53	48	57	183	6092	0.782
263	川北医学院附属医院	266	30	33	37	57	109	183	7690	0.688
264	河池市人民医院	235	25	60	26	46	78	182	4861	0.774
265	广州中医药大学深圳附属医院	201	24	30	46	51	50	181	5034	0.900
266	山东中医药大学附属医院	152	33	42	36	24	17	180	4564	1.184
267	首都医科大学附属北京佑安医院	176	10	15	74	36	41	180	4619	1.023
268	吉林省肿瘤医院	308	23	61	79	43	102	180	8043	0.584
269	昆明医学院第一附属医院	188	25	28	35	40	60	179	5053	0.952
270	阳泉煤业集团总医院	205	30	39	31	56	49	179	4210	0.873
271	绍兴市第二医院	127	21	41	13	18	34	178	3231	1.402
272	河源市人民医院	237	16	32	58	56	75	178	6313	0.751
273	唐山市工人医院	165	23	22	34	40	46	177	4373	1.073
274	广西医科大学附属第七医院	269	17	48	73	70	61	177	5647	0.658
275	西安交通大学第二附属医院	120	16	21	24	20	39	176	4516	1.467
276	中国人民解放军第四五一医院	227	33	59	45	39	51	176	5232	0.775
277	中国人民解放军沈阳军区总医院	167	30	32	35	25	45	174	4679	1.042
278	广西百色市人民医院	233	48	49	45	37	54	174	5008	0.747
279	长春市儿童医院	315	60	50	62	25	118	174	5879	0.552
280	河北北方学院附属第一医院	164	17	13	37	34	63	172	4530	1.049

表 3.5 R47：护理学

序号	机构名称	本学科发表文献量						被引频次	下载频次	篇均被引频次
		合计	2007 年	2008 年	2009 年	2010 年	2011 年			
281	江汉石油管理局中心医院	193	71	13	27	43	39	172	4707	0.891
282	德州市人民医院	195	68	31	34	40	22	172	4493	0.882
283	汕头大学医学院第二附属医院	198	44	32	30	43	49	171	4889	0.864
284	福建医科大学附属泉州第一医院	271	36	62	58	57	58	171	6817	0.631
285	徐州医学院附属徐州市立医院	219	19	47	60	41	52	170	5172	0.776
286	河北联合大学附属医院	159	28	39	33	44	15	169	5124	1.063
287	宁波市第一医院	164	26	38	28	37	35	169	4712	1.030
288	滨州市人民医院	183	45	45	29	34	30	167	3783	0.913
289	新乡市中心医院	247	33	72	47	52	43	167	5627	0.676
290	江苏大学附属医院	187	13	18	49	46	61	166	5280	0.888
291	濮阳市人民医院	255	43	22	69	47	74	165	6023	0.647
292	聊城市第三人民医院	141	32	43	28	18	20	164	3702	1.163
293	佳木斯大学附属第一医院	316	47	40	57	95	77	164	7570	0.519
294	中国医科大学第四附属医院	216	59	23	27	50	57	163	5991	0.755
295	延安大学附属医院	262	43	72	48	38	61	163	6277	0.622
296	大同市第三人民医院	135	29	40	22	22	22	162	3146	1.200
297	福建医科大学附属第一医院	247	34	47	63	52	51	162	6033	0.656
298	三明市第一医院	156	25	36	41	22	32	161	3888	1.032
299	驻马店中心人民医院	227	26	34	47	71	49	161	5527	0.709
300	南京医科大学第二附属医院	149	8	28	34	37	42	160	3961	1.074
301	福建医科大学附属协和医院	220	25	46	39	48	62	160	5864	0.727
302	青岛市第八人民医院	251	30	48	44	60	69	160	5088	0.637
303	成都医学院第一附属医院	127	31	38	20	19	19	159	4575	1.252
304	湖北省肿瘤医院	129	23	10	12	38	46	159	3600	1.233
305	深圳市第六人民医院	161	13	28	32	41	47	159	4557	0.988
306	宁波市医疗中心李惠利医院	177	43	38	31	23	42	159	4860	0.898
307	鹤壁煤业集团总医院	248	14	50	44	82	58	159	5253	0.641
308	苏州市立医院	262	24	26	66	63	83	159	5636	0.607
309	靖江市人民医院	176	18	40	30	39	49	158	4298	0.898
310	广州医学院第一附属医院	213	15	39	31	61	67	158	6706	0.742
311	湖北省武汉市妇女儿童医疗保健中心	244	29	74	46	31	64	158	4698	0.648
312	杭州市红十字会医院	118	12	36	23	25	22	157	3716	1.331
313	云南省肿瘤医院	156	9	34	38	40	35	157	5488	1.006
314	商丘市第一人民医院	222	33	39	34	41	75	157	4248	0.707
315	河池市第一人民医院	153	17	24	47	36	29	156	4185	1.020

表 3.5　R47：护理学

序号	机构名称	本学科发表文献量						被引频次	下载频次	篇均被引频次
		合计	2007 年	2008 年	2009 年	2010 年	2011 年			
316	重庆三峡中心医院	193	12	26	72	37	46	156	5943	0.808
317	绵阳市中心医院	225	10	73	31	30	81	156	5009	0.693
318	无锡市第四人民医院	319	39	36	43	98	103	156	6512	0.489
319	广东医学院第二附属医院	127	23	22	29	26	27	155	4545	1.220
320	宜宾市第一人民医院	265	19	29	50	80	87	155	6404	0.585
321	浙江医院	131	32	29	12	26	32	154	3992	1.176
322	河北医科大学第三医院	159	8	20	24	51	56	154	4207	0.969
323	泰山医学院附属莱芜医院	212	49	34	31	62	36	154	4130	0.726
324	烟台毓璜顶医院	239	73	43	30	39	54	154	5191	0.644
325	柳州市中医院	139	18	27	49	29	16	152	4205	1.094
326	安阳市人民医院	175	55	38	31	31	20	152	4091	0.869
327	温州市第二人民医院	154	24	30	34	36	30	151	4714	0.981
328	梅州市人民医院	165	16	15	23	49	62	151	3464	0.915
329	温岭市第一人民医院	170	24	43	23	34	46	150	3996	0.882
330	邵阳市中心医院	173	31	37	42	29	34	150	4566	0.867
331	郑州市骨科医院	234	33	24	45	93	39	150	5824	0.641
332	河北省儿童医院	183	21	34	38	38	52	148	3823	0.809
333	日照市人民医院	145	42	23	13	35	32	147	2496	1.014
334	瑞安市人民医院	160	19	26	33	30	52	147	3353	0.919
335	河南大学淮河医院	206	27	44	26	50	59	147	5190	0.714
336	漯河医学高等专科学校第二附属医院	184	50	28	43	36	27	146	4270	0.793
337	钦州市第一人民医院	207	26	22	58	41	60	146	5000	0.705
338	长春市中心医院	348	45	56	65	47	135	146	6848	0.420
339	高州市人民医院	138	10	25	57	27	19	145	3392	1.051
340	九江市第一人民医院	186	10	30	57	48	41	145	4622	0.780
341	淮安市第一人民医院	254	25	23	53	87	66	145	5552	0.571
342	山东省中西医结合医院	165	29	24	27	54	31	144	3444	0.873
343	珠海市人民医院	121	8	19	32	32	30	142	3341	1.174
344	中国人民解放军海军第四〇一医院	147	20	21	30	43	33	142	4376	0.966
345	天津医科大学附属肿瘤医院	128	18	21	21	24	44	141	5401	1.102
346	无锡市第二人民医院	386	17	19	41	96	213	141	6555	0.365
347	文登整骨医院	206	36	99	44	16	11	140	3627	0.680
348	吉林市中心医院	281	32	60	30	76	83	140	6155	0.498
349	滨州市中心医院	148	26	20	41	25	36	139	3147	0.939
350	南通大学附属东台医院	132	23	21	28	33	27	138	3452	1.045

表 3.5　R47：护理学

序号	机构名称	本学科发表文献量						被引频次	下载频次	篇均被引频次
		合计	2007 年	2008 年	2009 年	2010 年	2011 年			
351	青岛市中心医院	145	54	16	14	23	38	136	3286	0. 938
352	铜陵市人民医院	198	17	40	69	26	46	136	5137	0. 687
353	中国人民解放军第一七四医院	245	28	33	31	62	91	136	4672	0. 555
354	佛山市顺德区第一人民医院	127	13	12	24	32	46	135	3416	1. 063
355	湖北民族学院医学院附属医院	172	54	14	25	43	36	135	4318	0. 785
356	广州医学院第二附属医院	240	15	44	42	69	70	135	5577	0. 563
357	中山市小榄人民医院	121	24	14	35	29	19	134	3375	1. 107
358	淄博市第一医院	167	22	28	56	31	30	134	3196	0. 802
359	东南大学医学院附属盐城医院	179	5	30	38	62	44	134	4916	0. 749
360	南京市中医院	118	11	27	17	28	35	133	4373	1. 127
361	茂名市人民医院	187	10	36	49	48	44	133	4554	0. 711
362	平顶山市第二人民医院	255	27	38	39	78	73	133	5590	0. 522
363	南通市第三人民医院	192	33	27	39	38	55	132	4997	0. 688
364	潍坊市益都中心医院	205	27	32	26	74	46	132	3305	0. 644
365	郑州大学第五附属医院	185	31	74	24	22	34	131	4313	0. 708
366	南京军区杭州疗养院	156	19	27	48	31	31	130	3936	0. 833
367	攀枝花市中心医院	186	16	31	33	44	62	130	5315	0. 699
368	郑州大学附属肿瘤医院	203	63	33	29	40	38	130	5119	0. 640
369	苏州大学附属儿童医院	153	22	35	37	23	36	129	4210	0. 843
370	吉林市第二中心医院	175	37	34	65	34	5	129	4549	0. 737
371	昆山市中医院	190	13	22	28	51	76	129	4268	0. 679
372	钦州市第二人民医院	154	32	11	19	30	62	128	3229	0. 831
373	福建省肿瘤医院	178	20	40	38	39	41	128	4947	0. 719
374	北华大学附属医院	247	24	46	71	67	39	128	5128	0. 518
375	吉林省前卫医院	186	25	47	65	25	24	127	3917	0. 683
376	山西西山煤电集团古交矿区总医院	236	42	35	35	63	61	127	4447	0. 538
377	内蒙古科技大学第三附属医院	240	56	57	46	51	30	127	5359	0. 529
378	山西焦煤西山煤电集团公司职工总医院	343	10	33	49	107	144	126	6214	0. 367
379	桂林市人民医院	121	28	30	28	20	15	125	3551	1. 033
380	信阳市中心医院	149	44	34	26	23	22	125	3504	0. 839
381	赣南医学院第一附属医院	215	41	36	54	37	47	124	4932	0. 577
382	绍兴市人民医院	142	24	36	12	19	51	122	3209	0. 859
383	宿迁市人民医院	168	6	9	35	52	66	121	3776	0. 720
384	三门峡市中心医院	161	20	51	44	24	22	120	3804	0. 745
385	无锡市中医医院	168	27	40	33	43	25	120	4433	0. 714

表 3.5 R47：护理学

序号	机构名称	本学科发表文献量						被引频次	下载频次	篇均被引频次
		合计	2007 年	2008 年	2009 年	2010 年	2011 年			
386	咸宁学院附属第一医院	270	48	35	66	78	43	120	4511	0.444
387	山东省胸科医院	140	31	40	40	18	11	119	2574	0.850
388	六安市人民医院	163	30	30	35	32	36	119	4015	0.730
389	江都市人民医院	166	17	21	31	39	58	118	3434	0.711
390	郑州市儿童医院	217	31	39	53	36	58	118	4841	0.544
391	武汉市中医医院	139	12	26	13	38	50	117	3526	0.842
392	宁海县第一医院	123	27	29	25	22	20	116	2968	0.943
393	江门市新会区人民医院	126	14	32	33	17	30	116	3651	0.921
394	盐城市第一人民医院	172	42	36	32	28	34	116	3987	0.674
395	广西民族医院	150	27	25	20	34	44	115	4117	0.767
396	威海市立医院	195	37	25	44	51	38	115	3553	0.590
397	内江市第一人民医院	120	6	17	32	26	39	114	2871	0.950
398	江西省肿瘤医院	138	27	28	31	24	28	114	3655	0.826
399	漯河医学高等专科学校第一附属医院	199	29	25	55	36	54	114	4225	0.573
400	辽宁医学院附属第一医院	124	20	25	31	19	29	113	4579	0.911
401	海南医学院附属医院	158	10	29	36	32	51	113	3789	0.715
402	厦门市第一医院	206	16	35	53	39	63	113	4762	0.549
403	潮州市中心医院	120	14	23	28	33	22	112	2733	0.933
404	中国人民解放军第二五四医院	132	6	19	25	49	33	112	2967	0.848
405	华中科技大学同济医院附属孝感医院	181	12	21	37	56	55	112	4298	0.619
406	安阳市地区医院	156	18	18	23	41	56	111	2968	0.712
407	南昌大学第二附属医院	188	14	33	48	46	47	111	5313	0.590
408	中国人民解放军济南军区青岛第一疗养院	134	18	21	35	23	37	110	4385	0.821
409	威海市立第二医院	156	28	82	9	7	30	110	2798	0.705
410	南通大学第二附属医院	186	28	30	35	42	51	110	4797	0.591
411	胜利油田中心医院	194	12	20	35	68	59	110	3251	0.567
412	南京医科大学附属脑科医院	207	2	29	64	57	55	110	3672	0.531
413	淮安市第二人民医院	218	18	18	33	64	85	110	4184	0.505
414	临沂市中医院	118	38	33	23	13	11	109	3458	0.924
415	牡丹江医学院附属第二医院	140	9	40	22	20	49	109	2389	0.779
416	山西中医学院中西医结合医院	134	41	32	26	22	13	108	3042	0.806
417	兖州矿业集团公司总医院	158	13	48	33	44	20	108	3542	0.684
418	广东省第二人民医院	134	15	25	26	30	38	107	2965	0.799
419	杭州市萧山区第一人民医院	138	60	30	22	12	14	107	3773	0.775
420	泰山医学院附属莱钢医院	152	8	33	54	35	22	107	3123	0.704

表 3.5　R47：护理学

序号	机构名称	本学科发表文献量						被引频次	下载频次	篇均被引频次
		合计	2007 年	2008 年	2009 年	2010 年	2011 年			
421	郑州人民医院	214	22	26	28	58	80	107	5096	0.500
422	南充市中心医院	242	18	20	27	67	110	107	5768	0.442
423	滕州市中心人民医院	208	29	35	42	56	46	106	2967	0.510
424	南华大学附属南华医院	141	16	10	32	40	43	105	3482	0.745
425	内蒙古科技大学第一附属医院	171	24	28	39	36	44	105	4055	0.614
426	威海市文登中心医院	251	46	50	38	59	58	105	3012	0.418
427	荆门市第二人民医院	118	22	32	28	21	15	104	2554	0.881
428	南阳市第一人民医院	122	7	33	21	19	42	104	2920	0.852
429	广西龙潭医院	169	27	39	44	30	29	103	3057	0.609
430	吉林大学第四医院	202	28	21	55	55	43	103	4305	0.510
431	福建医科大学附属第二医院	168	20	23	21	51	53	102	3690	0.607
432	东风汽车公司总医院	117	17	36	32	26	6	101	2485	0.863
433	大连医科大学附属第一医院	145	11	16	20	41	57	101	3887	0.697
434	首都医科大学附属北京儿童医院	161	3	14	37	49	58	101	2927	0.627
435	宁夏回族自治区人民医院	180	7	24	42	58	49	101	4126	0.561
436	沈阳医学院奉天医院	124	12	24	18	20	50	100	2660	0.806
437	广州市妇女儿童医疗中心	157	9	23	34	37	54	100	3254	0.637
438	山西医科大学附属太钢总医院	118	12	17	22	37	30	99	2721	0.839
439	广州医学院附属深圳沙井医院	120	10	21	28	27	34	99	2381	0.825
440	三明市第二医院	157	22	33	17	50	35	99	2671	0.631
441	河南省洛阳正骨医院	186	29	35	34	39	49	99	4086	0.532
442	中国人民解放军二八一医院	205	17	34	61	52	41	99	4954	0.483
443	合肥市第二人民医院	126	15	9	23	29	50	98	3804	0.778
444	广州市红十字会医院	132	13	17	19	46	37	98	3130	0.742
445	泰兴市人民医院	180	15	17	36	58	54	97	3539	0.539
446	广西中医学院第一附属医院	141	16	18	23	45	39	96	4398	0.681
447	株洲市第一医院	152	8	15	28	44	57	96	3466	0.632
448	赣州市人民医院	307	41	37	37	66	126	96	4754	0.313
449	中国人民解放军第三〇七医院	131	11	25	32	25	38	95	2990	0.725
450	邳州市人民医院	152	4	17	20	35	76	95	2922	0.625
451	抚州市第一人民医院	158	11	28	32	44	43	95	3179	0.601
452	中国人民解放军济南军区青岛第二疗养院	181	19	38	49	37	38	95	3958	0.525
453	哈尔滨市第三医院	131	35	31	22	28	15	93	2776	0.710
454	齐齐哈尔医学院第三附属医院	152	15	27	45	41	24	93	3256	0.612

表 3.6　R4：临床医学综合

序号	机构名称	本学科发表文献量						被引频次	下载频次	篇均被引频次
		合计	2007 年	2008 年	2009 年	2010 年	2011 年			
1	华中科技大学同济医学院附属同济医院	413	87	74	70	85	97	1791	24671	4.337
2	复旦大学附属华山医院	250	46	44	38	60	62	1691	17419	6.764
3	北京协和医院	510	92	89	40	120	169	1613	28396	3.163
4	上海交通大学医学院附属瑞金医院	309	52	60	40	77	80	1572	20874	5.087
5	北京医院	340	60	53	43	70	114	1562	16266	4.594
6	北京大学第一医院	316	62	61	41	74	78	1555	21325	4.921
7	浙江大学医学院附属第一医院	293	52	63	36	65	77	1368	16874	4.669
8	中国人民解放军总医院	812	167	163	66	197	219	1284	37988	1.581
9	四川大学华西医院	593	135	131	98	102	127	1225	40145	2.066
10	重庆医科大学附属第一医院	231	35	30	64	57	45	1126	16141	4.874
11	广州医学院第一附属医院	163	27	27	34	33	42	984	10491	6.037
12	新疆医科大学第一附属医院	226	34	41	51	51	49	979	11809	4.332
13	南方医科大学附属南方医院	422	95	84	71	96	76	928	26120	2.199
14	南京军区南京总医院	379	68	88	64	67	92	909	26372	2.398
15	上海市儿童医院	60	3	10	13	16	18	881	6455	14.683
16	复旦大学附属儿科医院	57	5	13	13	14	12	862	7338	15.123
17	甘肃省人民医院	66	8	9	19	18	12	815	6148	12.348
18	江苏省人民医院	333	53	69	52	69	90	755	17035	2.267
19	中山大学附属第二医院	288	60	67	35	53	73	597	14727	2.073
20	中山大学附属第一医院	383	69	90	59	80	85	596	20343	1.556
21	中国医科大学第一附属医院	285	60	70	32	52	71	593	14305	2.081
22	安徽医科大学第一附属医院	237	38	39	34	70	56	579	12608	2.443
23	第三军医大学第一附属医院	236	36	34	56	53	57	570	11055	2.415
24	首都医科大学宣武医院	276	44	58	44	69	61	507	16319	1.837
25	首都医科大学附属北京友谊医院	280	60	48	30	56	86	482	13960	1.721
26	中国医科大学附属第二医院	249	49	55	30	58	57	477	12298	1.916
27	深圳市人民医院	159	22	35	21	41	40	475	7001	2.987
28	复旦大学附属中山医院	255	40	47	24	61	83	456	11962	1.788
29	温州医学院附属第一医院	309	58	59	54	70	68	446	14031	1.443
30	广州中医药大学第二附属医院	251	44	45	55	51	56	440	11304	1.753
31	中国人民解放军第二军医大学第二附属医院	268	49	50	39	53	77	426	11347	1.590
32	四川省医学科学院·四川省人民医院	261	38	52	55	45	71	416	11853	1.594
33	昆明医学院第一附属医院	177	28	39	36	38	36	389	9984	2.198
34	首都医科大学附属北京朝阳医院	264	46	47	36	50	85	387	11851	1.466
35	上海市第六人民医院	193	34	50	24	40	45	372	10161	1.927

表 3.6 R4：临床医学综合

序号	机构名称	本学科发表文献量						被引频次	下载频次	篇均被引频次
		合计	2007 年	2008 年	2009 年	2010 年	2011 年			
36	第三军医大学第二附属医院	255	57	53	46	42	57	367	11438	1.439
37	广州医学院附属广州市第一人民医院	144	25	29	23	27	40	355	4766	2.465
38	上海交通大学医学院附属仁济医院	195	40	43	32	42	38	355	10621	1.821
39	北京大学第三医院	214	43	39	27	45	60	354	12122	1.654
40	中南大学湘雅二医院	196	46	46	31	36	37	352	11072	1.796
41	北京大学人民医院	239	48	51	23	48	69	345	12113	1.444
42	青岛大学医学院附属医院	178	31	31	23	42	51	331	6476	1.860
43	广西医科大学第一附属医院	279	40	75	46	56	62	324	12185	1.161
44	第四军医大学第一附属医院	264	58	47	46	52	61	317	10178	1.201
45	中国人民解放军第二军医大学第一附属医院	269	52	55	37	53	72	313	12883	1.164
46	南京大学医学院附属鼓楼医院	173	32	36	27	41	37	311	8357	1.798
47	安徽省立医院	188	28	34	25	33	68	308	8461	1.638
48	北京军区总医院	263	33	50	42	62	76	306	11401	1.163
49	重庆医科大学附属第二医院	151	27	37	21	21	45	304	6904	2.013
50	华中科技大学同济医学院附属协和医院	233	41	51	31	59	51	303	10734	1.300
51	上海交通大学医学院附属第一人民医院	158	22	33	20	35	48	302	7096	1.911
52	中南大学湘雅医院	176	27	37	35	28	49	302	9347	1.716
53	西安交通大学第二附属医院	111	19	25	25	19	23	296	4848	2.667
54	第三军医大学第三附属医院	216	28	55	62	28	43	292	9263	1.352
55	哈尔滨医科大学附属第一医院	143	24	43	9	36	31	287	6942	2.007
56	广东省人民医院	178	32	26	36	41	43	285	7995	1.601
57	中国康复研究中心	120	30	23	22	17	28	283	8810	2.358
58	福州总医院	188	45	42	27	38	36	274	7767	1.457
59	首都医科大学附属北京天坛医院	173	41	39	23	32	38	269	8468	1.555
60	中国人民解放军总医院第一附属医院	204	29	26	33	45	71	260	6699	1.275
61	大连医科大学附属第一医院	174	32	26	24	42	50	257	9145	1.477
62	温州医学院附属第二医院	205	42	37	37	38	51	249	8015	1.215
63	广州军区广州总医院	208	28	21	32	57	70	247	10123	1.188
64	中山大学附属第三医院	190	32	30	27	49	52	244	7396	1.284
65	河北医科大学第二医院	215	39	41	32	43	60	244	8666	1.135
66	郑州大学第一附属医院	237	42	55	44	44	52	242	9563	1.021
67	北京大学深圳医院	141	29	18	19	44	31	241	6452	1.709
68	上海交通大学医学院附属新华医院	151	33	26	13	38	41	241	7199	1.596
69	北京中日友好医院	162	35	40	24	27	36	241	6137	1.488
70	山东省立医院	162	39	30	24	34	35	224	5999	1.383

表 3.6　R4：临床医学综合

序号	机构名称	本学科发表文献量						被引频次	下载频次	篇均被引频次
		合计	2007 年	2008 年	2009 年	2010 年	2011 年			
71	首都医科大学附属北京同仁医院	162	30	33	17	28	54	223	7821	1.377
72	武警总医院	212	27	37	18	64	66	220	4450	1.038
73	中国人民解放军海军总医院	173	31	26	29	37	50	218	6403	1.260
74	吉林大学第一医院	148	26	32	31	23	36	217	7333	1.466
75	广州医学院第二附属医院	176	29	33	30	41	43	216	6221	1.227
76	吉林省人民医院	54	7	14	15	4	14	215	1904	3.981
77	南方医科大学附属深圳医院	109	22	23	18	17	29	213	4189	1.954
78	天津医科大学总医院	213	28	50	21	51	63	213	14907	1.000
79	南昌大学第二附属医院	122	20	28	17	29	28	209	7315	1.713
80	首都医科大学附属北京儿童医院	121	8	26	31	27	29	207	4748	1.711
81	第四军医大学第二附属医院	118	27	18	18	16	39	198	4093	1.678
82	浙江省人民医院	148	31	27	19	31	40	197	5829	1.331
83	南昌大学第一附属医院	214	39	46	36	44	49	197	7570	0.921
84	上海中医药大学附属龙华医院	41	4	7	7	7	16	181	1838	4.415
85	广西人民医院	148	30	33	19	31	35	179	4823	1.209
86	杭州市第一人民医院	109	28	20	12	30	19	178	4370	1.633
87	吉林大学第三医院	130	21	26	22	32	29	176	5793	1.354
88	中国人民解放军第二五二医院	139	32	19	29	24	35	176	7389	1.266
89	山东大学齐鲁医院	120	30	18	19	23	30	168	5472	1.400
90	泸州医学院附属医院	121	14	21	29	23	34	165	4310	1.364
91	哈尔滨医科大学附属第二医院	104	19	16	11	26	32	164	4615	1.577
92	福建医科大学附属第一医院	113	24	24	15	25	25	163	5220	1.442
93	绍兴市人民医院	120	16	13	14	36	41	162	3819	1.350
94	武汉大学人民医院	172	26	16	25	45	60	162	5264	0.942
95	西安交通大学第一附属医院	99	17	19	12	18	33	160	5316	1.616
96	苏州大学第一附属医院	171	30	26	25	41	49	157	5349	0.918
97	宁夏医科大学附属医院	190	30	37	26	44	53	157	7287	0.826
98	桂林医学院附属医院	105	6	10	23	40	26	156	4055	1.486
99	南京中医药大学附属医院	119	20	27	22	19	31	156	6853	1.311
100	佛山市第一人民医院	143	16	15	30	38	44	156	4472	1.091
101	河北省人民医院	94	21	24	23	10	16	153	7468	1.628
102	天津市第一中心医院	122	20	24	14	23	41	153	5311	1.254
103	中国人民解放军空军总医院	123	27	24	16	27	29	152	4841	1.236
104	十堰市太和医院	97	31	16	17	25	8	151	3881	1.557
105	重庆医科大学附属儿童医院	73	9	23	8	15	18	150	4874	2.055

表 3.6 R4：临床医学综合

序号	机构名称	本学科发表文献量						被引频次	下载频次	篇均被引频次
		合计	2007 年	2008 年	2009 年	2010 年	2011 年			
106	山西医科大学第二附属医院	145	26	19	24	31	45	149	4245	1.028
107	首都医科大学附属北京安贞医院	123	20	22	10	36	35	143	4757	1.163
108	中南大学湘雅三医院	96	26	20	13	19	18	139	5010	1.448
109	浙江大学医学院附属第二医院	113	22	25	9	26	31	139	5015	1.230
110	中国人民解放军成都军区总医院	126	16	27	21	33	29	137	4882	1.087
111	柳州市工人医院	138	20	37	23	28	30	135	4696	0.978
112	东南大学附属中大医院	148	27	18	30	29	44	135	6737	0.912
113	暨南大学医学院第一附属医院	101	20	15	19	13	34	133	5358	1.317
114	蚌埠医学院附属医院	88	12	19	9	30	18	131	3604	1.489
115	汕头大学医学院第一附属医院	86	26	20	21	7	12	130	4239	1.512
116	南华大学附属第一医院	63	13	16	9	17	8	127	2289	2.016
117	上海东方医院	80	10	9	11	24	26	127	3338	1.588
118	南方医科大学珠江医院	99	19	23	9	23	25	127	5615	1.283
119	广东医学院附属医院	101	26	30	13	13	19	126	4641	1.248
120	浙江省台州医院	133	30	23	8	31	41	123	3660	0.925
121	吉林大学第二医院	76	13	18	19	12	14	122	3700	1.605
122	中国人民解放军昆明总医院	119	21	25	11	28	34	122	3356	1.025
123	无锡市人民医院	123	10	12	16	38	47	122	3115	0.992
124	南通大学附属医院	121	30	22	16	29	24	121	4828	1.000
125	佛山市中医院	68	20	10	12	12	14	120	2280	1.765
126	无锡市第二人民医院	77	9	15	10	23	20	120	2452	1.558
127	海南省人民医院	160	25	24	24	38	49	119	5914	0.744
128	同济大学附属同济医院	73	15	13	8	13	24	118	3625	1.616
129	内蒙古医学院附属医院	138	28	33	24	24	29	115	4835	0.833
130	中国人民解放军第四十四医院	44	12	13	5	7	7	114	1360	2.591
131	哈尔滨医科大学附属第四医院	48	9	11	4	10	14	114	1952	2.375
132	中国人民解放军沈阳军区总医院	97	15	25	12	22	23	114	3283	1.175
133	中国人民解放军济南军区总医院	98	19	23	11	24	21	114	4114	1.163
134	南京医科大学附属南京第一医院	104	15	18	16	30	25	113	4345	1.087
135	山西医科大学第一医院	119	19	29	22	22	27	113	3996	0.950
136	云南省第一人民医院	101	7	26	17	30	21	112	3059	1.109
137	遵义医学院附属医院	109	23	22	16	15	33	112	3111	1.028
138	昆明医学院第二附属医院	95	21	16	16	17	25	111	3961	1.168
139	河北医科大学第三医院	104	17	23	19	14	31	111	3243	1.067
140	福建医科大学附属协和医院	85	10	15	14	21	25	110	3127	1.294

表 3.6　R4：临床医学综合

序号	机构名称	本学科发表文献量						被引频次	下载频次	篇均被引频次
		合计	2007 年	2008 年	2009 年	2010 年	2011 年			
141	绍兴市第二医院	47	10	8	6	12	11	108	1888	2.298
142	上海交通大学医学院附属上海儿童医学中心	55	6	8	10	14	17	107	2881	1.945
143	大连医科大学附属第二医院	88	23	20	13	15	17	107	3532	1.216
144	上海交通大学医学院附属第九人民医院	75	16	10	16	15	18	106	4067	1.413
145	河北医科大学第四医院	89	9	22	11	19	28	105	3359	1.180
146	中国人民解放军白求恩国际和平医院	87	24	23	17	11	12	104	3753	1.195
147	中国人民解放军总参谋部总医院	114	9	14	19	32	40	103	4192	0.904
148	湖州市中心医院	48	12	7	5	11	13	102	1591	2.125
149	深圳市第八人民医院	62	9	9	11	18	15	102	2841	1.645
150	泰安市中心医院	108	20	24	21	17	26	98	3268	0.907
151	黑龙江省医院	67	10	16	11	12	18	96	2298	1.433
152	舟山市人民医院	56	11	11	6	8	20	95	1450	1.696
153	首都医科大学附属复兴医院	59	14	13	8	10	14	95	3402	1.610
154	绵阳市中心医院	58	5	23	14	9	7	93	1603	1.603
155	中山市人民医院	65	7	10	16	21	11	93	2223	1.431
156	广州中医药大学第一附属医院	100	24	26	16	14	20	92	2849	0.920
157	深圳市第九人民医院	101	12	23	9	22	35	92	2887	0.911
158	苏州大学附属第二医院	102	18	22	14	19	29	92	3634	0.902
159	温州市第二人民医院	66	16	9	5	19	17	89	2543	1.348
160	荆州市第一人民医院	72	3	8	8	28	25	89	1988	1.236
161	新疆维吾尔自治区人民医院	119	11	24	21	29	34	89	3507	0.748
162	临沂市人民医院	52	15	18	6	7	6	88	1704	1.692
163	铜陵市人民医院	47	8	10	8	12	9	86	2269	1.830
164	中国海洋大学附属医院	72	10	15	11	18	18	86	2556	1.194
165	浙江大学医学院附属邵逸夫医院	74	20	13	8	10	23	85	2461	1.149
166	川北医学院附属医院	105	13	18	19	25	30	85	4294	0.810
167	西安交通大学医学院第三附属医院	60	12	12	13	7	16	84	1474	1.400
168	湛江中心人民医院	68	2	21	15	17	13	84	2088	1.235
169	徐州医学院附属医院	100	18	12	10	20	40	83	3862	0.830
170	煤炭工业总医院	57	11	10	3	13	20	82	1364	1.439
171	金华市中心医院	64	17	9	9	18	11	82	2096	1.281
172	惠州市中心人民医院	75	13	20	8	13	21	82	3270	1.093
173	天津市第三中心医院	75	13	16	9	14	23	82	3946	1.093
174	四川大学华西第二医院	81	8	17	12	16	28	82	4360	1.012
175	兰州大学第二附属医院	83	10	15	13	22	23	82	2430	0.988

表 3.6　R4：临床医学综合

序号	机构名称	本学科发表文献量						被引频次	下载频次	篇均被引频次
		合计	2007 年	2008 年	2009 年	2010 年	2011 年			
176	柳州市人民医院	81	17	23	16	15	10	81	3162	1.000
177	中国人民解放军第三〇六医院	110	13	13	15	34	35	81	5620	0.736
178	北京世纪坛医院	62	8	9	8	19	18	79	3127	1.274
179	淮安市第一人民医院	48	10	11	6	5	16	78	1851	1.625
180	广州军区武汉总医院	57	8	10	11	10	18	78	1734	1.368
181	连云港市第一人民医院	49	12	10	6	12	9	77	1855	1.571
182	中山大学附属肿瘤医院	54	7	9	6	12	20	77	2259	1.426
183	中国人民解放军第三〇七医院	100	12	15	18	24	31	77	4529	0.770
184	贵州省人民医院	101	17	12	20	23	29	77	2932	0.762
185	北京市急救医疗中心	46	8	5	3	11	19	76	982	1.652
186	成都市第三人民医院	55	10	13	6	16	10	76	1848	1.382
187	扬州市第一人民医院	63	19	13	9	7	15	75	2200	1.190
188	首都医科大学附属北京妇产医院	40	6	7	3	12	12	74	2110	1.850
189	汕头大学医学院第二附属医院	56	6	13	7	14	16	74	2503	1.321
190	北京积水潭医院	44	9	11	5	6	13	73	2000	1.659
191	大连市中心医院	45	8	8	11	8	10	73	2362	1.622
192	烟台毓璜顶医院	56	10	13	7	10	16	73	1727	1.304
193	苏州大学医学院附属第三医院	57	3	8	9	17	20	73	2482	1.281
194	宜昌市中心人民医院	66	18	12	3	9	24	73	1991	1.106
195	深圳市第六人民医院	73	18	16	11	8	20	72	2803	0.986
196	上海市第十人民医院	50	8	11	5	18	8	71	2009	1.420
197	复旦附属大学华东医院	50	10	9	5	9	17	71	2176	1.420
198	厦门市第一医院	74	10	17	15	10	22	71	2843	0.959
199	延边大学附属医院	77	14	16	19	14	14	71	2270	0.922
200	襄樊市第一人民医院	52	5	10	7	18	12	70	1574	1.346
201	中国协和医科大学阜外心血管病医院	69	13	12	5	15	24	70	2318	1.014
202	武汉大学中南医院	80	8	18	12	21	21	70	3349	0.875
203	云南省第二人民医院	64	6	19	8	17	14	69	1484	1.078
204	华中科技大学同济医学院附属荆州医院	91	27	12	11	16	25	68	2277	0.747
205	兰州大学第一附属医院	69	6	19	8	14	22	67	2490	0.971
206	潍坊市人民医院	80	24	16	6	22	12	67	1872	0.838
207	襄阳市中心医院	59	17	14	11	9	8	66	2035	1.119
208	湖南省儿童医院	67	6	14	8	18	21	66	1929	0.985
209	大庆油田总医院	126	18	28	16	35	29	66	2897	0.524
210	浙江中医院	62	10	17	7	12	16	65	2241	1.048

表 3.6 R4：临床医学综合

序号	机构名称	本学科发表文献量						被引频次	下载频次	篇均被引频次
		合计	2007 年	2008 年	2009 年	2010 年	2011 年			
211	聊城市人民医院	74	17	20	7	15	15	65	2138	0.878
212	成都市妇女儿童医学中心	43	5	10	7	12	9	64	1443	1.488
213	宁波市妇女儿童医院	43	6	5	10	12	10	64	1258	1.488
214	兰州军区总医院	67	16	6	7	23	15	64	1920	0.955
215	佛山市顺德区第一人民医院	59	6	8	16	10	19	63	1620	1.068
216	郴州市第一人民医院	79	11	17	9	18	24	63	2848	0.797
217	苏州市立医院	89	16	17	9	20	27	63	3539	0.708
218	福建省立医院	93	14	11	11	26	31	62	2807	0.667

表 3.7　R5：内科学

序号	机构名称	本学科发表文献量						被引频次	下载频次	篇均被引频次
		合计	2007 年	2008 年	2009 年	2010 年	2011 年			
1	中国人民解放军总医院	3139	607	573	519	643	797	4179	156200	1.331
2	四川大学华西医院	2005	452	418	393	341	401	3382	147859	1.687
3	北京大学人民医院	1870	364	352	267	413	474	3194	112052	1.708
4	北京协和医院	2152	350	395	257	469	681	2789	104207	1.296
5	华中科技大学同济医学院附属协和医院	1553	368	349	273	258	305	2769	90050	1.783
6	中国协和医科大学阜外心血管病医院	1673	300	305	228	354	486	2697	99038	1.612
7	北京大学第一医院	1185	226	254	147	250	308	2446	71113	2.064
8	上海交通大学医学院附属瑞金医院	1826	350	369	290	360	457	2371	99253	1.298
9	江苏省人民医院	1606	275	309	267	355	400	2322	98708	1.446
10	首都医科大学附属北京安贞医院	1793	280	298	246	467	502	2269	88632	1.265
11	中国医科大学第一附属医院	1752	263	341	291	387	470	2212	93155	1.263
12	华中科技大学同济医学院附属同济医院	1403	321	318	237	240	287	2178	79301	1.552
13	复旦大学附属中山医院	1370	279	255	220	293	323	2009	71393	1.466
14	上海交通大学医学院附属仁济医院	1144	214	268	226	210	226	1953	67939	1.707
15	中南大学湘雅二医院	1355	238	239	222	335	321	1888	76641	1.393
16	南京军区南京总医院	1033	178	190	193	207	265	1850	62417	1.791
17	广西医科大学第一附属医院	1321	216	249	275	284	297	1750	81192	1.325
18	中山大学附属第一医院	1091	217	245	187	201	241	1735	60060	1.590
19	中国医科大学附属第二医院	953	176	185	165	185	242	1715	55699	1.800
20	河北医科大学第二医院	1268	235	250	248	268	267	1706	65068	1.345
21	南方医科大学附属南方医院	1126	194	203	214	235	280	1696	66840	1.506
22	北京大学第三医院	887	164	156	115	194	258	1611	53806	1.816
23	中国人民解放军第二军医大学第一附属医院	1211	238	222	218	267	266	1567	59927	1.294
24	北京中日友好医院	1065	206	249	156	187	267	1534	55487	1.440
25	首都医科大学附属北京友谊医院	1061	187	176	159	232	307	1521	59818	1.434
26	首都医科大学附属北京朝阳医院	1126	233	206	135	230	322	1519	54305	1.349
27	中南大学湘雅医院	972	223	192	167	220	170	1483	53018	1.526
28	上海市第六人民医院	1091	194	217	188	218	274	1468	54326	1.346
29	郑州大学第一附属医院	1296	223	238	217	288	330	1435	59305	1.107
30	复旦大学附属华山医院	880	157	178	156	182	207	1420	53191	1.614
31	新疆医科大学第一附属医院	1333	162	238	245	323	365	1413	62796	1.060
32	安徽医科大学第一附属医院	942	144	140	146	224	288	1376	48602	1.461
33	安徽省立医院	894	130	158	159	198	249	1370	49821	1.532
34	吉林大学第一医院	1018	196	162	179	231	250	1353	62518	1.329
35	山东大学齐鲁医院	879	213	175	142	157	192	1334	47633	1.518

表 3.7　R5：内科学

序号	机构名称	本学科发表文献量						被引频次	下载频次	篇均被引频次
		合计	2007 年	2008 年	2009 年	2010 年	2011 年			
36	重庆医科大学附属第一医院	930	126	144	206	248	206	1329	57202	1.429
37	青岛大学医学院附属医院	846	178	147	140	186	195	1309	42988	1.547
38	第四军医大学第一附属医院	953	187	193	170	165	238	1306	46346	1.370
39	山西医科大学第二附属医院	1083	169	232	207	228	247	1255	52062	1.159
40	中国人民解放军第二军医大学第二附属医院	868	197	152	165	192	162	1233	46387	1.421
41	上海交通大学医学院附属第一人民医院	909	176	162	174	176	221	1201	51741	1.321
42	中山大学附属第二医院	819	162	187	133	150	187	1194	42183	1.458
43	武汉大学人民医院	1255	191	192	235	271	366	1190	50834	0.948
44	山东省立医院	834	191	198	130	135	180	1180	44652	1.415
45	北京医院	729	117	130	110	149	223	1179	35473	1.617
46	昆明医学院第一附属医院	907	156	181	195	183	192	1167	50539	1.287
47	北京军区总医院	1017	118	188	241	222	248	1161	43626	1.142
48	温州医学院附属第一医院	905	178	191	138	167	231	1147	40115	1.267
49	天津医科大学总医院	1067	172	189	184	242	280	1136	47664	1.065
50	第三军医大学第二附属医院	794	162	185	137	157	153	1127	42304	1.419
51	首都医科大学宣武医院	734	114	104	133	177	206	1085	35310	1.478
52	重庆医科大学附属第二医院	755	99	137	136	156	227	1083	42134	1.434
53	浙江大学医学院附属第一医院	945	192	223	112	160	258	1061	38855	1.123
54	首都医科大学附属北京同仁医院	743	142	166	129	115	191	1048	37781	1.410
55	苏州大学第一附属医院	964	145	164	143	213	299	1032	43688	1.071
56	广东省人民医院	814	136	154	157	199	168	1025	36632	1.259
57	上海交通大学医学院附属新华医院	728	106	149	130	174	169	1012	40253	1.390
58	山西医科大学第一医院	1012	119	190	222	239	242	1000	42875	0.988
59	哈尔滨医科大学附属第一医院	804	183	176	118	150	177	979	38977	1.218
60	中国人民解放军三〇二医院	861	146	155	143	196	221	969	44207	1.125
61	中国人民解放军沈阳军区总医院	735	147	132	107	139	210	957	33460	1.302
62	中山大学附属第三医院	780	91	130	122	196	241	955	38605	1.224
63	第三军医大学第一附属医院	658	100	161	117	138	142	933	32678	1.418
64	西安交通大学第一附属医院	671	124	134	130	139	144	906	39118	1.350
65	河北省人民医院	699	137	122	155	130	155	899	39870	1.286
66	南昌大学第一附属医院	708	123	152	139	148	146	886	36441	1.251
67	四川省医学科学院·四川省人民医院	733	116	160	150	140	167	883	36850	1.205
68	首都医科大学附属北京佑安医院	737	115	137	123	172	190	861	34886	1.168
69	辽宁医学院附属第一医院	521	95	114	107	95	110	851	38540	1.633
70	南京大学医学院附属鼓楼医院	856	133	148	155	181	239	848	41332	0.991

表 3.7　R5：内科学

序号	机构名称	本学科发表文献量						被引频次	下载频次	篇均被引频次
		合计	2007 年	2008 年	2009 年	2010 年	2011 年			
71	第三军医大学第三附属医院	484	81	94	108	98	103	844	29277	1.744
72	广州医学院第一附属医院	613	112	86	98	140	177	832	26597	1.357
73	泸州医学院附属医院	669	118	139	138	133	141	826	39957	1.235
74	哈尔滨医科大学附属第二医院	568	124	91	81	103	169	758	27651	1.335
75	第四军医大学第二附属医院	541	85	115	93	111	137	757	25698	1.399
76	广州医学院附属广州市第一人民医院	493	90	97	79	100	127	740	19909	1.501
77	北京地坛医院	522	89	100	73	119	141	718	23822	1.375
78	河南省人民医院	680	122	122	129	140	167	709	27683	1.043
79	东南大学附属中大医院	554	107	82	99	124	142	705	29186	1.273
80	福建医科大学附属第一医院	471	67	100	88	106	110	696	26229	1.478
81	温州医学院附属第二医院	611	128	105	92	121	165	680	25568	1.113
82	贵阳医学院附属医院	578	88	112	125	112	141	678	23426	1.173
83	南京医科大学附属南京第一医院	480	84	89	100	90	117	669	24908	1.394
84	中国人民解放军白求恩国际和平医院	499	87	103	105	103	101	651	19625	1.305
85	广州军区广州总医院	542	86	94	112	119	131	651	25691	1.201
86	四川省疾病预防控制中心	281	37	60	56	55	73	650	9929	2.313
87	宁夏医科大学附属医院	699	100	132	125	173	169	650	31086	0.930
88	河北医科大学第三医院	544	105	100	131	87	121	618	27550	1.136
89	新疆维吾尔自治区人民医院	925	138	151	140	243	253	613	30072	0.663
90	吉林大学第三医院	501	84	96	94	118	109	609	24490	1.216
91	中国人民解放军空军总医院	507	91	69	102	110	135	606	20771	1.195
92	吉林大学第二医院	436	94	78	77	96	91	603	23476	1.383
93	西安交通大学第二附属医院	379	69	85	57	76	92	601	22826	1.586
94	中南大学湘雅三医院	369	62	64	63	94	86	599	21918	1.623
95	福建省立医院	477	71	77	100	107	122	598	21977	1.254
96	天津市第一中心医院	413	74	102	65	84	88	595	20661	1.441
97	福州总医院	558	81	93	99	137	148	583	23234	1.045
98	大连医科大学附属第一医院	602	87	101	110	148	156	582	26312	0.967
99	蚌埠医学院附属医院	382	54	61	83	78	106	574	20565	1.503
100	海南省人民医院	507	84	83	95	113	132	557	26154	1.099
101	浙江大学医学院附属第二医院	491	109	107	49	83	143	555	20221	1.130
102	北京大学深圳医院	373	47	68	80	83	95	544	19207	1.458
103	新乡医学院第一附属医院	553	93	90	129	134	107	543	17908	0.982
104	广东医学院附属医院	456	63	89	93	104	107	527	25853	1.156
105	徐州医学院附属医院	452	82	73	75	105	117	521	23403	1.153

表 3.7　R5：内科学

序号	机构名称	本学科发表文献量						被引频次	下载频次	篇均被引频次
		合计	2007 年	2008 年	2009 年	2010 年	2011 年			
106	郑州大学第二附属医院	424	81	87	90	79	87	517	20019	1.219
107	同济大学附属同济医院	378	74	80	70	74	80	514	18438	1.360
108	广州中医药大学第二附属医院	391	63	68	89	75	96	510	18917	1.304
109	南昌大学第二附属医院	561	90	92	114	109	156	504	27985	0.898
110	柳州市人民医院	374	66	123	86	47	52	501	18182	1.340
111	中国海洋大学附属医院	449	76	64	76	104	129	496	18196	1.105
112	广西人民医院	521	110	110	120	82	99	488	18400	0.937
113	石河子大学医学院第一附属医院	386	61	57	86	83	99	485	21265	1.256
114	江西省人民医院	491	93	105	79	108	106	480	22205	0.978
115	武警总医院	459	87	98	65	123	86	479	17590	1.044
116	中国人民解放军第三〇七医院	291	59	54	44	59	75	477	16281	1.639
117	广州军区武汉总医院	336	71	68	62	70	65	474	17315	1.411
118	南方医科大学珠江医院	360	50	56	71	81	102	473	19586	1.314
119	中国人民解放军海军总医院	505	56	91	90	133	135	473	20891	0.937
120	暨南大学医学院第一附属医院	302	69	54	52	68	59	469	15936	1.553
121	中国人民解放军第三〇六医院	306	51	44	41	77	93	467	14725	1.526
122	武汉大学中南医院	475	81	71	79	134	110	467	22199	0.983
123	中国人民解放军总参谋部总医院	505	67	77	106	124	131	458	17698	0.907
124	福建省疾病预防控制中心	256	46	54	58	44	54	454	9541	1.773
125	首都医科大学附属北京天坛医院	330	73	57	61	68	71	454	16423	1.376
126	广州市胸科医院	284	51	53	36	83	61	445	9309	1.567
127	福建医科大学附属协和医院	344	69	70	69	60	76	445	21258	1.294
128	河北医科大学第一医院	311	86	53	69	39	64	443	14610	1.424
129	南通大学附属医院	432	90	84	69	87	102	443	20213	1.025
130	内蒙古医学院附属医院	523	85	89	97	124	128	443	21695	0.847
131	柳州市工人医院	354	49	91	104	58	52	441	13103	1.246
132	大连医科大学附属第二医院	412	59	72	74	77	130	441	18354	1.070
133	南华大学附属第一医院	288	56	60	52	68	52	439	18363	1.524
134	十堰市太和医院	327	72	77	94	62	22	438	15545	1.339
135	上海交通大学医学院附属第九人民医院	410	79	79	67	77	108	437	20068	1.066
136	天津医科大学第二附属医院	431	79	73	77	99	103	436	21266	1.012
137	上海市肺科医院	356	41	67	70	58	120	434	13898	1.219
138	皖南医学院弋矶山医院	379	58	68	76	74	103	427	20855	1.127
139	深圳市人民医院	397	67	78	87	73	92	424	18957	1.068
140	昆明医学院第二附属医院	470	73	74	102	100	121	421	23701	0.896

表 3.7 R5：内科学

序号	机构名称	本学科发表文献量						被引频次	下载频次	篇均被引频次
		合计	2007 年	2008 年	2009 年	2010 年	2011 年			
141	汕头大学医学院第一附属医院	379	58	87	79	68	87	418	19337	1.103
142	贵州省人民医院	438	73	104	84	79	98	413	15210	0.943
143	广州市第八人民医院	221	37	36	38	36	74	411	8927	1.860
144	复旦大学附属公共卫生中心	371	38	57	64	91	121	408	15592	1.100
145	广州医学院第二附属医院	349	60	75	52	71	91	397	15074	1.138
146	上海东方医院	306	54	67	45	58	82	393	17600	1.284
147	山东省千佛山医院	351	72	57	71	83	68	393	16197	1.120
148	河北联合大学附属医院	340	67	61	77	94	41	392	16257	1.153
149	兰州军区总医院	375	67	58	63	91	96	392	15834	1.045
150	成都市第三人民医院	230	51	55	42	52	30	391	13966	1.700
151	河北大学附属医院	387	53	92	76	86	80	391	15570	1.010
152	武警医学院附属医院平津医院	353	69	81	63	64	76	388	16830	1.099
153	遵义医学院附属医院	364	60	71	56	93	84	385	13577	1.058
154	深圳市福田区人民医院	294	53	56	65	52	68	381	11997	1.296
155	浙江省人民医院	372	68	84	54	65	101	381	11778	1.024
156	云南省第一人民医院	416	69	74	74	94	105	379	14806	0.911
157	广西中医学院附属瑞康医院	270	46	76	47	49	52	374	15266	1.385
158	潍坊市人民医院	428	90	117	63	67	91	371	15048	0.867
159	首都医科大学附属北京胸科医院	168	40	16	31	22	59	370	5362	2.202
160	浙江大学医学院附属邵逸夫医院	346	76	62	35	62	111	368	13292	1.064
161	浙江省台州医院	407	111	74	44	74	104	367	14254	0.902
162	兰州大学第一附属医院	382	53	56	62	90	121	365	19097	0.955
163	江苏大学附属医院	329	47	58	58	90	76	363	15839	1.103
164	上海市第十人民医院	351	35	55	71	96	94	363	15597	1.034
165	川北医学院附属医院	374	41	56	75	98	104	363	17030	0.971
166	中国人民解放军第二五一医院	362	91	60	58	63	90	361	9572	0.997
167	中国人民解放军总医院第一附属医院	304	65	55	41	68	75	360	10431	1.184
168	中国人民解放军成都军区总医院	316	58	35	62	77	84	359	16854	1.136
169	无锡市人民医院	435	48	52	80	93	162	358	13895	0.823
170	北京世纪坛医院	277	40	58	46	59	74	356	12097	1.285
171	中山大学附属第五医院	338	24	77	96	73	68	356	13208	1.053
172	桂林医学院附属医院	459	39	37	70	148	165	356	23232	0.776
173	首都医科大学附属复兴医院	197	37	32	31	46	51	350	9551	1.777
174	右江民族医学院附属医院	298	48	55	70	59	66	347	12017	1.164
175	天津医科大学代谢病医院	281	46	47	40	62	86	343	13015	1.221

表 3.7　R5：内科学

序号	机构名称	本学科发表文献量						被引频次	下载频次	篇均被引频次
		合计	2007 年	2008 年	2009 年	2010 年	2011 年			
176	湖北省十堰市人民医院	267	59	62	64	66	16	341	10401	1.277
177	河南科技大学第一附属医院	375	44	74	53	102	102	341	11510	0.909
178	扬州大学医学院附属医院	259	38	37	45	63	76	338	11373	1.305
179	南方医科大学附属深圳医院	318	61	75	55	57	70	333	11970	1.047
180	杭州市第一人民医院	383	89	66	37	79	112	329	12510	0.859
181	淮安市第一人民医院	309	43	59	50	65	92	328	11239	1.061
182	河北医科大学第四医院	249	41	53	60	38	57	327	10870	1.313
183	中国中医科学院广安门医院	248	30	43	34	66	75	321	15865	1.294
184	云南省第二人民医院	302	49	69	58	57	69	321	12327	1.063
185	浙江中医院	308	57	59	44	61	87	321	14192	1.042
186	天津市胸科医院	293	41	52	52	61	87	319	14681	1.089
187	唐山市工人医院	331	76	65	56	72	62	319	12935	0.964
188	上海中医药大学附属龙华医院	157	27	26	30	40	34	318	13260	2.025
189	上海市胸科医院	211	42	39	40	48	42	314	8982	1.488
190	中国人民解放军济南军区总医院	299	67	53	45	56	78	313	12790	1.047
191	绍兴市人民医院	261	39	44	39	55	84	312	8462	1.195
192	江阴市人民医院	348	31	74	71	86	86	311	10396	0.894
193	中国人民解放军第八十一医院	173	38	31	35	29	40	308	8890	1.780
194	中国人民解放军第二五二医院	484	85	100	101	88	110	305	15780	0.630
195	山西省人民医院	322	49	54	85	53	81	302	11932	0.938
196	南阳市中心医院	273	85	69	26	36	57	301	9126	1.103
197	湖南省人民医院	292	38	41	49	78	86	301	12358	1.031
198	中国医科大学第四附属医院	293	69	43	38	46	97	300	11538	1.024
199	吉林省人民医院	337	67	77	73	50	70	299	13022	0.887
200	大庆油田总医院	443	51	81	78	104	129	290	14667	0.655
201	佳木斯大学附属第一医院	360	47	51	62	103	97	288	14479	0.800
202	中国人民解放军昆明总医院	309	54	45	81	58	71	285	13843	0.922
203	复旦附属大学华东医院	280	52	51	53	64	60	284	11722	1.014
204	佛山市第一人民医院	331	55	59	71	59	87	283	12261	0.855
205	郑州大学第五附属医院	327	79	101	51	42	54	282	10412	0.862
206	昆明市第一人民医院	198	30	40	44	40	44	280	8920	1.414
207	中国中医科学院西苑医院	177	20	35	36	35	51	279	11972	1.576
208	苏州大学附属第二医院	238	40	49	45	49	55	277	9754	1.164
209	厦门大学附属中山医院	200	38	37	35	48	42	276	10571	1.380
210	深圳市第三人民医院	223	39	19	47	68	50	276	8589	1.238

表 3.7 R5：内科学

序号	机构名称	本学科发表文献量						被引频次	下载频次	篇均被引频次
		合计	2007 年	2008 年	2009 年	2010 年	2011 年			
211	厦门市第一医院	221	32	48	39	48	54	275	10187	1.244
212	青海大学医学院附属医院	324	67	58	57	68	74	275	12043	0.849
213	武汉市中心医院	221	23	41	44	47	66	273	8639	1.235
214	北京积水潭医院	221	31	33	30	47	80	273	10661	1.235
215	河南中医学院第一附属医院	273	35	40	57	53	88	272	11172	0.996
216	南京医科大学附属常州市第二人民医院	197	36	41	27	43	50	270	8108	1.371
217	天津市人民医院	154	29	24	32	29	40	266	8312	1.727
218	中国医学科学院血液病医院	249	41	51	35	41	81	265	10021	1.064
219	苏州市立医院	317	57	72	36	68	84	262	11042	0.826
220	安徽中医学院第一附属医院	154	17	27	27	43	40	261	8777	1.695
221	南京中医药大学附属医院	261	47	35	44	61	74	261	14326	1.000
222	北华大学附属医院	337	65	61	64	86	61	258	11717	0.766
223	辽宁中医药大学附属医院	224	29	44	53	37	61	256	12303	1.143
224	上海中医药大学附属曙光医院	184	37	25	20	49	53	255	10555	1.386
225	惠州市中心人民医院	284	28	37	40	83	96	254	8434	0.894
226	海南医学院附属医院	301	52	56	57	45	91	254	13023	0.844
227	延边大学附属医院	321	54	61	64	69	73	253	11073	0.788
228	广西中医学院第一附属医院	203	31	30	54	42	46	252	10372	1.241
229	武汉市中西医院结合医院	241	34	48	52	43	64	251	8352	1.041
230	新疆医科大学附属中医医院	283	33	36	48	87	79	251	10528	0.887
231	宜昌市中心人民医院	261	41	51	48	51	70	250	11789	0.958
232	秦皇岛市第一医院	266	40	69	55	48	54	250	9078	0.940
233	北京市第六医院	153	25	39	20	34	35	247	6306	1.614
234	聊城市人民医院	293	67	66	45	56	59	245	9985	0.836
235	滨州医学院附属医院	307	49	55	58	66	79	243	12629	0.792
236	连云港市第一人民医院	241	30	32	55	59	65	242	8892	1.004
237	山东省中西医结合医院	196	42	51	46	31	26	241	8864	1.230
238	沧州市中心医院	268	32	50	67	67	52	240	8865	0.896
239	石家庄市第一医院	218	37	43	55	30	53	239	8514	1.096
240	安徽医科大学第三附属医院	176	31	24	36	33	52	238	8985	1.352
241	泰安市中心医院	347	64	73	62	65	83	238	11593	0.686
242	丽水市人民医院	197	53	42	24	37	41	237	6214	1.203
243	延安大学附属医院	267	35	55	50	60	67	237	10475	0.888
244	中国人民解放军第二炮兵总医院	203	29	23	19	64	68	233	6759	1.148
245	河北医科大学附属石家庄第五医院	217	46	33	44	48	46	230	7475	1.060

表 3.7　R5：内科学

序号	机构名称	本学科发表文献量						被引频次	下载频次	篇均被引频次
		合计	2007 年	2008 年	2009 年	2010 年	2011 年			
246	青海省人民医院	312	72	48	45	71	76	230	9538	0.737
247	无锡市第二人民医院	255	34	39	47	63	72	228	9666	0.894
248	山东省胸科医院	167	37	34	27	31	38	227	6694	1.359
249	内蒙古医学院第三附属医院	268	36	50	57	59	66	227	9766	0.847
250	潍坊医学院附属医院	217	48	44	36	40	49	226	9197	1.041
251	宁波市第一医院	222	33	34	44	54	57	226	7915	1.018
252	山东中医药大学附属医院	178	28	28	34	35	53	225	8007	1.264
253	大连市中心医院	198	33	40	37	43	45	224	7592	1.131
254	南华大学附属第二医院	217	42	39	29	47	60	224	12313	1.032
255	中国人民解放军第一七五医院	204	28	34	41	44	57	223	6420	1.093
256	衡水市哈励逊国际和平医院	228	37	45	27	47	72	222	7593	0.974
257	武汉科技大学附属天佑医院	187	37	31	19	54	46	221	6520	1.182
258	山东大学第二附属医院	152	46	31	23	32	20	220	8900	1.447
259	南京市第二医院	210	39	28	33	45	65	219	8081	1.043
260	昆明医学院附属延安医院	250	19	33	51	69	78	219	9179	0.876
261	安阳市人民医院	188	25	39	34	42	48	218	6905	1.160
262	深圳市第六人民医院	188	24	30	33	49	52	217	7901	1.154
263	南京医科大学第二附属医院	158	26	26	33	36	37	216	8017	1.367
264	石家庄市第三医院	156	27	30	48	28	23	214	5424	1.372
265	成都市第二人民医院	154	20	29	26	38	41	213	6870	1.383
266	河北北方学院附属第一医院	185	40	38	32	34	41	213	6850	1.151
267	天津市第三中心医院	222	28	41	40	56	57	213	10770	0.959
268	烟台毓璜顶医院	217	43	53	29	43	49	212	8499	0.977
269	中国人民解放军兰州军区乌鲁木齐总医院	278	50	41	44	45	98	212	8851	0.763
270	重庆医科大学附属儿童医院	151	19	36	38	38	20	211	10206	1.397
271	西安交通大学医学院第三附属医院	205	47	38	42	36	42	210	7773	1.024
272	无锡市传染病医院	247	35	53	45	43	71	210	7390	0.850
273	天津中医药大学第一附属医院	158	29	34	23	35	37	209	11227	1.323
274	天津市海河医院	163	26	34	30	32	41	208	7603	1.276
275	南京军区杭州疗养院	171	31	28	37	42	33	207	7053	1.211
276	宁夏医科大学第二附属医院	240	58	44	52	53	33	207	8595	0.863
277	济宁医学院附属医院	212	30	34	45	58	45	206	9467	0.972
278	承德医学院附属医院	295	58	42	64	61	70	206	11603	0.698
279	丽水市中心医院	223	51	49	33	45	45	205	7205	0.919
280	内蒙古自治区医院	239	47	41	40	52	59	205	10795	0.858

表 3.7　R5：内科学

序号	机构名称	本学科发表文献量						被引频次	下载频次	篇均被引频次
		合计	2007 年	2008 年	2009 年	2010 年	2011 年			
281	扬州市第一人民医院	157	32	35	30	23	37	201	6399	1.280
282	新乡市中心医院	271	38	33	38	87	75	199	7122	0.734
283	辽宁省人民医院	208	37	43	26	49	53	197	7107	0.947
284	泰州市人民医院	231	18	35	40	67	71	195	6397	0.844
285	苏州大学医学院附属第三医院	234	39	38	33	45	79	195	7773	0.833
286	黑龙江省医院	303	50	61	56	58	78	194	8495	0.640
287	广西南溪山医院	212	33	37	46	54	42	193	7582	0.910
288	焦作市第二人民医院	226	35	55	43	50	43	193	5511	0.854
289	煤炭工业总医院	252	25	34	31	68	94	193	6454	0.766
290	大庆市人民医院	267	48	61	61	54	43	193	8302	0.723
291	襄阳市中心医院	197	38	46	36	47	30	190	6890	0.964
292	东风汽车公司总医院	174	42	56	41	21	14	189	7049	1.086
293	临沂市人民医院	196	54	47	23	25	47	187	7067	0.954
294	天津市中西医结合医院	175	29	24	28	52	42	186	8577	1.063
295	沈阳医学院沈洲医院	184	40	49	29	29	37	186	6152	1.011
296	福建医科大学附属泉州第一医院	177	38	32	39	39	29	185	7521	1.045
297	牡丹江医学院红旗医院	191	39	37	29	36	50	184	5725	0.963
298	广州市红十字会医院	196	23	34	42	39	58	184	6294	0.939
299	杭州市红十字会医院	161	28	36	32	30	35	183	6124	1.137
300	甘肃省人民医院	242	48	42	46	51	55	181	9102	0.748
301	聊城市第二人民医院	184	32	35	38	45	34	180	4973	0.978
302	金华市中心医院	189	29	37	28	46	49	180	5451	0.952
303	内蒙古科技大学第一附属医院	250	43	49	31	57	70	178	9782	0.712
304	舟山市人民医院	181	29	43	29	27	53	176	5335	0.972
305	广西龙潭医院	183	41	28	49	33	32	176	5025	0.962
306	郑州人民医院	212	30	29	23	58	72	176	7762	0.830
307	南通市第三人民医院	209	40	30	52	51	36	175	6481	0.837
308	兰州大学第二附属医院	244	22	38	45	56	83	174	9382	0.713
309	温岭市第一人民医院	177	36	41	15	39	46	171	5595	0.966
310	哈尔滨医科大学附属第四医院	181	28	36	20	47	50	171	5740	0.945
311	东莞市人民医院	200	28	33	45	41	53	171	7038	0.855
312	深圳市第八人民医院	164	26	32	33	36	37	170	7030	1.037
313	长春市中心医院	200	45	38	39	37	41	169	7507	0.845
314	平顶山煤业（集团）公司总医院	160	55	28	26	35	16	167	4641	1.044
315	南通大学第二附属医院	191	34	23	38	37	59	167	7262	0.874

表 3.7　R5：内科学

序号	机构名称	本学科发表文献量						被引频次	下载频次	篇均被引频次
		合计	2007 年	2008 年	2009 年	2010 年	2011 年			
316	济宁市第一人民医院	223	38	39	32	47	67	167	7389	0. 749
317	浙江中医药大学附属第六医院	220	38	35	33	48	66	166	6905	0. 755
318	赣南医学院第一附属医院	262	55	43	51	53	60	165	7435	0. 630
319	上海市普陀区中心医院	172	44	36	31	34	27	164	7148	0. 953
320	信阳市中心医院	166	43	34	31	15	43	163	4294	0. 982
321	郑州市中心医院	172	31	20	27	35	59	163	5233	0. 948
322	河南大学淮河医院	190	35	30	35	43	47	163	6173	0. 858
323	浙江医院	228	30	47	29	44	78	160	7351	0. 702
324	湖南省老年医院	157	21	19	16	40	61	159	7494	1. 013
325	荆州市第一人民医院	212	27	20	40	52	73	159	7209	0. 750
326	南宁市第一人民医院	154	31	31	23	40	29	157	5777	1. 019
327	上海市徐汇区中心医院	155	19	30	37	25	44	157	6352	1. 013
328	邯郸市第一医院	174	20	27	31	33	63	157	5689	0. 902
329	湖州市中心医院	186	39	31	23	48	45	157	5512	0. 844
330	中国人民解放军第三〇五医院	189	29	39	41	37	43	157	7195	0. 831
331	玉林市第一人民医院	183	38	40	31	41	33	156	5272	0. 852
332	宁夏回族自治区人民医院	214	23	36	41	50	64	156	7716	0. 729
333	徐州市第四人民医院	263	71	50	41	47	54	156	8422	0. 593
334	中国人民解放军海军第四〇一医院	314	53	57	81	49	74	156	10876	0. 497
335	中山市人民医院	160	19	30	22	35	54	155	5708	0. 969
336	海口市人民医院	196	44	39	33	29	51	155	7539	0. 791
337	大连北海医院	231	44	40	47	48	52	154	5777	0. 667
338	新疆医科大学第五附属医院	173	17	26	39	47	44	153	6499	0. 884
339	廊坊市人民医院	178	29	47	45	25	32	152	4787	0. 854
340	广西百色市人民医院	156	32	28	21	33	42	151	4770	0. 968
341	广州中医药大学第一附属医院	152	17	26	32	34	43	150	6836	0. 987

表 3.8　R6：外科学

序号	机构名称	本学科发表文献量						被引频次	下载频次	篇均被引频次
		合计	2007 年	2008 年	2009 年	2010 年	2011 年			
1	中国人民解放军总医院	2178	417	444	316	423	578	3502	91045	1.608
2	南京军区南京总医院	1188	238	238	249	230	233	3315	81658	2.790
3	四川大学华西医院	2119	404	484	452	357	422	3237	115746	1.528
4	中国人民解放军第二军医大学第一附属医院	1590	295	325	282	319	369	2629	66744	1.653
5	中国人民解放军第二军医大学第二附属医院	1510	291	289	305	308	317	2342	65078	1.551
6	上海市第六人民医院	1511	251	305	262	290	403	2174	68865	1.439
7	华中科技大学同济医学院附属协和医院	1253	298	289	227	204	235	2151	52303	1.717
8	中山大学附属第一医院	1610	273	344	274	292	427	2031	63650	1.261
9	华中科技大学同济医学院附属同济医院	1428	296	322	262	233	315	1941	49977	1.359
10	南方医科大学附属南方医院	1226	225	229	200	254	318	1894	52637	1.545
11	第三军医大学第一附属医院	1164	253	340	195	182	194	1828	44343	1.570
12	北京大学第三医院	853	177	173	135	142	226	1814	52626	2.127
13	上海交通大学医学院附属瑞金医院	1111	200	217	216	200	278	1746	52976	1.572
14	第三军医大学第三附属医院	1035	197	246	216	213	163	1712	36723	1.654
15	中南大学湘雅医院	934	182	211	185	173	183	1652	40151	1.769
16	中南大学湘雅二医院	1078	221	212	210	223	212	1625	52928	1.507
17	第四军医大学第一附属医院	1227	258	254	197	233	285	1608	45182	1.311
18	上海交通大学医学院附属仁济医院	1090	183	202	260	178	267	1596	49467	1.464
19	北京协和医院	1154	173	224	155	229	373	1506	53481	1.305
20	江苏省人民医院	971	188	184	167	213	219	1385	42574	1.426
21	北京大学第一医院	700	134	126	112	135	193	1360	36476	1.943
22	广西医科大学第一附属医院	962	202	196	167	197	200	1328	43377	1.380
23	苏州大学第一附属医院	1021	173	200	178	214	256	1318	33582	1.291
24	南京大学医学院附属鼓楼医院	1006	178	199	164	195	270	1307	39624	1.299
25	中国医科大学第一附属医院	1007	147	215	174	181	290	1242	44104	1.233
26	河北医科大学第三医院	963	140	234	164	173	252	1235	35710	1.282
27	重庆医科大学附属第一医院	894	155	170	177	201	191	1226	36599	1.371
28	中国人民解放军总医院第一附属医院	752	148	146	110	131	217	1217	24315	1.618
29	中山大学附属第二医院	790	164	134	146	178	168	1205	32688	1.525
30	郑州大学第一附属医院	1237	180	203	224	271	359	1201	42919	0.971
31	上海交通大学医学院附属第一人民医院	859	148	183	136	150	242	1195	28999	1.391
32	广州军区广州总医院	837	138	139	181	189	190	1184	29310	1.415
33	复旦大学附属华山医院	758	151	140	114	137	216	1177	29577	1.553
34	首都医科大学附属北京朝阳医院	832	144	192	114	165	217	1156	27995	1.389
35	复旦大学附属中山医院	895	179	155	158	177	226	1152	36156	1.287

表 3.8 R6：外科学

序号	机构名称	本学科发表文献量						被引频次	下载频次	篇均被引频次
		合计	2007 年	2008 年	2009 年	2010 年	2011 年			
36	中国医科大学附属第二医院	785	138	142	139	160	206	1134	32300	1.445
37	山东大学齐鲁医院	599	129	125	134	96	115	1115	26106	1.861
38	首都医科大学附属北京友谊医院	691	126	112	106	157	190	1094	26751	1.583
39	北京大学人民医院	765	123	141	110	154	237	1083	35120	1.416
40	上海交通大学医学院附属第九人民医院	663	127	128	116	123	169	1061	28390	1.600
41	安徽医科大学第一附属医院	718	117	104	130	158	209	1058	30374	1.474
42	中山大学附属第三医院	824	135	203	151	131	204	1053	34835	1.278
43	福州总医院	984	213	184	168	179	240	1019	34273	1.036
44	第三军医大学第二附属医院	693	137	144	152	128	132	1006	27833	1.452
45	北京积水潭医院	859	150	129	83	233	264	993	24510	1.156
46	吉林大学第三医院	650	128	119	120	140	143	959	27553	1.475
47	首都医科大学宣武医院	618	93	104	107	136	178	953	24980	1.542
48	安徽省立医院	620	108	127	118	127	140	944	24189	1.523
49	山东省立医院	738	145	126	127	140	200	943	24914	1.278
50	南方医科大学珠江医院	639	99	124	94	144	178	927	26767	1.451
51	吉林大学第一医院	906	154	168	172	175	237	917	37008	1.012
52	北京中日友好医院	647	99	129	99	149	171	893	27816	1.380
53	武汉大学人民医院	862	130	152	166	186	228	862	25928	1.000
54	哈尔滨医科大学附属第一医院	596	126	128	98	112	132	854	28675	1.433
55	温州医学院附属第一医院	771	150	175	112	153	181	824	26363	1.069
56	新疆医科大学第一附属医院	791	127	137	148	153	226	823	26837	1.040
57	温州医学院附属第二医院	695	129	139	124	124	179	817	21481	1.176
58	青岛大学医学院附属医院	735	112	133	133	154	203	807	27305	1.098
59	北京军区总医院	674	82	138	138	140	176	793	23197	1.177
60	上海东方医院	380	60	55	81	90	94	785	15557	2.066
61	山西医科大学第二附属医院	698	127	139	162	127	143	782	29294	1.120
62	苏州大学附属第二医院	584	94	116	92	118	164	757	19049	1.296
63	天津医科大学总医院	742	103	136	148	160	195	752	29191	1.013
64	天津医院	525	88	96	90	108	143	751	21007	1.430
65	南京医科大学附属南京第一医院	524	90	97	96	97	144	695	19775	1.326
66	广东省人民医院	486	102	103	86	89	106	688	19952	1.416
67	哈尔滨医科大学附属第二医院	473	95	101	69	86	122	681	19397	1.440
68	西安交通大学第二附属医院	389	81	85	62	62	99	678	19837	1.743
69	首都医科大学附属北京天坛医院	572	88	84	83	141	176	673	19615	1.177
70	西安交通大学第一附属医院	527	108	101	99	98	121	671	22940	1.273

表 3.8 R6：外科学

序号	机构名称	本学科发表文献量						被引频次	下载频次	篇均被引频次
		合计	2007 年	2008 年	2009 年	2010 年	2011 年			
71	中南大学湘雅三医院	497	122	95	87	111	82	669	19919	1.346
72	广州医学院附属广州市第一人民医院	475	87	97	87	100	104	668	15155	1.406
73	广州医学院第一附属医院	474	86	82	90	97	119	662	15483	1.397
74	兰州军区总医院	519	75	86	97	118	143	656	17563	1.264
75	昆明医学院第一附属医院	669	108	126	135	133	167	655	25523	0.979
76	泸州医学院附属医院	643	113	97	136	155	142	643	25152	1.000
77	首都医科大学附属北京安贞医院	716	86	105	96	188	241	628	19352	0.877
78	南京中医药大学附属医院	396	67	63	79	100	87	612	17493	1.545
79	东南大学附属中大医院	397	78	64	82	79	94	604	20138	1.521
80	同济大学附属同济医院	453	68	74	71	105	135	601	16637	1.327
81	昆明医学院第二附属医院	603	81	117	112	128	165	597	18941	0.990
82	广西人民医院	477	99	96	101	82	99	586	13807	1.229
83	四川省医学科学院·四川省人民医院	680	84	115	141	166	174	579	20779	0.851
84	中国康复研究中心	269	53	63	44	65	44	575	16190	2.138
85	浙江大学医学院附属邵逸夫医院	374	79	77	52	76	90	575	10902	1.537
86	上海交通大学医学院附属新华医院	401	67	79	58	84	113	560	15678	1.397
87	第四军医大学第二附属医院	392	76	62	82	102	70	554	15524	1.413
88	福建医科大学附属第一医院	381	71	64	86	65	95	550	15577	1.444
89	南昌大学第一附属医院	645	102	128	147	130	138	548	22127	0.850
90	广州中医药大学第二附属医院	418	76	78	89	72	103	545	15622	1.304
91	南方医科大学附属深圳医院	466	92	100	93	80	101	544	15621	1.167
92	重庆医科大学附属第二医院	339	46	75	63	67	88	542	14630	1.599
93	宁波市第六医院	404	81	66	67	77	113	541	10009	1.339
94	广州军区武汉总医院	423	69	87	78	60	129	541	11794	1.279
95	北京医院	377	54	76	57	79	111	538	14682	1.427
96	武汉大学中南医院	456	78	74	80	79	145	531	13731	1.164
97	中国人民解放军海军总医院	399	65	72	84	80	98	529	14867	1.326
98	浙江大学医学院附属第二医院	484	121	87	68	85	123	525	13521	1.085
99	武警总医院	539	96	115	100	100	128	525	16582	0.974
100	中国人民解放军济南军区总医院	429	84	74	67	90	114	523	16438	1.219
101	南通大学附属医院	515	98	89	89	88	151	516	16823	1.002
102	浙江省台州医院	572	136	137	74	99	126	509	13054	0.890
103	中国人民解放军成都军区总医院	510	45	81	111	117	156	504	16984	0.988
104	中国医学科学院整形外科医院	320	64	43	41	68	104	503	10598	1.572
105	河南省洛阳正骨医院	495	106	77	97	103	112	499	13232	1.008

表 3.8　R6：外科学

序号	机构名称	本学科发表文献量						被引频次	下载频次	篇均被引频次
		合计	2007 年	2008 年	2009 年	2010 年	2011 年			
106	中国人民解放军第一七五医院	388	66	74	65	73	110	498	12230	1.284
107	中国人民解放军昆明总医院	380	58	56	79	85	102	491	15023	1.292
108	大连医科大学附属第一医院	373	69	64	59	74	107	489	11157	1.311
109	中国协和医科大学阜外心血管病医院	496	104	72	81	88	151	479	17050	0.966
110	河南省人民医院	459	93	79	92	84	111	473	14392	1.031
111	中国人民解放军总参谋部总医院	530	60	89	112	113	156	472	16723	0.891
112	山西医科大学第一医院	462	58	115	92	87	110	461	17121	0.998
113	广东医学院附属医院	358	67	70	70	78	73	454	15535	1.268
114	十堰市太和医院	298	76	69	87	48	18	448	10755	1.503
115	深圳市人民医院	439	97	73	79	97	93	438	13792	0.998
116	浙江大学医学院附属第一医院	538	120	100	64	117	137	437	15310	0.812
117	宁夏医科大学附属医院	531	71	90	110	143	117	435	18887	0.819
118	吉林大学第二医院	362	53	82	89	68	70	428	15796	1.182
119	北京大学深圳医院	381	46	63	77	104	91	427	13529	1.121
120	文登整骨医院	382	57	165	58	49	53	427	10061	1.118
121	河北联合大学附属医院	304	54	67	65	86	32	426	15212	1.401
122	新乡医学院第一附属医院	430	75	66	88	106	95	413	11814	0.960
123	暨南大学医学院第一附属医院	335	62	58	54	62	99	412	14375	1.230
124	贵阳医学院附属医院	440	68	70	93	103	106	411	10740	0.934
125	天津市第一中心医院	506	99	85	67	108	147	404	14202	0.798
126	佛山市中医院	378	47	55	88	84	104	403	11277	1.066
127	浙江中医院	324	45	59	55	66	99	400	10665	1.235
128	河北医科大学第二医院	445	60	96	74	102	113	400	14499	0.899
129	首都医科大学附属北京同仁医院	357	56	62	73	73	93	399	11479	1.118
130	唐山市第二医院	399	73	58	69	100	99	398	10537	0.997
131	中国中医科学院望京医院	211	40	45	29	50	47	395	12308	1.872
132	新疆维吾尔自治区人民医院	694	84	101	138	169	202	394	14727	0.568
133	复旦附属大学华东医院	192	42	33	30	37	50	391	7374	2.036
134	遵义医学院附属医院	368	60	77	77	59	95	383	8364	1.041
135	南华大学附属第一医院	332	69	41	69	62	91	378	13264	1.139
136	广州医学院第二附属医院	370	66	69	67	66	102	373	10027	1.008
137	郴州市第一人民医院	363	63	65	60	74	101	372	10097	1.025
138	广州中医药大学第一附属医院	260	44	46	48	50	72	368	10363	1.415
139	天津市中西医结合医院	265	48	42	48	56	71	368	10137	1.389
140	皖南医学院弋矶山医院	326	36	65	61	73	91	357	12602	1.095

表 3.8 R6：外科学

序号	机构名称	本学科发表文献量						被引频次	下载频次	篇均被引频次
		合计	2007 年	2008 年	2009 年	2010 年	2011 年			
141	川北医学院附属医院	368	35	61	63	100	109	351	11685	0.954
142	河北省人民医院	255	49	60	45	50	51	350	8999	1.373
143	湖南省人民医院	331	37	58	61	70	105	348	9039	1.051
144	兰州大学第二附属医院	319	43	59	58	88	71	346	13062	1.085
145	中国人民解放军第八十九医院	336	72	80	49	74	61	345	8400	1.027
146	广西中医学院附属瑞康医院	283	66	60	53	42	62	340	11994	1.201
147	徐州医学院附属医院	349	42	63	56	92	96	337	13507	0.966
148	天津市人民医院	258	36	54	60	46	62	334	11873	1.295
149	柳州市工人医院	359	58	72	89	57	83	331	9605	0.922
150	福建省立医院	304	48	42	59	82	73	330	9264	1.086
151	内蒙古医学院附属医院	433	84	90	83	73	103	325	12945	0.751
152	山东大学第二附属医院	207	51	49	33	34	40	324	7419	1.565
153	杭州市第一人民医院	288	61	52	35	51	89	324	7370	1.125
154	西安市红十字会医院	279	44	54	58	39	84	322	8027	1.154
155	蚌埠医学院附属医院	284	36	62	53	64	69	322	8683	1.134
156	江阴市人民医院	357	34	58	75	97	93	322	8134	0.902
157	山东省千佛山医院	276	58	34	47	71	66	321	9261	1.163
158	瑞安市人民医院	296	47	57	32	79	81	320	8542	1.081
159	贵州省人民医院	379	62	77	64	69	107	320	9660	0.844
160	辽宁医学院附属第一医院	305	59	58	60	67	61	319	13273	1.046
161	绍兴市人民医院	316	64	50	35	64	103	319	7269	1.009
162	海南省人民医院	326	53	56	64	59	94	318	10047	0.975
163	中国海洋大学附属医院	290	34	58	59	54	85	315	9345	1.086
164	石河子大学医学院第一附属医院	323	52	58	81	68	64	314	12964	0.972
165	中国人民解放军空军总医院	290	50	65	29	61	85	307	9654	1.059
166	中国人民解放军沈阳军区总医院	442	68	79	75	87	133	306	11638	0.692
167	武汉市中西医院结合医院	268	35	52	58	60	63	305	8648	1.138
168	天津医科大学第二附属医院	307	46	52	59	62	88	302	10103	0.984
169	辽宁省人民医院	197	23	45	18	34	77	301	5358	1.528
170	佛山市第一人民医院	355	51	47	82	74	101	300	9591	0.845
171	广西中医学院第一附属医院	266	27	47	50	69	73	299	9740	1.124
172	武警医学院附属医院平津医院	307	40	77	45	67	78	299	10272	0.974
173	中国人民解放军第二军医大学第三附属医院	215	39	60	34	42	40	298	8268	1.386
174	中国人民解放军第二五一医院	352	72	47	64	74	95	298	8368	0.847
175	中国医科大学第四附属医院	259	46	45	35	46	87	297	7704	1.147

表 3.8 R6：外科学

序号	机构名称	本学科发表文献量						被引频次	下载频次	篇均被引频次
		合计	2007 年	2008 年	2009 年	2010 年	2011 年			
176	广东省第二人民医院	251	40	38	57	45	71	296	6843	1.179
177	柳州市人民医院	279	75	66	59	35	44	296	8928	1.061
178	郑州市骨科医院	367	80	69	75	68	75	295	9622	0.804
179	南昌大学第二附属医院	334	63	59	78	67	67	294	11988	0.880
180	烟台毓璜顶医院	242	54	46	37	46	59	290	6650	1.198
181	中国人民解放军兰州军区乌鲁木齐总医院	275	41	56	59	62	57	290	8041	1.055
182	潍坊市人民医院	360	78	92	50	61	79	288	10042	0.800
183	桂林医学院附属医院	319	43	56	64	71	85	287	12104	0.900
184	连云港市第一人民医院	278	57	53	45	54	69	283	7676	1.018
185	南通大学第三附属医院	277	37	48	62	56	74	282	7713	1.018
186	苏州大学医学院附属第三医院	285	58	42	38	66	81	273	8135	0.958
187	大庆油田总医院	541	51	113	63	153	161	273	11589	0.505
188	东莞市人民医院	236	25	45	56	66	44	265	6464	1.123
189	临沂市人民医院	248	69	57	36	38	48	263	7133	1.060
190	福建医科大学附属协和医院	291	48	58	58	51	76	263	8700	0.904
191	上海交通大学医学院附属第三人民医院	159	29	37	30	32	31	262	5736	1.648
192	玉林市第一人民医院	208	45	47	48	29	39	259	4809	1.245
193	广州医学院第三附属医院	269	35	35	54	54	91	254	7868	0.944
194	浙江中医药大学附属广兴医院	217	44	35	32	46	60	252	8900	1.161
195	深圳市第八人民医院	168	24	33	38	37	36	251	5659	1.494
196	浙江省人民医院	364	62	69	43	73	117	249	7059	0.684
197	赣南医学院第一附属医院	224	42	40	49	45	48	248	6388	1.107
198	右江民族医学院附属医院	249	36	57	71	38	47	247	8404	0.992
199	苏州市立医院	295	40	48	58	81	68	247	6752	0.837
200	宁波市第一医院	177	36	35	35	26	45	246	5577	1.390
201	厦门大学附属中山医院	195	25	42	44	42	42	243	7424	1.246
202	深圳市第六人民医院	208	39	27	43	33	66	243	6171	1.168
203	大连医科大学附属第二医院	255	50	38	43	53	71	243	10263	0.953
204	无锡市人民医院	368	28	41	59	98	142	242	8779	0.658
205	扬州市第一人民医院	167	33	32	36	31	35	240	5111	1.437
206	南京医科大学附属常州市第二人民医院	233	35	40	47	55	56	240	6662	1.030
207	上海中医药大学附属龙华医院	133	26	26	23	21	37	239	7393	1.797
208	中国人民解放军第八十八医院	175	45	35	35	35	25	239	6716	1.366
209	南通大学第二附属医院	214	49	37	28	46	54	236	5800	1.103
210	河北医科大学第四医院	162	19	33	23	34	53	235	4527	1.451

表 3.8　R6：外科学

序号	机构名称	本学科发表文献量						被引频次	下载频次	篇均被引频次
		合计	2007 年	2008 年	2009 年	2010 年	2011 年			
211	成都市第三人民医院	174	33	40	34	39	28	235	5817	1.351
212	深圳市第九人民医院	249	37	49	48	59	56	235	6477	0.944
213	上海中医药大学附属曙光医院	150	19	24	24	32	51	234	7303	1.560
214	中山大学附属江门医院	177	43	16	24	37	57	233	4822	1.316
215	丽水市人民医院	240	49	39	29	61	62	233	5119	0.971
216	首都医科大学附属复兴医院	196	29	33	29	44	61	231	7055	1.179
217	河南科技大学第一附属医院	294	48	44	65	52	85	228	6986	0.776
218	惠州市中心人民医院	314	20	54	88	72	80	228	7270	0.726
219	山东中医药大学附属医院	247	33	37	57	53	67	224	7072	0.907
220	中国人民解放军第一七四医院	216	28	45	45	52	46	223	5576	1.032
221	重庆市第四人民医院	140	18	29	27	31	35	219	3772	1.564
222	唐山市工人医院	239	41	40	50	56	52	219	7023	0.916
223	南京医科大学第二附属医院	179	28	32	33	36	50	217	5652	1.212
224	西安交通大学医学院第三附属医院	198	45	37	37	38	41	217	5755	1.096
225	内蒙古医学院第二附属医院	263	45	52	36	50	80	217	9189	0.825
226	沧州市中心医院	164	17	36	45	30	36	214	4178	1.305
227	天津市环湖医院	189	17	42	45	42	43	214	6412	1.132
228	中国人民解放军第二炮兵总医院	169	26	20	32	34	57	213	5569	1.260
229	海口市人民医院	240	36	43	50	57	54	210	7258	0.875
230	汕头大学医学院第一附属医院	191	29	35	38	43	46	209	7216	1.094
231	聊城市人民医院	208	59	45	30	36	38	208	6299	1.000
232	中国人民解放军白求恩国际和平医院	165	29	31	29	33	43	207	6041	1.255
233	南宁市第一人民医院	140	29	58	23	12	18	206	4368	1.471
234	南阳市中心医院	320	78	93	45	50	54	206	7438	0.644
235	中国人民解放军第三〇六医院	202	26	37	22	43	74	205	6763	1.015
236	沈阳医学院奉天医院	219	44	48	24	44	59	205	5799	0.936
237	新疆医科大学附属中医医院	270	29	42	59	69	71	204	7525	0.756
238	扬州大学医学院附属医院	217	30	30	32	63	62	203	6172	0.935
239	江西省人民医院	256	42	31	61	61	61	203	7988	0.793
240	襄阳市中心医院	183	30	47	35	48	23	201	5224	1.098
241	北京市垂杨柳医院	120	22	18	21	28	31	199	4567	1.658
242	陕西中医学院附属医院	206	31	43	38	45	49	199	4965	0.966
243	河北大学附属医院	257	36	37	63	59	62	198	5708	0.770
244	贵港市人民医院	176	30	25	28	42	51	197	4407	1.119
245	郑州大学第二附属医院	276	42	51	50	52	81	197	6961	0.714

表 3.8 R6：外科学

序号	机构名称	本学科发表文献量						被引频次	下载频次	篇均被引频次
		合计	2007 年	2008 年	2009 年	2010 年	2011 年			
246	河南省中医院	167	31	34	28	28	46	196	4966	1.174
247	中国人民解放军第一八一医院	208	39	36	38	43	52	196	5591	0.942
248	泰山医学院附属医院	139	32	36	21	27	23	195	4141	1.403
249	成都市第二人民医院	149	21	34	25	34	35	195	3819	1.309
250	中国人民解放军第二五二医院	291	38	61	67	45	80	195	6579	0.670
251	广州市红十字会医院	189	36	30	40	37	46	194	5053	1.026
252	嘉兴市第二医院	229	34	44	30	59	62	192	5025	0.838
253	烟台市烟台山医院	181	26	57	31	25	42	191	4723	1.055
254	沧州市中西医结合医院	221	27	46	27	63	58	191	4880	0.864
255	吉林省人民医院	207	36	40	67	29	35	190	5685	0.918
256	大庆市人民医院	218	39	33	51	51	44	190	5553	0.872
257	中山大学附属第五医院	256	40	47	48	55	66	190	7562	0.742
258	义乌市中心医院	177	40	34	22	36	45	189	3879	1.068
259	中山市人民医院	177	29	34	29	32	53	189	5548	1.068
260	台州市中西医结合医院	180	17	21	43	39	60	189	5676	1.050
261	宜宾市第二人民医院	183	26	32	35	50	40	189	5406	1.033
262	德阳市人民医院	173	28	45	49	25	26	188	4428	1.087
263	哈尔滨医科大学附属第四医院	180	29	35	23	39	54	188	5692	1.044
264	宜昌市中心人民医院	182	32	28	32	35	55	188	6216	1.033
265	北京世纪坛医院	183	25	22	36	48	52	188	6503	1.027
266	承德医学院附属医院	221	36	27	39	49	70	188	7153	0.851
267	淮安市第一人民医院	283	23	41	43	75	101	187	5925	0.661
268	沈阳市骨科医院	176	37	28	40	39	32	186	5158	1.057
269	柳州市中医院	190	43	42	30	31	44	186	5754	0.979
270	甘肃省中医院	169	28	26	26	38	51	185	6032	1.095
271	绵阳市中心医院	214	25	70	61	26	32	185	5709	0.864
272	大连大学附属中山医院	201	28	31	34	35	73	184	5923	0.915
273	上海市第十人民医院	192	18	34	30	48	62	183	5238	0.953
274	广西医科大学第三附属医院	174	33	36	38	30	37	182	4859	1.046
275	聊城市第二人民医院	228	37	52	32	56	51	182	4680	0.798
276	中国人民解放军第一八〇医院	230	37	29	40	54	70	182	4334	0.791
277	汕头大学医学院第二附属医院	142	43	23	26	27	23	181	5473	1.275
278	湖北省十堰市人民医院	187	32	37	56	49	13	181	5397	0.968
279	中国人民解放军第一一七医院	199	39	37	28	35	60	180	5101	0.905
280	广西民族医院	118	28	25	21	23	21	179	3385	1.517

表 3.8　R6：外科学

序号	机构名称	本学科发表文献量						被引频次	下载频次	篇均被引频次
		合计	2007 年	2008 年	2009 年	2010 年	2011 年			
281	山西省人民医院	268	36	62	51	38	81	179	5707	0.668
282	河北北方学院附属第一医院	144	27	29	36	19	33	178	5170	1.236
283	佛山市顺德区第一人民医院	151	25	34	30	33	29	178	4270	1.179
284	云南省第二人民医院	191	26	41	50	31	43	177	4273	0.927
285	宁夏回族自治区人民医院	201	33	54	29	36	49	176	6562	0.876
286	浙江省新华医院	156	21	35	35	30	35	175	6075	1.122
287	新乡市中心医院	284	27	39	54	79	85	175	5890	0.616
288	北华大学附属医院	221	41	43	53	35	49	174	6276	0.787
289	云南省第一人民医院	252	51	39	35	56	71	174	5714	0.690
290	漯河医学高等专科学校第二附属医院	175	26	28	34	47	40	172	3194	0.983
291	福建医科大学附属第二医院	138	26	31	18	29	34	171	3462	1.239
292	嘉兴市第一医院	200	37	42	28	43	50	170	4941	0.850
293	宜宾市第一人民医院	146	28	24	19	35	40	169	3939	1.158
294	六安市人民医院	168	22	32	47	31	36	169	4493	1.006
295	滨州医学院附属医院	176	36	38	37	30	35	169	4835	0.960
296	南阳医学高等专科学校第一附属医院	249	40	34	49	55	71	169	5050	0.679
297	中国人民解放军第五十九中心医院	190	33	42	40	33	42	168	4184	0.884
298	舟山市人民医院	287	45	50	42	60	90	168	5135	0.585
299	泰州市人民医院	186	23	34	30	56	43	167	4329	0.898
300	无锡市第二人民医院	197	29	36	33	50	49	166	5172	0.843
301	广州市番禺中心医院	144	21	25	29	23	46	165	3856	1.146
302	厦门市第一医院	201	24	34	34	50	59	165	6083	0.821
303	无锡市中医医院	175	22	21	38	48	46	163	5195	0.931
304	兰州大学第一附属医院	224	23	44	53	52	52	163	7875	0.728
305	深圳市福田区人民医院	184	22	41	42	36	43	161	4403	0.875
306	延安大学附属医院	240	38	55	58	41	48	161	5895	0.671
307	成都中医药大学附属医院	132	28	31	15	19	39	159	5220	1.205
308	天津市第三中心医院	148	20	34	38	30	26	159	4850	1.074
309	常州市武进人民医院	158	16	19	34	42	47	159	3501	1.006
310	泰安市中心医院	208	37	32	30	41	68	159	5659	0.764
311	丽水市中心医院	210	30	58	23	40	59	159	4464	0.757
312	徐州市第四人民医院	148	29	27	24	34	34	158	4416	1.068
313	海南医学院附属医院	177	44	29	31	30	43	158	5869	0.893
314	南京中医药大学附属常州市中医院	127	20	27	20	26	34	157	4725	1.236
315	中国人民解放军第一〇一医院	167	14	15	40	37	61	157	3793	0.940

表 3.8　R6：外科学

序号	机构名称	本学科发表文献量						被引频次	下载频次	篇均被引频次
		合计	2007 年	2008 年	2009 年	2010 年	2011 年			
316	黑龙江省医院	233	26	45	58	49	55	157	5097	0.674
317	安徽医科大学第三附属医院	161	30	20	35	32	44	156	5589	0.969
318	漯河医学高等专科学校第一附属医院	155	29	43	24	34	25	154	3937	0.994
319	广西南溪山医院	174	29	43	36	30	36	154	4139	0.885
320	湖北中医药大学附属医院	143	30	19	27	27	40	153	3750	1.070
321	中国人民解放军海军第四〇一医院	208	42	45	41	27	53	153	4304	0.736
322	宁波大学医学院附属医院	160	30	32	23	35	40	152	4079	0.950
323	南华大学附属第二医院	152	27	23	33	27	42	151	5749	0.993
324	梅州市人民医院	195	24	24	34	45	68	150	4396	0.769
325	大连大学附属新华医院	203	27	28	22	46	80	149	3965	0.734
326	温州市第三人民医院	126	24	24	14	23	41	148	3207	1.175
327	镇江市第一人民医院	170	25	40	25	37	43	148	5397	0.871
328	贵港市中西医结合骨科医院	122	16	22	29	21	34	147	3939	1.205
329	昆明市第一人民医院	204	21	31	43	55	54	147	5730	0.721
330	佳木斯大学附属第一医院	230	33	30	45	68	54	147	6443	0.639
331	青岛大学医学院附属海慈医院	124	25	20	28	26	25	146	4603	1.177
332	宁德市闽东医院	140	19	28	29	33	31	146	3796	1.043
333	重庆三峡中心医院	137	28	17	35	26	31	145	3360	1.058
334	中国人民解放军第四五一医院	179	29	35	30	43	42	145	4781	0.810
335	邢台市人民医院	140	23	31	36	25	25	143	3258	1.021
336	潍坊医学院附属医院	181	28	32	35	43	43	143	5830	0.790
337	泰兴市人民医院	137	13	20	36	33	35	142	2823	1.036
338	宁波市第二医院	186	38	29	30	37	52	142	5043	0.763
339	荆州市第一人民医院	207	35	20	43	56	53	141	4725	0.681
340	玉林市第二人民医院	118	14	27	27	34	16	140	2945	1.186
341	中国中医科学院广安门医院	145	23	18	25	41	38	140	6646	0.966
342	甘肃省人民医院	130	18	14	28	36	34	139	3890	1.069
343	北海市人民医院	174	41	48	29	25	31	137	4525	0.787
344	钦州市第一人民医院	125	20	28	27	27	23	136	3115	1.088
345	秦皇岛市第一医院	151	13	32	41	32	33	136	3866	0.901
346	中国人民解放军第九八医院	173	18	30	32	42	51	136	3545	0.786
347	华中科技大学同济医学院附属荆州医院	125	22	16	22	26	39	135	2872	1.080
348	平顶山煤业（集团）公司总医院	135	51	34	24	16	10	135	2920	1.000
349	中国人民解放军一五〇中心医院	138	28	29	37	26	18	135	3944	0.978
350	遵义市第一人民医院	158	25	40	37	23	33	135	3516	0.854

表 3.8　R6：外科学

序号	机构名称	本学科发表文献量						被引频次	下载频次	篇均被引频次
		合计	2007 年	2008 年	2009 年	2010 年	2011 年			
351	昆明医学院附属延安医院	169	20	28	35	45	41	135	5019	0.799
352	沭阳县人民医院	168	20	43	41	33	31	134	3066	0.798
353	河南中医学院第一附属医院	218	27	34	42	53	62	134	5631	0.615
354	天津中医药大学第一附属医院	143	25	21	32	34	31	133	7882	0.930
355	大连市中心医院	174	27	30	40	25	52	133	3749	0.764
356	青海大学医学院附属医院	204	28	32	44	41	59	133	6522	0.652
357	延边大学附属医院	211	34	57	38	40	42	133	5045	0.630
358	北京市通州区潞河医院	124	14	25	27	37	21	132	4128	1.065
359	南华大学附属南华医院	132	32	19	28	23	30	132	3707	1.000
360	中山市中医院	148	21	31	36	27	33	132	3787	0.892
361	昆山市中医院	131	18	23	29	24	37	131	3468	1.000
362	衢州市人民医院	154	36	27	28	21	42	131	3207	0.851
363	清华大学第二附属医院	134	16	33	25	25	35	130	4848	0.970
364	杭州市萧山区第一人民医院	151	28	38	21	40	24	130	3642	0.861
365	武汉市普爱医院	153	24	32	29	18	50	130	3499	0.850
366	山东省中西医结合医院	120	21	32	22	27	18	129	3280	1.075
367	济宁医学院附属医院	155	13	24	35	46	37	129	4716	0.832
368	昆山市第一人民医院	195	23	41	41	43	47	128	3915	0.656
369	吉林大学第四医院	130	18	30	18	40	24	127	3904	0.977
370	郑州大学第五附属医院	135	31	31	22	22	29	127	3791	0.941
371	宁夏医科大学第二附属医院	172	39	30	24	42	37	127	4310	0.738
372	合肥市第二人民医院	118	8	15	26	27	42	125	3348	1.059
373	湘南学院附属医院	122	24	18	26	23	31	125	3139	1.025

表 3.9　R71/R72：妇产科学与儿科学

序号	机构名称	本学科发表文献量						被引频次	下载频次	篇均被引频次
		合计	2007 年	2008 年	2009 年	2010 年	2011 年			
1	北京协和医院	782	136	139	110	155	242	1972	57306	2.522
2	北京大学第一医院	792	169	166	79	149	229	1921	56291	2.426
3	四川大学华西第二医院	995	201	209	212	172	201	1826	72749	1.835
4	中国医科大学附属第二医院	1227	196	219	179	243	390	1818	60255	1.482
5	首都医科大学附属北京儿童医院	1061	167	184	164	256	290	1776	54336	1.674
6	首都儿科研究所附属儿童医院	575	108	126	79	106	156	1563	28881	2.718
7	重庆医科大学附属儿童医院	977	163	146	173	231	264	1500	45482	1.535
8	复旦大学附属儿科医院	717	158	130	114	126	189	1422	38314	1.983
9	首都医科大学附属北京妇产医院	599	110	94	97	123	175	1262	34178	2.107
10	温州医学院附属第二医院	876	188	181	136	161	210	1252	38630	1.429
11	华中科技大学同济医学院附属同济医院	743	221	137	98	126	161	1184	44056	1.594
12	中山大学附属第一医院	614	123	105	107	136	143	1020	33724	1.661
13	上海市儿童医院	384	65	64	54	87	114	995	18661	2.591
14	上海交通大学医学院附属新华医院	603	117	117	97	135	137	970	26157	1.609
15	浙江大学医学院附属儿童医院	543	132	111	63	93	144	944	22616	1.738
16	南京医科大学附属南京市儿童医院	604	104	96	115	148	141	900	27569	1.490
17	中南大学湘雅二医院	537	135	110	73	102	117	897	33080	1.670
18	广州市儿童医院	333	90	104	74	31	34	895	17085	2.688
19	吉林大学第一医院	538	100	107	107	102	122	885	27866	1.645
20	北京大学第三医院	354	56	62	64	77	95	854	30695	2.412
21	上海交通大学医学院附属仁济医院	349	67	70	65	64	83	834	27343	2.390
22	中山大学附属第二医院	453	99	82	78	81	113	754	27632	1.664
23	苏州大学附属儿童医院	462	67	77	75	108	135	743	19054	1.608
24	山东省立医院	456	108	117	69	88	74	731	26211	1.603
25	湖北省武汉市妇女儿童医疗保健中心	383	74	57	73	75	104	730	13137	1.906
26	广西医科大学第一附属医院	453	95	79	86	101	92	708	25839	1.563
27	广州市妇女儿童医疗中心	634	55	94	141	154	190	695	25626	1.096
28	上海复旦大学附属妇产医院	305	68	54	49	66	68	675	25677	2.213
29	浙江大学医学院附属妇产科医院	371	95	79	57	56	84	672	20891	1.811
30	上海交通大学医学院附属上海儿童医学中心	525	92	98	87	62	186	646	19295	1.230
31	南方医科大学附属南方医院	334	54	56	59	75	90	639	21354	1.913
32	上海市第一妇婴保健院	225	36	41	46	44	58	632	16343	2.809
33	郑州大学第三附属医院	488	98	91	82	92	125	631	23968	1.293
34	郑州大学第一附属医院	498	79	101	82	99	137	613	23026	1.231
35	中国人民解放军总医院	331	73	75	54	66	63	609	16925	1.840

表 3.9　R71/R72：妇产科学与儿科学

序号	机构名称	本学科发表文献量						被引频次	下载频次	篇均被引频次
		合计	2007 年	2008 年	2009 年	2010 年	2011 年			
36	暨南大学医学院第一附属医院	259	49	60	46	45	59	589	16982	2.274
37	中南大学湘雅医院	299	68	44	76	50	61	586	17053	1.960
38	深圳市妇幼保健院	446	60	66	59	112	149	576	19455	1.291
39	上海交通大学医学院附属第一人民医院	187	31	38	38	37	43	569	14088	3.043
40	湖南省儿童医院	599	91	109	107	119	173	565	17032	0.943
41	华中科技大学同济医学院附属协和医院	381	88	103	68	62	60	560	18647	1.470
42	安徽医科大学第一附属医院	316	47	55	60	65	89	556	17485	1.759
43	北京大学人民医院	261	49	35	35	54	88	547	17037	2.096
44	深圳市儿童医院	343	45	54	60	95	89	529	14165	1.542
45	河北医科大学第二医院	455	85	105	72	66	127	526	17067	1.156
46	中山大学附属第三医院	342	63	64	72	77	66	521	15163	1.523
47	青岛大学医学院附属医院	390	68	65	75	85	97	521	18635	1.336
48	首都医科大学附属北京友谊医院	239	35	34	26	54	90	513	11064	2.146
49	上海市第六人民医院	268	44	42	53	63	66	511	12569	1.907
50	重庆医科大学附属第一医院	261	61	41	40	58	61	509	16282	1.950
51	天津市儿童医院	419	87	72	76	80	104	484	16414	1.155
52	南京医科大学附属妇幼保健院	302	53	61	55	63	70	475	15688	1.573
53	成都市妇女儿童医学中心	375	69	56	70	83	97	464	12540	1.237
54	山东大学齐鲁医院	284	51	81	45	47	60	457	14449	1.609
55	安徽省立医院	257	51	40	61	52	53	455	12222	1.770
56	新疆医科大学第一附属医院	321	39	73	77	58	74	453	16580	1.411
57	广东省妇幼保健院	347	47	62	71	89	78	438	13665	1.262
58	江苏省人民医院	339	62	57	65	65	90	426	18706	1.257
59	福州总医院	276	35	84	43	47	67	425	13414	1.540
60	深圳市人民医院	319	57	61	53	64	84	417	13562	1.307
61	广州医学院第三附属医院	268	36	48	54	59	71	416	13692	1.552
62	广东省人民医院	264	55	51	47	52	59	391	10964	1.481
63	上海交通大学医学院附属瑞金医院	190	32	41	34	43	40	384	11534	2.021
64	昆明医学院第一附属医院	259	56	48	57	46	52	377	12218	1.456
65	上海交通大学医学院附属国际和平妇幼保健院	157	27	25	38	36	31	366	9485	2.331
66	北京中日友好医院	154	24	39	22	23	46	365	8177	2.370
67	湖北省妇幼保健院	335	62	41	60	79	93	361	11539	1.078
68	中南大学湘雅三医院	215	44	42	43	54	32	355	10450	1.651
69	四川省医学科学院·四川省人民医院	244	40	48	61	39	56	352	10625	1.443
70	西安交通大学第一附属医院	268	37	51	47	55	78	352	14155	1.313

表 3.9　R71/R72：妇产科学与儿科学

序号	机构名称	本学科发表文献量						被引频次	下载频次	篇均被引频次
		合计	2007 年	2008 年	2009 年	2010 年	2011 年			
71	济南市妇幼保健院	192	49	57	45	19	22	349	9443	1.818
72	唐山市第六医院	391	56	63	63	89	120	349	12120	0.893
73	广西人民医院	275	49	85	45	49	47	341	8714	1.240
74	第三军医大学第一附属医院	193	29	52	40	31	41	338	10074	1.751
75	第四军医大学第一附属医院	278	77	56	49	37	59	337	10571	1.212
76	第三军医大学第三附属医院	157	27	40	36	21	33	336	8735	2.140
77	温州医学院附属第一医院	252	56	55	37	38	66	336	11472	1.333
78	吉林大学第二医院	260	56	52	58	40	54	332	11868	1.277
79	郑州市儿童医院	431	69	67	70	87	138	332	11227	0.770
80	青岛市妇女儿童医疗保健中心	224	50	46	42	36	50	331	8807	1.478
81	重庆医科大学附属第二医院	131	21	34	22	24	30	324	6239	2.473
82	广东医学院附属医院	191	37	28	39	49	38	323	8348	1.691
83	北京市海淀区妇幼保健院	211	26	36	39	48	62	323	8997	1.531
84	山西医科大学第一医院	240	45	59	68	34	34	319	11591	1.329
85	江西省妇幼保健院	294	61	58	64	56	55	319	11938	1.085
86	同济大学附属同济医院	102	17	17	19	25	24	313	6863	3.069
87	苏州市立医院	270	46	38	50	64	72	313	8592	1.159
88	佛山市第一人民医院	174	27	28	34	22	63	312	6678	1.793
89	江西省儿童医院	284	47	39	69	51	78	312	10014	1.099
90	河北省儿童医院	314	53	57	81	48	75	311	8978	0.990
91	广西壮族自治区妇幼保健院	262	29	39	59	53	82	304	9054	1.160
92	宁波市妇女儿童医院	327	65	55	58	64	85	302	9593	0.924
93	泸州医学院附属医院	261	36	49	60	59	57	296	8829	1.134
94	天津医科大学总医院	316	47	62	57	69	81	296	15528	0.937
95	北京军区总医院	404	22	51	80	100	151	292	12705	0.723
96	首都医科大学附属北京安贞医院	215	33	30	30	48	74	290	8735	1.349
97	深圳市第八人民医院	139	12	41	24	38	24	283	5995	2.036
98	北京大学深圳医院	179	29	24	39	41	46	283	8841	1.581
99	无锡市人民医院	244	33	31	44	59	77	280	7025	1.148
100	黑龙江中医药大学第一附属医院	179	22	43	44	35	35	270	17534	1.508
101	南方医科大学珠江医院	156	45	26	23	26	36	268	8507	1.718
102	深圳市福田区人民医院	154	27	22	53	25	27	265	5548	1.721
103	大连市妇产医院	195	46	50	31	37	31	262	7470	1.344
104	佛山市妇幼保健院佛山市妇儿医院	180	28	26	43	31	52	261	6936	1.450
105	福建省妇幼保健院	243	36	44	55	51	57	260	9174	1.070

表 3.9　R71/R72：妇产科学与儿科学

序号	机构名称	本学科发表文献量						被引频次	下载频次	篇均被引频次
		合计	2007 年	2008 年	2009 年	2010 年	2011 年			
106	武汉大学人民医院	261	38	39	45	64	75	259	8965	0.992
107	宁夏医科大学附属医院	285	36	46	59	54	90	255	10358	0.895
108	首都医科大学附属复兴医院	112	24	19	26	17	26	254	5768	2.268
109	中山市博爱医院	243	41	38	41	62	61	254	8083	1.045
110	天津市中心妇产科医院	228	20	42	43	76	47	252	12313	1.105
111	浙江省台州医院	259	56	59	29	52	63	251	7078	0.969
112	四川大学华西医院	308	46	84	65	49	64	250	11555	0.812
113	长春市儿童医院	258	76	48	29	48	57	246	6561	0.953
114	首都医科大学附属北京朝阳医院	140	27	32	26	31	24	245	6933	1.750
115	南京大学医学院附属鼓楼医院	194	30	49	25	38	52	245	8548	1.263
116	江苏省无锡市妇幼保健院	297	32	51	64	79	71	245	10731	0.825
117	昆明市儿童医院	264	44	46	46	61	67	242	6995	0.917
118	山西省儿童医院	275	61	57	34	56	67	242	8305	0.880
119	广东省珠海市妇幼保健院	167	26	41	30	30	40	235	5231	1.407
120	云南省第一人民医院	234	35	45	51	49	54	234	10019	1.000
121	遵义医学院附属医院	186	44	45	37	29	31	230	5585	1.237
122	新乡医学院第一附属医院	275	51	55	52	56	61	229	7478	0.833
123	贵阳医学院附属医院	179	29	34	32	41	43	228	5925	1.274
124	潍坊市人民医院	228	57	56	30	37	48	228	6949	1.000
125	南昌大学第一附属医院	158	38	26	38	25	31	227	5493	1.437
126	四川省妇幼保健院	177	22	22	34	49	50	224	8171	1.266
127	贵阳市妇幼保健院	254	48	72	41	52	41	224	6954	0.882
128	第四军医大学第二附属医院	122	22	23	21	28	28	221	6819	1.811
129	东莞市人民医院	153	16	29	49	26	33	214	4328	1.399
130	广州医学院附属广州市第一人民医院	128	19	41	17	28	23	213	6316	1.664
131	兰州大学第一附属医院	162	36	24	36	30	36	213	8025	1.315
132	南京军区南京总医院	165	20	31	44	35	35	212	7809	1.285
133	柳州市工人医院	212	41	45	54	32	40	211	6377	0.995
134	嘉兴市妇幼保健院	153	25	34	21	37	36	210	4476	1.373
135	浙江省绍兴市妇幼保健院	256	44	56	40	52	64	210	8125	0.820
136	广东省深圳市宝安区妇幼保健院	201	40	20	31	37	73	206	5998	1.025
137	秦皇岛市妇幼保健院	220	23	56	44	54	43	206	6516	0.936
138	哈尔滨医科大学附属第一医院	143	18	35	33	25	32	203	6383	1.420
139	常州市妇幼保健院	139	33	30	19	27	30	201	5424	1.446
140	西安交通大学附属儿童医院	203	31	44	34	37	57	198	5900	0.975

表 3.9　R71/R72：妇产科学与儿科学

序号	机构名称	本学科发表文献量						被引频次	下载频次	篇均被引频次
		合计	2007 年	2008 年	2009 年	2010 年	2011 年			
141	滕州市中心人民医院	174	28	30	27	39	50	196	3813	1.126
142	沈阳市妇婴医院	144	24	39	29	25	27	195	4905	1.354
143	大庆市人民医院	228	45	39	59	49	36	195	6224	0.855
144	广州医学院第一附属医院	141	21	28	29	24	39	193	7188	1.369
145	广西柳州市妇幼保健院	237	47	50	57	43	40	193	7437	0.814
146	郑州市妇幼保健院	218	41	28	26	58	65	192	6217	0.881
147	大连市儿童医院	128	21	13	26	30	38	190	3584	1.484
148	桂林医学院附属医院	195	20	26	42	51	56	190	8484	0.974
149	湖南省人民医院	151	37	27	29	22	36	189	6066	1.252
150	河北医科大学第一医院	118	33	38	13	16	18	188	4051	1.593
151	西安交通大学第二附属医院	182	41	29	28	38	46	188	7656	1.033
152	苏州大学第一附属医院	174	28	33	27	40	46	187	7300	1.075
153	广州中医药大学第二附属医院	111	17	21	19	25	29	184	4412	1.658
154	海南省人民医院	237	42	49	21	47	78	184	7148	0.776
155	广州医学院第二附属医院	152	30	25	35	36	26	182	6351	1.197
156	石家庄市第四医院	162	13	34	40	29	46	182	5528	1.123
157	南宁市妇女儿童医院	141	28	30	26	27	30	177	3883	1.255
158	深圳市龙岗区妇幼保健院	95	23	19	14	20	19	176	3302	1.853
159	首都医科大学附属北京天坛医院	105	14	32	21	21	17	175	6272	1.667
160	海南医学院附属医院	129	28	25	19	19	38	175	5856	1.357
161	中国人民解放军第二军医大学第一附属医院	124	27	22	22	25	28	174	5074	1.403
162	河北省人民医院	186	33	45	35	37	36	174	6847	0.935
163	右江民族医学院附属医院	126	37	37	16	15	21	173	4810	1.373
164	重庆市妇幼保健院	113	14	18	33	30	18	171	5304	1.513
165	中国协和医科大学阜外心血管病医院	143	11	21	26	36	49	170	4267	1.189
166	河南安阳市妇幼保健院	211	63	41	36	30	41	170	5347	0.806
167	大庆油田总医院	253	29	62	35	48	79	169	6352	0.668
168	新乡医学院第三附属医院	97	35	26	16	12	8	168	3098	1.732
169	南京医科大学附属南京第一医院	91	11	13	13	27	27	165	3815	1.813
170	吉林大学第三医院	147	29	31	32	30	25	165	5832	1.122
171	深圳市第九人民医院	164	23	30	33	39	39	165	5192	1.006
172	柳州市人民医院	168	39	41	35	25	28	165	6346	0.982
173	皖南医学院弋矶山医院	115	22	23	28	25	17	164	5162	1.426
174	甘肃省妇幼保健医院	226	34	50	52	35	55	164	6568	0.726
175	广东省深圳市福田区妇幼保健院	110	16	11	27	27	29	163	3564	1.482

表 3.9 R71/R72：妇产科学与儿科学

序号	机构名称	本学科发表文献量						被引频次	下载频次	篇均被引频次
		合计	2007 年	2008 年	2009 年	2010 年	2011 年			
176	南阳市中心医院	216	52	54	35	39	36	161	6072	0.745
177	南方医科大学附属深圳医院	141	29	30	29	31	22	160	5216	1.135
178	内蒙古医学院附属医院	214	25	42	44	53	50	160	8115	0.748
179	潍坊市妇幼保健院	225	48	35	35	62	45	160	6464	0.711
180	蚌埠医学院附属医院	129	13	22	23	38	33	159	4685	1.233
181	河北联合大学附属医院	123	24	29	39	20	11	158	6143	1.285
182	中国人民解放军第二军医大学第二附属医院	88	17	24	20	16	11	157	3948	1.784
183	浙江省湖州市妇幼保健院	164	34	35	30	22	43	156	4864	0.951
184	哈尔滨医科大学附属第二医院	164	32	30	25	23	54	155	6184	0.945
185	南通大学附属医院	151	27	25	39	35	25	154	5352	1.020
186	潍坊医学院附属医院	92	18	11	17	20	26	153	3179	1.663
187	郑州大学第五附属医院	107	27	25	30	12	13	151	3137	1.411
188	河北医科大学第三医院	143	29	41	24	26	23	151	4480	1.056
189	陕西省妇幼保健院	158	16	34	27	37	44	151	5660	0.956
190	中国医科大学第一附属医院	223	34	37	27	58	67	151	9900	0.677
191	湖南省妇幼保健院	173	18	28	25	32	70	150	4517	0.867
192	新乡市中心医院	183	31	32	31	34	55	150	4434	0.820
193	长春市妇产科医院	187	26	40	38	30	53	149	4724	0.797
194	中国海洋大学附属医院	121	27	23	22	22	27	147	4464	1.215
195	江阴市人民医院	139	21	12	27	36	43	147	3729	1.058
196	广西中医学院附属瑞康医院	104	24	14	24	26	16	145	3831	1.394
197	杭州市第一人民医院	176	34	29	12	40	61	144	4581	0.818
198	东南大学附属中大医院	119	17	25	26	30	21	142	5257	1.193
199	厦门市妇幼保健院	124	22	17	13	26	46	142	5483	1.145
200	洛阳市妇女儿童医疗保健中心	170	37	25	17	35	56	142	4555	0.835
201	广州军区广州总医院	117	22	22	15	23	35	141	3985	1.205
202	汕头大学医学院第一附属医院	158	30	45	25	23	35	141	5050	0.892
203	郴州市第一人民医院	198	20	32	39	53	54	141	4346	0.712
204	首都医科大学宣武医院	87	13	13	19	15	27	140	3389	1.609
205	汕头大学医学院第二附属医院	120	23	21	18	22	36	140	4421	1.167
206	聊城市第二人民医院	188	36	35	21	54	42	140	3387	0.745
207	聊城市人民医院	135	37	35	15	25	23	139	3430	1.030
208	吉林省妇幼保健院	86	27	27	10	8	14	137	3571	1.593
209	中国人民解放军白求恩国际和平医院	114	22	34	23	16	19	137	4331	1.202
210	江苏省淮安市妇幼保健院	143	29	20	29	33	32	137	4262	0.958

表 3.9 R71/R72：妇产科学与儿科学

序号	机构名称	本学科发表文献量						被引频次	下载频次	篇均被引频次
		合计	2007 年	2008 年	2009 年	2010 年	2011 年			
211	天津医科大学第二附属医院	90	17	18	18	18	19	135	4449	1.500
212	南华大学附属第一医院	94	22	26	15	15	16	133	3615	1.415
213	北海市人民医院	110	30	20	16	25	19	132	4487	1.200
214	贵州省人民医院	151	37	29	25	21	39	132	4386	0.874
215	惠州市中心人民医院	191	14	33	48	51	45	132	5127	0.691
216	浙江省萧山医院	111	23	20	26	18	24	131	2878	1.180
217	广州市番禺区妇幼保健院	108	13	10	17	30	38	130	3144	1.204
218	河南科技大学第一附属医院	165	12	31	33	44	45	130	3949	0.788
219	秦皇岛市第一医院	73	16	22	11	7	17	129	2787	1.767
220	深圳市第五人民医院	90	22	11	17	14	26	129	3480	1.433
221	广州中医药大学第一附属医院	100	14	16	15	26	29	129	4810	1.290
222	福建医科大学附属第一医院	116	25	24	15	27	25	129	4955	1.112
223	淮安市第一人民医院	152	15	26	27	47	37	128	4885	0.842
224	河南省人民医院	146	25	26	22	38	35	127	4861	0.870
225	第三军医大学第二附属医院	122	24	25	28	19	26	126	3908	1.033
226	郑州大学第二附属医院	116	17	19	19	26	35	125	4583	1.078
227	玉林市第一人民医院	134	21	25	29	24	35	125	4245	0.933
228	广西中医学院第一附属医院	79	10	12	18	21	18	123	4072	1.557
229	武汉大学中南医院	119	23	21	20	29	26	123	4039	1.034
230	扬州市第一人民医院	99	16	22	18	19	24	122	2580	1.232
231	桂林市妇女儿童医院	103	13	18	26	27	19	122	3407	1.184
232	开封市儿童医院	182	13	25	35	54	55	122	4290	0.670
233	福建医科大学附属第二医院	104	13	21	12	23	35	121	3178	1.163
234	十堰市太和医院	132	20	22	39	37	14	121	4318	0.917
235	北京医院	65	19	11	4	13	18	120	2249	1.846
236	漯河医学高等专科学校第一附属医院	114	18	31	29	15	21	120	3225	1.053
237	南京医科大学第二附属医院	68	16	12	8	18	14	119	2754	1.750
238	南京中医药大学附属医院	84	9	15	21	17	22	119	7208	1.417
239	濮阳市妇幼保健院	116	20	17	16	33	30	119	3676	1.026
240	河北医科大学第四医院	123	17	30	20	22	34	119	3866	0.967
241	深圳市第六人民医院	115	21	8	27	29	30	118	3963	1.026
242	山西医科大学第二附属医院	139	29	20	37	18	35	118	5315	0.849
243	中国人民解放军海军总医院	117	19	24	24	17	33	117	5670	1.000
244	本溪市中心医院	69	22	17	12	11	7	116	2026	1.681
245	新疆维吾尔自治区人民医院	246	29	40	45	61	71	116	5193	0.472

表 3.9　R71/R72：妇产科学与儿科学

序号	机构名称	本学科发表文献量						被引频次	下载频次	篇均被引频次
		合计	2007 年	2008 年	2009 年	2010 年	2011 年			
246	南方医科大学附属南海人民医院	77	14	5	12	21	25	115	2723	1.494
247	东莞市妇幼保健院	107	16	10	15	25	41	115	3482	1.075
248	赣州市妇幼保健院	107	28	17	22	15	25	115	2806	1.075
249	舟山市人民医院	147	31	28	22	25	41	115	4261	0.782
250	大连医科大学附属第一医院	90	21	15	11	20	23	114	3919	1.267
251	安徽省立儿童医院	113	19	17	15	24	38	114	3474	1.009
252	福建省立医院	140	23	33	24	26	34	114	4459	0.814
253	广东省第二人民医院	94	12	13	25	21	23	113	3223	1.202
254	南宁市第一人民医院	96	20	18	16	18	24	113	2426	1.177
255	徐州医学院附属医院	112	23	21	21	22	25	113	5564	1.009
256	山东省淄博市妇幼保健院	146	9	24	20	58	35	113	3724	0.774
257	厦门市第一医院	124	14	16	25	24	45	112	3713	0.903
258	内蒙古医学院第三附属医院	140	29	20	36	25	30	112	4390	0.800
259	青岛市第八人民医院	119	15	19	25	31	29	111	3348	0.933
260	昆明医学院第二附属医院	116	21	16	25	24	30	110	4216	0.948
261	北华大学附属医院	87	21	25	22	13	6	108	3001	1.241
262	泉州市儿童医院	121	23	23	25	20	30	108	2746	0.893
263	广州医学院附属深圳沙井医院	126	13	15	25	40	33	108	3336	0.857
264	延安大学附属医院	138	24	34	34	21	25	108	2854	0.783
265	中国人民解放军第二〇二医院	92	22	14	16	11	29	107	4161	1.163
266	滨州医学院附属医院	147	18	10	35	51	33	107	4727	0.728
267	泰安市中心医院	152	31	33	33	24	31	107	4262	0.704
268	广州军区武汉总医院	65	21	14	9	7	14	106	2919	1.631
269	北京华信医院	88	16	11	14	22	25	106	2812	1.205
270	烟台毓璜顶医院	132	28	22	19	24	39	106	4701	0.803
271	丽水市中心医院	97	24	21	14	22	16	105	2909	1.082
272	中国人民解放军二六〇医院	98	16	22	25	19	16	105	2656	1.071
273	赣南医学院第一附属医院	131	28	20	27	32	24	105	3464	0.802
274	北京地坛医院	76	17	11	13	17	18	104	3033	1.368
275	石家庄市第一医院	70	21	18	6	9	16	103	2513	1.471
276	兰州军区总医院	92	21	11	27	17	16	103	2748	1.120
277	河南中医学院第一附属医院	94	12	21	26	14	21	103	3092	1.096
278	石家庄市第六医院	67	9	12	18	9	19	101	2757	1.507
279	银川市妇幼保健院	91	21	11	18	18	23	101	3061	1.110
280	中国人民解放军兰州军区乌鲁木齐总医院	103	20	17	12	26	28	100	3641	0.971

表 3.9　R71/R72：妇产科学与儿科学

序号	机构名称	本学科发表文献量						被引频次	下载频次	篇均被引频次
		合计	2007 年	2008 年	2009 年	2010 年	2011 年			
281	瑞安市人民医院	105	12	11	15	26	41	100	3095	0.952
282	临沂市人民医院	109	17	30	25	11	26	100	2737	0.917
283	上海市长宁区妇幼保健院	65	8	15	10	13	19	99	2835	1.523
284	上海交通大学医学院附属第九人民医院	77	9	9	18	21	20	99	3160	1.286
285	重庆三峡中心医院	82	10	15	18	21	18	99	2480	1.207
286	广州中医药大学附属南海妇产儿童医院	108	12	10	22	23	41	99	2979	0.917
287	哈尔滨市儿童医院	130	26	18	18	37	31	99	3050	0.762
288	九江市妇女儿童医院	133	23	25	24	35	26	99	3595	0.744
289	中山大学附属东华医院	77	10	17	15	15	20	98	2003	1.273
290	黑龙江省医院	91	17	25	27	12	10	98	2994	1.077
291	焦作市第二人民医院	101	24	41	13	15	8	98	2762	0.970
292	沧州市中心医院	148	20	28	24	35	41	98	3131	0.662
293	漯河医学高等专科学校第二附属医院	103	27	21	7	27	21	97	1917	0.942
294	济宁医学院附属医院	105	19	13	22	21	30	97	3466	0.924
295	徐州市儿童医院	125	29	20	30	23	23	97	2515	0.776
296	驻马店中心人民医院	131	17	15	31	22	46	97	2716	0.740
297	钦州市妇幼保健院	99	10	15	24	22	28	96	3441	0.970
298	北京积水潭医院	103	13	18	14	26	32	96	2677	0.932
299	广西医科大学第三附属医院	80	13	19	14	9	25	94	2994	1.175
300	南通大学附属南通妇幼保健院	105	18	9	26	21	31	94	3306	0.895
301	苏州大学附属第二医院	70	5	19	7	19	20	93	2588	1.329
302	南通大学第二附属医院	84	16	12	18	17	21	93	2800	1.107
303	广州市番禺中心医院	87	13	10	21	16	27	93	2377	1.069
304	川北医学院附属医院	100	8	20	11	32	29	93	3189	0.930
305	云南省妇幼保健院	68	12	7	22	9	18	90	2203	1.324
306	中国人民解放军济南军区总医院	104	15	16	12	21	40	90	3526	0.865
307	延边大学附属医院	130	27	26	41	17	19	90	3188	0.692
308	北京房山区第二医院	62	12	7	11	13	19	89	1356	1.435
309	广东医学院第二附属医院	72	12	14	18	17	11	89	1589	1.236
310	济宁市第一人民医院	85	22	11	10	18	24	89	2283	1.047
311	武警总医院	95	15	13	19	29	19	89	3134	0.937
312	西安市第四医院	78	19	12	14	8	25	88	2292	1.128
313	焦作市妇幼保健院焦作市妇女儿童医院	115	17	14	15	22	47	88	2340	0.765
314	扬州市妇幼保健院	118	11	20	28	24	35	88	2512	0.746
315	连云港市第一人民医院	119	25	13	26	26	29	88	4028	0.739

表 3.9　R71/R72：妇产科学与儿科学

序号	机构名称	本学科发表文献量						被引频次	下载频次	篇均被引频次
		合计	2007 年	2008 年	2009 年	2010 年	2011 年			
316	扬州大学医学院附属医院	70	19	12	11	17	11	87	2264	1.243
317	威海市立第二医院	132	28	48	19	13	24	87	3441	0.659
318	佛山市顺德区第一人民医院	78	14	11	18	20	15	86	2436	1.103
319	河北大学附属医院	88	14	18	22	21	13	86	2409	0.977
320	青海省妇女儿童医院	170	40	40	26	23	41	86	2843	0.506
321	温州市第二人民医院	103	19	18	11	31	24	85	3891	0.825
322	百色市妇幼保健院	62	10	13	21	4	14	84	1985	1.355
323	玉溪市人民医院	67	17	12	9	13	16	84	1762	1.254
324	中山大学附属江门医院	79	11	10	16	22	20	84	2573	1.063
325	复旦大学附属中山医院	80	14	11	11	23	21	84	2827	1.050
326	广西南溪山医院	81	12	28	18	9	14	84	2346	1.037
327	靖江市人民医院	81	22	18	11	16	14	84	1815	1.037
328	中山大学附属汕头医院	73	27	13	12	5	16	83	1827	1.137
329	浙江中医院	61	9	14	8	12	18	82	2180	1.344
330	汕头市妇幼保健医院	67	4	9	12	14	28	82	1979	1.224
331	首都医科大学附属北京同仁医院	77	6	26	9	14	22	82	2274	1.065
332	昆明市妇幼保健院	93	16	12	17	23	25	82	2648	0.882
333	桂林市人民医院	98	14	23	12	29	20	82	2394	0.837
334	大连市金州区第一人民医院	68	22	13	22	7	4	81	1790	1.191
335	武汉市第三医院	70	21	17	9	12	11	81	2174	1.157
336	江苏大学附属医院	73	16	13	15	12	17	81	2497	1.110
337	丽水市人民医院	111	34	18	19	19	21	81	3044	0.730
338	广西百色市人民医院	64	11	9	18	17	9	80	2229	1.250
339	镇江市第四人民医院	74	11	12	16	15	20	80	2027	1.081
340	新乡市妇幼保健院	91	13	17	22	18	21	80	2047	0.879
341	茂名市妇幼保健院	93	10	19	15	22	27	80	2262	0.860
342	深圳市宝安区西乡人民医院	110	11	11	20	29	39	80	2308	0.727
343	青岛大学医学院附属海慈医院	73	20	7	9	19	18	79	2349	1.082
344	玉林市妇幼保健院	88	6	12	14	30	26	79	2290	0.898
345	蓟县人民医院	90	24	7	11	19	29	79	2116	0.878
346	石河子大学医学院第一附属医院	96	10	22	14	28	22	79	3333	0.823
347	中国人民解放军成都军区总医院	78	17	13	18	11	19	77	2564	0.987
348	宜昌市中心人民医院	80	14	7	18	15	26	77	2129	0.963
349	福建医科大学附属协和医院	82	18	16	17	16	15	77	3166	0.939
350	乌鲁木齐市妇幼保健院	86	27	14	11	15	19	77	2502	0.895

表 3.9 R71/R72：妇产科学与儿科学

序号	机构名称	本学科发表文献量						被引频次	下载频次	篇均被引频次
		合计	2007 年	2008 年	2009 年	2010 年	2011 年			
351	荆州市第一人民医院	103	14	22	18	28	21	77	3023	0.748
352	湛江市妇幼保健院	62	14	13	16	14	5	76	1461	1.226
353	台州市第一人民医院	75	12	19	12	9	23	76	2051	1.013
354	杭州师范大学附属医院	85	19	21	9	12	24	76	2836	0.894
355	郑州人民医院	127	17	20	13	22	55	76	3556	0.598
356	郑州市中心医院	109	10	10	24	31	34	75	2609	0.688
357	江苏省徐州市妇幼保健院	112	22	17	24	25	24	75	3301	0.670
358	黑龙江省佳木斯市妇幼保健院	129	12	17	40	51	9	75	3263	0.581
359	攀枝花市中心医院	72	17	12	11	18	14	74	1707	1.028
360	武警医学院附属医院平津医院	86	17	13	13	18	25	74	3485	0.860
361	湖州市中心医院	64	18	15	8	13	10	73	1830	1.141
362	天津市第五中心医院	84	8	20	27	16	13	73	2557	0.869
363	山东大学齐鲁儿童医院	97	10	17	13	20	37	73	3075	0.753
364	胜利油田中心医院	93	9	16	25	23	20	72	1881	0.774
365	贵港市人民医院	105	19	20	19	22	25	72	2642	0.686
366	郑州市第一人民医院	122	13	6	28	28	47	72	2667	0.590
367	中山市陈星海医院	64	12	24	11	4	13	71	1991	1.109
368	沧州市中西医结合医院	69	11	20	11	10	17	71	1625	1.029
369	沧州市人民医院	75	22	12	22	6	13	71	1507	0.947
370	宁夏回族自治区人民医院	87	20	18	24	14	11	71	1976	0.816
371	邯郸市第一医院	87	32	27	8	11	9	71	2723	0.816
372	温州市第三人民医院	94	21	12	16	14	31	71	3271	0.755
373	中国人民解放军第二五二医院	105	28	28	18	15	16	71	2698	0.676
374	南阳医学高等专科学校第一附属医院	149	17	25	27	32	48	71	3053	0.477
375	中国人民解放军总参谋部总医院	65	9	9	13	19	15	70	2192	1.077
376	绍兴市人民医院	72	14	11	7	12	28	70	2165	0.972
377	邢台市人民医院	82	16	23	11	9	23	69	2146	0.841
378	枣庄市立第三医院	83	7	17	10	28	21	69	1995	0.831
379	保定市妇幼保健院	87	18	15	12	12	30	69	2883	0.793
380	丹东市妇女儿童医院	96	33	24	23	11	5	68	2087	0.708

表 3.10　R73：肿瘤学

序号	机构名称	本学科发表文献量						被引频次	下载频次	篇均被引频次
		合计	2007 年	2008 年	2009 年	2010 年	2011 年			
1	中山大学附属肿瘤医院	1728	320	341	337	322	408	3796	133951	2.197
2	四川大学华西医院	2363	443	522	443	440	515	3245	152345	1.373
3	中国医学科学院肿瘤医院	2111	361	393	304	425	628	3173	125530	1.503
4	中国人民解放军总医院	2265	381	465	406	466	547	3098	124111	1.368
5	华中科技大学同济医学院附属同济医院	2173	471	507	396	373	426	3080	119662	1.417
6	郑州大学第一附属医院	2454	439	440	413	481	681	2988	129178	1.218
7	南方医科大学附属南方医院	1786	341	306	330	363	446	2578	115279	1.443
8	中国医科大学第一附属医院	1800	337	388	299	333	443	2515	108920	1.397
9	河北医科大学第四医院	1555	244	283	261	308	459	2406	92884	1.547
10	华中科技大学同济医学院附属协和医院	1679	432	360	303	274	310	2377	96102	1.416
11	北京协和医院	1657	266	289	202	381	519	2243	88028	1.354
12	中国医科大学附属第二医院	1542	278	284	304	308	368	2231	89878	1.447
13	南京军区南京总医院	1104	166	234	212	227	265	2204	78143	1.996
14	上海交通大学医学院附属瑞金医院	1608	292	330	299	308	379	2194	99972	1.364
15	复旦大学附属中山医院	1357	252	257	234	279	335	2099	79888	1.547
16	中南大学湘雅医院	1301	290	270	228	255	258	2043	74728	1.570
17	重庆医科大学附属第一医院	1386	217	253	327	296	293	2021	95650	1.458
18	第三军医大学第一附属医院	1143	227	248	251	199	218	1939	70598	1.696
19	中山大学附属第一医院	1489	245	321	257	290	376	1934	81094	1.299
20	江苏省人民医院	1474	274	239	257	298	406	1910	90047	1.296
21	天津医科大学附属肿瘤医院	1676	244	289	195	333	615	1893	82456	1.129
22	复旦大学附属肿瘤医院	1161	206	228	157	244	326	1889	80478	1.627
23	青岛大学医学院附属医院	1420	261	267	262	290	340	1808	72131	1.273
24	中国人民解放军第二军医大学第一附属医院	1464	293	287	241	291	352	1794	78657	1.225
25	第四军医大学第一附属医院	1220	254	253	212	242	259	1617	71784	1.325
26	山东大学齐鲁医院	1109	240	202	214	192	261	1521	59659	1.372
27	广西医科大学第一附属医院	1289	220	241	225	258	345	1484	70596	1.151
28	安徽省立医院	989	145	176	163	222	283	1440	54505	1.456
29	天津医科大学总医院	1037	140	177	219	216	285	1438	70424	1.387
30	中山大学附属第二医院	1060	210	214	176	190	270	1424	69034	1.343
31	安徽医科大学第一附属医院	984	152	169	188	210	265	1416	52169	1.439
32	北京肿瘤医院	866	133	164	137	151	281	1403	64368	1.620
33	吉林大学第一医院	1226	240	191	241	241	313	1363	70027	1.112
34	西安交通大学第一附属医院	995	175	184	197	199	240	1331	67863	1.338

表 3.10　R73：肿瘤学

序号	机构名称	本学科发表文献量						被引频次	下载频次	篇均被引频次
		合计	2007 年	2008 年	2009 年	2010 年	2011 年			
35	上海交通大学医学院附属仁济医院	989	194	196	205	167	227	1314	63795	1.329
36	哈尔滨医科大学附属肿瘤医院	1019	194	195	177	215	238	1311	47743	1.287
37	北京大学人民医院	1029	153	192	127	218	339	1304	58653	1.267
38	广西医科大学附属肿瘤医院	1020	156	188	213	229	234	1302	60147	1.276
39	中国人民解放军第二军医大学第二附属医院	967	173	204	203	173	214	1285	51526	1.329
40	苏州大学第一附属医院	1359	228	206	224	295	406	1260	54178	0.927
41	山东省肿瘤医院	984	199	221	155	174	235	1225	48699	1.245
42	浙江中医药附属大学肿瘤医院	983	147	216	143	199	278	1186	55904	1.207
43	第三军医大学第二附属医院	773	229	150	146	132	116	1181	50729	1.528
44	山东省立医院	993	208	168	163	206	248	1171	46315	1.179
45	中南大学湘雅二医院	857	173	171	174	149	190	1168	48720	1.363
46	南京大学医学院附属鼓楼医院	891	136	179	149	192	235	1133	54049	1.272
47	广东省人民医院	828	139	159	161	193	176	1121	52914	1.354
48	云南省肿瘤医院	936	134	187	190	191	234	1065	47664	1.138
49	北京大学第一医院	768	120	155	107	172	214	1054	43062	1.372
50	上海交通大学医学院附属第一人民医院	849	143	152	147	187	220	1017	49826	1.198
51	复旦大学附属华山医院	763	146	142	141	151	183	1006	39073	1.318
52	中国人民解放军第二军医大学第三附属医院	621	126	136	106	108	145	965	42860	1.554
53	上海市第六人民医院	870	143	177	153	181	216	956	50950	1.099
54	北京军区总医院	904	130	159	176	197	242	947	37242	1.048
55	东南大学附属中大医院	670	111	128	130	146	155	937	48106	1.399
56	第四军医大学第二附属医院	696	150	138	131	134	143	911	37143	1.309
57	温州医学院附属第一医院	870	148	184	123	180	235	905	39690	1.040
58	吉林大学第三医院	741	148	146	146	131	170	896	40779	1.209
59	重庆医科大学附属第二医院	594	91	119	115	123	146	895	35444	1.507
60	南通大学附属医院	812	145	163	154	152	198	891	40815	1.097
61	哈尔滨医科大学附属第一医院	741	159	153	113	142	174	889	36326	1.200
62	郑州大学附属肿瘤医院	887	146	119	150	221	251	885	36854	0.998
63	北京大学第三医院	597	92	123	90	120	172	884	39993	1.481
64	福建省肿瘤医院	660	103	113	137	149	158	884	32929	1.339
65	新疆医科大学附属肿瘤医院	792	94	150	146	192	210	873	38041	1.102
66	哈尔滨医科大学附属第二医院	683	161	153	97	104	168	857	38050	1.255
67	江苏省肿瘤医院	574	103	114	99	101	157	841	34629	1.465
68	河北医科大学第二医院	882	157	180	155	166	224	833	39317	0.944

表 3.10 R73：肿瘤学

序号	机构名称	本学科发表文献量						被引频次	下载频次	篇均被引频次
		合计	2007 年	2008 年	2009 年	2010 年	2011 年			
69	武汉大学中南医院	741	146	159	121	157	158	822	36622	1.109
70	西安交通大学第二附属医院	555	114	123	108	82	128	821	35105	1.479
71	福建医科大学附属协和医院	620	121	116	105	125	153	806	34278	1.300
72	武汉大学人民医院	865	118	149	173	203	222	789	40489	0.912
73	中国人民解放军第八十一医院	376	74	82	69	71	80	785	22762	2.088
74	南方医科大学珠江医院	595	103	123	101	135	133	779	34707	1.309
75	吉林大学第二医院	687	136	135	122	116	178	753	37922	1.096
76	第三军医大学第三附属医院	533	95	94	136	101	107	743	28732	1.394
77	中山大学附属第三医院	678	97	124	132	154	171	739	34709	1.090
78	南昌大学第一附属医院	764	93	147	158	174	192	726	37833	0.950
79	辽宁省肿瘤医院	522	103	96	106	93	124	720	24736	1.379
80	北京中日友好医院	481	91	78	85	95	132	712	24954	1.480
81	福州总医院	746	130	142	137	155	182	708	33830	0.949
82	宁夏医科大学附属医院	670	92	123	135	145	175	701	30951	1.046
83	中国人民解放军第三〇七医院	590	112	102	103	115	158	697	47748	1.181
84	首都医科大学附属北京朝阳医院	498	89	93	70	101	145	695	21375	1.396
85	蚌埠医学院附属医院	708	77	106	170	178	177	691	33169	0.976
86	上海市胸科医院	360	59	91	63	73	74	684	32899	1.900
87	四川大学华西第二医院	473	121	102	100	65	85	683	39360	1.444
88	苏州大学附属第二医院	510	92	105	95	94	124	682	24861	1.337
89	兰州军区总医院	570	87	85	115	140	143	682	27923	1.196
90	大连医科大学附属第一医院	576	84	90	106	139	157	679	31630	1.179
91	福建医科大学附属第一医院	633	108	111	120	126	168	669	30651	1.057
92	广州军区广州总医院	605	105	122	116	119	143	666	28505	1.101
93	首都医科大学附属北京天坛医院	629	78	124	93	136	198	665	28827	1.057
94	上海交通大学医学院附属新华医院	609	95	109	114	140	151	662	30718	1.087
95	广东医学院附属医院	543	109	107	119	96	112	629	32137	1.158
96	浙江大学医学院附属第一医院	708	155	153	69	123	208	628	27224	0.887
97	四川省第二人民医院	540	96	130	71	83	160	617	23297	1.143
98	大连医科大学附属第二医院	518	94	111	88	106	119	607	27454	1.172
99	上海交通大学医学院附属第九人民医院	459	80	99	64	94	122	605	29398	1.318
100	深圳市人民医院	452	88	69	92	97	106	600	23289	1.327
101	南华大学附属第一医院	428	100	73	87	77	91	597	29772	1.395
102	辽宁医学院附属第一医院	590	85	103	91	138	173	584	36112	0.990

表 3.10 R73：肿瘤学

序号	机构名称	本学科发表文献量						被引频次	下载频次	篇均被引频次
		合计	2007 年	2008 年	2009 年	2010 年	2011 年			
103	河南省人民医院	573	100	88	102	107	176	571	22689	0.997
104	湖南省肿瘤医院	497	93	81	85	96	142	560	21868	1.127
105	江西省肿瘤医院	403	74	94	82	77	76	557	23063	1.382
106	中南大学湘雅三医院	422	96	70	74	95	87	557	22075	1.320
107	浙江大学医学院附属第二医院	605	116	139	86	108	156	557	28463	0.921
108	首都医科大学附属北京友谊医院	631	104	101	91	126	209	555	26200	0.880
109	广州中医药大学第二附属医院	390	64	67	95	71	93	550	19623	1.410
110	泸州医学院附属医院	648	124	119	107	150	148	545	32565	0.841
111	山西医科大学第一医院	670	84	146	124	149	167	545	28670	0.813
112	昆明医学院第一附属医院	646	89	120	130	140	167	538	34241	0.833
113	山西省肿瘤医院	806	130	144	148	151	233	537	18963	0.666
114	徐州医学院附属医院	554	91	75	108	118	162	530	31202	0.957
115	广州医学院附属广州市第一人民医院	597	98	145	111	108	135	530	22251	0.888
116	贵阳医学院附属医院	495	104	93	76	110	112	528	18903	1.067
117	首都医科大学宣武医院	387	81	57	64	78	107	524	19110	1.354
118	首都医科大学附属北京同仁医院	534	92	122	96	98	126	524	23279	0.981
119	南京医科大学附属南京第一医院	511	101	102	80	110	118	521	24793	1.020
120	河北省人民医院	368	69	72	61	66	100	492	16214	1.337
121	新疆医科大学第一附属医院	568	69	85	119	114	181	489	24739	0.861
122	南昌大学第二附属医院	547	69	108	115	114	141	488	28805	0.892
123	兰州大学第一附属医院	389	47	60	68	102	112	477	23871	1.226
124	中国人民解放军济南军区总医院	426	78	74	58	94	122	477	20645	1.120
125	四川省医学科学院·四川省人民医院	497	98	86	99	99	115	477	23820	0.960
126	无锡市第四人民医院	417	59	72	79	98	109	475	19274	1.139
127	佛山市第一人民医院	392	58	62	77	82	113	474	17191	1.209
128	广州医学院附属肿瘤医院	346	53	44	54	90	105	469	16037	1.355
129	同济大学附属同济医院	303	72	77	53	58	43	468	19294	1.545
130	广西人民医院	439	88	83	80	104	84	460	17396	1.048
131	南通市第五人民医院	367	58	68	63	79	99	458	16477	1.248
132	河南科技大学第一附属医院	485	90	93	90	108	104	456	21161	0.940
133	北京大学深圳医院	388	57	70	63	95	103	450	18566	1.160
134	上海市肺科医院	306	43	75	52	59	77	445	20517	1.454
135	郑州大学第二附属医院	399	50	73	93	79	104	445	21150	1.115
136	广州医学院第一附属医院	368	59	73	55	72	109	440	16298	1.196

表 3.10 R73：肿瘤学

序号	机构名称	本学科发表文献量						被引频次	下载频次	篇均被引频次
		合计	2007 年	2008 年	2009 年	2010 年	2011 年			
137	山东省千佛山医院	328	52	68	66	76	66	439	16180	1.338
138	内蒙古医学院附属医院	552	87	129	90	112	134	430	29342	0.779
139	十堰市太和医院	378	82	94	103	76	23	426	19315	1.127
140	皖南医学院弋矶山医院	417	61	96	90	81	89	425	22670	1.019
141	中国海洋大学附属医院	420	62	66	84	77	131	423	19095	1.007
142	中国医科大学第四附属医院	353	61	55	52	82	103	417	17029	1.181
143	山西医科大学第二附属医院	519	82	113	103	98	123	417	20754	0.803
144	北京医院	440	65	68	67	94	146	413	17389	0.939
145	温州医学院附属第二医院	450	84	82	52	105	127	408	18775	0.907
146	天津医科大学第二附属医院	479	67	77	83	102	150	400	22392	0.835
147	广州医学院第二附属医院	353	56	60	66	74	97	395	14260	1.119
148	南方医科大学附属深圳医院	363	68	57	57	95	86	393	16109	1.083
149	中国人民解放军成都军区总医院	353	56	63	80	71	83	390	19530	1.105
150	江苏大学附属医院	294	56	66	53	47	72	386	16574	1.313
151	中国人民解放军白求恩国际和平医院	312	72	59	52	61	68	386	14520	1.237
152	新乡医学院第一附属医院	400	63	82	85	108	62	384	13132	0.960
153	中国人民解放军海军总医院	427	86	78	75	92	96	380	19541	0.890
154	中国人民解放军第二五一医院	417	91	61	63	73	129	379	12196	0.909
155	苏州大学医学院附属第三医院	410	65	65	60	91	129	363	16393	0.885
156	浙江省台州医院	360	98	62	42	66	92	361	12888	1.003
157	暨南大学医学院第一附属医院	342	52	60	65	68	97	351	18532	1.026
158	武警总医院	350	69	73	47	64	97	348	15708	0.994
159	唐山市工人医院	297	59	53	44	63	78	345	10789	1.162
160	上海市第十人民医院	316	36	56	41	81	102	338	15821	1.070
161	浙江大学医学院附属邵逸夫医院	343	92	55	29	69	98	337	13482	0.983
162	潍坊医学院附属医院	325	55	62	60	66	82	335	13499	1.031
163	吉林省肿瘤医院	405	70	84	61	75	115	333	16667	0.822
164	宜昌市中心人民医院	300	56	68	47	57	72	332	18892	1.107
165	连云港市第一人民医院	325	50	59	66	79	71	326	13621	1.003
166	潍坊市人民医院	444	99	93	75	74	103	326	16950	0.734
167	淮安市第一人民医院	440	52	65	86	102	135	325	13206	0.739
168	扬州大学医学院附属医院	293	41	40	64	66	82	319	12532	1.089
169	中国医学科学院血液病医院	406	61	67	60	75	143	316	14918	0.778
170	中国人民解放军总参谋部总医院	329	52	56	46	86	89	310	14402	0.942

表 3.10 R73：肿瘤学

序号	机构名称	本学科发表文献量						被引频次	下载频次	篇均被引频次
		合计	2007 年	2008 年	2009 年	2010 年	2011 年			
171	兰州大学第二附属医院	327	40	54	75	64	94	309	15444	0.945
172	海南省人民医院	406	57	66	67	92	124	309	17238	0.761
173	镇江市第一人民医院	292	24	59	56	71	82	305	12967	1.045
174	中国人民解放军空军总医院	348	59	59	53	70	107	305	13354	0.876
175	河北医科大学第三医院	312	56	70	43	65	78	304	13087	0.974
176	中国人民解放军总医院第一附属医院	291	45	57	60	53	76	303	12484	1.041
177	新疆维吾尔自治区人民医院	488	60	75	85	113	155	303	16083	0.621
178	遵义医学院附属医院	352	56	77	64	65	90	299	13255	0.849

表 3.11　R74：神经病学与精神病学

序号	机构名称	本学科发表文献量						被引频次	下载频次	篇均被引频次
		合计	2007 年	2008 年	2009 年	2010 年	2011 年			
1	首都医科大学宣武医院	1352	246	248	213	334	311	2120	86317	1.568
2	首都医科大学附属北京天坛医院	1056	200	214	175	215	252	1604	58957	1.519
3	复旦大学附属华山医院	761	151	140	154	144	172	1409	46294	1.852
4	中南大学湘雅二医院	717	131	133	134	149	170	1353	53400	1.887
5	上海市精神卫生中心（总部）	880	139	116	154	237	234	1198	47274	1.361
6	中国人民解放军总医院	759	139	155	96	184	185	1147	44102	1.511
7	重庆医科大学附属第一医院	621	95	132	137	140	117	1128	44354	1.816
8	吉林大学第一医院	752	136	119	142	176	179	1040	53439	1.383
9	四川大学华西医院	697	137	153	115	142	150	1039	50085	1.491
10	南京医科大学附属脑科医院	734	135	137	138	154	170	932	43082	1.270
11	中南大学湘雅医院	670	134	152	113	140	131	931	40938	1.390
12	华中科技大学同济医学院附属同济医院	640	145	152	111	112	120	917	40487	1.433
13	河北医科大学第二医院	646	150	161	129	101	105	887	36421	1.373
14	中山大学附属第一医院	501	97	123	78	97	106	865	30867	1.727
15	中山大学附属第三医院	374	61	50	50	97	116	736	25317	1.968
16	南京军区南京总医院	427	59	91	65	93	119	634	23557	1.485
17	中国医科大学第一附属医院	542	107	101	92	110	132	627	32640	1.157
18	河南省精神病医院	463	106	78	89	86	104	614	20739	1.326
19	北京大学第一医院	491	87	82	68	102	152	613	24799	1.248
20	北京协和医院	488	73	90	61	95	169	588	22733	1.205
21	郑州大学第一附属医院	551	94	112	83	107	155	581	30814	1.054
22	河北省人民医院	323	64	76	56	46	81	569	19544	1.762
23	华中科技大学同济医学院附属协和医院	375	92	81	80	70	52	563	26453	1.501
24	第三军医大学第三附属医院	295	56	68	72	52	47	554	18682	1.878
25	青岛大学医学院附属医院	451	96	77	68	93	117	540	24901	1.197
26	中国医科大学附属第二医院	338	60	70	65	69	74	533	19504	1.577
27	天津医科大学总医院	449	98	81	90	80	100	515	26586	1.147
28	山东大学齐鲁医院	337	83	79	51	60	64	501	19756	1.487
29	安徽医科大学第一附属医院	333	32	42	71	81	107	494	20215	1.483
30	上海交通大学医学院附属仁济医院	339	47	77	74	81	60	491	19314	1.448
31	济宁医学院第二附属医院	306	68	64	60	58	56	479	10745	1.565
32	江苏省人民医院	312	50	55	61	58	88	479	16120	1.535
33	北京回龙观医院	287	51	40	66	86	44	471	14860	1.641
34	上海交通大学医学院附属瑞金医院	393	65	59	61	100	108	460	27213	1.170
35	第四军医大学第一附属医院	339	45	64	75	80	75	450	19686	1.327

表 3.11 R74：神经病学与精神病学

序号	机构名称	本学科发表文献量						被引频次	下载频次	篇均被引频次
		合计	2007 年	2008 年	2009 年	2010 年	2011 年			
36	上海交通大学医学院附属第一人民医院	248	49	41	53	51	54	449	14368	1.810
37	山东省立医院	336	59	72	62	59	84	446	16892	1.327
38	昆明医学院第一附属医院	324	60	55	63	68	78	440	21567	1.358
39	南方医科大学附属南方医院	281	51	54	56	53	67	430	15447	1.530
40	首都医科大学附属北京安定医院	297	34	63	47	81	72	398	16205	1.340
41	广州医学院附属脑科医院	274	44	52	52	60	66	396	12499	1.445
42	郑州大学第二附属医院	257	50	50	57	54	46	393	16038	1.529
43	广西医科大学第一附属医院	372	53	80	63	73	103	392	22901	1.054
44	哈尔滨医科大学附属第一医院	326	70	61	58	64	73	386	17841	1.184
45	上海市第六人民医院	227	33	36	34	55	69	381	14132	1.678
46	苏州大学第一附属医院	317	50	50	64	68	85	375	15990	1.183
47	第三军医大学第一附属医院	253	54	53	40	50	56	372	14947	1.470
48	同济大学附属同济医院	185	53	26	26	27	53	371	11145	2.005
49	泸州医学院附属医院	224	35	51	55	37	46	369	12282	1.647
50	安徽省立医院	227	28	39	46	57	57	368	13025	1.621
51	中国人民解放军第二军医大学第一附属医院	264	37	54	59	56	58	367	13158	1.390
52	河北省第六人民医院	183	31	36	34	47	35	364	8757	1.989
53	天津市环湖医院	258	67	51	43	40	57	361	16009	1.399
54	东南大学附属中大医院	206	33	46	45	42	40	354	15177	1.718
55	北京中日友好医院	239	48	46	27	42	76	352	12178	1.473
56	浙江大学医学院附属第二医院	255	63	52	29	45	66	349	11266	1.369
57	中国人民解放军第二军医大学第二附属医院	252	55	56	40	57	44	347	17235	1.377
58	四川省医学科学院・四川省人民医院	215	35	50	53	37	40	346	13456	1.609
59	河南省人民医院	270	45	50	47	52	76	346	12587	1.281
60	广东省人民医院	299	55	52	57	61	74	339	14685	1.134
61	上海交通大学医学院附属新华医院	225	36	52	41	44	52	336	13138	1.493
62	北京军区总医院	258	29	48	55	51	75	334	12906	1.295
63	苏州大学附属第二医院	249	40	47	51	45	66	333	11523	1.337
64	第三军医大学第二附属医院	224	42	49	53	42	38	329	12368	1.469
65	复旦大学附属中山医院	203	49	30	40	43	41	322	14520	1.586
66	第四军医大学第二附属医院	235	53	47	50	31	54	322	11783	1.370
67	中山大学附属第二医院	203	33	39	35	43	53	321	8621	1.581
68	北京大学第三医院	229	38	50	29	43	69	311	14460	1.358
69	广州医学院第二附属医院	312	41	46	56	79	90	308	12867	0.987
70	广州中医药大学第二附属医院	156	30	25	21	31	49	305	9798	1.955

表 3.11　R74：神经病学与精神病学

序号	机构名称	本学科发表文献量						被引频次	下载频次	篇均被引频次
		合计	2007 年	2008 年	2009 年	2010 年	2011 年			
71	首都医科大学附属北京安贞医院	202	18	38	31	50	65	305	8857	1.510
72	重庆医科大学附属第二医院	173	41	37	23	34	38	304	9219	1.757
73	河北联合大学附属医院	217	47	49	48	50	23	303	12049	1.396
74	中国康复研究中心	181	37	26	24	45	49	302	11265	1.669
75	温州医学院附属第二医院	224	49	52	32	48	43	302	13039	1.348
76	山西医科大学第一医院	301	38	57	61	69	76	301	15857	1.000
77	武汉大学人民医院	351	53	57	65	85	91	299	15307	0.852
78	北京医院	254	48	36	29	57	84	298	11425	1.173
79	北京大学人民医院	211	52	37	23	48	51	291	12222	1.379
80	中南大学湘雅三医院	178	31	31	25	41	50	290	12196	1.629
81	南京医科大学无锡精神卫生中心	220	37	45	31	51	56	287	9624	1.305
82	暨南大学医学院第一附属医院	142	34	23	24	24	37	280	10941	1.972
83	南京大学医学院附属鼓楼医院	232	38	38	54	50	52	269	11802	1.159
84	温州医学院附属第一医院	294	39	62	55	58	80	264	13872	0.898
85	西安交通大学第一附属医院	205	34	35	42	38	56	254	10786	1.239
86	承德医学院附属医院	146	39	29	27	32	19	253	7758	1.733
87	青岛市第七人民医院	160	43	26	23	27	41	252	6847	1.575
88	吉林大学第二医院	181	38	37	34	36	36	246	12064	1.359
89	新疆医科大学第一附属医院	214	29	39	56	44	46	245	11617	1.145
90	首都医科大学附属北京朝阳医院	208	30	52	24	41	61	244	10278	1.173
91	福建医科大学附属协和医院	145	24	23	29	30	39	240	8244	1.655
92	南昌大学第二附属医院	138	26	26	27	26	33	237	7411	1.717
93	广西人民医院	189	31	39	31	38	50	237	8840	1.254
94	南方医科大学珠江医院	169	37	24	20	30	58	236	7638	1.396
95	河北医科大学第一医院	169	19	28	36	30	56	230	8117	1.361
96	天津市精神卫生中心	191	40	35	45	24	47	228	7609	1.194
97	吉林大学第三医院	191	34	35	33	43	46	228	11385	1.194
98	西安交通大学第二附属医院	155	28	34	29	32	32	226	10040	1.458
99	大连医科大学附属第一医院	208	20	21	40	55	72	226	9766	1.087
100	郑州大学第五附属医院	138	29	29	33	24	23	224	7133	1.623
101	河南科技大学第一附属医院	153	32	36	29	25	31	221	7091	1.444
102	首都医科大学附属北京友谊医院	204	27	25	39	44	69	218	11331	1.069
103	新乡医学院第一附属医院	181	32	34	39	50	26	217	7035	1.199
104	中国人民解放军海军总医院	205	28	31	36	41	69	211	10461	1.029
105	大连医科大学附属第二医院	129	22	21	25	27	34	205	7093	1.589

表 3.11　R74：神经病学与精神病学

序号	机构名称	本学科发表文献量						被引频次	下载频次	篇均被引频次
		合计	2007 年	2008 年	2009 年	2010 年	2011 年			
106	哈尔滨医科大学附属第二医院	185	34	28	37	34	52	201	11910	1.086
107	复旦大学附属儿科医院	107	17	18	31	14	27	200	7897	1.869
108	广西龙泉山医院	153	38	52	24	23	16	197	6702	1.288
109	福州总医院	195	56	36	32	26	45	196	9074	1.005
110	中国人民解放军白求恩国际和平医院	156	36	37	25	22	36	194	7725	1.244
111	山西医科大学第二附属医院	189	32	32	42	40	43	194	10007	1.026
112	大庆油田总医院	208	22	40	25	61	60	193	8819	0.928
113	湖州市第三人民医院	155	28	34	21	34	38	192	5345	1.239
114	北京大学第六医院	98	17	22	19	22	18	185	6884	1.888
115	内蒙古医学院附属医院	155	32	25	29	34	35	185	7879	1.194
116	重庆医科大学附属儿童医院	146	32	16	25	30	43	182	8015	1.247
117	十堰市太和医院	118	27	21	38	16	16	181	7400	1.534
118	河北医科大学第三医院	108	25	38	14	10	21	178	5703	1.648
119	辽宁医学院附属第一医院	151	23	27	32	26	43	177	9098	1.172
120	福建医科大学附属第一医院	169	24	29	30	36	50	173	7036	1.024
121	河北大学附属医院	115	29	22	22	20	22	172	5886	1.496
122	贵阳医学院附属医院	212	34	34	50	50	44	172	8671	0.811
123	辽宁省人民医院	63	9	16	11	14	13	170	4890	2.698
124	中国人民解放军济南军区总医院	129	30	35	18	24	22	170	6832	1.318
125	遵义医学院附属医院	117	19	29	31	19	19	168	6480	1.436
126	湖北省十堰市人民医院	152	45	43	32	27	5	166	7115	1.092
127	新乡市中心医院	188	23	32	30	62	41	166	6587	0.883
128	石家庄市第一医院	90	14	18	17	21	20	165	3829	1.833
129	佛山市第一人民医院	128	17	29	18	27	37	162	4768	1.266
130	海南省人民医院	156	25	23	31	49	28	162	8481	1.038
131	宁夏医科大学附属医院	187	24	41	28	40	54	161	8443	0.861
132	河南中医学院第一附属医院	165	13	31	42	31	48	160	8562	0.970
133	青岛大学医学院附属海慈医院	72	8	20	11	17	16	158	4117	2.194
134	广州军区广州总医院	133	18	26	21	31	37	158	5828	1.188
135	深圳市康宁医院	108	16	20	28	22	22	157	3734	1.454
136	南阳市中心医院	131	40	27	20	21	23	157	4489	1.198
137	首都医科大学附属复兴医院	134	16	25	26	32	35	157	5412	1.172
138	天津中医药大学第一附属医院	121	13	13	29	31	35	154	9733	1.273
139	浙江省台州医院	143	36	38	20	24	25	154	4876	1.077
140	天津市第一中心医院	132	33	22	15	29	33	151	7203	1.144

表 3.11 R74：神经病学与精神病学

序号	机构名称	本学科发表文献量						被引频次	下载频次	篇均被引频次
		合计	2007 年	2008 年	2009 年	2010 年	2011 年			
141	广东医学院附属医院	143	24	35	24	24	36	151	7423	1.056
142	河北医科大学第四医院	93	16	22	25	10	20	148	4481	1.591
143	北京中医药大学东直门医院	80	12	13	15	22	18	146	7008	1.825
144	浙江省人民医院	89	20	12	13	18	26	146	3192	1.640
145	郑州市儿童医院	130	24	37	19	27	23	146	5543	1.123
146	中国人民解放军总参谋部总医院	106	13	17	21	26	29	145	5694	1.368
147	兰州大学第二附属医院	122	9	22	23	40	28	143	6497	1.172
148	驻马店市第二人民医院	190	31	48	31	39	41	143	5056	0.753
149	福建省立医院	99	17	17	20	21	24	140	4302	1.414
150	中国人民解放军沈阳军区总医院	161	42	27	28	29	35	140	6447	0.870
151	临沂市精神卫生中心临沂市第四人民医院	156	20	31	57	30	18	137	4878	0.878
152	云南省精神病医院	174	18	25	44	43	44	137	6423	0.787
153	咸宁学院附属第二医院	62	19	6	5	21	11	136	1590	2.194
154	广州医学院第一附属医院	103	15	22	24	20	22	136	4240	1.320
155	杭州市第一人民医院	106	21	15	15	21	34	133	3582	1.255
156	商丘市第二人民医院	109	25	29	21	20	14	133	3000	1.220
157	桂林医学院附属医院	130	18	24	24	34	30	133	6530	1.023
158	北华大学附属医院	107	20	23	23	23	18	132	5282	1.234
159	广州医学院附属广州市第一人民医院	121	30	27	28	17	19	131	5806	1.083
160	南京医科大学附属南京第一医院	85	14	16	21	13	21	129	4443	1.518
161	重庆市第十一人民医院	94	13	11	24	13	33	129	3212	1.372
162	首都医科大学附属北京儿童医院	106	17	20	12	28	29	129	5964	1.217
163	广州军区武汉总医院	126	18	16	34	23	35	129	6192	1.024
164	武汉大学中南医院	127	18	17	22	33	37	129	6600	1.016
165	商丘市第一人民医院	139	10	34	31	23	41	129	3263	0.928
166	深圳市儿童医院	84	15	16	10	22	21	128	4679	1.524
167	湖南省第二人民医院	141	12	18	30	32	49	126	5054	0.894
168	武汉市中西医院结合医院	89	19	12	17	17	24	125	3599	1.404
169	焦作市第二人民医院	95	9	32	23	18	13	123	3551	1.295
170	山东大学第二附属医院	91	25	21	9	16	20	121	5248	1.330
171	上海市第十人民医院	81	19	12	13	21	16	120	3012	1.481
172	四川省精神卫生中心	87	24	24	11	19	9	120	3776	1.379
173	徐州医学院附属医院	191	25	21	35	41	69	120	9764	0.628
174	柳州市人民医院	74	17	21	14	10	12	119	4927	1.608
175	中国医科大学第四附属医院	137	28	13	27	31	38	119	5123	0.869

表 3.11　R74：神经病学与精神病学

序号	机构名称	本学科发表文献量						被引频次	下载频次	篇均被引频次
		合计	2007 年	2008 年	2009 年	2010 年	2011 年			
176	焦作煤业（集团）中央医院	124	33	21	22	33	15	118	3524	0.952
177	柳州市工人医院	109	18	20	17	26	28	117	4480	1.073
178	郑州市中心医院	131	33	19	12	33	34	117	4702	0.893
179	兰州军区总医院	99	24	10	15	21	29	116	5099	1.172
180	广西中医学院第一附属医院	110	13	28	14	30	25	116	7957	1.055
181	黑龙江省医院	143	16	21	20	48	38	116	5307	0.811
182	吉林省人民医院	92	16	15	17	28	16	114	4830	1.239
183	聊城市第二人民医院	96	15	23	5	32	21	114	2564	1.188
184	郑州市第八人民医院	109	16	24	25	17	27	114	3417	1.046
185	常州和平医院	112	17	26	21	20	28	114	5000	1.018
186	武汉精神卫生中心	80	15	11	7	20	27	112	3603	1.400
187	新疆维吾尔自治区人民医院	133	10	19	26	32	46	112	4923	0.842
188	广西第三人民医院	66	6	19	18	11	12	111	3474	1.682
189	南昌大学第一附属医院	170	15	25	36	44	50	111	8095	0.653
190	内蒙古科技大学第一附属医院	101	12	23	20	22	24	108	5060	1.069
191	山东省千佛山医院	103	19	18	20	22	24	108	5293	1.049
192	贵州省人民医院	138	27	21	24	30	36	108	4655	0.783
193	杭州市第七人民医院	108	8	16	17	38	29	107	4602	0.991
194	北京中医药大学东方医院	61	15	8	9	19	10	106	4217	1.738
195	昆明医学院第二附属医院	100	10	22	24	23	21	106	5640	1.060
196	南通大学附属医院	130	8	21	19	46	36	106	5309	0.815
197	浙江大学医学院附属第一医院	141	25	28	18	26	44	106	6243	0.752
198	上海中医药大学附属岳阳中西医结合医院	65	7	14	20	12	12	105	4063	1.615
199	武警总医院	119	17	27	19	30	26	105	5113	0.882
200	镇江市第四人民医院	66	11	14	19	11	11	104	3281	1.576
201	广西中医学院附属瑞康医院	75	13	18	18	14	12	104	4854	1.387
202	连云港市第一人民医院	86	15	16	15	25	15	104	3250	1.209
203	苏州市广济医院	68	8	4	15	22	19	103	3331	1.515
204	深圳市人民医院	98	18	17	21	23	19	102	5007	1.041
205	深圳市第六人民医院	79	13	15	9	13	29	101	4060	1.278
206	江苏省复员退伍军人精神病医院	101	17	14	24	20	26	101	3267	1.000
207	中国人民解放军成都军区总医院	107	17	19	21	25	25	101	4671	0.944
208	嘉兴市第二医院	71	8	13	17	14	19	100	1992	1.408
209	安徽中医学院第一附属医院	115	25	22	13	35	20	100	7289	0.870
210	浙江中医院	61	19	11	7	13	11	99	2924	1.623

表 3.11 R74：神经病学与精神病学

序号	机构名称	本学科发表文献量						被引频次	下载频次	篇均被引频次
		合计	2007 年	2008 年	2009 年	2010 年	2011 年			
211	复旦附属大学华东医院	79	11	10	16	14	28	98	3518	1.241
212	兖州久益医院	80	21	5	19	16	19	98	3212	1.225
213	丽水市第二人民医院	80	22	20	14	11	13	98	2506	1.225
214	泰山医学院附属医院	82	15	8	28	23	8	98	3187	1.195
215	皖南医学院弋矶山医院	107	12	23	22	21	29	98	6324	0.916
216	湖南省儿童医院	131	15	18	27	34	37	98	5392	0.748
217	苏州大学医学院附属第三医院	82	16	20	8	17	21	97	2699	1.183
218	开封市第一人民医院	103	18	9	16	27	33	95	3448	0.922
219	沧州市中心医院	128	12	27	27	28	34	95	4058	0.742
220	湖北省武汉市妇女儿童医疗保健中心	70	13	15	9	17	16	93	3255	1.329
221	中国人民解放军第三〇七医院	73	7	13	11	14	28	93	5750	1.274
222	绍兴市第七人民医院	88	19	15	12	19	23	93	2593	1.057
223	天津医科大学第二附属医院	95	13	16	13	24	29	93	4619	0.979
224	武警医学院附属医院平津医院	122	13	27	19	26	37	93	5099	0.762
225	唐山市工人医院	142	27	34	16	26	39	93	5385	0.655
226	汕头大学医学院第一附属医院	100	12	21	28	13	26	91	4433	0.910
227	大连市第七人民医院	65	12	18	10	16	9	90	2749	1.385
228	宁夏回族自治区人民医院	70	10	9	11	20	20	90	2631	1.286
229	清华大学第二附属医院	95	12	17	19	19	28	90	3837	0.947
230	江西省人民医院	87	18	13	14	22	20	88	5280	1.011
231	安徽省精神卫生防治中心	79	11	10	16	28	14	87	3794	1.101
232	南宁市第五人民医院	80	5	22	18	20	15	87	2523	1.088
233	中国海洋大学附属医院	110	11	18	22	27	32	87	4581	0.791
234	攀枝花市第三人民医院	103	10	32	10	23	28	86	2274	0.835
235	淮安市第一人民医院	91	11	15	17	27	21	85	3354	0.934
236	川北医学院附属医院	95	12	11	15	23	34	85	4311	0.895
237	临沂市人民医院	95	26	18	20	17	14	85	4022	0.895
238	唐山市第五医院	64	2	5	14	24	19	84	2275	1.313
239	中国人民解放军第四六三医院	61	9	5	12	15	20	83	3899	1.361
240	石河子大学医学院第一附属医院	74	8	20	10	14	22	83	4836	1.122
241	南京中医药大学附属医院	86	12	10	14	23	27	83	4736	0.965
242	南方医科大学附属深圳医院	90	12	24	18	14	22	83	4235	0.922
243	中国人民解放军空军总医院	93	20	13	13	25	22	83	4282	0.892
244	中国人民解放军总医院第一附属医院	97	18	19	20	18	22	83	3510	0.856
245	大庆市人民医院	108	15	18	35	27	13	83	4441	0.769

表 3.11　R74：神经病学与精神病学

序号	机构名称	本学科发表文献量						被引频次	下载频次	篇均被引频次
		合计	2007 年	2008 年	2009 年	2010 年	2011 年			
246	安阳市人民医院	65	9	29	12	5	10	82	2618	1.262
247	西安市第十医院	75	6	10	11	16	32	82	2798	1.093
248	重庆三峡中心医院	87	15	12	16	24	20	82	3422	0.943
249	烟台毓璜顶医院	93	14	11	16	25	27	82	3612	0.882
250	秦皇岛市第一医院	63	8	17	13	13	12	81	2457	1.286
251	上海交通大学医学院附属第九人民医院	75	10	25	11	17	12	81	4895	1.080
252	无锡市第二人民医院	90	9	18	14	23	26	81	3103	0.900
253	沈阳市精神市卫生中心	96	14	22	29	14	17	81	2479	0.844
254	滨州市人民医院	62	18	17	9	8	10	80	2291	1.290
255	右江民族医学院附属医院	92	7	12	15	23	35	79	3715	0.859
256	北京世纪坛医院	100	16	14	15	21	34	79	4168	0.790
257	大连市中心医院	62	8	17	12	13	12	78	2736	1.258
258	焦作市人民医院	75	16	16	13	17	13	78	2682	1.040
259	衡水市哈励逊国际和平医院	85	13	29	10	7	26	78	2818	0.918
260	齐齐哈尔医学院第六附属医院	89	14	10	24	27	14	78	2933	0.876
261	宁波市康宁医院	101	13	20	16	24	28	78	3857	0.772
262	郑州人民医院	108	17	18	10	27	36	78	3510	0.722
263	浙江省立同德医院	96	24	19	8	15	30	76	4051	0.792
264	北京大学深圳医院	110	12	22	21	34	21	76	5372	0.691
265	哈尔滨医科大学附属第四医院	107	9	16	24	29	29	75	4498	0.701
266	扬州大学医学院附属医院	63	12	11	9	13	18	74	2323	1.175
267	延边大学附属医院	75	12	25	20	9	9	74	2556	0.987
268	聊城市人民医院	84	17	24	14	13	16	74	3292	0.881
269	徐州市东方人民医院	107	14	15	13	24	41	73	2335	0.682
270	佳木斯大学附属第一医院	118	13	18	23	32	32	73	5696	0.619
271	郴州市第一人民医院	71	15	6	7	20	23	72	2870	1.014
272	江西省精神病院	74	7	9	10	21	27	72	2634	0.973
273	河南大学淮河医院	64	12	11	15	8	18	71	3336	1.109
274	南华大学附属第一医院	71	11	11	16	19	14	71	3318	1.000
275	首都医科大学附属北京同仁医院	99	12	11	15	30	31	70	3981	0.707
276	安阳市地区医院	99	23	14	16	15	31	70	3229	0.707
277	苏州市立医院	81	7	10	18	22	24	69	3361	0.852
278	蚌埠医学院附属医院	81	12	17	19	17	16	69	3822	0.852

表 3.12　R75：皮肤病学与性病学

序号	机构名称	本学科发表文献量						被引频次	下载频次	篇均被引频次
		合计	2007 年	2008 年	2009 年	2010 年	2011 年			
1	第四军医大学第一附属医院	203	40	44	32	42	45	338	9769	1.665
2	中国人民解放军空军总医院	233	61	56	30	33	53	320	12052	1.373
3	中国医学科学院皮肤病医院	493	71	91	92	105	134	284	8260	0.576
4	四川大学华西医院	265	46	64	57	44	54	257	11526	0.970
5	复旦大学附属华山医院	201	36	46	41	35	43	236	7214	1.174
6	浙江省皮肤病防治研究所	104	25	12	30	18	19	228	1940	2.192
7	第三军医大学第一附属医院	198	23	34	46	47	48	218	6178	1.101
8	江苏省人民医院	234	47	45	40	40	62	203	7790	0.868
9	北京大学第一医院	227	30	39	41	48	69	184	8467	0.811
10	北京协和医院	234	30	34	41	47	82	182	5496	0.778
11	中国人民解放军总医院	107	23	24	18	19	23	173	5537	1.617
12	华中科技大学同济医学院附属协和医院	134	37	35	22	16	24	170	4889	1.269
13	广州军区广州总医院	141	27	19	21	49	25	161	7764	1.142
14	上海市皮肤病性病防治中心	156	19	20	25	40	52	155	3390	0.994
15	安徽医科大学第一附属医院	133	22	29	29	16	37	151	8254	1.135
16	西安交通大学第二附属医院	157	33	28	24	31	41	151	8063	0.962
17	天津市长征医院	152	30	26	29	35	32	150	7668	0.987
18	武汉市中西医院结合医院	168	42	31	26	30	39	147	4569	0.875
19	中国医科大学第一附属医院	158	24	29	37	33	35	135	5550	0.854
20	中山大学附属第三医院	146	17	24	38	32	35	132	5597	0.904
21	南京中医药大学附属医院	97	19	14	16	23	25	114	3747	1.175
22	中山大学附属第一医院	111	17	21	21	21	31	114	4510	1.027
23	北京军区总医院	121	12	32	28	21	28	110	4188	0.909
24	泸州医学院附属医院	82	21	15	13	17	16	107	3942	1.305
25	大连市皮肤病医院	107	21	25	20	18	23	107	3372	1.000
26	昆明医学院第一附属医院	162	18	31	40	22	51	105	5947	0.648
27	中国人民解放军第二军医大学第二附属医院	75	16	22	10	12	15	93	2888	1.240
28	浙江中医院大学附属杭州第三医院	157	25	26	27	38	41	92	4873	0.586
29	山东省立医院	59	13	11	8	7	20	90	1735	1.525
30	兰州军区总医院	80	13	19	8	12	28	89	2918	1.113
31	四川省医学科学院·四川省人民医院	133	21	14	35	26	37	88	4095	0.662
32	首都医科大学附属北京佑安医院	24	7	3	5	4	5	87	1004	3.625
33	华中科技大学同济医学院附属同济医院	68	21	12	10	10	15	87	2410	1.279
34	上海市第六人民医院	32	5	5	5	10	7	86	1473	2.688
35	重庆市第一人民医院	72	16	19	10	14	13	86	3141	1.194

表 3.12　R75：皮肤病学与性病学

序号	机构名称	本学科发表文献量						被引频次	下载频次	篇均被引频次
		合计	2007 年	2008 年	2009 年	2010 年	2011 年			
36	成都市第二人民医院	99	11	22	28	23	15	84	3321	0.848
37	首都医科大学宣武医院	61	8	12	14	13	14	83	2725	1.361
38	中国人民解放军第二军医大学第一附属医院	118	29	27	29	8	25	83	4454	0.703
39	天津医科大学总医院	111	20	21	21	24	25	80	2786	0.721
40	重庆医科大学附属第一医院	64	20	11	7	17	9	79	2975	1.234
41	北京中日友好医院	67	9	15	14	10	19	79	2030	1.179
42	沈阳市第七人民医院	126	22	13	24	32	35	79	3338	0.627
43	上海交通大学医学院附属仁济医院	36	11	8	4	3	10	78	1719	2.167
44	吉林大学第二医院	73	10	28	11	8	16	77	2640	1.055
45	山东大学齐鲁医院	94	26	14	5	17	32	77	2941	0.819
46	中山大学附属第二医院	101	18	19	18	24	22	77	3786	0.762
47	北京大学深圳医院	60	9	5	18	14	14	76	4150	1.267
48	河北大学附属医院	46	11	12	13	5	5	73	1772	1.587
49	郑州大学第一附属医院	114	24	23	13	33	21	73	3509	0.640
50	吉林大学第三医院	36	11	5	15	3	2	71	1878	1.972
51	北京医院	117	30	20	15	18	34	71	3622	0.607
52	山东省皮肤病医院	218	45	41	20	37	75	71	4018	0.326
53	上海交通大学医学院附属瑞金医院	76	13	22	16	10	15	70	3344	0.921
54	广州中医药大学第二附属医院	86	9	12	19	22	24	70	3383	0.814
55	东南大学附属中大医院	40	11	9	6	5	9	68	1325	1.700
56	山西医科大学第二附属医院	51	11	8	11	13	8	68	1914	1.333
57	第四军医大学第二附属医院	26	2	4	4	6	10	67	754	2.577
58	河北医科大学第四医院	52	9	23	5	6	9	64	2571	1.231
59	暨南大学医学院第一附属医院	59	8	8	10	14	19	64	1916	1.085
60	无锡市第二人民医院	93	15	21	13	18	26	64	1736	0.688
61	首都医科大学附属北京友谊医院	95	13	7	7	32	36	64	2532	0.674
62	滨州医学院附属医院	78	12	10	10	20	26	62	2217	0.795
63	南方医科大学附属南方医院	80	16	10	16	12	26	62	3350	0.775
64	广西医科大学第一附属医院	59	14	15	10	13	7	61	2228	1.034
65	台州学院医学院附属市立医院	25	10	4	4	6	1	59	1410	2.360
66	北华大学附属医院	55	13	5	15	17	5	57	1795	1.036
67	昆明医学院第二附属医院	73	17	10	24	6	16	57	3568	0.781
68	新疆维吾尔自治区人民医院	129	14	18	21	37	39	57	2435	0.442
69	湖南省人民医院	26	7	4	2	6	7	56	1289	2.154
70	太原市中心医院	52	12	9	11	10	10	56	2045	1.077

表 3.12 R75：皮肤病学与性病学

序号	机构名称	本学科发表文献量						被引频次	下载频次	篇均被引频次
		合计	2007 年	2008 年	2009 年	2010 年	2011 年			
71	中国人民解放军沈阳军区总医院	31	4	8	7	5	7	54	750	1.742
72	中南大学湘雅医院	69	15	18	14	10	12	54	2574	0.783
73	遵义医学院附属医院	70	8	15	21	12	14	54	2465	0.771
74	武汉大学人民医院	52	12	7	9	16	8	52	1478	1.000
75	上海交通大学医学院附属第九人民医院	58	11	5	14	13	15	52	3128	0.897
76	十堰市太和医院	45	6	15	10	8	6	51	1536	1.133
77	湖南中医药大学第二附属医院	24	5	7	4	3	5	50	1141	2.083
78	湖北省十堰市人民医院	52	15	10	8	13	6	50	1737	0.962
79	广东医学院附属医院	54	10	13	8	13	10	50	2025	0.926
80	青岛大学医学院附属医院	74	9	13	13	13	26	49	1750	0.662
81	大连医科大学附属第一医院	69	15	7	7	17	23	48	1731	0.696
82	西安交通大学第一附属医院	25	9	3	8	1	4	47	1059	1.880
83	深圳市慢性病防治院	57	7	14	13	10	13	47	1488	0.825
84	河南省人民医院	64	10	14	13	13	14	47	1612	0.734
85	南方医科大学附属深圳医院	30	4	6	10	7	3	46	1118	1.533
86	北京大学第三医院	66	14	11	11	9	21	46	2668	0.697
87	贵阳医学院附属医院	87	15	17	26	16	13	45	2631	0.517
88	佛山市第一人民医院	35	13	2	13	3	4	44	1201	1.257
89	海南医学院附属医院	35	4	10	15	3	3	43	1365	1.229
90	广州市红十字会医院	46	4	5	14	10	13	43	1759	0.935
91	第三军医大学第三附属医院	55	6	8	9	22	10	43	1882	0.782
92	山西医科大学第一医院	58	7	16	7	11	17	43	1899	0.741
93	南京医科大学第二附属医院	28	8	8	3	2	7	41	726	1.464
94	浙江大学医学院附属邵逸夫医院	29	12	5	3	5	4	41	970	1.414
95	第三军医大学第二附属医院	58	11	18	10	11	8	41	2111	0.707
96	新疆医科大学第一附属医院	46	9	6	10	13	8	40	1363	0.870
97	吉林大学第一医院	64	11	8	5	17	23	40	1990	0.625
98	连云港市第一人民医院	24	4	3	5	6	6	39	779	1.625
99	深圳市人民医院	26	5	5	12	1	3	39	1066	1.500
100	西安交通大学医学院第三附属医院	36	5	5	11	6	9	39	1225	1.083
101	上海交通大学医学院附属第一人民医院	37	2	9	6	11	9	39	1412	1.054
102	江西省皮肤病专科医院	60	1	13	6	18	22	39	1245	0.650
103	中国医学科学院整形外科医院	24	2	5	3	10	4	38	1134	1.583
104	中国人民解放军第一九五医院	42	8	8	6	9	11	38	1296	0.905
105	中国医科大学附属第二医院	52	6	11	10	11	14	38	2388	0.731

表 3.12　R75：皮肤病学与性病学

序号	机构名称	本学科发表文献量						被引频次	下载频次	篇均被引频次
		合计	2007 年	2008 年	2009 年	2010 年	2011 年			
106	川北医学院附属医院	61	11	12	9	16	13	38	1648	0.623
107	玉林市第一人民医院	19	7	7	3	1	1	37	1095	1.947
108	海南省皮肤病医院	33	7	3	6	7	10	37	1081	1.121
109	惠州市中心人民医院	22	8	4	7	2	1	36	809	1.636
110	广州医学院第一附属医院	23	3	6	5	5	4	36	922	1.565
111	广州医学院附属广州市第一人民医院	28	5	7	4	9	3	36	913	1.286
112	南京大学医学院附属鼓楼医院	36	8	6	6	4	12	36	1175	1.000
113	潍坊市人民医院	37	11	14	2	4	6	36	881	0.973
114	广州医学院第二附属医院	39	5	6	9	12	7	35	1613	0.897
115	中国人民解放军四〇四医院	61	5	12	14	8	22	35	1324	0.574
116	中国人民解放军第二五一医院	33	10	2	5	9	7	34	667	1.030
117	安徽省立医院	34	5	8	3	11	7	34	1262	1.000
118	南华大学附属第一医院	38	8	6	7	10	7	34	1593	0.895
119	广州医学院附属市十二人民医院	23	4	1	7	6	5	33	707	1.435
120	徐州市中医院	25	0	8	5	4	8	33	677	1.320
121	浙江中医院	43	6	7	16	8	6	33	1936	0.767
122	北京大学人民医院	127	11	14	12	39	51	33	2545	0.260
123	河北医科大学中医院	25	5	13	4	3	0	32	920	1.280
124	桂林医学院附属医院	30	2	6	6	8	8	32	1317	1.067
125	中南大学湘雅二医院	57	13	8	9	18	9	32	2062	0.561
126	漯河医学高等专科学校第一附属医院	25	2	14	8	0	1	31	1158	1.240
127	东莞市人民医院	30	7	5	5	5	8	31	1100	1.033
128	中国海洋大学附属医院	42	11	4	7	7	13	31	1058	0.738
129	温州医学院附属第一医院	42	6	6	6	9	15	31	1351	0.738
130	浙江大学医学院附属第二医院	58	9	14	14	9	12	31	1985	0.534
131	北京地坛医院	25	0	3	6	7	9	30	874	1.200
132	首都医科大学附属北京朝阳医院	32	5	12	4	7	4	30	1416	0.938
133	河北医科大学第二医院	56	13	17	7	6	13	30	1763	0.536
134	南京医科大学附属常州市第二人民医院	20	5	5	2	4	4	29	614	1.450
135	青岛市第八人民医院	20	4	5	5	4	2	29	913	1.450
136	浙江省人民医院	30	6	9	1	8	6	28	582	0.933
137	广西人民医院	34	4	6	6	8	10	28	732	0.824
138	枣庄市皮肤病医院	36	7	8	2	9	10	28	749	0.778
139	中国中医科学院广安门医院	42	7	4	12	4	15	28	2118	0.667
140	首都医科大学附属北京儿童医院	51	8	9	10	13	11	28	1678	0.549

表 3.12 R75：皮肤病学与性病学

序号	机构名称	本学科发表文献量						被引频次	下载频次	篇均被引频次
		合计	2007 年	2008 年	2009 年	2010 年	2011 年			
141	中国人民解放军第二五二医院	29	7	8	9	3	2	27	812	0.931
142	内蒙古医学院附属医院	56	6	12	10	12	16	27	1787	0.482
143	南昌大学第一附属医院	21	8	6	4	3	0	26	910	1.238
144	上海市第十人民医院	22	0	12	3	2	5	26	1028	1.182
145	湖南中医药大学第一附属医院	23	2	2	4	5	10	26	966	1.130
146	浙江省台州医院	30	8	4	4	10	4	26	953	0.867
147	上海交通大学医学院附属新华医院	31	7	7	4	5	8	26	1479	0.839
148	中南大学湘雅三医院	32	7	5	5	7	8	26	1288	0.813
149	武警总医院	35	9	3	5	6	12	26	1029	0.743
150	海南省人民医院	39	8	7	9	9	6	26	1559	0.667
151	福建医科大学附属第一医院	47	7	9	8	7	16	26	1012	0.553
152	中国人民解放军第二炮兵总医院	21	3	2	6	3	7	25	815	1.190
153	汕头大学医学院第一附属医院	23	5	5	4	5	4	25	938	1.087
154	杭州市第一人民医院	39	16	4	7	5	7	25	944	0.641
155	聊城市人民医院	27	6	4	3	2	12	24	724	0.889
156	浙江大学医学院附属第一医院	33	3	9	8	6	7	24	717	0.727
157	复旦大学附属中山医院	24	2	2	4	9	7	23	1045	0.958
158	兰州大学第一附属医院	24	2	7	6	3	6	23	798	0.958
159	内蒙古医学院第三附属医院	36	9	8	11	3	5	23	1768	0.639
160	徐州医学院附属医院	38	6	3	4	3	22	23	867	0.605
161	首都医科大学附属北京中医医院	39	9	7	7	5	11	23	2288	0.590
162	唐山市工人医院	20	2	9	3	2	4	22	727	1.100
163	延边大学附属医院	31	5	5	4	9	8	22	801	0.710
164	中国人民解放军海军总医院	35	4	4	11	7	9	22	1284	0.629
165	宁夏医科大学附属医院	37	6	5	5	10	11	22	1131	0.595
166	青海大学医学院附属医院	38	12	6	10	5	5	22	1374	0.579
167	中国人民解放军总医院第一附属医院	44	6	3	11	14	10	22	1305	0.500
168	哈尔滨医科大学附属第一医院	45	3	7	8	12	15	22	1122	0.489
169	哈尔滨医科大学附属第二医院	51	6	8	6	13	18	22	1175	0.431
170	南方医科大学珠江医院	20	0	2	8	6	4	21	733	1.050
171	桂林市中医医院	20	5	6	1	3	5	21	655	1.050
172	灵山县人民医院	22	5	2	6	2	7	21	553	0.955
173	兰州大学第二附属医院	30	3	6	5	4	12	21	814	0.700
174	福建省皮肤病性病防治院	32	3	5	5	15	4	21	716	0.656
175	苏州大学附属第二医院	42	8	6	8	5	15	21	881	0.500

表 3.12 R75：皮肤病学与性病学

序号	机构名称	本学科发表文献量						被引频次	下载频次	篇均被引频次
		合计	2007 年	2008 年	2009 年	2010 年	2011 年			
176	苏州大学第一附属医院	20	2	1	3	4	10	20	351	1.000
177	驻马店中心人民医院	21	8	5	3	1	4	20	540	0.952
178	深圳市福田区人民医院	26	3	1	12	3	7	20	765	0.769
179	新乡医学院第一附属医院	27	2	4	7	11	3	20	886	0.741
180	山东省济南市皮肤病防治院	37	3	8	6	6	14	20	647	0.541
181	南京军区南京总医院	41	4	3	10	9	15	20	973	0.488
182	青海省人民医院	21	2	3	4	7	5	19	570	0.905
183	南通大学附属医院	22	8	2	3	2	7	19	685	0.864
184	丽水市人民医院	22	3	3	3	6	7	19	836	0.864
185	郴州市第一人民医院	22	4	5	2	8	3	19	852	0.864
186	重庆医科大学附属儿童医院	29	2	7	3	12	5	19	852	0.655
187	武汉大学中南医院	30	4	5	7	6	8	19	744	0.633
188	中国人民解放军兰州军区乌鲁木齐总医院	36	7	4	8	11	6	19	822	0.528
189	中国人民解放军济南军区总医院	39	3	13	7	3	13	19	969	0.487
190	煤炭工业总医院	40	4	4	4	13	15	19	704	0.475
191	吉林省人民医院	20	6	6	3	4	1	18	637	0.900
192	宜昌市中心人民医院	21	13	1	1	3	3	18	735	0.857
193	厦门大学附属中山医院	23	4	4	1	7	7	18	621	0.783
194	厦门市第一医院	24	2	0	4	10	8	18	335	0.750
195	中国人民解放军第四五一医院	26	8	3	8	2	5	18	551	0.692
196	大连北海医院	28	7	0	4	11	6	18	602	0.643
197	青岛大学医学院附属海慈医院	33	2	5	5	10	11	18	939	0.545
198	北京中医药大学东直门医院	35	1	1	14	9	10	18	2073	0.514
199	鄂尔多斯市中心医院	20	3	6	6	3	2	17	490	0.850
200	深圳市宝安区慢性病防治院	22	2	1	5	7	7	17	743	0.773
201	九江学院附属医院	24	2	4	5	7	6	17	613	0.708
202	湖南省儿童医院	25	8	0	7	7	3	17	673	0.680
203	广州军区武汉总医院	30	4	1	7	5	13	17	761	0.567
204	皖南医学院弋矶山医院	30	2	6	7	8	7	17	752	0.567
205	山西省人民医院	31	5	5	3	12	6	17	599	0.548
206	深圳市第六人民医院	53	3	6	12	18	14	17	1223	0.321
207	无锡市人民医院	71	3	11	8	24	25	17	1113	0.239
208	中国人民解放军白求恩国际和平医院	25	5	7	3	2	8	16	596	0.640
209	大连医科大学附属第二医院	54	6	15	9	12	12	16	1017	0.296

表 3.13　R76/R77：耳鼻咽喉科学与眼科学

序号	机构名称	本学科发表文献量						被引频次	下载频次	篇均被引频次
		合计	2007 年	2008 年	2009 年	2010 年	2011 年			
1	首都医科大学附属北京同仁医院	1744	327	383	309	319	406	2432	73873	1.394
2	中国人民解放军总医院	932	197	185	118	195	237	1404	38835	1.506
3	华中科技大学同济医学院附属协和医院	413	115	123	47	64	64	765	17133	1.852
4	复旦大学附属眼耳鼻喉科医院	731	150	168	120	140	153	685	23251	0.937
5	中山大学附属眼科医院	460	101	86	83	110	80	531	14680	1.154
6	北京协和医院	412	88	88	59	61	116	524	13251	1.272
7	中南大学湘雅二医院	296	71	63	58	52	52	502	14525	1.696
8	四川大学华西医院	402	77	92	87	69	77	477	19006	1.187
9	第四军医大学第一附属医院	310	75	70	57	56	52	470	12927	1.516
10	南京军区南京总医院	189	52	45	43	22	27	436	8959	2.307
11	江苏省人民医院	306	62	45	55	68	76	407	11673	1.330
12	中山大学附属第一医院	233	32	43	38	52	68	401	7936	1.721
13	郑州大学第一附属医院	451	78	92	76	88	117	397	13998	0.880
14	温州医学院附属眼视光医院	371	64	80	43	76	108	388	12562	1.046
15	北京大学人民医院	254	46	56	33	46	73	384	9780	1.512
16	武汉大学人民医院	368	76	63	65	81	83	384	14210	1.043
17	华中科技大学同济医学院附属同济医院	270	83	50	37	60	40	379	11000	1.404
18	青岛大学医学院附属医院	323	63	86	47	52	75	353	12325	1.093
19	哈尔滨医科大学附属第一医院	271	69	76	37	48	41	344	12527	1.269
20	上海交通大学医学院附属第一人民医院	279	51	71	34	58	65	319	11179	1.143
21	上海交通大学医学院附属第九人民医院	187	31	48	28	24	56	311	6231	1.663
22	广西人民医院	315	50	63	66	66	70	304	8554	0.965
23	西安市第四医院	183	32	45	31	35	40	302	5590	1.650
24	福建医科大学附属第一医院	280	68	53	29	53	77	299	9583	1.068
25	中南大学湘雅医院	215	45	47	42	39	42	295	9085	1.372
26	北京大学第三医院	268	44	51	38	66	69	294	10138	1.097
27	上海交通大学医学院附属新华医院	240	52	35	45	54	54	277	8868	1.154
28	中国人民解放军第二军医大学第一附属医院	201	38	55	34	40	34	269	7464	1.338
29	重庆医科大学附属第一医院	215	37	46	49	39	44	267	10872	1.242
30	中山大学附属第二医院	233	39	66	34	43	51	262	6779	1.124
31	广西医科大学第一附属医院	238	55	58	36	41	48	256	9794	1.076
32	中山大学附属第三医院	181	33	37	28	34	49	247	5909	1.365
33	中国医科大学第一附属医院	268	31	58	40	54	85	243	8673	0.907
34	山东大学齐鲁医院	172	48	38	32	27	27	237	6303	1.378
35	中国医科大学第四附属医院	148	36	27	21	32	32	233	6243	1.574

表 3.13　R76/R77：耳鼻咽喉科学与眼科学

序号	机构名称	本学科发表文献量						被引频次	下载频次	篇均被引频次
		合计	2007 年	2008 年	2009 年	2010 年	2011 年			
36	新疆医科大学第一附属医院	182	25	23	47	43	44	230	8995	1. 264
37	第三军医大学第三附属医院	197	54	43	38	36	26	229	8431	1. 162
38	吉林大学第三医院	118	22	32	20	25	19	219	3830	1. 856
39	上海市第六人民医院	197	32	38	28	50	49	217	6657	1. 102
40	四川省医学科学院・四川省人民医院	204	37	33	40	56	38	208	6273	1. 020
41	南京大学医学院附属鼓楼医院	133	35	36	17	31	14	206	5638	1. 549
42	上海交通大学医学院附属瑞金医院	155	26	28	44	31	26	198	7193	1. 277
43	西安交通大学第二附属医院	151	20	42	36	22	31	196	6504	1. 298
44	武警总医院	228	56	61	40	35	36	196	5770	0. 860
45	中国医学科学院整形外科医院	110	20	28	21	16	25	195	3112	1. 773
46	浙江大学医学院附属第一医院	99	24	26	8	18	23	193	2451	1. 949
47	中国医科大学附属第二医院	209	28	44	34	34	69	192	7749	0. 919
48	中国人民解放军第二军医大学第二附属医院	156	43	36	24	21	32	190	6274	1. 218
49	吉林大学第一医院	160	43	23	32	37	25	185	6705	1. 156
50	安徽医科大学第一附属医院	164	35	31	37	26	35	181	5924	1. 104
51	广州军区武汉总医院	134	24	28	15	37	30	179	4349	1. 336
52	第三军医大学第一附属医院	181	43	36	28	35	39	177	5690	0. 978
53	天津市眼科医院	267	43	43	33	86	62	176	6071	0. 659
54	首都医科大学宣武医院	122	16	22	28	23	33	173	5172	1. 418
55	山西医科大学第二附属医院	131	26	28	31	26	20	172	4515	1. 313
56	吉林大学第二医院	221	39	47	36	40	59	170	8679	0. 769
57	中国人民解放军海军总医院	177	40	27	26	39	45	168	5437	0. 949
58	云南省第二人民医院	183	18	41	47	42	35	166	5899	0. 907
59	烟台毓璜顶医院	148	33	22	17	26	50	159	3011	1. 074
60	浙江大学医学院附属第二医院	174	38	29	21	36	50	156	3281	0. 897
61	重庆医科大学附属第二医院	93	25	26	11	12	19	153	4123	1. 645
62	襄阳市中心医院	102	34	29	21	9	9	147	2469	1. 441
63	温州医学院附属第一医院	114	32	33	14	16	19	147	4494	1. 289
64	安徽省立医院	184	23	33	47	44	37	146	5989	0. 793
65	上海交通大学医学院附属仁济医院	103	20	23	18	19	23	145	3700	1. 408
66	西安交通大学第一附属医院	131	17	43	22	24	25	140	5246	1. 069
67	广东省人民医院	137	22	31	20	36	28	140	4405	1. 022
68	南方医科大学珠江医院	163	25	32	33	34	39	140	5358	0. 859
69	南通大学附属医院	162	34	30	24	38	36	139	4251	0. 858
70	山西省眼科医院	165	36	39	35	22	33	138	5239	0. 836

表 3.13 R76/R77：耳鼻咽喉科学与眼科学

序号	机构名称	本学科发表文献量						被引频次	下载频次	篇均被引频次
		合计	2007 年	2008 年	2009 年	2010 年	2011 年			
71	湖南省人民医院	80	14	17	19	15	15	137	3059	1.713
72	河北医科大学第二医院	220	27	43	25	59	66	136	5001	0.618
73	天津医科大学总医院	170	18	19	27	46	60	135	5382	0.794
74	南方医科大学附属南方医院	139	21	25	29	26	38	134	4912	0.964
75	首都医科大学附属北京友谊医院	160	27	33	28	34	38	134	4526	0.838
76	昆明医学院第一附属医院	160	31	26	29	37	37	134	6022	0.838
77	山东省立医院	140	25	38	30	19	28	128	4320	0.914
78	内蒙古医学院附属医院	148	31	37	18	38	24	128	5351	0.865
79	北京大学第一医院	145	21	31	25	31	37	126	4102	0.869
80	中国人民解放军第四七四医院	150	20	24	35	34	37	125	5172	0.833
81	中南大学湘雅三医院	93	9	21	22	25	16	123	3819	1.323
82	南昌大学第二附属医院	202	19	36	48	46	53	123	6467	0.609
83	大连医科大学附属第二医院	95	16	17	20	25	17	122	3685	1.284
84	厦门大学附属厦门眼科中心	81	12	11	14	16	28	119	1844	1.469
85	兰州军区总医院	112	22	26	25	20	19	119	3297	1.063
86	北京军区总医院	97	11	21	16	22	27	117	2629	1.206
87	广州军区广州总医院	98	16	22	19	20	21	116	3370	1.184
88	福州总医院	134	20	17	24	49	24	116	3705	0.866
89	复旦大学附属中山医院	90	13	18	22	23	14	113	2804	1.256
90	义乌市中心医院	103	32	22	22	20	7	113	2078	1.097
91	沈阳市第四人民医院	89	13	18	15	23	20	112	2239	1.258
92	暨南大学医学院第一附属医院	85	18	14	23	16	14	111	3995	1.306
93	宁夏回族自治区人民医院	111	14	26	13	14	44	111	2780	1.000
94	东南大学附属中大医院	91	24	15	21	17	14	110	3434	1.209
95	安阳市眼科医院	96	28	23	14	14	17	110	2156	1.146
96	深圳市人民医院	122	15	20	26	28	33	110	3952	0.902
97	山西医科大学第一医院	153	18	37	33	42	23	109	5271	0.712
98	辽宁医学院附属第一医院	136	20	21	23	36	36	107	5654	0.787
99	贵州省人民医院	85	23	15	15	17	15	106	2739	1.247
100	北京中日友好医院	113	15	20	25	24	29	106	3061	0.938
101	中国中医科学院眼科医院	97	17	16	16	25	23	105	3667	1.082
102	北京医院	116	29	31	16	19	21	105	3063	0.905
103	南昌大学第一附属医院	116	24	27	20	15	30	105	3937	0.905
104	河北医科大学第三医院	86	16	19	19	11	21	103	2804	1.198
105	天津市第一中心医院	82	18	12	15	18	19	102	3421	1.244

表 3.13 R76/R77：耳鼻咽喉科学与眼科学

序号	机构名称	本学科发表文献量						被引频次	下载频次	篇均被引频次
		合计	2007 年	2008 年	2009 年	2010 年	2011 年			
106	兰州大学第二附属医院	65	10	15	12	17	11	101	2721	1.554
107	南华大学附属第二医院	84	14	19	13	11	27	101	4465	1.202
108	第四军医大学第二附属医院	79	20	14	12	17	16	100	3206	1.266
109	唐山市眼科医院	129	10	44	25	26	24	99	2615	0.767
110	温州医学院附属第二医院	99	23	19	20	13	24	98	3209	0.990
111	广州市儿童医院	64	22	16	10	5	11	96	2281	1.500
112	上海市普陀区中心医院	44	6	9	8	12	9	95	1169	2.159
113	上海市第十人民医院	81	18	13	17	18	15	95	3034	1.173
114	大连医科大学附属第一医院	103	17	24	15	23	24	95	3677	0.922
115	哈尔滨医科大学附属第二医院	97	19	23	12	22	21	94	3934	0.969
116	邢台市眼科医院	189	27	24	42	51	45	94	3787	0.497
117	南宁市第一人民医院	49	14	20	9	1	5	93	1372	1.898
118	天津医科大学眼科医院	174	9	32	35	35	63	91	3764	0.523
119	河南科技大学第一附属医院	103	17	10	30	24	22	90	2102	0.874
120	十堰市太和医院	73	16	24	20	9	4	89	2029	1.219
121	海南省人民医院	86	31	9	21	14	11	88	2869	1.023
122	首都医科大学附属北京朝阳医院	114	12	18	20	32	32	87	4476	0.763
123	蓟县人民医院	45	16	7	3	11	8	86	1632	1.911
124	中国人民解放军济南军区总医院	81	15	25	11	16	14	86	3037	1.062
125	玉林市妇幼保健院	45	1	16	4	11	13	85	1041	1.889
126	首都医科大学附属北京儿童医院	89	11	14	13	23	28	85	2749	0.955
127	遵义医学院附属医院	87	21	16	18	11	21	84	1844	0.966
128	昆明医学院第二附属医院	77	12	9	18	22	16	83	3185	1.078
129	西安市第一医院	86	10	16	14	19	27	83	2457	0.965
130	新乡医学院第三附属医院	87	26	17	14	12	18	82	2158	0.943
131	济南施尔明眼科医院	78	13	20	18	21	6	81	3546	1.038
132	西安交通大学医学院第三附属医院	66	13	9	17	16	11	80	2461	1.212
133	贵阳医学院附属医院	119	36	20	17	33	13	80	2648	0.672
134	河北医科大学第一医院	51	14	12	10	11	4	79	1396	1.549
135	济南第二人民医院	110	19	27	24	21	19	79	3539	0.718
136	中国人民解放军第四五一医院	56	12	9	10	14	11	77	1602	1.375
137	周口市眼科医院	51	25	10	3	4	9	76	1188	1.490
138	南京中医药大学附属医院	84	11	15	19	16	23	76	3421	0.905
139	深圳市儿童医院	45	9	9	4	12	11	75	1490	1.667
140	郴州市第一人民医院	88	17	12	24	19	16	75	2524	0.852

表 3.13　R76/R77：耳鼻咽喉科学与眼科学

序号	机构名称	本学科发表文献量						被引频次	下载频次	篇均被引频次
		合计	2007 年	2008 年	2009 年	2010 年	2011 年			
141	中国人民解放军白求恩国际和平医院	95	19	10	16	26	24	75	2632	0. 789
142	南阳市眼科医院	82	4	12	20	22	24	74	1619	0. 902
143	宁夏医科大学附属医院	111	19	18	17	28	29	74	3418	0. 667
144	泸州医学院附属医院	119	16	19	21	37	26	74	4861	0. 622
145	聊城市人民医院	71	20	16	8	15	12	73	1821	1. 028
146	广州医学院附属广州市第一人民医院	94	30	13	9	24	18	73	2454	0. 777
147	湖北省武汉市妇女儿童医疗保健中心	76	14	17	19	9	17	72	2603	0. 947
148	中国人民解放军空军总医院	101	13	25	36	13	14	72	2184	0. 713
149	郑州市第二人民医院	116	17	12	26	27	34	72	2516	0. 621
150	武汉科技大学附属天佑医院	45	10	10	7	12	6	71	2190	1. 578
151	上海东方医院	48	7	9	12	9	11	71	2043	1. 479
152	桂林医学院附属医院	101	18	17	19	19	28	71	3506	0. 703
153	广州中医药大学第一附属医院	43	5	9	16	6	7	70	2004	1. 628
154	汕头国际眼科中心	62	14	13	13	14	8	70	2203	1. 129
155	中国海洋大学附属医院	64	11	14	13	13	13	70	2624	1. 094
156	南京医科大学附属南京市儿童医院	67	11	8	10	24	14	70	2608	1. 045
157	河北省人民医院	75	12	18	15	9	21	69	2173	0. 920
158	佛山市第一人民医院	78	13	12	22	11	20	69	2350	0. 885
159	河南省人民医院	108	19	18	25	21	25	69	2481	0. 639
160	新疆维吾尔自治区人民医院	116	25	9	22	24	36	69	2957	0. 595
161	复旦大学附属华山医院	69	13	16	15	13	12	68	2814	0. 986
162	湖南省儿童医院	96	21	15	18	18	24	68	1981	0. 708
163	宜昌市中心人民医院	88	16	17	15	25	15	67	2353	0. 761
164	湖北民族学院医学院附属医院	46	6	12	10	10	8	66	981	1. 435
165	云南省第一人民医院	72	12	19	9	18	14	66	1658	0. 917
166	浙江省台州医院	87	23	10	11	21	22	66	1553	0. 759
167	中国人民解放军第一八〇医院	76	7	10	23	23	13	65	1802	0. 855
168	上海交通大学医学院附属第三人民医院	42	14	8	9	2	9	64	2725	1. 524
169	中山大学附属第五医院	43	9	7	4	10	13	64	1421	1. 488
170	中国人民解放军第三〇六医院	54	8	11	17	8	10	64	1241	1. 185
171	中国人民解放军第八十一医院	63	7	13	13	12	18	64	1468	1. 016
172	复旦大学附属儿科医院	43	10	12	4	9	8	63	1794	1. 465
173	郑州人民医院	88	14	25	6	27	16	63	2451	0. 716
174	新乡医学院第一附属医院	90	21	25	10	16	18	63	2032	0. 700
175	广州医学院第二附属医院	96	9	13	17	31	26	63	2502	0. 656

表 3.13　R76/R77：耳鼻咽喉科学与眼科学

序号	机构名称	本学科发表文献量						被引频次	下载频次	篇均被引频次
		合计	2007 年	2008 年	2009 年	2010 年	2011 年			
176	湖北省十堰市人民医院	60	18	17	11	10	4	62	1202	1.033
177	武汉大学中南医院	82	11	18	11	15	27	62	2565	0.756
178	武汉爱尔眼科医院	58	13	12	7	12	14	61	1628	1.052
179	郑州大学第二附属医院	61	15	6	5	19	16	61	1853	1.000
180	成都中医药大学附属医院	71	10	11	15	17	18	61	3059	0.859
181	杭州市第一人民医院	109	25	21	17	22	24	61	2340	0.560
182	南方医科大学附属深圳医院	58	13	14	5	12	14	60	1751	1.034
183	潍坊医学院附属医院	79	26	14	18	6	15	60	2598	0.759
184	内蒙古自治区医院	70	14	19	10	11	16	59	2457	0.843
185	广州医学院第一附属医院	68	12	10	13	13	20	58	2231	0.853
186	中国人民解放军沈阳军区总医院	72	11	23	9	11	18	57	1734	0.792
187	大庆油田总医院	127	15	15	24	37	36	57	2620	0.449
188	山东省千佛山医院	52	6	21	6	12	7	56	2005	1.077
189	柳州市人民医院	55	15	11	20	6	3	56	1865	1.018
190	延安大学附属医院	65	10	19	19	10	7	56	1437	0.862
191	厦门市第一医院	57	12	7	9	13	16	54	1774	0.947
192	邯郸市第三医院	90	6	16	17	17	34	54	1876	0.600
193	吉林省人民医院	43	4	20	12	1	6	51	1242	1.186
194	成都市妇女儿童医学中心	42	4	7	12	11	8	50	1200	1.190
195	江阴市人民医院	73	10	14	18	17	14	50	1417	0.685
196	武汉市中西医院结合医院	52	8	10	8	12	14	49	1203	0.942
197	湖南中医药大学第一附属医院	56	10	13	9	8	16	49	1183	0.875
198	川北医学院附属医院	62	16	14	11	13	8	49	1779	0.790
199	无锡市第二人民医院	71	12	12	12	19	16	49	1898	0.690
200	无锡市人民医院	97	9	16	14	24	34	49	1913	0.505
201	中国医科大学北京顺义医院	45	3	5	7	15	15	48	563	1.067
202	宁波市第一医院	49	7	17	8	9	8	48	1373	0.980
203	武警河南总队医院	55	4	11	10	19	11	48	1700	0.873
204	深圳市第九人民医院	57	6	10	7	14	20	48	1272	0.842
205	北海市人民医院	67	8	22	12	19	6	48	1372	0.716
206	中国人民解放军总参谋部总医院	71	11	13	14	17	16	48	1898	0.676
207	第三军医大学第二附属医院	45	10	5	5	12	13	47	1705	1.044
208	广东医学院附属医院	52	7	24	6	5	10	47	2353	0.904
209	北京大学深圳医院	56	14	5	2	14	21	47	1955	0.839
210	承德医学院附属医院	65	12	6	10	15	22	47	1303	0.723

表 3.13　R76/R77：耳鼻咽喉科学与眼科学

序号	机构名称	本学科发表文献量						被引频次	下载频次	篇均被引频次
		合计	2007 年	2008 年	2009 年	2010 年	2011 年			
211	沧州市中心医院	79	17	13	17	15	17	47	1505	0.595
212	嘉兴市第二医院	43	10	16	7	4	6	46	938	1.070
213	皖南医学院弋矶山医院	50	5	10	9	15	11	46	1877	0.920
214	宁夏医科大学第二附属医院	54	13	16	11	5	9	46	1314	0.852
215	中国人民解放军昆明总医院	56	13	16	15	8	4	46	2221	0.821
216	中国人民解放军总医院第一附属医院	70	8	12	9	20	21	46	2052	0.657
217	蚌埠医学院附属医院	45	15	6	6	8	10	45	1093	1.000
218	黑龙江省医院	78	9	15	18	16	20	45	1500	0.577
219	淄博市中心医院	44	5	15	5	12	7	44	961	1.000
220	徐州医学院附属徐州市立医院	57	7	13	12	12	13	44	1094	0.772
221	牡丹江医学院红旗医院	88	10	13	17	25	23	44	1412	0.500
222	柳州市红十字会医院	42	4	12	10	11	5	43	1427	1.024
223	福建医科大学附属协和医院	46	8	12	10	6	10	42	1974	0.913
224	洛阳市中心医院	55	8	15	14	7	11	42	1243	0.764
225	中国人民解放军兰州军区乌鲁木齐总医院	74	10	13	9	23	19	42	1973	0.568
226	青岛市第八人民医院	56	4	12	19	10	11	41	1563	0.732
227	郑州市儿童医院	69	9	7	9	15	29	41	1240	0.594
228	石家庄市第一医院	66	4	11	16	16	19	40	1379	0.606
229	江西省人民医院	93	16	25	17	19	16	40	2657	0.430

表 3.14　R78：口腔医学

序号	机构名称	本学科发表文献量						被引频次	下载频次	篇均被引频次
		合计	2007 年	2008 年	2009 年	2010 年	2011 年			
1	上海交通大学医学院附属第九人民医院	1154	203	239	239	226	247	1833	81303	1.588
2	第四军医大学第三附属医院	454	95	115	96	83	65	856	28159	1.885
3	四川大学华西口腔医院	600	100	168	109	102	121	852	53568	1.420
4	中国医科大学附属口腔医院	485	82	132	80	88	103	779	30657	1.606
5	中国人民解放军总医院	405	80	94	91	77	63	681	19002	1.681
6	北京大学口腔医院	397	75	75	90	85	72	616	25155	1.552
7	广东省口腔医院	459	85	91	97	83	103	606	28412	1.320
8	中山大学附属口腔医院	515	76	103	113	104	119	542	40031	1.052
9	重庆医科大学附属口腔医院	282	50	53	61	55	63	489	14516	1.734
10	南京市口腔医院	311	77	69	59	52	54	438	16502	1.408
11	福建医科大学附属口腔医院	249	47	37	50	61	54	354	12811	1.422
12	首都医科大学附属北京口腔医院	263	43	48	52	61	59	349	14520	1.327
13	南京医科大学附属口腔医院	359	26	44	72	109	108	312	18656	0.869
14	南昌大学附属口腔医院	229	37	54	56	42	40	261	10851	1.140
15	西安交通大学附属口腔医院	213	26	23	52	58	54	251	10184	1.178
16	青岛大学医学院附属医院	217	45	33	41	46	52	247	11084	1.138
17	浙江大学附属口腔医院	171	33	38	40	30	30	241	12155	1.409
18	南开大学附属口腔医院	222	40	38	39	46	59	241	10400	1.086
19	吉林大学口腔医院	225	28	40	44	51	62	232	13989	1.031
20	山东大学口腔医院	172	30	44	31	33	34	230	10895	1.337
21	同济大学附属口腔医院	129	20	33	30	26	20	227	9439	1.760
22	新疆医科大学第一附属医院	247	27	30	51	71	68	223	13855	0.903
23	中南大学湘雅医院	139	35	21	27	28	28	213	8114	1.532
24	天津医科大学口腔医院	164	17	26	43	29	49	196	8551	1.195
25	广西医科大学附属口腔医院	147	21	39	33	27	27	183	7690	1.245
26	南方医科大学附属深圳医院	68	19	16	13	11	9	165	3946	2.426
27	哈尔滨医科大学附属口腔医院	129	17	25	35	31	21	164	6571	1.271
28	温州医学院附属口腔医院	111	21	23	18	22	27	156	6636	1.405
29	大连大学附属口腔医院	204	31	45	41	40	47	156	8697	0.765
30	遵义医学院附属口腔医院	132	20	33	26	24	29	154	6236	1.167
31	泸州医学院附属口腔医院	155	24	26	28	34	43	153	7841	0.987
32	深圳市儿童医院	74	17	15	15	18	9	148	5699	2.000
33	安徽医科大学附属口腔医院	88	21	17	18	9	23	146	5616	1.659
34	广西人民医院	116	23	24	28	22	19	140	4187	1.207
35	中国人民解放军第二军医大学第一附属医院	69	12	14	14	19	10	139	3515	2.014

表 3.14 R78：口腔医学

序号	机构名称	本学科发表文献量						被引频次	下载频次	篇均被引频次
		合计	2007 年	2008 年	2009 年	2010 年	2011 年			
36	北京大学第三医院	85	21	17	13	14	20	137	5096	1.612
37	四川省医学科学院·四川省人民医院	72	22	18	14	6	12	135	3667	1.875
38	华中科技大学同济医学院附属同济医院	97	18	28	10	20	21	135	5058	1.392
39	青岛市口腔医院	82	20	18	14	14	16	134	4461	1.634
40	北京中日友好医院	91	21	20	15	16	19	133	4525	1.462
41	武汉大学口腔医院	127	20	32	23	27	25	131	7831	1.031
42	山西医科大学第一医院	100	11	21	28	14	26	122	5504	1.220
43	中山大学附属第三医院	112	21	15	29	25	22	122	6747	1.089
44	中国医学科学院整形外科医院	117	13	33	23	25	23	121	3175	1.034
45	第三军医大学第三附属医院	83	22	14	20	16	11	120	4066	1.446
46	第四军医大学第一附属医院	53	11	19	4	8	11	113	2460	2.132
47	上海市口腔病防治院	89	14	15	14	20	26	111	4331	1.247
48	北京协和医院	93	21	25	12	18	17	110	4606	1.183
49	河北医科大学口腔医院	69	19	16	10	10	14	109	3919	1.580
50	北京大学深圳医院	69	11	17	11	13	17	109	3699	1.580
51	昆明医学院附属口腔医院	115	7	20	37	19	32	108	5847	0.939
52	南方医科大学附属南方医院	104	8	19	25	20	32	106	6707	1.019
53	中南大学湘雅二医院	78	21	10	14	18	15	104	4366	1.333
54	深圳市人民医院	91	19	15	21	19	17	103	4967	1.132
55	武警总医院	114	19	13	33	20	29	101	4643	0.886
56	南京军区南京总医院	64	10	13	17	14	10	97	2649	1.516
57	中山大学附属第二医院	92	11	15	22	22	22	96	3661	1.043
58	北京大学人民医院	42	3	8	13	10	8	94	2506	2.238
59	哈尔滨医科大学附属第二医院	88	23	15	16	14	20	92	3958	1.045
60	山西医科大学口腔医院	59	6	12	5	18	18	90	2551	1.525
61	第三军医大学第二附属医院	46	11	8	6	9	12	88	2836	1.913
62	山东省立医院	68	18	17	11	13	9	88	3428	1.294
63	济南市口腔医院	127	20	13	17	29	48	87	4901	0.685
64	山东大学齐鲁医院	54	20	10	5	13	6	85	2689	1.574
65	浙江大学医学院附属第一医院	78	16	13	19	15	15	85	3876	1.090
66	沈阳市口腔医院	96	16	19	21	15	25	85	3880	0.885
67	温州医学院附属第一医院	70	15	12	11	11	21	84	3388	1.200
68	厦门医学高等专科学校附属口腔医院	74	14	9	13	21	17	83	3313	1.122
69	安徽医科大学第一附属医院	53	10	13	16	8	6	82	2432	1.547
70	中国人民解放军海军总医院	64	19	7	15	7	16	82	2361	1.281

表 3.14　R78：口腔医学

序号	机构名称	本学科发表文献量						被引频次	下载频次	篇均被引频次
		合计	2007 年	2008 年	2009 年	2010 年	2011 年			
71	中山大学附属第一医院	94	13	18	24	23	16	81	4758	0.862
72	中国医科大学附属第二医院	65	13	4	20	8	20	79	3117	1.215
73	辽宁医学院附属第二医院	89	12	25	17	14	21	79	4064	0.888
74	郑州大学第一附属医院	106	19	24	23	13	27	79	3819	0.745
75	大连医科大学附属第一医院	55	6	16	11	12	10	76	3089	1.382
76	上海东方医院	42	6	5	8	13	10	73	3353	1.738
77	佳木斯大学附属第二医院	124	14	16	16	33	45	73	4532	0.589
78	合肥市口腔医院	85	15	13	5	22	30	72	3850	0.847
79	南方医科大学珠江医院	52	8	5	14	13	12	71	2494	1.365
80	浙江大学医学院附属第二医院	72	17	15	12	14	14	71	3715	0.986
81	佛山市口腔医院	82	13	28	19	11	11	71	3673	0.866
82	桂林医学院附属医院	55	18	6	5	9	17	70	2526	1.273
83	上海交通大学医学院附属第一人民医院	57	9	11	16	10	11	70	2579	1.228
84	武汉大学中南医院	50	15	12	6	8	9	69	2422	1.380
85	广州军区广州总医院	58	5	11	14	15	13	67	2435	1.155
86	宁夏医科大学附属医院	60	9	9	11	14	17	67	2652	1.117
87	福建医科大学附属协和医院	51	8	14	6	15	8	65	2270	1.275
88	长沙市口腔医院	74	13	9	17	19	16	65	2421	0.878
89	杭州市口腔医院	76	18	7	12	15	24	65	2832	0.855
90	河北医科大学第二医院	63	10	14	14	11	14	63	2537	1.000
91	中国海洋大学附属医院	47	12	12	5	6	12	62	2762	1.319
92	首都医科大学附属北京友谊医院	51	5	10	7	13	16	58	2267	1.137
93	安徽省立医院	56	14	15	6	10	11	58	3337	1.036
94	贵阳市口腔医院	69	15	13	18	13	10	58	1778	0.841
95	南通市中西医结合医院	47	13	5	14	7	8	57	1889	1.213
96	海南省人民医院	50	10	18	5	8	9	57	1603	1.140
97	中国人民解放军沈阳军区总医院	39	6	10	8	3	12	56	2113	1.436
98	首都医科大学附属北京同仁医院	47	9	6	9	9	14	56	2257	1.191
99	武汉市中西医院结合医院	36	4	8	6	12	6	55	1570	1.528
100	兰州大学第二附属医院	41	4	6	10	10	11	53	1769	1.293
101	甘肃省人民医院	45	6	11	10	8	10	53	1617	1.178
102	福建医科大学附属第一医院	54	17	5	11	12	9	53	2090	0.981
103	烟台市口腔医院	87	9	11	19	8	40	53	5277	0.609
104	大庆油田总医院	110	18	14	27	26	25	53	3759	0.482
105	大理州人民医院	38	7	4	11	1	15	52	949	1.368

表 3.14　R78：口腔医学

序号	机构名称	本学科发表文献量						被引频次	下载频次	篇均被引频次
		合计	2007 年	2008 年	2009 年	2010 年	2011 年			
106	云南省第一人民医院	41	12	8	9	4	8	52	1673	1.268
107	广东医学院附属医院	57	15	12	18	5	7	52	2792	0.912
108	佛山市第一人民医院	65	9	15	12	13	16	52	2661	0.800
109	西安交通大学第一附属医院	33	4	1	12	8	8	51	1819	1.545
110	福州总医院	50	11	8	8	6	17	51	1836	1.020
111	北京军区总医院	62	6	12	12	20	12	50	1605	0.806
112	长春市口腔医院	62	19	14	16	5	8	50	1710	0.806
113	第三军医大学第一附属医院	29	4	5	7	7	6	49	1484	1.690
114	江西省人民医院	47	8	11	8	9	11	49	1723	1.043
115	深圳市妇幼保健院	40	6	4	5	11	14	48	1632	1.200
116	深圳市第九人民医院	51	7	4	13	15	12	48	1886	0.941
117	武警陕西省总队医院	38	14	14	3	3	4	47	1417	1.237
118	中国人民解放军空军总医院	45	7	6	8	16	8	47	2211	1.044
119	贵阳医学院附属医院	59	8	21	10	7	13	47	2682	0.797
120	南昌大学第一附属医院	30	4	2	12	6	6	46	1782	1.533
121	天津市第一中心医院	33	11	5	1	12	4	46	1561	1.394
122	大庆市人民医院	34	2	19	8	1	4	46	1495	1.353
123	天津医科大学总医院	35	8	6	9	7	5	46	1913	1.314
124	中国人民解放军第四一一医院	37	8	3	7	10	9	46	1767	1.243
125	吉林大学第三医院	41	7	8	11	7	8	46	1627	1.122
126	北京黄寺美容外科医院	30	5	15	1	2	7	45	1066	1.500
127	河北北方学院附属第一医院	31	8	7	2	9	5	45	1448	1.452
128	佛山市禅城区口腔医院	34	4	10	9	3	8	45	1521	1.324
129	中国人民解放军总医院第一附属医院	45	10	10	6	10	9	44	1340	0.978
130	首都医科大学附属北京朝阳医院	46	4	6	12	16	8	44	2001	0.957
131	内蒙古医学院附属医院	64	8	14	16	18	8	44	1743	0.688
132	首都医科大学附属北京安贞医院	40	6	11	2	7	14	43	2155	1.075
133	广州医学院羊城医院	49	1	2	10	18	18	43	2124	0.878
134	郑州市口腔医院	104	15	31	16	13	29	43	2653	0.413
135	聊城市人民医院	39	16	9	6	3	5	42	1656	1.077
136	南京中医药大学附属常州市中医院	43	5	7	13	6	12	42	1321	0.977
137	暨南大学医学院第一附属医院	55	11	10	14	11	9	42	3647	0.764
138	新疆医科大学第二附属医院	48	7	7	4	21	9	41	2343	0.854
139	山西医科大学第二附属医院	51	12	9	10	9	11	41	1810	0.804
140	重庆医科大学附属第一医院	37	8	8	13	2	6	40	1952	1.081

表 3.14　R78：口腔医学

序号	机构名称	本学科发表文献量						被引频次	下载频次	篇均被引频次
		合计	2007 年	2008 年	2009 年	2010 年	2011 年			
141	云南省第二人民医院	45	7	11	8	10	9	39	1565	0.867
142	深圳市第六人民医院	46	5	12	2	13	14	39	1734	0.848
143	中国人民解放军第三〇六医院	55	13	4	5	14	19	39	2255	0.709
144	上海市第十人民医院	31	5	7	7	4	8	38	1383	1.226
145	中国人民解放军第四五八医院	35	5	6	11	6	7	38	1407	1.086
146	中国人民解放军济南军区总医院	57	10	13	7	9	18	38	1771	0.667
147	中国人民解放军白求恩国际和平医院	68	11	11	10	23	13	37	1984	0.544
148	中国人民解放军济南军区青岛第二疗养院	69	12	14	13	18	12	36	1754	0.522

表 3.15　R8：军事医学与特种医学

序号	机构名称	本学科发表文献量						被引频次	下载频次	篇均被引频次
		合计	2007 年	2008 年	2009 年	2010 年	2011 年			
1	南京军区南京总医院	337	56	76	91	50	64	946	14488	2. 807
2	中国人民解放军总医院	600	118	139	105	123	115	899	22631	1. 498
3	中国人民解放军空军总医院	548	78	105	157	90	118	524	8943	0. 956
4	山东省立医院	174	38	48	26	36	26	404	6708	2. 322
5	福州总医院	248	59	48	48	53	40	403	6189	1. 625
6	四川大学华西医院	216	40	55	56	36	29	390	13254	1. 806
7	武警总医院	226	32	40	31	49	74	351	3746	1. 553
8	中国人民解放军第二军医大学第一附属医院	156	30	44	26	26	30	314	5860	2. 013
9	南京军区杭州疗养院	375	47	72	85	78	93	309	5780	0. 824
10	中山大学附属第一医院	211	30	57	45	35	44	307	7642	1. 455
11	第三军医大学第三附属医院	175	18	43	38	45	31	284	4941	1. 623
12	南方医科大学附属南方医院	165	29	46	30	31	29	273	7851	1. 655
13	重庆医科大学附属第一医院	117	19	29	26	24	19	271	5226	2. 316
14	中国协和医科大学阜外心血管病医院	82	23	14	9	13	23	268	2527	3. 268
15	中国人民解放军第一二三中心医院	65	17	13	17	14	4	260	1101	4. 000
16	北京协和医院	124	23	24	24	23	30	260	6171	2. 097
17	广州军区广州总医院	157	40	22	29	43	23	254	5334	1. 618
18	中国人民解放军海军总医院	360	43	48	88	76	105	253	6264	0. 703
19	安徽医科大学第一附属医院	84	20	11	16	17	20	238	3716	2. 833
20	江苏省人民医院	132	33	38	22	20	19	237	5933	1. 795
21	第四军医大学第一附属医院	165	29	42	33	30	31	237	6139	1. 436
22	南方医科大学珠江医院	74	17	24	7	12	14	236	4504	3. 189
23	北京军区总医院	219	21	35	55	51	57	224	5637	1. 023
24	广州军区武汉总医院	145	36	31	25	14	39	218	3631	1. 503
25	首都医科大学宣武医院	99	23	26	19	17	14	217	4419	2. 192
26	中国医科大学附属第二医院	126	27	27	21	28	23	217	4989	1. 722
27	中国人民解放军昆明总医院	223	38	36	37	50	62	215	5256	0. 964
28	中国人民解放军第二军医大学第二附属医院	165	26	31	46	31	31	213	5317	1. 291
29	第三军医大学第一附属医院	137	25	31	31	28	22	201	3061	1. 467
30	中国人民解放军白求恩国际和平医院	161	28	24	24	55	30	201	4184	1. 248
31	首都医科大学附属北京朝阳医院	78	18	23	16	14	7	197	3719	2. 526
32	首都医科大学附属北京友谊医院	97	25	18	18	16	20	191	4354	1. 969
33	北京大学第一医院	108	23	16	26	24	19	190	5862	1. 759
34	天津医科大学总医院	101	25	19	21	21	15	184	4555	1. 822
35	中国人民解放军成都军区总医院	182	21	43	56	34	28	180	4384	0. 989

表 3.15　R8：军事医学与特种医学

序号	机构名称	本学科发表文献量						被引频次	下载频次	篇均被引频次
		合计	2007 年	2008 年	2009 年	2010 年	2011 年			
36	第三军医大学第二附属医院	105	22	38	15	15	15	179	3122	1.705
37	苏州大学第一附属医院	134	23	28	23	32	28	173	3860	1.291
38	华中科技大学同济医学院附属协和医院	95	23	24	22	11	15	170	3793	1.789
39	中国人民解放军第二五一医院	156	29	26	29	41	31	169	3517	1.083
40	中国人民解放军第八十八医院	118	18	31	30	16	23	149	3305	1.263
41	中国人民解放军第四二一医院	80	9	16	10	20	25	146	1084	1.825
42	华中科技大学同济医学院附属同济医院	114	31	22	26	16	19	145	4144	1.272
43	中国医科大学第一附属医院	128	44	27	24	14	19	145	4924	1.133
44	新疆医科大学第一附属医院	86	14	19	21	22	10	143	3661	1.663
45	复旦大学附属华山医院	95	18	17	24	14	22	141	5067	1.484
46	苏州大学附属第二医院	98	24	20	16	20	18	139	3354	1.418
47	北京医院	51	14	13	7	5	12	136	1684	2.667
48	中山大学附属第二医院	80	15	18	22	13	12	135	2636	1.688
49	中国人民解放军第二一五医院	135	25	29	34	25	22	135	2970	1.000
50	中国人民解放军济南军区青岛第一疗养院	159	22	32	29	29	47	135	2385	0.849
51	中国人民解放军第三五九医院	63	8	22	17	9	7	132	1476	2.095
52	中国人民解放军兰州军区乌鲁木齐总医院	159	24	22	33	36	44	131	3517	0.824
53	兰州军区总医院	122	21	28	17	23	33	130	2673	1.066
54	郑州大学第一附属医院	115	25	26	19	19	26	127	4141	1.104
55	广东省人民医院	86	16	22	25	13	10	125	3418	1.453
56	河北医科大学第二医院	103	15	30	25	13	20	125	3488	1.214
57	四川省医学科学院·四川省人民医院	93	14	15	36	11	17	123	4159	1.323
58	首都医科大学附属北京安贞医院	78	13	9	13	17	26	121	3455	1.551
59	中国人民解放军总医院第一附属医院	75	14	16	15	16	14	120	1846	1.600
60	中山大学附属第三医院	75	16	14	17	17	11	119	3881	1.587
61	复旦大学附属中山医院	115	25	18	23	27	22	118	4051	1.026
62	中国人民解放军第一七五医院	79	17	15	10	13	24	117	1551	1.481
63	中国人民解放军第三〇七医院	136	31	20	21	21	43	116	5044	0.853
64	中国人民解放军济南军区总医院	142	21	18	30	31	42	116	3636	0.817
65	北京大学第三医院	88	16	22	14	14	22	115	5548	1.307
66	上海交通大学医学院附属瑞金医院	105	16	28	12	22	27	115	4014	1.095
67	上海东方医院	44	7	9	12	8	8	114	3232	2.591
68	上海交通大学医学院附属第九人民医院	64	9	15	17	11	12	113	4909	1.766
69	上海交通大学医学院附属仁济医院	87	12	16	23	17	19	110	3438	1.264
70	中国人民解放军济南军区青岛第二疗养院	177	27	44	53	20	33	108	3137	0.610

表 3.15　R8：军事医学与特种医学

序号	机构名称	本学科发表文献量						被引频次	下载频次	篇均被引频次
		合计	2007 年	2008 年	2009 年	2010 年	2011 年			
71	大连医科大学附属第一医院	52	15	16	7	9	5	106	2589	2.038
72	第四军医大学第二附属医院	86	15	23	22	15	11	106	2033	1.233
73	中国人民解放军沈阳军区总医院	127	12	26	29	28	32	106	2747	0.835
74	广西医科大学第一附属医院	84	15	18	27	9	15	105	2788	1.250
75	青岛大学医学院附属医院	87	21	11	20	12	23	105	2757	1.207
76	南京大学医学院附属鼓楼医院	90	20	24	17	15	14	105	3336	1.167
77	中国人民解放军第一八一医院	51	10	11	7	11	12	104	920	2.039
78	武汉市中心医院	50	9	7	9	13	12	102	1900	2.040
79	中国人民解放军第四五八医院	81	15	11	24	18	13	102	1850	1.259
80	温州医学院附属第一医院	82	25	20	13	9	15	99	3282	1.207
81	中国人民解放军第一〇一医院	68	12	15	20	15	6	98	1492	1.441
82	中国人民解放军第十八医院	68	15	22	8	13	10	94	2110	1.382
83	中南大学湘雅医院	54	12	17	12	7	6	93	2276	1.722
84	广州医学院第一附属医院	58	4	12	16	12	14	93	2072	1.603
85	山东大学齐鲁医院	60	15	10	15	14	6	92	2128	1.533
86	常州和平医院	54	9	3	9	12	21	91	1760	1.685
87	哈尔滨医科大学附属第二医院	73	11	14	16	19	13	89	3421	1.219
88	中国人民解放军第五十九中心医院	95	16	24	21	13	21	89	1173	0.937
89	南京医科大学附属南京第一医院	61	12	13	10	8	18	88	2575	1.443
90	新疆维吾尔自治区人民医院	65	6	16	19	14	10	87	2068	1.338
91	中国人民解放军总参谋部总医院	111	18	16	17	32	28	87	2763	0.784
92	北京中日友好医院	62	16	8	9	12	17	86	2314	1.387
93	吉林大学第一医院	67	15	13	14	14	11	85	3108	1.269
94	山西医科大学第二附属医院	61	14	14	16	8	9	84	2474	1.377
95	中国人民解放军第八十一医院	49	13	6	8	10	12	83	1999	1.694
96	泸州医学院附属医院	91	11	16	26	19	19	83	3510	0.912
97	河北医科大学第三医院	73	14	11	15	10	23	82	2139	1.123
98	中山大学附属第五医院	83	7	17	27	21	11	82	2462	0.988
99	中国人民解放军海军第四〇一医院	87	14	26	17	15	15	82	1505	0.943
100	大连北海医院	90	15	18	27	17	13	81	1752	0.900
101	武警医学院附属医院平津医院	77	9	16	19	16	17	80	1771	1.039
102	哈尔滨医科大学附属肿瘤医院	31	5	10	4	9	3	79	1405	2.548
103	北京大学深圳医院	45	12	9	7	10	7	79	1839	1.756
104	中南大学湘雅二医院	55	6	21	10	10	8	79	2732	1.436
105	广州医学院附属广州市第一人民医院	59	9	11	21	10	8	79	2115	1.339

表 3.15　R8：军事医学与特种医学

序号	机构名称	本学科发表文献量						被引频次	下载频次	篇均被引频次
		合计	2007 年	2008 年	2009 年	2010 年	2011 年			
106	中国人民解放军一五〇中心医院	71	12	15	19	14	11	79	2181	1. 113
107	山东省肿瘤医院	39	7	12	7	6	7	78	1738	2. 000
108	北京大学人民医院	54	7	10	11	12	14	78	1997	1. 444
109	中山大学附属肿瘤医院	45	11	11	8	10	5	76	2480	1. 689
110	复旦附属大学华东医院	41	7	10	6	7	11	74	1933	1. 805
111	中国人民解放军第八十五医院	58	22	13	4	7	12	74	1449	1. 276
112	中国人民解放军三〇二医院	55	7	15	11	7	15	73	1628	1. 327
113	中国医学科学院肿瘤医院	61	7	12	12	12	18	73	2594	1. 197
114	中国人民解放军第二炮兵总医院	70	5	12	10	18	25	73	2040	1. 043
115	昆明医学院第一附属医院	77	6	18	24	15	14	73	2853	0. 948
116	中国人民解放军第九七医院	34	6	5	11	5	7	71	553	2. 088
117	徐州医学院附属医院	43	8	11	6	8	10	71	2036	1. 651
118	中国人民解放军第一七四医院	84	11	12	12	27	22	71	1734	0. 845
119	上海市第六人民医院	64	8	21	12	9	14	70	2161	1. 094
120	苏州市立医院	38	7	4	12	6	9	69	1373	1. 816
121	哈尔滨医科大学附属第一医院	66	11	12	15	15	13	69	2421	1. 045
122	内蒙古医学院附属医院	77	11	19	18	14	15	69	2300	0. 896
123	复旦大学附属肿瘤医院	32	4	6	3	9	10	68	1054	2. 125
124	中国人民解放军第二五五医院	59	0	10	12	18	19	68	476	1. 153
125	中国人民解放军第一五三中心医院	89	15	15	17	22	20	68	1278	0. 764
126	东南大学附属中大医院	42	7	13	11	8	3	67	1727	1. 595
127	宁夏医科大学附属医院	82	14	23	13	18	14	67	2903	0. 817
128	中国人民解放军二八一医院	120	14	26	32	24	24	67	2306	0. 558
129	遵义医学院附属医院	36	8	9	8	5	6	65	1230	1. 806
130	浙江大学医学院附属第二医院	54	11	17	6	9	11	65	2145	1. 204
131	聊城市第二人民医院	39	11	8	10	7	3	64	1140	1. 641
132	上海交通大学医学院附属新华医院	46	5	5	12	9	15	64	1943	1. 391
133	吉林大学第三医院	57	8	13	15	13	8	64	2422	1. 123
134	温州医学院附属第二医院	70	24	12	9	11	14	64	2560	0. 914
135	柳州市工人医院	80	9	23	23	12	13	64	1940	0. 800
136	中国人民解放军第九十二医院	28	8	6	5	4	5	63	816	2. 250
137	河北省人民医院	39	7	8	4	10	10	63	1430	1. 615
138	潍坊医学院附属医院	58	13	19	10	7	9	63	1944	1. 086
139	山西医科大学第一医院	96	13	20	22	16	25	63	2637	0. 656
140	珠海市人民医院	32	5	10	8	7	2	62	1045	1. 938

表 3.15　R8：军事医学与特种医学

序号	机构名称	本学科发表文献量						被引频次	下载频次	篇均被引频次
		合计	2007 年	2008 年	2009 年	2010 年	2011 年			
141	中山大学附属江门医院	35	6	6	14	6	3	62	1611	1. 771
142	南通大学附属医院	43	12	6	6	13	6	62	1296	1. 442
143	上海交通大学医学院附属第一人民医院	31	7	6	6	9	3	61	1438	1. 968
144	兖州久益医院	32	14	3	3	4	8	61	1341	1. 906
145	福建医科大学附属第一医院	45	12	8	9	8	8	61	1528	1. 356
146	安徽省立医院	50	8	5	17	8	12	61	1943	1. 220
147	中国人民解放军第三〇六医院	94	11	13	21	22	27	61	1700	0. 649
148	西安交通大学第二附属医院	40	9	9	10	6	6	60	1657	1. 500
149	重庆医科大学附属第二医院	30	8	7	9	5	1	59	1265	1. 967
150	中国人民解放军第一一七医院	41	8	7	6	4	16	59	814	1. 439
151	承德医学院附属医院	46	6	9	9	12	10	59	1539	1. 283
152	中国人民解放军第二五二医院	100	8	17	18	25	32	59	1938	0. 590
153	郴州市第一人民医院	33	8	14	6	4	1	58	1234	1. 758
154	沧州市中心医院	37	9	11	6	5	6	58	1101	1. 568
155	中国人民解放军第四五四医院	44	13	3	9	11	8	58	717	1. 318
156	中国人民解放军第四二二医院	55	10	9	4	11	21	57	1058	1. 036
157	中国人民解放军第四五五医院	33	8	5	10	6	4	56	807	1. 697
158	中国人民解放军第九四医院	39	9	7	3	12	8	56	777	1. 436
159	暨南大学医学院第一附属医院	42	7	10	7	8	10	56	2048	1. 333
160	丽水市中心医院	29	8	4	5	5	7	54	933	1. 862
161	十堰市太和医院	46	5	7	21	11	2	54	1337	1. 174
162	浙江省台州医院	55	16	15	7	8	9	54	1676	0. 982
163	首都医科大学附属北京同仁医院	72	12	14	20	14	12	53	2721	0. 736
164	首都医科大学附属北京儿童医院	33	4	8	5	8	8	52	1360	1. 576
165	苏州大学医学院附属第三医院	50	4	16	8	11	11	52	1643	1. 040
166	柳州市人民医院	33	8	11	7	4	3	51	872	1. 545
167	佛山市第一人民医院	34	8	4	8	7	7	51	1286	1. 500
168	河南省人民医院	58	13	9	14	12	10	51	2153	0. 879
169	中国人民解放军第四一一医院	79	11	13	9	13	33	51	927	0. 646
170	胜利油田中心医院	29	7	6	7	3	6	50	1036	1. 724
171	蚌埠医学院附属医院	31	3	10	8	5	5	50	1486	1. 613
172	中国人民解放军第一八〇医院	39	8	4	9	10	8	50	793	1. 282
173	中国人民解放军第一六三医院	53	13	12	9	9	10	50	1010	0. 943
174	中国海洋大学附属医院	39	7	6	10	7	9	49	1152	1. 256
175	深圳市人民医院	42	13	9	10	3	7	49	1615	1. 167

表 3.15　R8：军事医学与特种医学

序号	机构名称	本学科发表文献量						被引频次	下载频次	篇均被引频次
		合计	2007 年	2008 年	2009 年	2010 年	2011 年			
176	连云港市第一人民医院	43	1	11	18	7	6	49	1535	1.140
177	泰安市中心医院	43	8	13	12	3	7	49	1013	1.140
178	大庆油田总医院	53	9	13	8	12	11	49	1728	0.925
179	浙江大学医学院附属邵逸夫医院	37	10	5	6	6	10	48	1379	1.297
180	中国人民解放军第一〇五医院	38	7	4	10	4	13	48	849	1.263
181	北京积水潭医院	49	7	8	5	17	12	48	1665	0.980
182	西安交通大学第一附属医院	56	5	6	9	17	19	48	1960	0.857
183	浙江医院	32	4	7	3	10	8	47	1223	1.469
184	武汉大学人民医院	53	7	8	14	12	12	47	2031	0.887
185	宜昌市中心人民医院	28	5	4	3	10	6	46	918	1.643
186	中国人民解放军第一五九医院	38	13	4	7	9	5	46	654	1.211
187	潍坊市人民医院	52	9	11	13	5	14	46	1414	0.885
188	中国人民解放军三〇三医院	72	12	12	12	16	20	46	1377	0.639
189	中国人民解放军第二五四医院	47	6	8	8	13	12	45	766	0.957
190	中国人民解放军第一六九中心医院	35	8	7	10	3	7	44	732	1.257
191	河南科技大学第一附属医院	38	5	6	9	13	5	44	1196	1.158
192	中国人民解放军第一〇七中心医院	41	13	12	7	3	6	44	983	1.073
193	川北医学院附属医院	43	8	13	5	8	9	44	1633	1.023
194	中国人民解放军第一四八中心医院	47	10	10	12	10	5	44	1048	0.936
195	上海市第十人民医院	30	5	7	8	6	4	42	1483	1.400
196	温州市第二人民医院	34	3	7	7	8	9	42	986	1.235
197	聊城市人民医院	34	2	7	8	6	11	42	1017	1.235
198	广东医学院附属医院	34	12	8	6	4	4	42	1403	1.235
199	无锡市第二人民医院	40	7	4	10	11	8	42	1311	1.050
200	南昌大学第一附属医院	49	7	13	11	9	9	42	1489	0.857
201	河北医科大学第四医院	32	4	3	6	7	12	41	973	1.281
202	山东省千佛山医院	35	6	6	3	6	14	41	910	1.171
203	武警四川总队医院	44	1	10	16	4	13	41	740	0.932
204	天津市第一中心医院	34	7	3	5	14	5	40	1002	1.176
205	新乡医学院第一附属医院	36	5	6	15	4	6	39	996	1.083
206	武汉大学中南医院	41	6	6	5	11	13	39	1400	0.951
207	中国人民解放军第八十九医院	51	9	8	9	10	15	39	1055	0.765
208	中国人民解放军第三二三医院	47	5	9	12	11	10	38	862	0.809
209	中山大学附属口腔医院	27	6	11	5	4	1	37	2053	1.370
210	首都医科大学附属北京天坛医院	30	8	4	6	5	7	37	1128	1.233

表 3.16　R9：药学

序号	机构名称	本学科发表文献量						被引频次	下载频次	篇均被引频次
		合计	2007 年	2008 年	2009 年	2010 年	2011 年			
1	中国人民解放军总医院	769	172	160	167	137	133	1478	57502	1.922
2	四川大学华西医院	474	79	136	106	77	76	977	41746	2.061
3	北京协和医院	306	70	61	49	54	72	680	29668	2.222
4	首都医科大学附属北京天坛医院	295	36	51	52	83	73	626	19828	2.122
5	中南大学湘雅二医院	383	82	62	86	80	73	553	34581	1.444
6	华中科技大学同济医学院附属同济医院	368	80	65	59	73	91	503	23207	1.367
7	北京医院	274	63	52	46	47	66	501	30247	1.828
8	华中科技大学同济医学院附属协和医院	316	72	81	62	47	54	477	20040	1.509
9	南方医科大学附属南方医院	256	42	57	44	54	59	447	21455	1.746
10	江苏省人民医院	290	45	57	63	62	63	445	19578	1.534
11	第四军医大学第一附属医院	278	70	54	49	46	59	414	21212	1.489
12	武汉大学人民医院	265	44	44	53	54	70	408	18876	1.540
13	南京军区南京总医院	227	46	35	39	58	49	403	17619	1.775
14	中国人民解放军第二军医大学第一附属医院	225	30	54	43	44	54	395	18484	1.756
15	北京大学第一医院	246	43	48	50	61	44	387	22576	1.573
16	安徽省立医院	139	30	27	29	24	29	386	11217	2.777
17	重庆医科大学附属第一医院	222	37	31	48	55	51	382	14969	1.721
18	中山大学附属第二医院	254	39	53	66	44	52	378	13689	1.488
19	复旦大学附属华山医院	229	45	47	43	42	52	374	20474	1.633
20	北京大学第三医院	210	32	45	52	42	39	373	20201	1.776
21	首都医科大学宣武医院	203	45	29	41	41	47	370	13160	1.823
22	上海交通大学医学院附属仁济医院	151	35	38	33	20	25	367	13546	2.430
23	中山大学附属第一医院	263	40	66	70	33	54	362	16768	1.376
24	北京大学人民医院	161	34	27	28	35	37	349	15203	2.168
25	广州军区广州总医院	221	30	29	46	63	53	340	15876	1.538
26	温州医学院附属第二医院	213	39	41	48	39	46	333	13236	1.563
27	中国人民解放军第三〇七医院	262	45	57	44	48	68	329	27617	1.256
28	中国医科大学附属第二医院	213	42	43	54	30	44	328	13999	1.540
29	上海交通大学医学院附属瑞金医院	184	36	41	38	37	32	326	16423	1.772
30	四川省医学科学院·四川省人民医院	171	22	36	34	44	35	312	12358	1.825
31	中国医科大学第一附属医院	252	59	49	50	33	61	307	17249	1.218
32	北京大学深圳医院	91	17	20	31	16	7	286	6066	3.143
33	中南大学湘雅医院	206	33	49	44	37	43	280	14684	1.359
34	广州军区武汉总医院	193	29	40	44	35	45	273	13820	1.415
35	安徽医科大学第一附属医院	152	28	25	34	29	36	272	11820	1.789

表 3.16　R9：药学

序号	机构名称	本学科发表文献量						被引频次	下载频次	篇均被引频次
		合计	2007 年	2008 年	2009 年	2010 年	2011 年			
36	广西医科大学第一附属医院	196	34	43	41	42	36	272	13198	1.388
37	南京大学医学院附属鼓楼医院	194	24	32	38	39	61	266	13533	1.371
38	青岛大学医学院附属医院	166	35	35	24	36	36	263	11090	1.584
39	温州医学院附属第一医院	220	35	42	45	48	50	260	13650	1.182
40	第三军医大学第一附属医院	177	31	41	44	33	28	259	12225	1.463
41	福州总医院	167	33	18	32	44	40	258	13723	1.545
42	武警总医院	135	24	33	26	21	31	252	10693	1.867
43	山东大学齐鲁医院	167	45	39	30	25	28	252	12242	1.509
44	浙江大学医学院附属第一医院	131	44	30	21	13	23	246	11536	1.878
45	中国人民解放军白求恩国际和平医院	123	24	32	25	24	18	245	10779	1.992
46	中国人民解放军第二军医大学第二附属医院	137	34	31	31	26	15	237	10417	1.730
47	北京积水潭医院	146	25	20	36	31	34	231	14420	1.582
48	首都医科大学附属北京同仁医院	119	20	16	28	24	31	229	9716	1.924
49	北京军区总医院	195	24	27	41	49	54	229	12017	1.174
50	中国人民解放军沈阳军区总医院	182	32	40	39	38	33	224	11345	1.231
51	中国人民解放军海军总医院	125	21	23	31	21	29	222	8961	1.776
52	复旦大学附属中山医院	163	27	33	35	31	37	222	11707	1.362
53	南方医科大学珠江医院	107	14	26	13	27	27	213	8095	1.991
54	北京中日友好医院	133	32	31	25	26	19	213	10080	1.602
55	四川大学华西第二医院	99	16	17	26	17	23	212	10614	2.141
56	重庆医科大学附属第二医院	131	15	30	30	19	37	212	8742	1.618
57	上海交通大学医学院附属第一人民医院	140	20	31	27	26	36	212	9373	1.514
58	重庆医科大学附属儿童医院	98	13	19	22	23	21	209	6893	2.133
59	首都医科大学附属北京友谊医院	120	24	19	27	27	23	204	8472	1.700
60	山西医科大学第一医院	184	23	46	41	32	42	204	9080	1.109
61	第三军医大学第二附属医院	117	28	25	25	19	20	203	9313	1.735
62	河北医科大学第二医院	160	28	35	28	39	30	196	9762	1.225
63	深圳市人民医院	86	15	16	19	19	17	193	6233	2.244
64	上海交通大学医学院附属新华医院	106	21	21	15	26	23	189	6483	1.783
65	中国人民解放军成都军区总医院	82	22	6	12	17	25	188	5953	2.293
66	中南大学湘雅三医院	141	24	28	30	30	29	188	10280	1.333
67	中国人民解放军总医院第一附属医院	103	11	28	30	20	14	187	7253	1.816
68	南京医科大学附属南京第一医院	105	27	23	16	18	21	186	8234	1.771
69	苏州大学第一附属医院	179	36	27	22	45	49	184	9889	1.028
70	天津市第一中心医院	102	17	34	21	20	10	179	8317	1.755

表 3.16　R9：药学

序号	机构名称	本学科发表文献量						被引频次	下载频次	篇均被引频次
		合计	2007 年	2008 年	2009 年	2010 年	2011 年			
71	天津医科大学总医院	127	21	20	26	29	31	176	6816	1.386
72	山西医科大学第二附属医院	161	36	33	38	24	30	176	10575	1.093
73	吉林大学第一医院	109	24	23	23	25	14	175	8396	1.606
74	浙江省台州医院	119	21	24	25	28	21	173	8084	1.454
75	中国医学科学院肿瘤医院	80	14	15	27	10	14	171	12083	2.138
76	中国协和医科大学阜外心血管病医院	102	24	19	22	16	21	171	8386	1.676
77	福建医科大学附属协和医院	111	33	24	21	19	14	170	8691	1.532
78	中山大学附属第三医院	122	17	23	31	27	24	170	7936	1.393
79	广东省人民医院	143	14	23	32	39	35	167	8476	1.168
80	哈尔滨医科大学附属第一医院	171	16	40	26	45	44	162	9925	0.947
81	海南省人民医院	86	17	11	16	27	15	161	6333	1.872
82	第三军医大学第三附属医院	181	16	22	24	56	63	159	10183	0.878
83	中国人民解放军三〇二医院	109	20	18	20	32	19	158	9149	1.450
84	广州医学院附属脑科医院	112	24	19	25	22	22	158	6841	1.411
85	泸州医学院附属医院	140	21	34	33	28	24	157	8172	1.121
86	中国海洋大学附属医院	88	16	17	18	18	19	152	5339	1.727
87	哈尔滨医科大学附属第二医院	115	29	19	24	22	21	152	8204	1.322
88	中国人民解放军济南军区总医院	67	18	10	12	14	13	151	5246	2.254
89	福建医科大学附属第一医院	116	18	35	15	20	28	149	6609	1.284
90	中国人民解放军第二五二医院	122	16	49	26	12	19	146	4871	1.197
91	浙江省人民医院	83	15	23	15	17	13	145	4537	1.747
92	郑州大学第一附属医院	139	17	28	24	32	38	145	7471	1.043
93	东风汽车公司总医院	93	18	16	26	31	2	142	5067	1.527
94	皖南医学院弋矶山医院	111	17	24	22	26	22	142	8012	1.279
95	内蒙古医学院第三附属医院	59	4	5	16	21	13	141	4876	2.390
96	浙江大学医学院附属第二医院	92	26	17	22	14	13	140	7006	1.522
97	十堰市太和医院	95	23	23	29	16	4	140	6410	1.474
98	大连医科大学附属第二医院	92	15	15	17	24	21	139	6793	1.511
99	山东省立医院	98	16	18	19	16	29	138	8075	1.408
100	广州中医药大学第二附属医院	82	11	13	20	22	16	137	6130	1.671
101	上海交通大学医学院附属第九人民医院	83	21	16	21	9	16	133	6791	1.602
102	昆明医学院第一附属医院	91	10	22	26	13	20	131	7475	1.440
103	河北医科大学第四医院	72	9	18	15	11	19	130	4977	1.806
104	中国人民解放军海军第四〇一医院	144	31	22	20	45	26	130	8395	0.903
105	贵阳医学院附属医院	81	24	21	14	10	12	128	5148	1.580

表 3.16 R9：药学

序号	机构名称	本学科发表文献量						被引频次	下载频次	篇均被引频次
		合计	2007 年	2008 年	2009 年	2010 年	2011 年			
106	苏州大学附属第二医院	100	11	13	21	21	34	128	5063	1.280
107	上海市第六人民医院	112	14	23	11	32	32	127	6785	1.134
108	安徽医科大学第三附属医院	48	7	10	9	10	12	126	2719	2.625
109	南昌大学第一附属医院	91	13	23	19	20	16	125	5316	1.374
110	中国人民解放军空军总医院	127	16	16	30	30	35	125	7189	0.984
111	华中科技大学同济医学院附属荆州医院	57	12	6	11	16	12	124	4079	2.175
112	南通大学附属医院	81	18	25	12	16	10	123	4481	1.519
113	柳州市人民医院	83	20	23	17	16	7	123	5544	1.482
114	中国人民解放军第二五一医院	98	23	9	15	15	36	123	3526	1.255
115	东南大学附属中大医院	97	23	21	18	18	17	122	7928	1.258
116	丽水市中心医院	64	16	18	8	9	13	120	3446	1.875
117	广西人民医院	71	14	13	16	20	8	120	4488	1.690
118	河北省人民医院	66	12	18	10	11	15	119	4362	1.803
119	第四军医大学第二附属医院	100	24	23	14	22	17	119	7055	1.190
120	福建省立医院	87	16	11	17	18	25	117	4697	1.345
121	西安交通大学第一附属医院	96	16	17	22	19	22	117	8119	1.219
122	中国人民解放军第二炮兵总医院	68	7	17	11	15	18	116	6014	1.706
123	广东药学院附属第一医院	52	8	13	14	11	6	114	2733	2.192
124	苏州大学医学院附属第三医院	67	13	11	12	16	15	114	4079	1.701
125	首都医科大学附属北京儿童医院	79	8	12	8	28	23	113	4190	1.430
126	兰州军区总医院	94	14	13	17	22	28	113	5696	1.202
127	河南省人民医院	116	24	31	19	20	22	113	6483	0.974
128	宁夏医科大学附属医院	114	13	21	25	25	30	111	5718	0.974
129	兰州大学第二附属医院	85	11	16	22	18	18	109	6683	1.282
130	中国人民解放军总参谋部总医院	108	11	18	20	31	28	109	5238	1.009
131	中山大学附属肿瘤医院	67	14	11	18	20	4	107	8456	1.597
132	深圳市福田区人民医院	54	9	12	13	11	9	106	3214	1.963
133	广东医学院附属医院	71	10	15	16	12	18	105	4456	1.479
134	南方医科大学附属深圳医院	57	10	15	16	10	6	104	3770	1.825
135	吉林大学第二医院	60	6	22	10	11	11	104	3897	1.733
136	遵义医学院附属医院	63	15	12	10	11	15	104	3498	1.651
137	浙江大学医学院附属邵逸夫医院	67	22	12	11	11	11	104	3539	1.552
138	中国人民解放军昆明总医院	69	17	5	23	13	11	104	4742	1.507
139	河北医科大学第三医院	76	12	25	19	11	9	103	4522	1.355
140	柳州市工人医院	86	22	16	21	17	10	102	3683	1.186

表 3.16　R9：药学

序号	机构名称	本学科发表文献量						被引频次	下载频次	篇均被引频次
		合计	2007 年	2008 年	2009 年	2010 年	2011 年			
141	淮安市第一人民医院	54	8	11	13	9	13	101	3708	1.870
142	天津市第三中心医院	38	8	9	8	5	8	100	3405	2.632
143	丽水市人民医院	62	18	16	10	3	15	100	2891	1.613
144	河北医科大学第一医院	45	8	11	10	6	10	98	2317	2.178
145	绵阳市中心医院	39	6	15	8	5	5	96	1899	2.462
146	煤炭工业总医院	40	3	6	8	9	14	96	2847	2.400
147	上海东方医院	62	15	4	14	11	18	95	3881	1.532
148	江西省人民医院	64	14	15	15	10	10	95	2824	1.484
149	广州医学院第一附属医院	58	9	6	16	15	12	94	3853	1.621
150	蚌埠医学院附属医院	64	9	9	17	13	16	94	4669	1.469
151	大庆油田总医院	65	6	16	18	12	13	94	3427	1.446
152	延边大学附属医院	106	10	30	30	20	16	93	4111	0.877
153	新乡医学院第一附属医院	72	16	15	13	10	18	92	3489	1.278
154	首都医科大学附属北京佑安医院	52	6	10	17	4	15	91	2136	1.750
155	山东省千佛山医院	53	11	12	6	13	11	91	4605	1.717
156	武警医学院附属医院平津医院	48	6	14	11	8	9	90	5073	1.875
157	上海市第十人民医院	46	11	9	9	11	6	88	2769	1.913
158	徐州医学院附属医院	118	16	16	22	22	42	87	5723	0.737
159	扬州大学医学院附属医院	67	7	17	11	15	17	86	3502	1.284
160	重庆市涪陵中心医院	69	20	12	19	7	11	86	3549	1.246
161	襄樊市第一人民医院	36	11	5	5	10	5	85	2631	2.361
162	宁波市第一医院	40	4	11	13	6	6	85	2425	2.125
163	烟台毓璜顶医院	56	11	15	16	8	6	84	3289	1.500
164	北京肿瘤医院	43	5	7	7	10	14	83	4168	1.930
165	首都医科大学附属北京朝阳医院	90	14	27	10	22	17	83	5239	0.922
166	浙江大学医学院附属妇产科医院	38	16	10	5	2	5	82	2810	2.158
167	广州医学院附属广州市第一人民医院	97	13	23	24	18	19	82	4227	0.845
168	内蒙古医学院附属医院	47	13	6	7	10	11	81	4181	1.723
169	苏州市立医院	68	5	8	14	22	19	80	3953	1.176
170	南京医科大学附属常州市第二人民医院	40	13	4	7	6	10	79	1653	1.975
171	暨南大学医学院第一附属医院	43	9	10	6	7	11	78	3027	1.814
172	大连医科大学附属第一医院	77	11	8	19	16	23	78	4355	1.013
173	中国人民解放军第二军医大学第三附属医院	52	14	9	10	9	10	77	3548	1.481
174	河北联合大学附属医院	58	9	6	10	26	7	77	4780	1.328
175	兰州大学第一附属医院	64	8	13	15	12	16	77	4095	1.203

表 3.16　R9：药学

序号	机构名称	本学科发表文献量						被引频次	下载频次	篇均被引频次
		合计	2007 年	2008 年	2009 年	2010 年	2011 年			
176	聊城市第二人民医院	37	3	8	19	3	4	76	3205	2.054
177	重庆三峡中心医院	38	6	5	13	10	4	76	2097	2.000
178	温州市第二人民医院	47	7	17	10	7	6	76	3116	1.617
179	南京医科大学第二附属医院	58	10	7	15	11	15	76	3419	1.310
180	辽宁医学院附属第一医院	93	7	12	19	25	30	75	5360	0.806
181	湖南省儿童医院	49	9	13	10	10	7	74	3062	1.510
182	广州医学院第二附属医院	57	8	14	14	12	9	74	3301	1.298
183	南通大学第二附属医院	62	17	11	12	11	11	73	3818	1.177
184	汕头大学医学院第一附属医院	63	6	17	11	12	17	73	3874	1.159
185	武汉市普爱医院	39	13	9	8	2	7	72	3536	1.846
186	南昌大学第二附属医院	54	16	12	9	3	14	72	3480	1.333
187	贵州省人民医院	62	11	6	10	11	24	72	2782	1.161
188	西安交通大学第二附属医院	67	18	14	12	10	13	72	4492	1.075
189	嘉兴市第一医院	36	9	12	5	7	3	71	1765	1.972
190	湛江中心人民医院	39	5	7	12	8	7	71	2010	1.821
191	浙江中医院	53	12	7	10	9	15	71	3350	1.340
192	镇江市第一人民医院	36	8	6	8	8	6	70	2385	1.944
193	北海市人民医院	50	18	18	8	4	2	70	3023	1.400
194	吉林大学第三医院	56	12	13	7	12	12	69	3379	1.232
195	南京中医药大学附属医院	58	9	10	11	12	16	69	4963	1.190
196	佛山市第一人民医院	85	9	8	19	12	37	69	2895	0.812
197	广西医科大学附属肿瘤医院	44	8	5	10	9	12	68	2825	1.545
198	浙江省立同德医院	50	9	8	15	2	16	67	2809	1.340
199	滨州医学院附属医院	50	9	10	12	5	14	67	2723	1.340
200	天津医科大学附属肿瘤医院	69	8	10	14	15	22	67	4244	0.971
201	泰州市人民医院	39	5	6	4	17	7	66	1843	1.692
202	上海市精神卫生中心（总部）	41	4	7	5	8	17	66	2900	1.610
203	南京医科大学附属南京市儿童医院	46	9	8	11	11	7	66	3458	1.435
204	无锡市人民医院	98	6	11	15	30	36	66	3269	0.673
205	同济大学附属同济医院	42	6	8	7	12	9	65	3025	1.548
206	江苏大学附属医院	48	9	10	7	9	13	65	2368	1.354
207	苏州大学附属儿童医院	55	6	16	8	9	16	65	3277	1.182
208	佳木斯大学附属第一医院	65	6	10	6	17	26	65	3192	1.000
209	南京医科大学附属脑科医院	72	12	13	14	16	17	65	4422	0.903
210	武汉市中心医院	40	4	6	10	9	11	64	1874	1.600

表 3.16　R9：药学

序号	机构名称	本学科发表文献量						被引频次	下载频次	篇均被引频次
		合计	2007 年	2008 年	2009 年	2010 年	2011 年			
211	荆州市第一人民医院	40	3	10	8	13	6	64	2226	1.600
212	浙江中医药附属大学肿瘤医院	36	8	4	3	8	13	63	4506	1.750
213	中国人民解放军二八一医院	55	11	7	18	7	12	63	1622	1.145
214	上海市徐汇区中心医院	58	13	6	10	16	13	63	4524	1.086
215	南华大学附属第一医院	65	6	11	12	17	19	63	3486	0.969
216	首都医科大学附属北京安贞医院	67	8	8	13	17	21	63	3695	0.940
217	潍坊市人民医院	37	9	8	11	4	5	62	2097	1.676
218	中国医科大学第四附属医院	38	6	8	8	4	12	62	2720	1.632
219	新疆维吾尔自治区人民医院	72	13	12	12	13	22	61	3502	0.847
220	武汉大学中南医院	100	8	15	18	31	28	60	4888	0.600
221	杭州市第一人民医院	51	17	7	8	5	14	59	2545	1.157
222	嘉兴市第二医院	37	5	5	8	8	11	58	1659	1.568
223	温岭市第一人民医院	41	12	4	8	12	5	58	2554	1.415
224	中国人民解放军兰州军区乌鲁木齐总医院	51	11	5	13	13	9	58	2578	1.137
225	唐山市工人医院	41	8	2	14	8	9	57	1660	1.390
226	厦门市第一医院	48	8	10	8	8	14	57	2204	1.188
227	河北大学附属医院	64	16	19	10	8	11	57	3877	0.891
228	湖北省武汉市妇女儿童医疗保健中心	50	13	6	10	11	10	55	2373	1.100
229	台州学院医学院附属中心医院	36	5	5	5	7	14	54	1598	1.500
230	复旦附属大学华东医院	39	5	5	10	12	7	54	2642	1.385
231	扬州市第一人民医院	47	7	9	12	8	11	54	2441	1.149
232	承德医学院附属医院	36	8	11	3	8	6	52	3621	1.444
233	泰安市中心医院	63	14	6	14	11	18	52	3585	0.825
234	中山大学附属第五医院	66	6	9	15	13	23	52	3352	0.788
235	复旦大学附属儿科医院	38	11	6	5	6	10	51	2322	1.342
236	深圳市第八人民医院	39	3	6	8	17	5	51	1938	1.308
237	川北医学院附属医院	46	5	5	6	14	16	50	2752	1.087
238	昆明医学院第二附属医院	51	2	11	6	12	20	50	3044	0.980
239	宁波市医疗中心李惠利医院	45	12	5	8	11	9	49	2097	1.089
240	郑州大学第二附属医院	51	7	9	10	9	16	49	2436	0.961
241	四平市中心医院	52	4	10	15	16	7	49	3908	0.942
242	广州市妇女儿童医疗中心	37	4	4	9	11	9	48	2326	1.297
243	山东大学第二附属医院	41	13	6	8	4	10	48	2769	1.171
244	连云港市第一人民医院	52	6	9	11	13	13	48	2370	0.923
245	大连北海医院	63	6	8	24	10	15	48	3488	0.762

Statistical Report of Scientific Publications by Chinese Medical Institutions

(2012 Edition)

ISBN 978-7-81136-778-2

定 价：150.00元